A. Igl / J. Müller-Lange

Streßbearbeitung nach belastenden Ereignissen (SBE)

Streßbearbeitung nach belastenden Ereignissen (SBE)

Ein Handbuch zur Prävention psychischer Traumatisierung in Feuerwehr, Rettungsdienst und Polizei

Herausgeber:	Andreas Igl Joachim Müller-Lange
Übersetzung:	Susanne Fassmann Andreas Igl Joachim Müller-Lange
Textbearbeitung:	Ingeborg Schiwek
Fachliche Beratung:	Dr. Wolfgang Freund Oliver Gengenbach Andreas Müller-Cyran

Verlagsgesellschaft Stumpf & Kossendey mbH • Edewecht • Wien • 1998

Titel der Originalausgabe:

Critical Incident Stress Debriefing:
An Operations Manual for the Prevention of Traumatic Stress
Among Emergency Services and Disaster Workers

2., überarbeitete Auflage

Jeffrey T. Mitchell, Ph.D.
University of Maryland Baltimore County
und
George S. Everly, Jr., Ph.D., F.A.P.M.
Union Memorial Hospital, Baltimore
Loyola College in Maryland

Erschienen bei Chevron Publishing Corporation
5018 Dorsey Hall Drive, Suite 104, Ellicott City, MD 21042 (USA)

Die Deutsche Bibliothek – CIP-Einheitsaufnahme

Streßbearbeitung nach belastenden Ereignissen : (SBE) ; ein Handbuch zur
Prävention psychischer Traumatisierung in Feuerwehr, Rettungsdienst und
Polizei / Hrsg.: Andreas Igl ; Joachim Müller-Lange. Susanne
Fassmann (Übers.). Ingeborg Schiwek (Textbearb.). - Edewecht ; Wien :
Stumpf und Kossendey, 1998
  Einheitssacht.: Critical Incident Stress Debriefing <dt.>
  ISBN 3-923124-72-4

»... aber dies eine weiß ich:
Ihr, die wirklich glücklichen, seid ihr,
die einen Weg zu helfen
gesucht und gefunden haben.«

Albert Schweitzer

Meiner Mutter und meiner Schwester June, die mich in
meinen frühen Tagen auf der Erde alles über Fürsorge gelehrt
haben, und die meinem Vater während
seiner letzten Tage die gleiche Fürsorge angedeihen ließen.
(J.T.M.)

Meinen Kindern Marideth, George und Andrea,
möge Euch nur Gesundheit, Frieden und Glück begegnen.
(G.S.E.)

Vorwort zur amerikanischen Ausgabe

„Unser Dank gilt ..." – Bei Danksagungen passiert es leicht einmal, daß wichtige Beiträge bedeutsamer Menschen nicht ausreichend gewürdigt werden. Um dieses Risiko weitgehend zu umgehen, wollen wir Autoren an dieser Stelle sagen, daß dieses Buch niemals entstanden wäre ohne die kontinuierlichen Rückmeldungen von über 400 SBE-Teams aus zwölf Ländern.

Tausende von mündlichen oder schriftlichen Einzelinformationen wurden verarbeitet, um die Kapitel dieses Buches zu gestalten. Ein paar der Anregungen stammen von Teilnehmern an SBE-Kursen. Andere von Mitgliedern in SBE-Teams, Einsatzkräften aus Feuerwehr, Rettungsdienst und Katastrophenschutz, Ärztinnen und Ärzten, Pflegepersonal, Pädagogen, von psychologischen Beratungsstellen, aus dem Strafvollzug und der Industrie. Diese Leute und noch viele mehr trugen mit ihren Rückmeldungen aktiv und engagiert zu diesem Werk bei und halfen so, eine neue Richtung, ja mehr noch eine ganze Bewegung der Streßbearbeitung nach belastenden Ereignissen zu schaffen. Sie waren es, die dazu beigetragen haben, daß dieses Werk verfaßt werden konnte. Jeden einzelnen von ihnen zu nennen und für jeden Beitrag zu danken, ist eine solch unlösbare Aufgabe, daß wir nicht einmal den Versuch dazu unternehmen.

Jeder von Ihnen, der uns mit seinem Beitrag geholfen hat, sei herzlichst versichert, wie sehr er geholfen hat. Wir danken Ihnen von Herzen und wissen alles, was Sie uns und der Streßbearbeitung nach belastenden Ereignissen gegeben haben, zu schätzen. Wir bedanken uns für Ihre Unterstützung und Ihre Loyalität.

J.T.M. und G.S.E.

Vorwort des Autors

Bis zur Veröffentlichung dieses Buches in deutscher Sprache war die Arbeit mit dem Programm der *Streßbearbeitung nach belastenden Ereignissen (SBE)* im deutschsprachigen Raum ziemlich schwierig. Die Anwender waren sehr auf ihre englischen Sprachkenntnisse angewiesen, um das in den Vereinigten Staaten entwickelte Verfahren des *Critical Incident Stress Management (CISM)* zu erlernen und anzuwenden. Diese Übersetzung ermöglicht jetzt allen Interessenten im deutschsprachigen Raum einen unkomplizierten Zugang zu CISM bzw. SBE.

Das Buch versteht sich als „Werkzeug" und beschreibt ein erprobtes sowie differenziertes Maßnahmenpaket, das es ermöglicht, verantwortet, strukturiert und bedürfnisorientiert mit psychisch traumatisierten Menschen zu arbeiten. Die SBE-Nachbesprechung (Debriefing) wird ebenso detailliert beschrieben wie andere SBE-Maßnahmen sowie Angebote für Opfer und Angehörige von Einsatzkräften.

Immer wieder hat sich gezeigt, daß es für eine erfolgreiche Arbeit mit psychisch traumatisierten Menschen Programme mit mehreren Komponenten braucht. Das SBE-Programm wird auf diese Weise nicht nur dem individuellen Erleben der Betroffenen, sondern auch den sehr unterschiedlichen Rahmenbedingungen belastender Ereignisse gerecht.

Die vielen engagierten SBE-Mitarbeiter und die gute Arbeit, die in den USA tagtäglich im Bereich der SBE geleistet wird, empfinde ich als großes Kompliment. Um so mehr freut es mich, daß das SBE-Programm auch in vielen anderen Ländern erfolgreich angewandt wird.

Ich fühle mich wirklich geehrt, daß mein Werk jetzt in deutscher Sprache vorliegt. Ich hoffe, daß Ihnen dieses Buch die Informationen und Hilfestellungen gibt, die Sie brauchen, um Ihren Freunden, Kollegen und den Menschen in Ihren Organisationen, die mit traumatischen Ereignissen konfrontiert wurden, wirksam helfen zu können. Die Erfahrung hat gezeigt, daß eine entsprechende SBE-Ausbildung und die richtige Anwendung der SBE-Maßnahmen viel bewirken können: Kollegen tun auch nach schwerwiegenden Erfahrungen weiter ihren Dienst, Beziehungen gehen trotz großer Belastungen nicht in die Brüche, und Menschen, die sich schon aufgegeben hatten, finden eine neue Perspektive für ihr Leben.

Das Leid anderer Menschen zu lindern ist ein sehr edles Lebensziel. Für diese wichtige und herausfordernde Aufgabe wünsche ich Ihnen von Herzen alles Gute. Im Interesse aller Betroffenen möchte ich mich zudem für Ihre Arbeit, die Sie im deutschsprachigen Raum bislang geleistet haben und noch leisten werden, bedanken.

Jeffrey T. Mitchell, Ph.D.
Präsident der International Critical Incident Stress Foundation (ICISF)
Trauma-Spezialist

Vorwort der Herausgeber

Verkehrsunfall - zwei Personen eingeklemmt, mehrere Schwerverletzte, Reanimation am Straßenrand ... - Wohnungsbrand im vierten Stock - Personen eingeschlossen, bei Ankunft der Einsatzkräfte springt eine Person auf den Gehweg ... - Badeunfall - bewußtloses Kind, eine 8jährige wird im Beisein ihrer Mutter reanimiert, die Reanimation bleibt erfolglos ... - Flugzeugabsturz am Ortsrand - zehn Tote - Leichenbergung über zwei Tage ... Einsätze, mit denen haupt- und ehrenamtliche Helfer jederzeit konfrontiert werden können. Einsätze, die professionelles Arbeiten und schnelle kompetente Hilfe erfordern. Einsatzkräfte haben neben ihrer Ausrüstung, modernem Gerät und einer entsprechenden Ausbildung auch persönliche Kompetenzen, um diese herausfordernden Situationen erfolgreich für sich zu bewältigen.

Doch es gibt Grenzen. Die Auseinandersetzung mit Tod und menschlichem Leid geht an Einsatzkräften nicht spurlos vorüber. Einsätze werden von Einsatzkräften immer wieder als belastend erlebt. Dies bedeutet allerdings nicht, daß Helfer, die Belastungen an sich wahrnehmen, nicht für ihre Aufgabe geeignet sind, es zeigt vielmehr, daß Einsatzkräfte eben auch Menschen sind.

Bei der Streßbearbeitung nach belastenden Ereignissen (SBE) geht es nicht um die Frage nach »geeigneten« oder »nicht geeigneten« Helfern, sondern um die Grundannahme, daß Einsatzkräfte gerade nach schwerwiegenden Einsätzen psychische Belastungen entwickeln können. Das vorliegende Buch beschreibt die SBE als ein Konzept für Einsatzkräfte aus Feuerwehr, Rettungsdienst und Polizei, die für sich selbst und für Kollegen Möglichkeiten zu einer verantworteten psychischen Ersten Hilfe kennenlernen und vertiefen möchten.

Das Buch stellt den standardisierten Ansatz des Critical Incident Stress Managements (CISM) - in der deutschen Übersetzung Streßbearbeitung nach belastenden Ereignissen (SBE) - vor, der von den amerikanischen Psychologen J.T. Mitchell und G.S. Everly entwickelt, seit zwanzig Jahren angewandt und laufend ausgewertet wurde. Psychotraumatologische Grundlagen, Forschungsergebnisse und die SBE-Interventionsangebote werden ebenso beschrieben wie die Arbeitserfahrungen sowie die organisatorischen und strukturellen Rahmenbedingungen für eine konsequente und verantwortete Arbeit mit Einsatzkräften.

Auch in Deutschland gewinnt die Auseinandersetzung um eine differenzierte Sicht einsatzspezifischer psychischer Belastungen mehr und mehr an Bedeutung. Wir hoffen, daß der CISM-/SBE-Ansatz die Arbeit in diesem Bereich unterstützt, Impulse für Einsatzkräfte, Personalverantwortliche und psychosoziale Fachleute liefert und zu einer fruchtbaren Diskussion über Chancen und Möglichkeiten der Streßbearbeitung nach belastenden Ereignissen beiträgt.

Andreas Igl   Joachim Müller-Lange

Inhaltsverzeichnis

1 Grundlagen der Streßbearbeitung nach belastenden Ereignissen

Einführung

Dieses Handbuch wurde für den praktischen Gebrauch geschrieben, um die wichtigste Ressource einer Organisation zu bewahren und zu vergrößern: Die Ressource Mensch. Diese Aufgabe ist heute unter den normalen »Streßbedingungen« und Belastungen schwer genug. Die Herausforderung wird um so größer, wenn die Menschen sich ständig wiederkehrenden Risiken und Arbeitsbedingungen aussetzen müssen, die weit außerhalb des üblichen Rahmens liegen. Sofort kommen einem verschiedene Berufsgruppen in den Sinn: Einsatzkräfte in Feuerwehr, Rettungsdienst, Polizei und Katastrophenschutz, Sicherheitskräfte, Ärzte und Pflegepersonal. Jeder weiß, daß sie sich im Rahmen ihres bezahlten oder ehrenamtlichen Dienstes täglich Situationen aussetzen, die besonders sind: streßbeladen, höchst riskant und potentiell traumatisierend.

Bedeutende Fortschritte konnten in den letzten Jahren in der Behandlung von berufsbedingtem Streß und Posttraumatischen Belastungsstörungen (Post Traumatic Stress Disorder, PTSD) erzielt werden (siehe Everly und Lating, 1995). Alle Bemühungen zielen darauf ab, berufsbedingtem Streß- und Posttraumatischen Syndromen vorzubeugen, besonders bei Berufsgruppen, die - wie zuvor aufgeführt - entsprechend exponiert sind (Butcher, 1980; Kentsmith, 1980; Mitchell und Bray, 1990). Die *Streßbearbeitung nach belastenden Ereignissen (SBE)* ist in ihrem Prozeß und ihren Methoden darauf ausgerichtet, das Entstehen von Posttraumatischen Belastungen bei Einsatzkräften und anderen Risikogruppen weitestgehend zu vermeiden. Dieses Buch behandelt nicht nur SBE im Detail, sondern weist auch auf andere Interventionen hin, die sich bei der Vorbeugung oder Reduzierung der Folgen außergewöhnlicher Belastungen und seelischem Trauma als hilfreich erwiesen haben.

Wer ist Betroffener?

Eingangs muß angemerkt werden, daß sich Einsatzkräfte verständlicherweise nicht leicht zugestehen, daß sie selbst oder ihre Familien Betroffene geworden sind. Einsatzkräfte retten, sie werden nicht gerettet! Und doch können sie und ihre Familien aufgrund ihres äußerst risikoreichen Berufes eines Tages Opfer von Streß und Traumatisierung werden. Tatsächlich ist der bedeutendste aller bekannten Risikofaktoren für das Entstehen von Posttraumatischer Belastung die direkte oder indirekte Konfrontation mit einem psychisch traumatisierenden Ereignis. Posttraumatische Reaktionen entstehen nach einem besonders belastenden Ereignis (Critical Incident Stress, CIS). Trotzdem werden Opfer unterschiedlich definiert. Je nach Art die Konfrontation mit dem traumatischen Ereignis, werden Betroffene in drei Gruppen unterteilt:

1. *Primäropfer:* Menschen, die unmittelbar von einer Krisensituation, einer Katastrophe oder einem Trauma betroffen sind. Sie werden auch direkte Opfer eines Traumas genannt.
2. *Sekundäropfer:* Menschen, die unmittelbar mit den psychischen Traumatisierungen der Primäropfer konfrontiert sind. Dazu gehören Einsatzkräfte und Augenzeugen.

3. *Tertiäropfer:* Menschen, die von dem Trauma mittelbar betroffen sind, so zum Beispiel, wenn sie erst später am Einsatzort eintreffen oder mit dem Trauma der Primär- oder Sekundäropfer zeitlich verzögert konfrontiert werden. Tertiäropfer wurden nicht mit den direkten Auswirkungen der traumatisierenden Situation konfrontiert. Sie wurden dem Ereignis nicht ausgesetzt. Familienmitglieder der Opfer oder Einsatzkräfte sind Beispiele für diese Gruppe der Betroffenen.

In diesem Buch geht es primär um die Prävention und Reduzierung von Posttraumatischen Belastungen bei Einsatzkräften, Krankenhauspersonal und Sicherheitskräften. Sie sind dem Risiko ausgesetzt, Sekundäropfer zu werden. Gelegentlich werden Einsatzkräfte und verwandte Berufe zu Primär- oder Tertiäropfern. Sie laufen jedoch eher Gefahr, Sekundäropfer zu werden. SBE mit ihren Möglichkeiten der Intervention ist wertvoll für Sekundäropfer, für Primär- und für Tertiäropfer, wenn sie von ausgebildeten Fachleuten angewandt wird. Bevor wir uns den verschiedenen Interventionen im Detail zuwenden, muß zunächst in die Grundlagen eingeführt werden.

Streßbearbeitung nach belastenden Ereignissen (SBE)

Die Streßbearbeitung nach belastenden Ereignissen (SBE), so wie wir sie heute für Einsatzkräfte anwenden, wurde zunächst vorgestellt in dem Buch »When disaster strikes ... - The Critical Incident Stress Debriefing«, (»Wenn die Katastrophe zuschlägt ... - Die Streßbearbeitung nach belastenden Ereignissen« von Jeffrey T. Mitchell, erschienen 1983, Anm. d. Hrsg.). Hier wird die Entstehung der Streßbearbeitung nach belastenden Ereignissen beschrieben. Die unterschiedlichen SBE-Angebote haben sich aus der SBE-Nachbesprechung (Critical Incident Stress Debriefing) entwickelt. Das Kürzel SBE steht für ein zusammenhängendes »System« von Interventionen, die ungünstige psychologische Reaktionen bei Einsatz- und Sicherheitskräften verhindern und / oder lindern sollen. SBE-Interventionen sind besonders dafür geeignet, Posttraumatische Streßreaktionen zu reduzieren. SBE besteht aus:

1. Streßprävention und Programmen zur psychologischen Trauma-Immunisierung (Anmerkung d. Hrsg.: Der Begriff »Trauma-Immunisierung« wurde aus dem Original übernommen. Eine echte Immunisierung gegen traumatische Ereignisse kann es keinesfalls geben.)
2. Krisenintervention in der Einzelberatung
3. SBE-Nachbesprechungen
4. SBE-Kurzbesprechungen
5. SBE-Einsatzabschlüssen
6. Unterstützungsprogrammen für Angehörige
7. Kursen zum Umgang mit Streßbelastungen und Traumata
8. Unterstützungsprogramme für Peers
9. SBE-Einsatzbegleitungen
10. informellen Gruppengesprächen

11. Nachbetreuung
12. anderen Programmen nach Bedarf.

SBE ist weit mehr als nur ein Verfahren. SBE ist ein System aufeinander abgestimmter Interventionen. SBE beruht auf dem Wissen um die Bedeutung und den Wert des Menschen - für sich und als entscheidender Faktor im Arbeitsprozeß.

Einführung in die SBE-Nachbesprechung

Die SBE-Nachbesprechung (Critical Incident Stress Debriefing) bezieht sich auf eine Form der strukturierten psychologischen Arbeit in Gruppen. Sie wurde von dem Autor des Erstwerkes (Jeffrey T. Mitchell) als ein direkter, handlungsorientierter Gruppenprozeß entwickelt. Sie wurde speziell darauf zugeschnitten, traumatischen Belastungen vorzubeugen oder sie zu reduzieren. Selbstverständlich gibt es neben der SBE-Nachbesprechung auch andere Angebote. Die SBE-Nachbesprechung ist eine bekannte und verbreitete Methode (Meichenbaum, 1994). Die SBE-Nachbesprechung wurde ursprünglich für Einsatz- und Sicherheitskräfte und Soldaten konzipiert. Sie ist aber für alle Bevölkerungsgruppen, auch für Kinder, geeignet, wenn sie durch ein erfahrenes Interventions-Team angewandt wird. Die SBE-Nachbesprechung ist ein formalisiertes und strukturiertes Angebot aus einer ganzen Palette psychologischer Interventionen, die als SBE zusammengefaßt sind. Betrachten wir diese Modelle genauer:

Heutzutage wird die SBE-Nachbesprechung nach ungewöhnlich belastenden Einsätzen in vielen Bereichen standardmäßig eingesetzt, so zum Beispiel bei Feuerwehren, Rettungsdiensten und der Polizei, in Krankenhäusern, im Strafvollzug und anderen Organisationen der öffentlichen Sicherheit. Allein in den USA gibt es mehr als dreihundert SBE-Teams und mindestens hundert weitere in allen Teilen der Welt, unter anderem in Australien, Kanada, Deutschland, Großbritannien, Schweden, Neuseeland und Norwegen.

Grundbegriffe

- Krise
- Streß
- Streßverursacher
- Überbeanspruchung des Zielorganes
- Belastendes Ereignis
- Trauma
- psychische Traumatisierung
- Posttraumatische Streßreaktionen
- Posttraumatische Belastungsstörung (PTSD)
- SBE-Nachbesprechung
- informelle Gespräche
- spezielle SBE-Nachbesprechungen
- SBE-Team
- Teamleiter
- Peers
- Kommunales SBE-Team
- SBE-Team aus Einsatzkräften unterschiedlicher Organisationen
- Streßbearbeitung nach belastenden Ereignissen (SBE)
- SBE-Kurzbesprechung
- SBE-Einsatzabschluß
- Einzelberatung
- SBE-Einsatzbegleitung
- Angebote für Angehörige
- Nachbetreuung

Tab. 1.1

Eine Vielzahl von Einsatzkräften konnte bereits von der Hilfe dieser Spezialteams profitieren. Oft trifft man auf Menschen, die bereits mit einer oder mehreren SBE-Nachbesprechungen zu tun hatten: Ärzte, Polizisten, Feuerwehrleute, Sanitäter, Pflegekräfte, Notärzte, Katastrophenschutzkräfte, Beamte im Strafvollzug, psychologische Berater, Mitglied der Wasserwacht, Gruppen aus Schulen, der Wirtschaft und andere. Dieses Buch will ein Angebot an alle Helfer sein.

Dieses Kapitel ist grundlegend für das Verständnis der Begrifflichkeit und der Konzepte, die in der SBE-Nachbearbeitung angewendet werden. Auch dem Leser, der bereits Erfahrungen in der SBE-Nachbearbeitung sammeln konnte, wird dieses Kapitel empfohlen.

In Tabelle 1.1 finden Sie eine Wiederholung von 27 Schlüsselbegriffen. Sie sollen helfen, die Grundlage und Methode zu verstehen, die im folgenden beschrieben wird.

Grundbegriffe

Auf den folgenden Seiten werden die Grundbegriffe der Tabelle 1.1 in einer kurzen Übersicht jeweils erklärt bzw. definiert.

Krise …

ist ein Ereignis, das ein zeitweiliges psychisches Ungleichgewicht hervorruft und einen Zustand emotionaler Unruhe verursacht. Eine Krise stellt eine Störung der psychischen Ausgeglichenheit oder Balance dar (Mitchell, 1981).

Streß …

ist eine Reaktion, die physische und psychische Unruhe hervorruft. Streß ist die direkte Folge von außergewöhnlichen Belastungen oder Anforderungen, denen ein Organismus ausgesetzt ist. Je höher die Anforderung ist, desto intensiver ist die Streßreaktion. Es gibt positiven Streß: Leichte Streßreaktionen können hilfreich sein, weil sie motivieren, verändern, wachsen und Ziele erreichen lassen. Wenn Streß hilfreich ist, so wird er anregender Streß oder *Eustreß* genannt. Wenn Streßreaktionen länger andauern oder exzessiv sind, so können sie Schaden anrichten. Dieser als Anspannung oder als Belastung empfundene Streß wird *Disstreß* genannt. Streß ist gut umschrieben als der »totale Verschleiß an sich« (Selye, 1956, 1974) . Man nimmt an, daß er Alterungsprozesse beschleunigt.

Streßverursacher …

ist ein Ereignis, das bei einer Person, Gruppe oder Organisation Belastungen auslöst. Leichte Streßverursacher bewirken leichte Streßreaktionen, starke Streßverursacher starke, exzessive Streßreaktionen. (Mehr über Streß und Streßverursacher finden Sie in Kapitel 2.)

Überbeanspruchung des Zielorganes …

ist ein heimtückischer Effekt von Streß auf Körper und Seele. Er wird beschrieben als der Verschleiß somatischer und psychologischer Systeme. Die Überbeanspruchung des Zielorganes kann aus exzessivem, intensivem akutem Streß und / oder exzessivem chronischem Streß (Everly, 1989) resultieren.

Belastendes Ereignis ...

auch Krise genannt, liegt außerhalb der üblichen menschlichen Erfahrung. Da es plötzlich und unerwartet auftritt, kann es starke emotionale Auswirkungen auch auf gut vorbereitete, erfahrene Menschen haben. Ist das belastende Ereignis extrem, kann es zum Auslöser der Posttraumatischen Belastungsstörung, einer psychiatrischen Erkrankung werden.

Trauma ...

ist ein Ereignis, das die Psyche angreift und ihre Integrität bedroht. Es kann so nachhaltig wirken, daß es die Biographie des Betroffenen massiv beeinflußt. Wenn nicht schnell und effektiv interveniert wird, kann es eine Persönlichkeitsveränderung oder eine somatische Krankheit zur Folge haben. Nach der American Psychiatric Association (1987) wird Trauma definiert als »ein psychischen Streß auslösendes Ereignis außerhalb der üblichen menschlichen Erfahrung« (APA 1987, S. 247). Es ist davon auszugehen, daß derartige Ereignisse die Möglichkeiten sonst bewährter Bewältigungsstrategien übersteigen. Ein traumatisches Ereignis ruft große Angst, Hilflosigkeit und Entsetzen hervor.

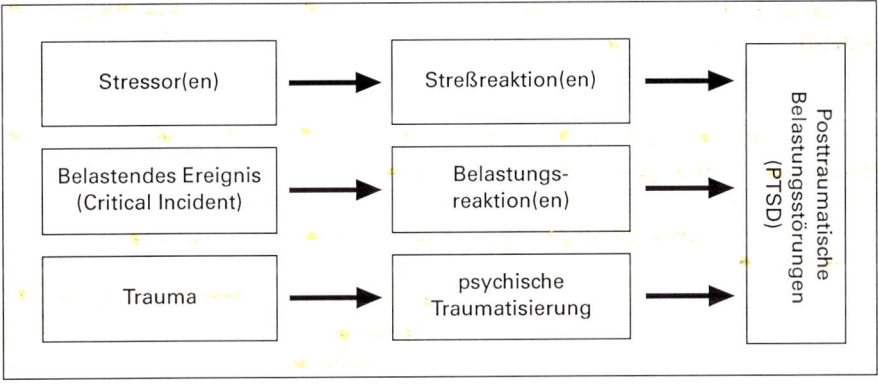

Abb. 1.1: Grundbegriffe

Posttraumatische Belastungsstörung (PTSD) ...

ist eine im medizinischen Bereich anerkannte psychische Krankheit, die durch ein belastendes oder traumatisches Ereignis hervorgerufen wird (APA, 1980, 1987, 1994). Eine Posttraumatische Belastungsstörung (Post Traumatic Stress Disorder, PTSD) zeigt sich in drei Symptomgruppen:

1. sich aufdrängendes Wiedererinnern
2. erhöhte Erregbarkeit
3. Abstumpfung / Rückzug / Vermeidung.

23

SBE-Nachbesprechung (Debriefing) ...

ist ein Gruppengespräch über ein belastendes Ereignis, das Streßreaktionen mildern kann. Die SBE-Nachbesprechung mit dem Synonym Debriefing basiert auf den Grundprinzipien von Information und Krisenintervention. Es soll die emotionalen Auswirkungen eines belastenden Ereignisses reduzieren und die Einsatzkräfte unterstützen, sich zügig zu erholen. Die SBE-Nachbesprechung wird angeleitet von einem ausgebildeten Team aus psychosozialen Fachleuten und als Peers geschulte Einsatzkräften (z.B. aus Polizei, Feuerwehr, Rettungsdienst, Notarztdienst, Pflegeberufen, Katastrophenschutz, Ärzten etc.).

Die SBE-Nachbesprechung ist ein strukturierter und formalisierter Gruppenprozeß, der Kriseninterventionsstrategien und Unterrichtstechniken miteinander verbindet. Eine SBE-Nachbesprechung ist ein Gespräch, das von Peers getragen und von einer psychosozialen Fachkraft geleitet wird. Das traumatische Ereignis wird mit dem Ziel thematisiert, die psychische Belastung zu reduzieren und die Erholung zu unterstützen. Eine SBE-Nachbesprechung beinhaltet sieben Phasen, die dem Prozeß Struktur geben. Sie beginnt mit einer *einführenden Bemerkung*, in der die Ziele der SBE-Nachbesprechung erläutert werden. Damit werden die Teilnehmer motiviert, die Struktur anzunehmen und die Notwendigkeit von Arbeitsregeln für den Gesprächsverlauf nachzuvollziehen. Die zweite Phase der SBE-Nachbesprechung heißt *Tatsachen-Phase*. Hier nennen die Teilnehmer ihren Namen und ihre Funktion im Einsatz. Die dritte Phase ist die *Gedanken-Phase*. Die Teilnehmer werden gebeten, ihre ersten oder intensivsten Gedanken während des Einsatzes zu beschreiben. Die *Reaktions-Phase* ist die vierte Phase. Hier thematisieren die Teilnehmer jene Aspekte, die sie belasten. Die Symptome des Ereignisses werden in der fünften Phase, der *Auswirkungs-Phase* beschrieben. Während der sechsten Phase, der *Informations-Phase,* informieren der Gruppenleiter und die Peers und machen Vorschläge, die für den Streßabbau hilfreich sind. In der siebten und letzten Phase, der *Abschluß-Phase,* werden noch offene Fragen beantwortet. Die letzte Phase der SBE-Nachbearbeitung endet mit einer kurzen Zusammenfassung des Prozesses durch ein SBE-Teammitglied.

Informelle Gespräche

Seit jeher haben Einsatzkräfte informelle Gespräche über belastende Ereignisse geführt. Diese Gespräche unter Freunden und Kollegen werden als hilfreich empfunden und sollen gefördert werden. Ausgebildete Peers können während solcher Gespräche anwesend sein. Sie haben es in der Hand, das Gespräch in eine Bahn zu lenken, die Hilfe und Unterstützung ermöglicht. Ausgebildete Peers können auch wahrnehmen, ob Symptome und Anzeichen von Belastungen vorhanden sind, um dann den entsprechenden Personen eine SBE-Nachbearbeitung oder andere Formen von Unterstützung nahezubringen.

Besondere SBE-Nachbesprechungen ...

werden von Teams außerhalb ihres regulären Wirkungsbereiches (z.B. für Schulklassen, Mitarbeiter von Firmen) angeboten. Der Akzent eines solchen Debriefings liegt auf dem Lerneffekt. Der Leiter hat eine größere Bedeutung. Siehe auch »Kommunale SBE-Teams«.

SBE-Team ...

ist ein Team, das sich beschreiben läßt als eine Partnerschaft zwischen (hauptamtlichen) psychosozialen Fachleuten (z.B. Psychologen und Geistlichen) und Peers (Einsatzkräften) mit einer Ausbildung, die sie befähigt, bei Streßreaktionen intervenieren zu können. Die Mehrheit der Teams in den USA wurden aufgebaut, um Unterstützung für Einsatzkräfte anbieten zu können. Immer mehr Teams entstehen, um den Bedürfnissen der Geschäftswelt, Lehranstalten und kommerzieller Organisationen Rechnung zu tragen. SBE-Teams haben (in den USA) unterschiedliche Namen. Einige davon sind nachfolgend aufgeführt:

- Crisis Response Team
- Crisis Events Response Team
- Emergency Services Support Unit
- Critical Incident Stress Debriefing Team
- Critical Incident Stress Management Team
- Critical Incident Response Team.

Team-Leiter ...

ist ein psychosozialer Fachmann, der eine SBE-Nachbesprechung leitet. Wenn Einsatzkräften SBE-Nachbesprechungen angeboten werden, arbeitet der Gruppenleiter eng zusammen mit zu Peers ausgebildeten Einsatzkräften, zum Beispiel Polizisten, Feuerwehrleuten, Rettungsdienstmitarbeitern oder Pflegepersonal. Wenn Nachbesprechungen anderen Gruppen, Schulen, Firmen oder anderen Organisationen angeboten werden, arbeiten Ehrenamtliche kaum oder nicht mit.

Peers ...

sind ausgebildete Einsatzkräfte im SBE-Team. Sie kommen aus dem Rettungsdienst, der Feuerwehr, der Polizei, dem Sanitätsbereich, dem Militär etc. Für die Intervention bei Einsatzkräften ist bedeutsam, daß die Peers aus »dem eigenen Stall« kommen. Im Schulwesen und in der Geschäftswelt gibt es nicht in jedem SBE-Team Peers. Organisationen im Bereich Industrie, Bildungswesen und Geschäftswelt verlassen sich mehr auf die Kompetenzen psychosozialer Fachleute. (Anm. d. Hrsg.: In dem Begriff »Peer« schwingen so viele Bedeutungen mit, daß wir auf die Übersetzung des Begriffes verzichten.)

Hauptamtliche Mitarbeiter ...

sind im Gegensatz zu den ehrenamtlichen Peers in ihrem Hauptberuf Psychosoziale Fachleute oder Seelsorger. Beide Gruppen haben ein spezielles Wissen und spezielle Fähigkeiten. Psychosoziale Fachleute haben eine akademische Ausbildung, Diplome, Zertifikate, Zeugnisse oder andere Bestätigungen ihrer Ausbildung und Fähigkeiten. Von einem Seelsorger wird erwartet, daß er als Geistlicher geweiht / ordiniert ist oder als Kaplan einen Ausbildungsnachweis und Erfahrung hat. Die meisten von ihnen tragen akademische Grade von Hochschulen oder Fachhochschulen. Auch psychosoziale Fachleute benötigen eine entsprechende Ausbildung sowie Übung und Erfahrung in klinischer Psychologie, um eine Streßbearbeitung nach belastenden Ereignissen durchführen zu können. Hauptamtliche psychosoziale Fachleute sind z.B. Sozialarbeiter, Psychiater und Psychologen.

> *Jeder, der bei besonders belastenden Ereignissen Hilfsdienste anbietet, ob als Peer oder als psychosozialer Fachmann, muß eine fundierte Ausbildung in Streßbearbeitung nach belastenden Ereignissen, Posttraumatischer Belastungsstörung (PTSD) und in den Interventionsmethoden haben. Trotz bester Absichten können Interventionen von nicht ausgebildeten Menschen großen Schaden bei den Menschen anrichten, an die sich das Angebot wendet.*

Kommunales SBE-Team ...

ist ein Team aus psychosozialen Fachleuten und Angehörigen von Katastrophenschutzorganisationen und Rettungsdienst. Das Team bietet sich für die psychologischen Bedürfnisse von Opfern einer Katastrophe in einer Kommune bzw. Gemeinde an. Ein kommunales SBE-Team arbeitet parallel zu einem SBE-Team für Einsatzkräfte. Es konzentriert seine Angebote auf die Primäropfer eines belastenden Ereignisses. Beide Teams erhalten eine ähnliche Ausbildung.

SBE-Team aus Einsatzkräften unterschiedlicher Aufgabengebiete und Organisationen ...

stellt eine Grundidee für die Bildung eines SBE-Teams für Einsatzkräfte dar. Das SBE-Team geht auf die psychischen Bedürfnisse von Einsatzdiensten ein, z.B. von Vollzugsorganen, Krankenhäusern, Feuerwehren, Notarztdienst, Katastrophenschutz, Bergwacht, Strafanstalten und anderen Einsatzkräften. Jede dieser Organisationen stellt Personal für ein Team aus Einsatzkräften unterschiedlicher Aufgabengebiete und Organisationen ab. Es bietet kontinuierlich Weiterbildung an, hält Supervisionen ab, führt Fallbesprechungen durch, kommt zur Ausbildung ins Haus und bietet Gruppenausbildungen für Teammitglieder an. Dieses Team stellt das erforderliche Personal bereit, um nach einem traumatischen Ereignis bei Bedarf die Einsatzkräfte zu unterstützen. Wenn zum Beispiel eine Behörde im Strafvollzug Unterstützung benötigt, so werden aus dem Team die entsprechenden Personen ausgewählt. Feuerwehrleute helfen der Feuerwehr, Polizisten ihren Kollegen und so weiter. Das Team aus Einsatzkräften unterschiedlicher Aufgabengebiete und Organisationen verursacht nur geringe Kosten bei der Ausbildung, da sich die jeweiligen Fachdienste die Ausbildungskosten für SBE teilen können. Eine solche Vernetzung ist auch dann von Vorteil, wenn den betreffenden Organisationen nur eine begrenzte Anzahl an psychosozialen Fachleuten zur Verfügung steht. Sie können synergetisch effektiver eingesetzt werden. Ein Team aus Einsatzkräften unterschiedlicher Fachdienste macht die Hilfe von Mitarbeitern aus den eigenen Reihen überflüssig. Dies ist von besonderer Bedeutung, weil bekannt ist: *Psychologische Unterstützungsangebote durch jemanden, der dem Betroffenen zu gut bekannt ist, ist problematisch, sowohl für den Betroffenen als auch für den Helfer.* Damit ist nicht gemeint, daß ein Team aus Einsatzkräften unterschiedlicher Aufgabengebiete und Organisationen einen Psychologen, ein Personal-Unterstützungs-Programm, einen Geistlichen oder andere Angebote zum Wohl der Mitarbeiter in einer Organisation ersetzen können. SBE-Teams sind eine Ergänzung zu Unterstützungs-Angeboten, niemals ein Ersatz dafür.

Streßbearbeitung nach belastenden Ereignissen ...

umfaßt ein breites Angebot an Programmen und Interventionsstrategien, die zur Streßprävention bei Einsatzkräften und als Hilfe bei der Streßbearbeitung geschaffen wurden. SBE unterstützt Einsatzkräfte, damit sie nach besonderen Belastungen, die aus ihrer Arbeit resultieren, gesunde Streßbewältigungsmechanismen entwickeln und sich von den Folgen der Belastungen besser erholen können. SBE umfaßt mehr als nur die SBE-Nachbesprechung. SBE beinhaltet Programme und Strategien, zum Beispiel Programme zur

- Streßprävention
- Unterstützungs-Programme
- SBE-Kurzbesprechungen
- SBE-Einsatzabschlüsse
- SBE-Nachbesprechungen
- SBE-Einsatzbegleitungen
- Nachbetreuung
- weitergehende Gemeinde-Programme
- Einzelberatungen, Beratungen durch Peers
- informelle Gespräche
- Kurse zur Krisenintervention
- Kurse zur Vorbereitung auf Katastrophen und Katastrophen-Unterstützungs-Programme.

SBE ist zutreffend beschrieben als umfassende *Annäherung an die Bewältigung von traumatischem Streß*. Die SBE-Nachbesprechung ist nur eine von mehreren Methoden unter dem Oberbegriff Streßbearbeitung nach belastenden Ereignissen.

SBE-Kurzbesprechung (Defusing) ...

ist die Kurzversion der SBE-Nachbesprechung. Sie hat drei Phasen: *Einführung, Austausch, Information*. SBE-Kurzbesprechungen finden mehrere Stunden nach einem belastenden Ereignis statt und dauern in der Regel weniger als eine Stunde. Sie werden von einem ausgebildeten Mitglied eines SBE-Teams geleitet. Der Leiter kann ein Peer oder ein psychosozialer Fachmann sein. SBE-Kurzbesprechungen können entweder eine SBE-Nachbesprechung ersetzen oder ihren Bedarf eruieren.

SBE-Einsatzabschluß (Demobilization) ...

steht für eine kurze Intervention, die nur unmittelbar nach einer Katastrophe oder einem Großschadensfall durchgeführt wird. Diese Intervention wurde geschaffen, um den Übergang vom Einsatz in die Alltagswelt zu strukturieren. Nachdem Einsatzgruppen aus dem Einsatz entlassen werden, begeben sie sich zum SBE-Einsatzabschluß. In einer zehnminütigen Veranstaltung werden sie über mögliche Auswirkungen psychischer Belastungen informiert. Es folgen Hinweise, die sie sofort umsetzen können und die 24 bis 72 Stunden überbrücken, bis eine SBE-Nachbesprechung durchgeführt wird. Jedem SBE-Einsatzabschluß folgt nach einigen Tagen eine SBE-Nachbesprechung. Nach dieser maximal zehnminütigen Information begeben sich die Einsatzkräfte in einen anderen Raum, wo ein Imbiß und alkoholfreie Getränke bereitstehen. Nach einer zwanzigminütigen Pause werden die Einheiten entweder an ihren üblichen Arbeitsplatz entlassen - nicht an die Einsatzstelle -, oder sie gehen nach Hause. Bei einem langen Katastropheneinsatz (länger als ein oder zwei Schichten) werden SBE-Einsatzabschlüsse nur während der ersten und möglicherweise noch während der zweiten Schicht angeboten. Dann enden die SBE-Einsatzabschlüsse. Es folgen für die Dauer des Einsatzes Einzelbegleitung und Beratungen der Einsatzleitung.

SBE-Einzelberatung ...

Eine SBE-Nachbesprechung ist dann angebracht, wenn mehr als drei Personen an ihr teilnehmen. Bei bis zu drei betroffenen Personen ist eine andere Art von Begleitung angezeigt: die Einzelberatung. SBE-Kurzbesprechungen, SBE-Einsatzabschlüsse und SBE-Nachbesprechungen sind Gruppenprozesse. Wer eine Gruppe zusammenzieht, obwohl nur einzelne von einem belastenden Ereignis betroffen sind, riskiert Ärger mit denen, die nicht betroffen sind. Die Einzelberatung ist Bestandteil der Streßbearbeitung nach belastenden Ereignissen. Sie ermöglicht einem (oder zwei) ausgebildeten Peers bzw. psychosozialen Fachleuten die Begleitung einzelner. Im Gegensatz zum durchstrukturierten Gruppenprozeß beruht diese Intervention auf einem individuellen Gespräch. Es ist möglich, das traumatische Ereignis in den Einzelberatungen mit der Struktur der SBE-Nachbesprechung zu bearbeiten. Zuerst wird nach den Fakten und anschließend nach den Gedanken während der belastenden Situation gefragt. Dann wird der belastende Aspekt des Ereignisses thematisiert. Es folgt eine weitere Befragung zu kognitiven, physischen und emotionalen Symptomen sowie nach Auffälligkeiten im Verhalten. Schließlich gibt der Helfer nützliche Hinweise und Anregungen und beendet die Sitzung.

SBE-Einsatzbegleitung (On Scene Support Services) ...

ist eine direkte Unterstützung an der Einsatzstelle. Hier gibt es drei mögliche Angebote:

1. kurze Krisenintervention mit Einsatzkräften, die Belastungssymptome zeigen
2. Beratung der Einsatzleitung
3. Hilfe für Opfer, Überlebende und Familienmitglieder, die direkt von dem Ereignis betroffen sind.

Die SBE-Einsatzbegleitung wird überwiegend von geschulten Peers durchgeführt.

Angebote für Gruppen werden nicht am Einsatzort durchgeführt! Gruppenangebote vor Ort lösen leicht Unruhe bei den Einsatzkräften aus. Die SBE-Einsatzbegleitung ist auf Einzelberatungen begrenzt!

Unterstützung für Angehörige

Jede Unterstützung für Einsatzkräfte ist einseitig, wenn sie nicht zusätzlich ein eigenes Angebot für Angehörige und nahestehende Menschen der Einsatzkräfte beinhaltet. Sie verdienen besondere Beachtung. Denn sie werden mittelbar mit ähnlicher Intensität von den traumatischen Ereignissen betroffen (Tertiäropfer) wie ihre Partner als Einsatzkräfte. SBE-Teams beziehen sie ebenfalls in ihre Angebote ein, um sie effektiver begleiten zu können. Es gibt eine Reihe von ausgearbeiteten Programmen für Angehörige von Einsatzkräften:

– SBE-Nachbesprechungen nach traumatischen Ereignissen
– kleine Gesprächsgruppen, die sich regelmäßig treffen
– Trauer-Seminare
– Familientreffen.

Nachbetreuung

Jeder SBE-Einsatzbegleitung, SBE-Nachbesprechung oder SBE-Kurzbesprechung muß eine Nachbetreuung folgen. Sie beinhaltet Anrufe, Besuche auf der Wache, Treffen mit Seelsorgern, kurze Gruppentreffen, Treffen mit Vorgesetzten, Besuche von Peers, Einzelbetreuung, Familienkontakt, evtl. Weitervermittlung an Psychologen etc.

Grundlagen der Streßbearbeitung nach belastenden Ereignissen

Wer den Grundlagen der Streßbearbeitung nach belastenden Ereignissen folgt, optimiert die Qualität seiner Angebote und vermeidet gravierende Fehler. Im folgenden sind allgemeine Grundlagen der SBE anhand der SBE-Nachbesprechung erläutert.

1. Die SBE-Nachbesprechung ist keine Psychotherapie.
2. Die SBE-Nachbesprechung ist kein Ersatz für eine Psychotherapie.
3. Die SBE-Nachbesprechung darf nur von ausgebildetem Personal durchgeführt werden.
4. Die SBE-Nachbesprechung ist ein gruppendynamischer Prozeß.
5. Die SBE-Nachbesprechung ist ein Gruppentreffen oder -gespräch, das Belastungen reduziert und die Erholung beschleunigt. Sie bezieht sich auf psychologische Grundlagen, ohne jedoch Psychotherapie zu sein.
6. Die SBE-Nachbesprechung wird von einem Team angeboten. Das SBE-Team setzt sich aus einer psychosozialen Fachkraft und mehreren Peers zusammen.
7. Eine SBE-Nachbesprechung kann in der kurzen Zeit, die sie dauert, nicht alle Probleme lösen. Sie kann nur helfen, bestehende Probleme abzuschwächen.
8. Manchmal ist es notwendig, einzelne Teilnehmer nach der SBE-Nachbesprechung weiterzubetreuen.
9. Es können auch Teilnehmer von SBE-Nachbesprechungen profitieren, die sich nicht verbal eingebracht haben.

10. Eine Nachbesprechung sollte grundsätzlich auf freiwilliger Basis angeboten werden. Andererseits profitieren die Teilnehmer einer SBE-Nachbesprechung davon, wenn alle Kollegen, die im Einsatz waren, anwesend sind.

11. Der beste Zeitpunkt für eine Nachbesprechung liegt in einem Zeitrahmen zwischen 24 und 72 Stunden nach dem Ereignis. Ausnahmen hängen davon ab, wie groß die Streßbelastung bei den Einsatzkräften tatsächlich ist, wie der bereits bestehende Zeitplan aussieht, welche Bedürfnisse die Gruppe hat und wie die Arbeitsanforderungen sind. SBE-Nachbesprechungen, die nach Dienstunfällen mit tödlichem Ausgang angeboten werden, können vor Ablauf des ersten Tages durchgeführt werden. Aufgrund der Umstände werden viele SBE-Nachbesprechungen wesentlich später als 72 Stunden nach dem Einsatz abgehalten werden können, vor allem bei Großschadenslagen und Katastrophen.

12. Die SBE-Nachbesprechung ist vorrangig eine Methode zur Prävention. Sie kann aber auch eingesetzt werden, um Posttraumatische Belastungen zu reduzieren.

13. Die SBE-Nachbesprechung ist ein Angebot, das für Einsatzkräfte entwickelt wurde. Es wurde jedoch mit großem Erfolg bei unterschiedlichen Berufsgruppen angewandt, die keine Einsatzkräfte sind: Arbeiter auf Öltürmen bzw. in Ölraffinerien, Arbeiter in der Industrie, Geschäftsleute, Bankangestellte, Grubenarbeiter, Mitarbeiter der Parkaufsicht in Naturparks, Verkäufer im Einzelhandel, Büroangestellte, Kabinenpersonal von Fluggesellschaften und andere. Die SBE-Nachbesprechung hat für die betroffenen Gruppen dann einen positiven Effekt, wenn das SBE-Team gut ausgebildet ist und sich an die SBE-Richtlinien hält.

14. Die SBE-Nachbesprechung beschleunigt den »normalen Grad der Erholung von normalen Menschen, die normale Reaktionen auf unnormale Ereignisse zeigen«.

15. Die SBE-Nachbesprechung ist nur eine unter mehreren Möglichkeiten der Streßbearbeitung nach belastenden Ereignissen.

16. Die SBE-Nachbesprechung sollte von Personal durchgeführt werden, das den Teilnehmern nicht zu sehr vertraut ist.

17. Gute SBE-Teams arbeiten in vielen Organisationen mit vielen Zuständigkeitsbereichen.

18. Die SBE-Nachbesprechung ist eine Form der Krisenintervention, die kognitive und affektive Prozesse stabilisiert und die Auswirkungen einer traumatischen Erfahrung abschwächt. Es geht nicht um eine Kritik der Einsatztaktik.

Zusammenfassung

Dieses Kapitel beleuchtete und erklärte einige grundlegende Begriffe, die in diesem Buch vorkommen. Außerdem wurden zentrale Anliegen der SBE-Nachbesprechung aufgegriffen. Es wurden häufig verwendete Begriffe eingeführt. Auch erfahrene SBE-Teammitglieder lesen das vorgegangene Kapitel immer wieder durch, um die Terminologie korrekt zu verwenden. Das Kapitel beinhaltet weiter eine Zusammenfassung von 18 Regeln für die SBE-Nachbesprechung, die uns in diesem Buch häufig begegnen.

2 Streß

Einführung

Bevor wir näher auf die Methodik der SBE-Nachbesprechung eingehen, ist es notwendig, sich mit Streß und Traumatisierung zu befassen. Gäbe es weder krankmachenden Streß noch psychische Traumatisierung, wäre für Streßbearbeitung nach belastenden Ereignissen kein Bedarf. So aber wurde die SBE als Antwort auf die Tatsache geschaffen, daß extreme Belastungen und psychische Traumatisierung ebenso dienstunfähig machen können wie eine körperliche Verletzung. Nun zu den Grundlagen:

Definitionen von Streß

Das Hooksche Gesetz aus dem Jahre 1676 beschreibt ein Phänomen aus der Physik: Eine »Last« oder physischer »Streß« übt eine physische Belastung auf anderes Material aus. 1926 entdeckte der österreichische Endokrinologe Hans Selye etwas, das seiner Meinung nach ein starres Muster von Geist-Körper-Reaktionen war. Er nannte Streß eine »unspezifische Reaktion des Körpers auf jegliche Anforderung« (Selye, 1974, S. 14). Später bezog sich Selye auf dieses Reaktionsmuster und beschrieb es als den totalen »Verschleiß des Körpers« (Selye, 1976). Am Anfang seiner beruflichen Laufbahn wurde Selye einmal zu einer Diskussion über dieses Thema an das College de France eingeladen. Akuf der Suche nach einem Wort, das die genannten Gedanken am besten beschreiben könnte, lieh er sich das Wort Streß aus der Physik. So wird das Wort Streß - dank Selye - heute noch definiert als »unspezifische Reaktion des Körpers auf jegliche Anforderung, der er ausgesetzt wird«. Als nun ein neues Wort für diese Reaktion gefunden war, mußte auch der Auslöser einen Namen erhalten. So wurde für den Reiz das Wort Stressor geprägt. Diese Beziehung beschreibt Abbildung 2.1.

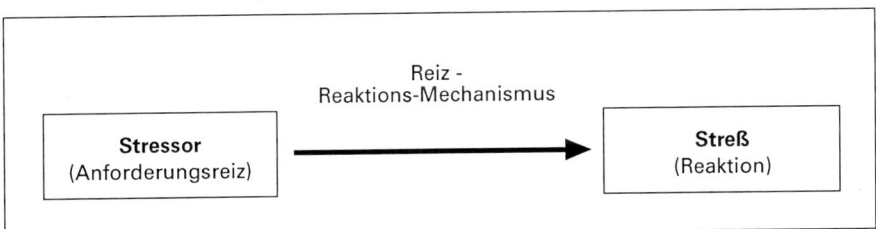

Abb. 2.1: Reiz-Reaktions-Mechanismus

Manche Autoren beziehen sich auf »mentalen Streß« im Gegensatz zu »physischem Streß«. Dies führt immer wieder zu Unklarheiten und entspricht nicht der Definition Selyes. Diese besagt, daß Streß die Reaktion oder Antwort auf einen Stressor ist. Nun kann ein Stressor sowohl mentaler als auch physischer Natur sein. Trotz des historischen Bezuges bleibt eine Unschärfe hinsichtlich dessen, was Streß nun eigentlich ist.

Anstatt unzählige Definitionen des Begriffes Streß zu diskutieren, schlagen wir eine Definition vor, wie der Begriff Streß in diesem Buch gebraucht wird. In Übereinstimmung mit Selyes Definition beschreiben wir Streß als eine »Geist-Körper-Reaktion«, die den Stressor mit der streßbedingten Krankheit eines Zielorgans in Beziehung bringt (siehe Everly und Sobelman, 1987; Everly, 1989). Abbildung 2.2 beschreibt dieses Verhältnis.

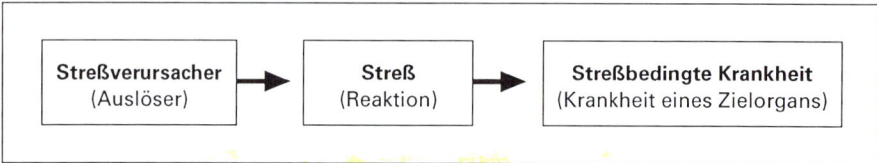

Abb. 2.2: Streßverursacher - Streß - streßbedingte Krankheit

Die Streßreaktion ist, wie Abbildung 2.2 zeigt, ein Vermittler. Dies erklärt, wie streß-verursachende Reize streßbedingte physische Krankheiten verursachen oder weitge-hend dafür verantwortlich sind. Die schwächste Stelle des Körpers ist hierfür anfällig, der Streß »sucht sich ein Zielorgan«. Allerdings ist zu beachten: Nicht alle Arten von Streß sind negativ oder unerwünscht. Dies wird in Abbildung 2.3 aufgegriffen.

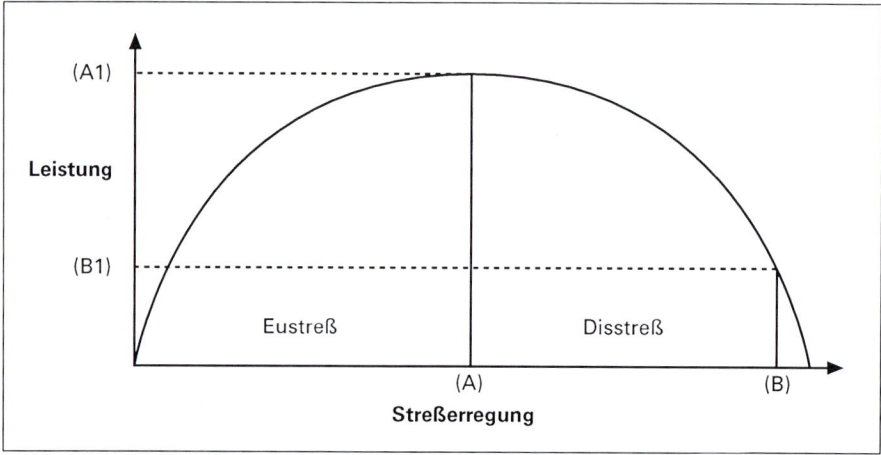

Abb. 2.3: Eustreß und Disstreß

Bei der Betrachtung von Abbildung 2.3 wird deutlich, daß die Leistungsfähigkeit zu-nächst proportional mit der Belastung steigt. Deshalb feuern z.B. Trainer ihre Mann-schaft an. Andere Menschen versuchen sich vor einer Situation, die volle Leistung erfordert, selbst aufzuputschen. (A) steht für den Punkt auf der Streßerregungs-Ach-se, an dem eine Situation optimal bewältigt werden kann. A1 kennzeichnet diesen Punkt auf der Leistungsachse. Betrachten Sie auf der Skizze die Veränderung, wenn die Streßerregung von links nach rechts auf der horizontalen Achse stetig ansteigt: in gleichem Maße wie der Streß von Punkt (A) bis Punkt (B) ansteigt, fällt die Leistung bis auf Punkt (B1) ab. Selye (1974) bezeichnet positiven, motivierenden Streß als *Eustreß,* anregenden Streß; Streß, der zu Leistungsminderung und Krankheit führt,

34

nennt er *Dißtreß,* aufregenden Streß. Wir sehen also: Streß ist nicht immer schlecht. Folgerichtig hat Selye auch behauptet: Das völlige Fehlen von Streß bedeutet den Tod.

In den 40er, 50er Jahren und Anfang der 60er Jahre wurden streßbedingte Krankheiten als »psychosomatisch« bezeichnet. Bei diesen Erkrankungen traten organische Gewebeveränderungen auf, die durch außergewöhnliche Belastungen hervorgerufen wurden. 1968 veröffentlichte die American Psychiatric Association die zweite Ausgabe ihres *»Diagnostic and Statistical Manual of Mental Disorders« (DSM-II).* In diesem Handbuch, das Begriffe und Diagnosen aus der Psychiatrie beinhaltet, wurden streßbedingte Krankheiten den *psychosomatischen Krankheiten* zugeordnet. Gleichzeitig wurden neurotische Störungen, die sensorische oder motorische Funktionen beeinträchtigten, aber keine wirkliche Schädigung des organischen Gewebes verursachten, als *Konversionsstörungen* oder *hysterische Störungen* bezeichnet. Psychosomatische Störungen wurden oft mit Konversionsreaktionen verwechselt. Streßbedingte psychosomatische Störungen sind »real«. Sie führen zu Gewebsverletzungen und können lebensbedrohlich verlaufen. Konversionsreaktionen dagegen sind Anpassungsstörungen und nicht lebensbedrohlich.

1980 überarbeitete die *American Psychiatric Association* ihr diagnostisches Handbuch und gab eine dritte Ausgabe, das DSM-III, heraus. In diesem Handbuch mit diagnostischer Nomenklatur werden streßbedingte Krankheiten nicht mehr psycho-

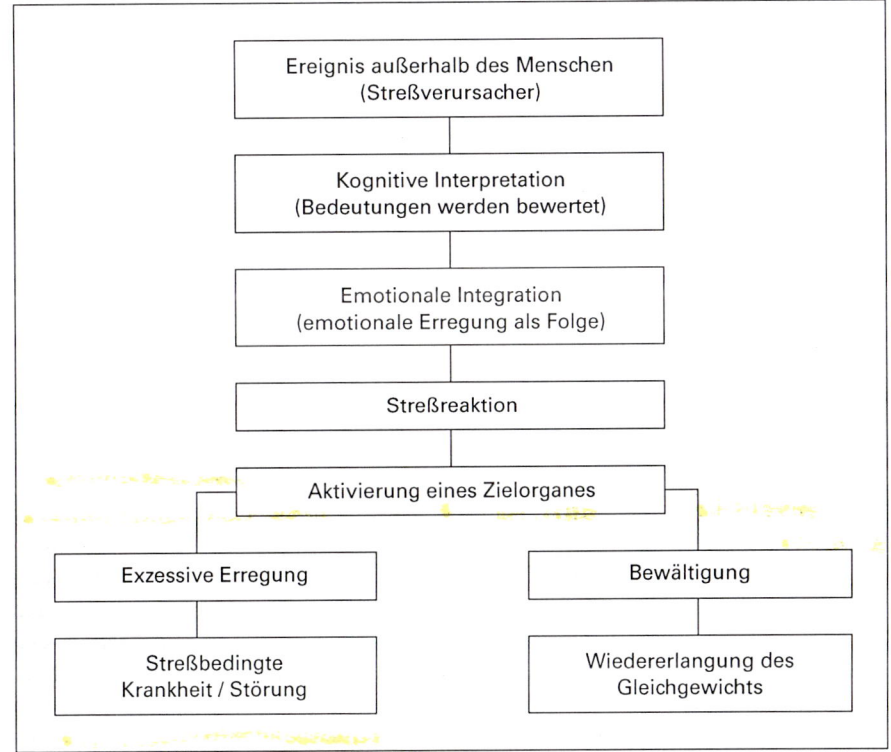

Abb. 2.4: Die Streßreaktion des Menschen

physiologisch genannt, sondern stehen unter dem diagnostischen Oberbegriff der *»psychischen Faktoren, die physische Krankheiten verursachen«*. Durch diese Änderung finden streßbedingte Krankheiten mehr Beachtung. *Neurotische Konversionsstörungen* wurden unter einen umfassenderen Oberbegriff gestellt: *somatoforme Störungen.* Diese Taxonomie wurde im DSM-IV (APA, 1994, deutsch: 1996) beibehalten.

In den vorangehenden Abschnitten wurden Grundlagen thematisiert, die für das Verständnis von Streßreaktionen bedeutsam sind. Nun wird das *Puzzle zusammengefügt und erklärt,* warum Ereignisse mit psychosozialer Bedeutung sich körperlich auswirken. Streßreaktionen werden in einem sog. mehrdimensionalen Modell erklärt. Abbildung 2.4 zeigt ein detailliertes Modell der Streßreaktion bei Menschen.

Dieses »Streßmodell« stellt eine Zusammenfassung der Arbeiten von Lazarus und Folkman (1984), Selye (1956), Everly (1989) und Smith und Everly (1992) dar. Betrachten wir die einzelnen Bestandteile.

Stressoren

Streßverursacher fallen in zwei Kategorien:

1. biochemische Stressoren
2. psychosoziale Stressoren.

Die erstgenannten Stressoren verursachen Streß in biochemischen Abläufen des menschlichen Körpers. Trotz der Kenntnisse über diese Substanzen bleiben sie als Stressoren wirksam. Beispiele von biochemischen Stressoren sind:

- Koffein
- Amphetamine
- Nikotin
- Phenylpropanolamin
- Theophyllin.

Koffein ist enthalten in Kaffee, Tee, vielen Erfrischungsgetränken und in einigen Arzneimitteln. Eine Tasse mit ca. 150 ml aufgebrühtem Kaffee enthält ungefähr 150 Milligramm (mg) Koffein. Tee, der 5 Minuten lang zieht, enthält ungefähr 50 bis 60 mg. Ein koffeinhaltiges Erfrischungsgetränk enthält bei ca. 330 ml zwischen 30 bis 65 mg. Ein Schokoriegel von 25 g hat einen Koffeingehalt von zirka 40 mg. Außerdem enthalten gebräuchliche Medikamente 32 bis 140 mg Koffein.

Biochemische Stressoren rufen Streß hervor. Man nimmt an, daß die Dosierung von 200 bis 300 mg, verteilt über mehrere Stunden (3 bis 6 Std.), starke Auswirkungen auf Menschen haben sowie Angstzustände und streßbedingte Symptome hervorrufen kann (Greden, 1974; Girdano, Everly und Dusek, 1993). Alltäglich anzutreffende Symptome, die durch den exzessiven Konsum von biochemischen Stressoren verursacht werden, sind Schlafstörungen, Konzentrationsschwierigkeiten, Fahrigkeit, Nervosität, Angst- und Spannungszustände.

Die zweite Kategorie von Streßverursachern kann als »psychosoziale« Streßverursacher bezeichnet werden. Im Gegensatz zu den biochemischen verursachen diese Stressoren Streß nicht unmittelbar. Vielmehr bereiten sie den Boden für Streßreaktionen, die durch Vorgänge im Menschen ausgelöst werden. Damit verhält es sich fast so wie mit der Schönheit - sie liegt im Auge des Betrachters. Jeder empfindet sie anders. Zwar können viele psychosoziale Situationen potentiell Streß verursachen, aber nur wenn sie als herausfordernd, bedrohlich oder aversiv wahrgenommen werden, werden sie psychosoziale Stressoren. Dies bringt uns zu der zweiten Stufe des Modells, der *kognitiven Interpretation.*

Kognitive Interpretation

Epiktet, ein Philosoph des Altertums (um das Jahr 50 n. Chr.), prägte den Satz: »die Menschheit wird nicht von Dingen gestört, sondern von der Meinung, die sie dazu hat.« Hans Selye sagt dasselbe mit seiner Feststellung: »Es kommt nicht darauf an, was einem Menschen zustößt, sondern darauf, wie er damit umgeht«. Schließlich bemerkte die Neurophysiologin Magda Arnold hierzu: »Die bloße Erfahrung von Ereignissen um uns herum kann keine Reaktion verursachen, wenn nicht das Geschehen auf uns gerichtet ist, es uns betrifft.« (Arnold, 1984, S. 125). In jedem Augenblick ereignet sich etwas in unserer psychosozialen Umgebung. Diese Ereignisse führen nicht zu Streß, es sei denn, eines oder mehrere von ihnen werden folgendermaßen bewertet oder interpretiert: erstens bedeutsam, zweitens potentiell herausfordernd, bedrohlich oder aversiv. Die Tendenz, Situationen zu bewerten oder zu interpretieren, ist tief im Menschen verankert. Neuere Untersuchungen von Smith und Everly (1992) haben gezeigt, daß hauptsächlich der Interpretationsvorgang verantwortlich ist für die Entstehung von berufsbedingtem Streß und Krankheit.

Emotionale Integration

Magda Arnold (1970) sagt: Unsere Emotionen werden durch die Bewertung der psychosozialen Situationen unserer Umwelt verursacht. Rosenman (1984) ist ebenfalls der Ansicht, daß Emotionen durch die Interpretation einer Situation verursacht werden und nicht durch die Situation an sich. Die Auffassung, daß Emotionen von kognitiven Interpretationen verursacht werden, wird als *»Kognitives Primat«* bezeichnet. In der Fachwelt besteht keine Übereinstimmung darüber, ob Emotionen immer durch Interpretation hervorgerufen werden. Nach Untersuchungen über Streß sind sich Experten jedoch einig, daß Emotionen und Streßerregung in dieser Weise funktionieren und daß der *»kognitive Primat* eine funktionale und pragmatische Realität ist, wenn nicht sogar eine phänomenologische« (Everly 1989).

Die Welt ist voll von Stressoren. Die meisten dieser potentiellen Streßquellen lösen nur dann Streß aus, wenn sie - willkürlich oder weil es so erlernt wurde - als herausfordernd, bedrohlich oder aversiv interpretiert werden. Solche Bewertungen rufen Emotionen hervor. Bis zu diesem Punkt wirkt sich die Streßreaktion nicht physiologisch aus. Aufgrund der emotionalen Erregung setzt das Gehirn einen »Transducer / Transmitter« ein, um psychische Bewertungen in somatische Gegebenheiten umzuwandeln, die dann die physische Gesundheit angreifen. Dieser Umwandler wird als *limbisch-hypothalamischer Komplex* bezeichnet. Je mehr man Streß ausgesetzt ist, desto empfindlicher wird der limbische Kreislauf (d.h. leichteres Auslösen mit geringer Stimulation über einen bestimmten Zeitraum hinweg.)

Die Streßreaktion

Durch neuroanatomische und endokrinologische Studien wird nachvollziehbar, was bei der Streßreaktion passiert. Wir fassen kurz die Hauptmerkmale der Streßreaktion zusammen.

Die Streßreaktion selbst besteht aus drei großen »Bahnen« oder Achsen:

1. neurale Achse
2. neuroendokrine Achse
3. endokrine Achse (Everly, 1989).

Diese Funktionen sind immer aktiviert und arbeiten physiologisch. Bei Studien über Streß und Krankheit werden sie dann bedeutsam, wenn sie überstimuliert werden und ihre Aktivität gesteigert ist.

Die neurale Streßachse besteht aus dem Nervensystem des Sympathikus, des Parasympathikus (zusammen das *autonome Nervensystem* genannt) und dem neuromuskulären Nervensystem (den Nerven der skelettalen Muskeln).

Die *neuroendokrine* Streßachse besteht aus dem sympathischen neuralen System mit dem Nebennierenmark. Stimulation dieser Achse bewirkt die Ausschüttung des Hormons *Epinephrin* (Adrenalin) und *Norepinephrin* (Noradrenalin) aus beiden Teilen des Nebennierenmarks. Diese Achse ist verantwortlich für die sogenannte »Fight or flight«-Reaktion (»Kampf oder Flucht«), die von Walter Cannon Anfang der 30er Jahre untersucht wurde.

Die endokrine Achse schließlich besteht aus der vorderen Hypophyse und den Funktionen ihrer Nervenendorgane, wie zum Beispiel der Nebennierenrinde, die Hormone wie *Cortison* und *Aldosteron* ausschüttet. Genauso können sich der *Östrogen-, Progesteron-* und *Testosteronspiegel* unter Streß verändern. Abbildung 2.5 zeigt diese drei Streßreaktionsachsen.

Erregung eines Zielorgans und die Symptome

»Zielorgane« sind diejenigen Organe des Menschen, die zum somatischen »Ziel« der Streßreaktion werden. Nimmt man die drei zuvor beschriebenen Streßreaktionsachsen als gegeben, so ist die Anzahl von Zielorganen, die von starkem Streß betroffen sein könnten, sehr groß. Tabelle 2.1 faßt einige der typischen Zeichen und Symptome an Zielorganen unter exzessivem Streß zusammen.

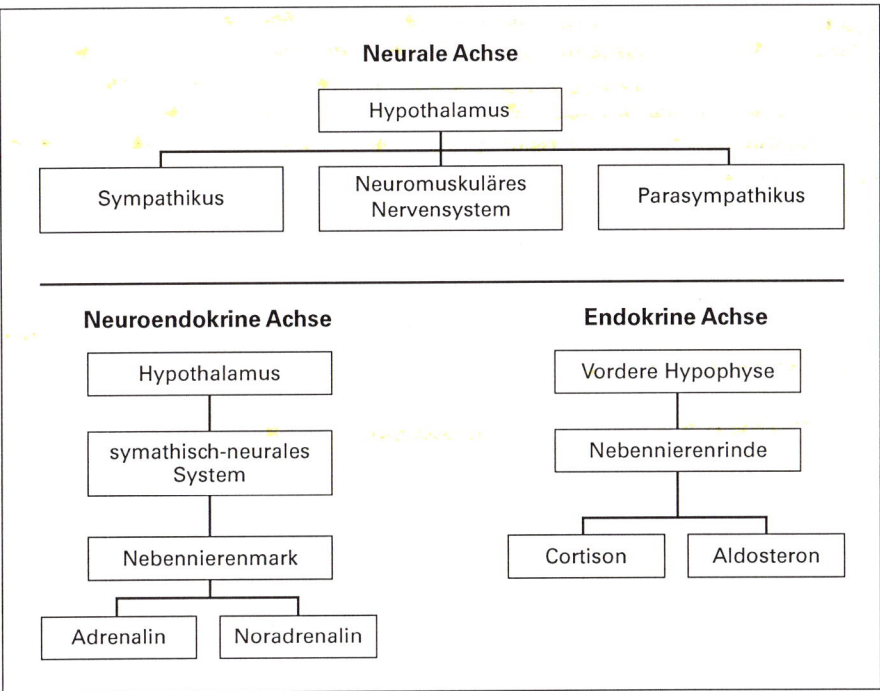

Abb. 2.5: Streßreaktionsachsen

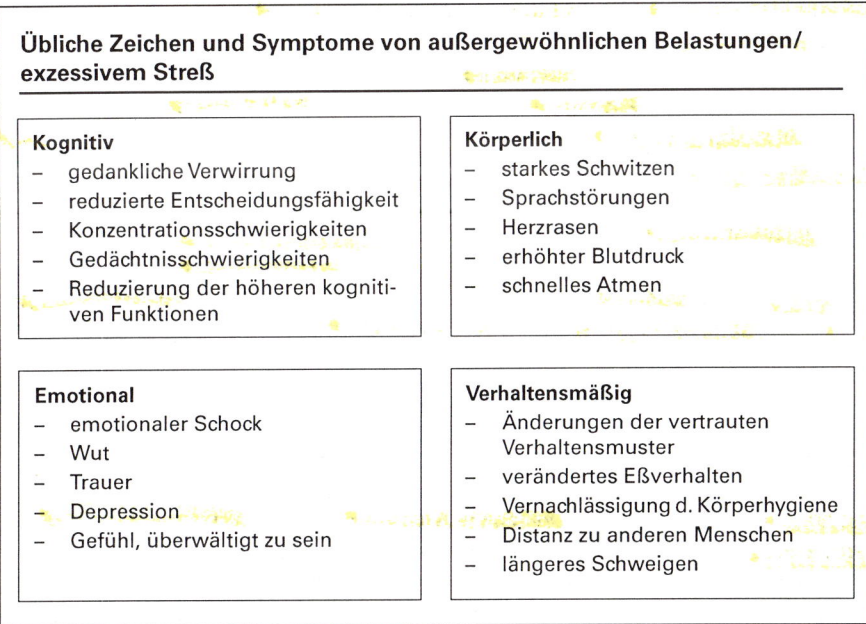

Übliche Zeichen und Symptome von außergewöhnlichen Belastungen/ exzessivem Streß

Kognitiv
- gedankliche Verwirrung
- reduzierte Entscheidungsfähigkeit
- Konzentrationsschwierigkeiten
- Gedächtnisschwierigkeiten
- Reduzierung der höheren kognitiven Funktionen

Körperlich
- starkes Schwitzen
- Sprachstörungen
- Herzrasen
- erhöhter Blutdruck
- schnelles Atmen

Emotional
- emotionaler Schock
- Wut
- Trauer
- Depression
- Gefühl, überwältigt zu sein

Verhaltensmäßig
- Änderungen der vertrauten
  Verhaltensmuster
- verändertes Eßverhalten
- Vernachlässigung d. Körperhygiene
- Distanz zu anderen Menschen
- längeres Schweigen

Tab. 2.1

Theorien zu streßbedingten Krankheiten

Abbildung 2.4 zeigt, daß das krankmachende Streßaufkommen durch erfolgreiche Bewältigungsstrategien abgeschwächt werden kann. Greifen die Bewältigungsstrategien dagegen nicht, werden die Zielorgane weiterhin in hohem Maße erregt. Es bleibt dann eine Frage der Zeit, bis eine Schädigung und Erkrankung dieser Organe eintritt. Die Zielorgane verlieren unter andauernden Belastungen ihre Funktionsfähigkeit. Es gibt verschiedene Theorien darüber, wie und warum Streß zu bestimmten Krankheiten oder Störungen führt. Sie werden im folgenden kurz vorgestellt:

Theorie von der Veränderung des Lebens

Die Theorie von der Veränderung des Lebens *(Life Change Theory)* beruht darauf, daß jede »Veränderung« eine Anpassung bewirkt. Der Vorgang der Anpassung ist Streß. Zu weitreichende oder zu einschneidende Veränderungen bewirken, daß der Körper überfordert wird. Damit entsteht eine streßbedingte Krankheit. Anfangs wurde diese Theorie auf bedeutende Veränderungen im Leben bezogen, z.B. Umzug, Scheidung, Universitätsabschluß (Holmes und Rahe, 1967). Sie wurde modifiziert und beinhaltet nunmehr auch die Auswirkungen kleinerer »Ärger« (Lazarus und Folkman, 1984). Die Theorie der Lebensereignisse kann nicht exakt benennen, wie die Veränderung schließlich zur Krankheit führt. Sie besagt lediglich, daß das Zielorgan durch Streß geschädigt wird.

Theorie der Organschwäche

Die Theorie der Organschwäche *(Weak Organ Theory)* beruht darauf, daß jeder Mensch entweder mit einem schwachen oder sehr empfindlichen Zielorgan geboren ist. Wenn wir unter Belastung stehen, werden diese vom Organsystem getragen. Je mehr eine Person unter Streß steht, desto größer ist die Belastung auf das schwache Organ, bis es schließlich zusammenbricht und erkrankt. Der Schlüssel zum Verständnis der Erkrankung liegt in der Überforderung des Organs aufgrund ständiger Beanspruchung.

Theorie vom Versagen des Gleichgewichts

Die Theorie vom Versagen des Gleichgewichts *(Homeostatic Failure Theory)* (Versagen der Regelungsmechanismen z.B. von Kreislauf, Körpertemperatur, Hormonhaushalt, ph-Wert, Wasser- und Elektrolythaushalt, Anm. d. Hrsg.)wurde von Psychophysiologen zwischen 1960 und 1970 aufgestellt. Danach werden durch Belastung nicht alle Organe in gleichem Ausmaß betroffen. Einige Organe werden stärker gefordert und benötigen mehr Zeit, um wieder auf ihre normale Funktionsebene zurückzukehren. Diese Organe erkranken durch exzessiven Streß (Sternbach, 1966). Der Schlüssel zum Verständnis der Erkrankung liegt hier in der Überbelastung eines Organs, die dann auftritt, wenn es nicht schnell genug zur normalen Erregungsebene zurückkehrt.

Theorie von der Störung des Erregungsniveaus

Eine der neuesten Theorien für die Erklärung streßbedingter Krankheiten, ist die *»Theorie von der Störung des Erregungsniveaus«* (Disorders of Arousal Theory). Formuliert von Everly und Benson (1989) besagt sie: Wenn ein Mensch außergewöhnlichen

Belastungen ausgesetzt ist (chronisch oder von großer Intensität), werden die Streßerregungszentren im Gehirn hypersensibel. Diese Hypersensibilität führt zu einem Zustand, in dem die Streßreaktion sehr schnell ausgelöst wird. Nach dieser Theorie werden alle streßbedingten Krankheiten durch intensive oder chronische Erregung verursacht, die im Gehirn und seinen *Effector Systems* abläuft. Die Zielorgane erfahren eine übermäßige Belastung und brechen schließlich zusammen oder sind in ihren Funktionen gestört.

Theorie von der hypokinetischen Krankheit

Diese Theorie (Hypokinetic Disease Theory) wurde von den Kardiologen Kraus und Raab (1961) aufgestellt und besagt, daß Streß ein normaler Vorgang ist, der Menschen auf physische Anstrengung und Druck vorbereitet. Krankhaft wird der Streß erst durch die Unfähigkeit, die Streßreaktion körperlich auszudrücken, jedoch nicht schon durch ihr bloßes Auftreten. Daraus folgt: Streß, der nicht zu körperlicher Aktivität führt, wird mit größerer Wahrscheinlichkeit im Laufe der Zeit pathologisch.

Streßmanagement

Dieses Buch soll keine vollständige Abhandlung von Techniken des Streßmanagement sein (siehe Mitchell und Bray, 1990; Girdano, Everly and Dusek, 1993). Wir werden lediglich einige Schlüsselpunkte kurz hervorheben. Vier grundlegende Strategien bewähren sich unter unzähligen Möglichkeiten, Streß zu bewältigen und mit ihm umzugehen:

1. Streßverursacher vermeiden
2. kognitive Neubewertung
3. Erregung vermindern
4. Streßreaktion verbalisieren.

Streßverursacher vermeiden

Eine effektive Form des Umgangs mit außergewöhnlichen Belastungen liegt darin, die Ursache des Stresses zu vermeiden oder zumindest eine Verminderung der Berührungspunkte mit solchen Streßverursachern anzustreben. Problemlösungsstrategien und Zeitmanagement sind hilfreiche Interventionen. Je größer die Einnahme von Stimulantien ist, zum Beispiel methyliertes / denaturiertes Xanthin, desto weniger stabil sind die Nervenzellen des limbischen Systems und des Sympathikus (Everly, 1989). Außerdem: Je instabiler diese Nerven werden, desto höher steigt das Risiko bei Einsatzkräften oder anderen Menschen, exzessiven oder traumatischen Streß zu entwickeln.

Kognitive Neubewertung

Auch wenn kein Zweifel besteht, daß das wirksamste Mittel zur Streßbewältigung im Eliminieren des Stressors liegt, so ist dies eben bei vielen Stressoren nicht möglich. Wie schon gesagt: »Stressoren liegen - genau wie Schönheit - im Auge des Betrachters«. »Es gibt keine guten oder schlechten Dinge, es sind die Gedanken, die sie dazu machen, Horatio«, sagt Shakespeares Hamlet. Kognitive Therapien für Depressionen, Streß und Angstzustände haben sich als wirksame, vielleicht sogar als die flexibelsten Mittel erwiesen, um Streß zu bewältigen (Beck und Emery, 1985; Ellis, 1973). Kognitive Streßbewältigung (Reframing) beruht auf der Erkenntnis, daß bei einer veränderten Bewertung oder Interpretation eines belastenden oder traumatischen Ereignisses der negative Einfluß dieser Erfahrung auf das psychische Wohlbefinden drastisch abgeschwächt werden kann. Kognitive Bewältigungsstrategien beinhalten folgendes: Etwas »Gutes« im Streßverursacher sehen, »Versagen« als »Erfolg« umwerten, den Stressor benutzen, um eine »wertvolle Lehre« daraus zu ziehen, sich selbst als »glücklich« wahrnehmen, daß der Stressor nicht noch stärker war, oder vielleicht auch den Streß als eine Erfahrung anzusehen, die den »Charakter stärkt«.

Erregung verringern
Das Hauptmerkmal von Streß ist Unruhe und »Verschleiß« (Selye, 1974). Das natürliche Gegenteil von Streß ist demzufolge das, was Herbert Benson die Entspannungsreaktion *(»Relaxation response«)* nennt (Benson, 1975). Untersuchungen belegen die Orientierung auf Gesundheit und die Reduzierung des Streßerlebens durch die *»Entspannungsreaktion«* (Benson, 1983; Benson, Alexander, Feldman, 1975; Everly und Benson, 1989; Everly 1989). Sie kann definiert werden als ein Status, in dem die Stoffwechselfunktionen auf Sparflamme laufen. Sie wird durch eine Vielzahl von Techniken gefördert, so zum Beispiel durch Meditation, Biofeedback, Atemtechniken, Hypnose und neuromuskuläre Entspannungstechniken (siehe Everly, 1989. Dort ein Überblick und praktische Anleitungen).

Streßreaktionen bearbeiten
Das Verbalisieren der Wahrnehmung von Streßreaktionen ist eine weitere wirksame Bewältigungsmethode (Roemer und Borkovec, 1994). Zwei wichtige Techniken sind: *Katharsis* und *Übung.* Kahn (1966) entdeckte, daß das Sprechen über Gefühle die Reduzierung psychophysiologischer Anzeichen von Streß fördert. Außerdem hat Pennebaker (1985,1990) aufgezeigt, daß das Verbalisieren von Gefühlen hilft, Traumata zu bewältigen und Streß zu verringern. In Versuchen wurde bereits vor langer Zeit belegt, daß dies das Wohlbefinden erhöht und Streß vermindert, vorausgesetzt, diese Methoden werden auf eine angemessene Art und Weise umgesetzt (de Vries, 1981; Weller und Everly, 1985; Sinyor et al., 1983). Kraus und Raab (1961) sagen in ihrer Theorie zur »hypokinetischen Krankheit«, daß eine Streßreaktion dann pathologisch zu werden droht, wenn der betroffene Mensch unfähig ist, sie körperlich auszudrücken.

Inadäquate Formen der Streßbewältigung
Gelegentlich werden Menschen, die besonderen Belastungen ausgesetzt waren, genötigt, Selbstschutz-Mechanismen anzuwenden. Häufig beeinträchtigen diese die Gesundheit und haben keinen positiven Effekt. Zu ungünstigen Vorgehensweisen gehören die »Selbstmedikation« mit Alkohol und Drogen, aber auch Wut, Gewalt und Rückzug aus der Gemeinschaft. Die Langzeitwirkung von falscher Verarbeitung erzeugt Probleme, die weit über die durch Streß unmittelbar erzeugten hinausgehen.

Zusammenfassung

Dieses Kapitel wollte die menschliche Streßreaktion detailliert analysieren. Hier noch einmal die wichtigsten Punkte:

1. »Streß« beschreibt die unspezifische Reaktion des Körpers auf jegliche Anforderung, der er ausgesetzt ist, das »Wear and tear«, den Verschleiß. Er ist der Mittler zwischen Stressor und den Auswirkungen auf die Zielorgane.

2. Streß ist nicht nur negativ, sondern kann bis zu einem gewissen Grad die Leistungsfähigkeit unterstützen. Er wirkt aber negativ, wenn er über eine tolerierbare Grenze hinaus ansteigt.

3. Stressoren sind Ereignisse in der Umgebung, die Streßreaktionen entweder verursachen oder dafür den Weg ebnen. Stressoren können unterschieden werden in biophysiologische und psychosoziale. Biophysiologische Stressoren sind Stimulantien, die physiologisch auf den Körper einwirken und Streß verursachen, zum Beispiel Koffein, Nikotin, Amphetamine usw. Psychosoziale Streßverursacher sind Ereignisse, die Streßreaktionen hervorrufen. Die eigene Bewertung oder Interpretation dieser Ereignisse als bedeutend und potentiell herausfordernd, bedrohlich oder aversiv führt zur Streßreaktion.

4. Kognitiv-affektive Prozesse liegen den meisten Streßreaktionen zugrunde. Die subjektive Interpretation eines Ereignisses als stressig bewirkt emotionale Unruhe, die sich in einer physiologischen Streßreaktion äußert.

5. Die physische Streßreaktion resultiert aus einer Überstimulation (kognitiv-affektiv) von drei Hauptachsen: erstens der neuralen Achse, zweitens der neuroendokrinen Achse und drittens der endokrinen Achse. Eine länger anhaltende Aktivierung dieser Achsen bewirkt Krankheitssymptome an den Zielorganen.

6. Bewältigungsstrategien können den Einfluß der Streßreaktion auf Zielorgane lindern. Diese Strategien sind Versuche der Umwelt, des Verhaltens oder der Psyche, mit außergewöhnlichem Streß und dessen Begleiterscheinungen umzugehen.

7. Das Auftreten von außergewöhnlichem Streß in Kombination mit erfolglosen Bewältigungsstrategien führt unweigerlich zur Schwächung der Zielorgane und/oder zu Funktionsstörungen. Zielorgansysteme, die von Streß betroffen werden, sind das neurologische System, das kardiovaskuläre System, das gastrointestinale System, das neuromuskuläre System, das Immunsystem, das Atmungssystem und andere Körpersysteme.

3 Psychotraumatologie

Einführung

Posttraumatische Belastungssyndrome können sich in einer Vielzahl von Krankheitsbildern zeigen. Diese Erscheinungen können kurze psychotische Episoden sein, dissoziative Störungen, Anpassungsstörungen, Akute Belastungsstörungen (APA, 1994) und in manchen Fällen latente Persönlichkeitsstörungen (Borderline) (Herman und van der Kolk, 1987). Das bekannteste Syndrom ist die *Posttraumatische Belastungsstörung (PTSD - Posttraumatic Stress Disorder)* (APA, 1994).

Im Gegensatz zur traditionellen Auffassung kann PTSD durch eine Vielzahl von Ereignissen verursacht werden, nicht allein durch Kampfeinsätze. Beispiele für PTSD auslösende Ereignisse:

- schwere Unfälle
- Zerstörung des eigenen Heimes oder des Lebensumfeldes
- Katastrophen, Großschadenslagen
- Terrorismus, Attentate
- Naturkatastrophen
- Vergewaltigung
- Straftaten
- Bedrohung der eigenen Person oder Zeuge der Bedrohung einer anderen Person werden
- Körperverletzungen erleiden oder Zeuge der Verletzung einer anderen Person werden (APA, 1987; WHO, 1992; APA, 1994).

Im Gegensatz zu einem häufigen Vorurteil tritt die PTSD in einer Größenordnung auf, die erschreckend hoch ist. Zum Beispiel:

- Etwa die Hälfte aller Patienten, die an örtliche Traumazentren überwiesen werden, erleiden zusätzlich zu ihrem physischen Trauma eine PTSD. Weitere 31% dieser Patienten erleiden eine schwächere Variante der Posttraumatischen Belastungsstörung (Norman und Getek, 1988).
- Die Lebenszeitprävalenz von PTSD bei Personen, die traumatischen Ereignissen außerhalb von Gefechtseinsätzen ausgesetzt waren, liegt bei 23,6% (Breslau, et al., 1991).
- PTSD-Symptome (von unbestimmter Dauer) treten bei etwa 80% von Vergewaltigungsopfern und bei Opfern körperlicher Verletzung mit gleichzeitiger Lebensbedrohung auf (Kilpatrick et al., 1989).
- Etwa 16% des Personals von Feuerwehren unterliegen dem Risiko, im Laufe ihrer Berufsausübung eine PTSD zu erleiden (Corneil, 1992).
- Bei einer hohen Dunkelziffer der an PTSD erkrankten Menschen wird diese Krankheit weithin unterschätzt (Brett und Ostroff, 1985).

Aus den Bereichen Feuerwehr, Rettungsdienst und Katastrophenschutz liegt kein gesichertes Zahlenmaterial zu PTSD-Fällen vor, weil man sich bis in die Gegenwart vehement weigert, die Existenz psychischer Störungen anzuerkennen. Es wird befürchtet, daß der offene Umgang mit PTSD zu einer Abwendung der ehrenamtlichen Kräfte führt. Die Illusion der Unverwundbarkeit wäre entlarvt. Dies irritiert, weil Fälle von »Schwäche« oder »Verletzlichkeit« zwar bekannt sind, aber aus diesen Gründen nicht zur Diagnose kommen.

Definition von Psychotraumatologie

Der Begriff »Psychotraumatologie« wurde zur Erforschung des psychischen Traumas geprägt. Genauer bezieht sich die Psychotraumatologie auf die Erforschung der Prozesse und Faktoren, die

1. einem psychischen Trauma vorangehen
2. das psychische Trauma ausmachen
3. sich in der Folge des psychischen Traumas entwickeln (Everly und Lating, 1995; Everly, 1993a).

Der Begriff steht im Gegensatz zum Begriff »*Traumatologie*« (Donovan, 1991). Die Traumatologie umfaßt allgemein die Erforschung von »Verletzungen« und ist eng verbunden mit der Allgemeinmedizin (siehe Schnitt, 1993).

Hoffentlich trägt die Verwendung des Begriffes *Psychotraumatologie* in der vorgeschlagenen Definition dazu bei, die begriffliche Unschärfe zu beseitigen und die Entwicklung dieser Spezialisierung zu fördern (Everly und Lating, 1995).

Die verbreitetste und bekannteste Form von Posttraumatischem Streß ist, wie bereits erwähnt, die PTSD. Damit spielt sie eine wichtige Rolle in der Psychotraumatologie.

PTSD-Hintergrund

Die Posttraumatische Belastungsstörung (PTSD) ist der meistgebrauchte diagnostische Begriff zur Erklärung der Psychodynamik, die als Folge eines traumatischen Ereignisses eintritt. Selbstverständlich gab es dieses Phänomen lange bevor es einen offiziellen diagnostischen Namen in der Fachwelt erhielt.

Gut dokumentierte Aufzeichnungen über Posttraumatische Streßsyndrome datieren aus dem Jahre 1666 anläßlich eines Großbrandes in London (Trimble, 1981). Viele historische Aufzeichnungen zum Posttraumatischen Streß finden sich in Kriegsarchiven. Ärzte im Militär verwendeten Begriffe wie »Granatschock«, »Kriegsneurose« und »Posttraumatische Neurose«, um gefechtsbedingten Posttraumatischen Streß zu beschreiben. Medizinische Aufzeichnungen, die bis zum amerikanischen Bürgerkrieg zurückreichen, dokumentieren das Vorkommen von gefechtsbedingtem Posttraumatischem Streß. Der 1. Weltkrieg, der 2. Weltkrieg und der Koreakrieg trugen zur Geschichte der Erforschung des posttraumtischen Stresses bei. Erst der Vietnamkrieg zwang die moderne Psychiatrie dazu, Posttraumatischen Streß als formale psychische Störung offiziell anzuerkennen. Diese Störung wurde Posttraumatische Belastungsstörung genannt (APA, 1980, 1987, 1994).

Die PTSD ist heute allgemein als mögliche Folge von jeder Art traumatischer Erfahrung anerkannt und nicht mehr beschränkt auf militärische Konflikte.

PTSD (309.81) - Diagnostische Kriterien

Zum ersten Mal fand die PTSD im Jahre 1980 in der psychiatrischen Klassifizierung (Diagnostic and Statistical Manual of Mental Disorders (DSM)) der American Psychiatric Association (APA, 1980) Erwähnung. In den folgenden Ausgaben des DSM wurde die PTSD genauer beschrieben, besonders im DSM-III-R (APA, 1987) und DSM-IV (APA, 1994). Wir wollen die vier spezifischen Diagnosekriterien untersuchen:

- traumatisches Ereignis
- wiederholtes Erleben des Ereignisses
- Vermeidung und emotionale Abstumpfung
- Symptome eines verstärkten Erregungsniveaus.

Das traumatische Ereignis

Unerläßlich für die PTSD-Diagnose ist das Vorhandensein eines Verursachers für traumatischen Streß. Was genau ein Ereignis zu einem traumatischen macht, wird diskutiert. Nach DSM-III-R (deutsche Ausgabe) wird ein traumatisches Ereignis definiert als »jenseits der üblichen menschlichen Erfahrung liegend mit deutlichen belastenden Auswirkungen auf nahezu jeden Menschen«.

DSM-IV (APA, 1994) beschreibt ein traumatisches Ereignis als »... unmittelbares Erleben oder Miterleben von Tod oder lebensbedrohlichen Situationen oder schweren Verletzungen sowie das Erleben einer Bedrohung der eigenen körperlichen Unversehrtheit oder der körperlichen Unversehrtheit eines anderen Menschen«. Weiter besagt DSM-IV, daß die Reaktion des Einzelnen Furcht, Hilflosigkeit oder Grauen umfaßt. Damit hat DSM-IV die Definition des traumatischen Ereignisses eingegrenzt und orientiert sie stärker an der Person als DSM-III-R. DSM-IV unterstreicht die komplexe Bedeutung der Wahrnehmung und Interpretation eines traumatischen Ereignisses. DSM-IV versäumt, Umwelt- oder ökologische Katastrophen zu erwähnen, die nicht unmittelbar eine Bedrohung für das Leben darstellen.

Die *Weltgesundheitsorganisation* (WHO) bietet in ihrer weltweit gültigen Klassifizierung von Krankheiten (10. Ausgabe, WHO, 1992) eine angemessene Definition eines traumatischen Ereignisses. Sie definiert es als »außerordentlich bedrohlich oder katastrophal«. Weiter heißt es, daß prädisponierende Faktoren der Persönlichkeit die Schwelle für PTSD heruntersetzen können, diese allein aber weder notwendig noch ausreichend für die Entstehung sind. Schließlich beschreibt das ICD-10 , daß PTSD chronisch verlaufen kann und als direkte Folge des traumatischen Stressors zu einer dauernden Persönlichkeitsveränderung, einer »traumatisierten Persönlichkeit«, führt. In Tabelle 3.1 finden Sie einige wesentliche Faktoren, die ein psychisches Trauma auslösen können.

Relevante Faktoren für die Entstehung einer psychischen Traumatisierung

- schwere Körperverletzung, Entstellung, Verstümmelung oder Behinderung
- Angst vor schwerer Körperverletzung, Entstellung, Verstümmelung, Behinderung
- Todesangst
- Folter
- Angst vor Folter
- sexueller Übergriff
- Angst vor sexuellen Übergriffen
- Miterleben des plötzlichen Todes einer Person. Mitansehen, wie eine Person starke Schmerzen oder physische Verletzungen erleidet
- Sorge, in der Verantwortung versagt zu haben, mit der Folge von Personenschaden
- Eindruck, betrogen worden zu sein
- Tod oder Verletzung von Kindern
- Überzeugung, in der Verantwortung versagt zu haben und dadurch anderen Schaden zugefügt zu haben
- Überzeugung, ungerechtfertigt überlebt zu haben oder geflohen zu sein und dabei keinen körperlichen Schaden davongetragen zu haben
- Überzeugung, jemanden oder etwas verraten zu haben
- Verletzung von oder Widerspruch gegen Grundüberzeugungen (Gott, Freundschaft, Loyalität, Fairneß, Gerechtigkeit, Treue oder Kompetenz)
- Schamgefühle in Verbindung mit anderen als den vorgenannten Faktoren
- Schuld in Verbindung mit anderen als den vorgenannten Faktoren
- Krieg
- Umwelt- oder ökologische Katastrophen

Merke: Es ist davon auszugehen, daß Erschöpfung, Wasserentzug, Hitze, Kälte oder chemische Substanzen das Risiko erhöhen, durch die vorgenannten Faktoren eine psychische Traumatisierung zu erleiden.

Tab. 3.1

Wiederholtes Erleben des Ereignisses

Kennzeichen dieser Symptomgruppe ist das wiederholte Aufdrängen der individuellen Erfahrungen in Form von Bildern zum traumatischen Ereignis. Das wiederholte Durchleben besteht in »ständig wiederkehrenden und höchst quälenden Erinnerungen an das Ereignis«, »ständig wiederkehrenden Alpträumen des Ereignisses«, »Gefühlen von nochmaligem Durchleben der Erfahrung«, »intensivem psychischem Streß, wenn man einem Geschehen ausgesetzt ist, das das Ereignis symbolisiert oder ihm ähnelt« oder »in psychischen Rückwirkungen, wenn man einem Geschehen ausgesetzt wird, das Auslöser für das traumatische Ereignis war« (APA, 1994, S. 428).

Vermeidung und Abstumpfung

Kennzeichen dieser Symptomgruppe ist, daß der Betroffene konsequent Dinge vermeidet, die mit dem traumatischen Ereignis in Verbindung stehen. Manchmal wird bei den betroffenen Personen auch eine emotionale Abstumpfung festgestellt.

50

Symptome erhöhten Erregungsniveaus

Das Hauptmerkmal ist hier das Auftreten von Symptomen wie verstärkter Unruhe oder Erregung, die vor dem traumatischen Ereignis nicht zu beobachten waren. Außerdem können sich Schlafstörungen, Gereiztheit, Wut, Zorn, gesteigerte Wachsamkeit und übertriebene Schreckhaftigkeit zeigen.

Akute Belastungsstörung (308.3) - Diagnostische Kriterien

Eine PTSD kann nur diagnostiziert werden, wenn die Symptome über einen Zeitraum von mindestens einem Monat auftreten. Die Diagnose einer akuten Belastungsstörung (308.3) füllt das zeitliche Intervall zwischen Ereignis und den folgenden vier Wochen (APA, 1994). Die akute Belastungsstörung erschien in der amerikanischen Klassifikation zum ersten Mal im DSM-IV (APA, 1994). (Die Weltgesundheitsorganisation spricht in diesem Zusammenhang von der Akuten Belastungsreaktion [WHO: ICD 10, F 43.0]. Der Begriff »Reaktion« kennzeichnet im Gegensatz zu »Störung« eine zunächst normale und physiologische Reaktion auf ein unnormales Ereignis. Im Hinblick auf die Psychodynamik des Traumas erscheint diese Unterscheidung der WHO angemessen. Anm. d. Hrsg.).

Hauptmerkmal für die Diagnose ist die Entwicklung von typischen Belastungen, Dissoziationen, sich aufzwängenden bildhaften Erinnerungen sowie Abgestumpftheit und innerem Rückzug, wie er auch bei PTSD auftritt. Die Störung kann bereits diagnostiziert werden, wenn die Symptome zwei Tage andauern. Die Dauer der Symptome beträgt maximal einen Monat, nach diesem Zeitraum wird eine PTSD diagnostiziert.

Eine integrierte Theorie der Posttraumatischen Belastungen

Everly (1993a und 1993b) wollte den oben aufgeführten diagnostischen Kriterien der PTSD eine größere phänomenologische Bedeutung zukommen lassen und unternahm den Versuch, fundierte klinische Einblicke zu diesen Störungen zu bekommen. Er hat ein Modell entworfen, das die verschiedenen Bestandteile der Störung integriert. Dieses Modell wird in Abbildung 3.1 dargestellt. Sie zeigt die Verbindung der unterschiedlichen Komponenten des Posttraumatischen Stresses.

Sehen wir uns die Interpretation der PTSD kurz näher an: Wie schon zuvor erwähnt, liegt die Voraussetzung der PTSD im traumatischen Ereignis selbst, das als aversives Ereignis außerhalb der üblichen menschlichen Erfahrung liegt, die Möglichkeit des Betroffenen zur Integration überfordert sowie Selbstschutzmechanismen überwältigt. Wie Pierre Janet Ende des 18. Jahrhunderts behauptete, bewertet das Opfer durch seine eigene Interpretation die psychische Toxizität des traumatischen Ereignisses. Dies ist ein zentraler Aspekt. Mediziner sollten ihm große Beachtung schenken, da in der Arbeit an der Interpretation eine wichtige Ressource für den Genesungsprozeß liegt (Everly, 1994).

Das Modell (Abb. 3.1) beschreibt die sich aufdrängenden Wiedererinnerungen an das Trauma (sie können stündlich, täglich etc. auftreten) in Verbindung mit chronischen und intensiven Erregungszuständen (Everly, 1990). Sie stellen die Kernelemente der PTSD dar. Die dritte Reihe von Symptomen wird als sekundär und als Reaktion auf die ständig wiederkehrenden Erinnerungen und die innere Unruhe angesehen. Man kann also davon ausgehen, daß die Rückzugssymptome als Folge der Interaktion zwischen den ständig wiederkehrenden Erinnerungen und der inneren Unruhe auftreten. Dies geschieht in Abhängigkeit der Ausprägung der Akuten Belastungsstörung. Schließlich stellt das Modell (Abb. 3.1) weitere Symptome jenseits der PTSD dar.

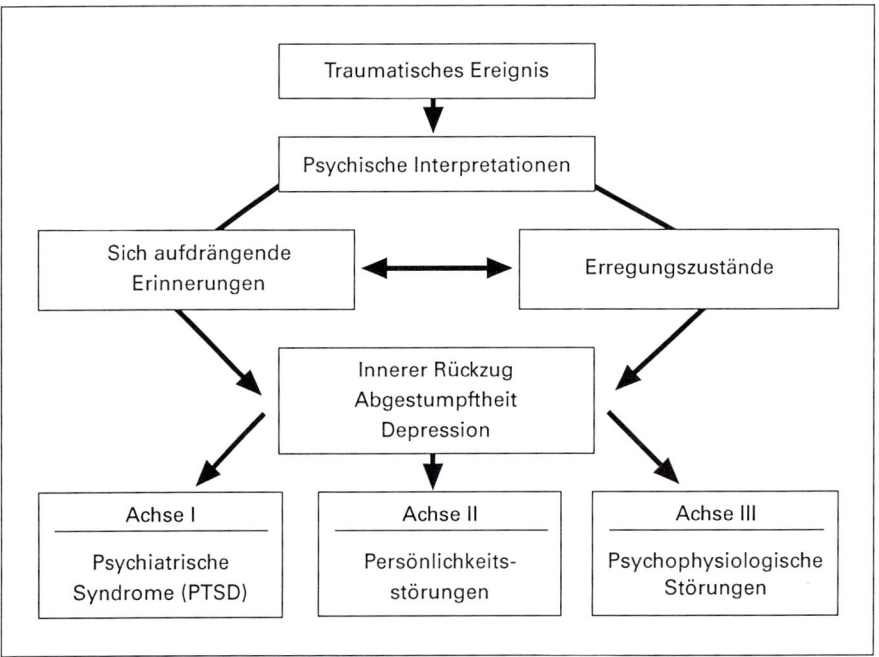

Abb. 3.1: Modell zu Posttraumatischen Belastungen

Weitere Störungen können durch ein Trauma bedingt sein. PTSD, Panikattacken, Gedächtnisstörungen und Drogenmißbrauch sind durch das Trauma hervorgerufene Syndrome. Genauso können *Borderline* und andere »multiple« Persönlichkeitsstörungen die Folgen von traumatischen Belastungen sein. Die möglichen psychophysiologischen Reaktionen oder Störungen, die ein Trauma auslösen können, sind nahezu unbegrenzt. Eine exakte Diagnose von PTSD wäre wünschenswert, weil eine erfolgreiche Therapie davon abhängt, wie präzise die Diagnose ist. Tabelle 3.2 zeigt eine Liste diagnostischer Zeichen und Symptome von PTSD. Sie sind als »Frühwarnsignale« zu verstehen.

Es wurde bereits erwähnt, daß PTSD nicht die einzige psychiatrische Symptombildung Posttraumatischer Belastungen darstellt. Es gibt wohl zahlreiche Opfer, die an den krankmachenden Auswirkungen von Posttraumatischem Streß leiden, jedoch nicht alle Diagnosekriterien der PTSD erfüllen. Tabelle 3.3 listet verschiedene potentielle Symptome von Posttraumatischem Streß auf.

Frühe Zeichen einer beginnenden PTSD

- Flashbacks (sich plötzlich aufdrängende gedankliche Rückblenden)
- traumatische Träume (Alpträume mit Bildern aus dem traumatischen Ereignis)
- Gedächtnisstörungen
- Selbstmedikation (z.b. Alkoholmißbrauch)
- Wut, Gereiztheit, Aggressivität, die nur schwer kontrollierbar sind
- anhaltende Depression, Rückzug
- Benommenheit, Abstumpfung
- Panikattacken
- Phobien

Tab. 3.2

Potentielle Syndrome Posttraumatischer Belastung

- Akute Belastungsstörung
- Posttraumatische Belastungsstörung (PTSD)
- Krampfanfälle
- Anpassungsstörungen
- Depression
- Selbstmedikation oder Drogenmißbrauch
- Persönlichkeitsstörungen (Borderline, asoziales Verhalten, multiple Persönlichkeit, schizoides Verhalten)
- Panikattacken
- instabile Arbeitsleistung
- Gedächtnisstörungen ohne traumatische Amnesie
- Gedächtnisstörungen in Zusammenhang mit der Traumatisierung
- nahezu jede psychophysiologische medizinische Störung

Tab. 3.3

Schließlich kann als Folge von psychischer Traumatisierung eine Vielzahl streßbedingter (psychophysiologischer) physischer Krankheitsbilder auftreten. Zum Beispiel akut erhöhter Blutdruck, Entzündung des Magen-Darm-Systems, Spannungskopfschmerzen, Migränekopfschmerzen usw. Aus diesem Grunde ist die Koordination zwischen allgemeinmedizinischer Therapie und Psychotherapie bedeutsam.

Zwei-Faktoren-Theorie der Posttraumatischen Belastungen

Das Erkennen und Einordnen der Zeichen und Symptome von PTSD stellt das Grundgerüst für das Verständnis der Störung dar. Um die Störung effektiver vermeiden und behandeln zu können, müssen wir sie auf einer »tieferen« Ebene verstehen lernen. Wenn wir unsere Interventionen gezielt anwenden wollen, müssen wir nach den Ursachen und ihrem eigentlichen Kern suchen. In einer phänomenologischen Analyse der PTSD hat Everly (1993a, 1993b) beschrieben, daß diese Störung aus einer Zwei-Faktoren-Disposition besteht: 1. neurologischer Hypersensibilität und 2. psychischer Hypersensibilität.

Neurologische Hypersensibilität

Traumatischer Streß steht in einer langen Reihe neurologischer und endokriner Entwicklungen, die physiologische neurologische Prozesse beeinflussen. Zum Beispiel resultiert die Physiologie des traumatischen Stresses nicht nur daraus, daß weit mehr Neurotransmitter verfügbar sind als normalerweise, sondern die Physiologie kann auch ansonsten normale Neuronen verändern oder beeinflussen, so daß diese den Zustand phasischer Hyperaktivität oder tonischer Hyperaktivität erreichen. Dieser Zustand wird als neurologische Hypersensitivität bezeichnet.

Es ist anzunehmen, daß die neurologische Hypersensitivität, die gerade als Teil der PTSD beschrieben wurde, aus einer verminderten Depolarisationsgrenze innerhalb der Nervenzellen der Amygdala und der hippokampalen Regionen besteht (Everly, 1989; Everly und Benson, 1989). Es treten verschiedene Mechanismen auf, die der neurologischen Hypersensitivität bei der PTSD potentiell zugrunde liegen:

1. eine funktional erhöhte Zahl gereizter Neurotransmitter im synaptischen Spalt
2. ein funktionaler Mangel der hemmenden Neurotransmitter Gammaaminobuttersäure (GABA)
3. mikromorphologische Veränderungen der Neuronen selbst, die dazu führen, daß störende neurale Reizungen möglich werden, zum Beispiel ein Ansteigen in dem dendritischen Rückgrat und ein Abstieg der α_2-hemmenden Rezeptoren (siehe Everly, 1993a und 1993b bei Überarbeitungen vorheriger Forschungen). Post (1992) stellte sogar die Behauptung auf, daß die Biochemie bei starkem Streß den genetischen Code ändern kann, indem er einen Zustand einer auf der Genetik basierenden, neurologischen Hypersensibilität erzeugt, der für unbestimmte Zeit fortdauert.

Schließlich belegen Everly und Horton (1989) eine sofortige Kurzzeitgedächtnis-Störung bei PTSD-Patienten. Diese Störung war inhaltlich nicht spezifisch für ein Ereignis, eine Aufgabe oder ein Thema. Sie fanden heraus, daß die Biochemie starken Stresses nicht nur einen Zustand neurologischer Hypersensitivität hervorruft, sondern auch Gehirnzellen zerstört, weil exzitotoxische Mechanismen, also Vorgänge in der Erregung, toxische Substanzen freisetzen (Sapolsky, Krey, McEwen, 1984; Olney, 1978; McGeer und McGeer, 1988).

Eine Beseitigung der neurologischen Hypersensitivität hängt von der Verminderung des Niveaus der Erregung ab, die der Betroffene erfahren hat. Medikation und Techniken der »Entspannungs-Reaktion« haben sich hier als hilfreich erwiesen.

Psychische Hypersensibilität

Die psychische Hypersensibilität, die man bei PTSD antrifft, steht daher im Zusammenhang damit, daß die Weltanschauung des Opfers in gewisser Weise zerstört wurde. So wird das Trauma Teil eines »Lebenspuzzles«, das sich in das Gesamtbild nicht auf normale Art und Weise einfügt. Es war Abraham Maslow (1970), der zeigte, daß nicht das Bedürfnis nach physischem Überleben, also das Bedürfnis nach Sicherheit das größte aller menschlichen Bedürfnisse ist. Um eine komplexe und ansonsten undefinierbare Welt sicherer zu machen, neigen Menschen dazu, eine überladene schematische Weltanschauung zu entwerfen. Dies erklärt die Erfahrungen von Menschen: Wenn sich ein schockierendes Ereignis einstellt, das nicht in das Schema paßt (z.B. ein Trauma), dann resultiert als Effekt eine Posttraumatische Belastung. Die eigene Welt ist nicht mehr stimmig, und sie wird es erst dann sein, wenn sie Stimmigkeit und Vorhersagbarkeit wiedererlangt (Everly, 1993a, 1993b, 1994).

Damit kann die psychische Hypersensibilität gut durch eine der folgenden drei therapeutischen Interventionen beseitigt werden:

1. Einbindung des Traumas in die bestehende Weltanschauung
2. Schaffung einer Weltanschauung für »Ausnahmefälle«
3. Revision der alten Weltanschauung und Schaffung einer neuen Weltanschauung (Everly, 1994).

PTSD und damit in Verbindung stehende Posttraumatische Belastungssyndrome können die Biographie eines Menschen im wahrsten Sinne des Wortes zersetzen. Der Wiederholungszwang dieser Störungen ist der potentiell nie endende Versuch, Sinn im Leben und in der Welt zu finden - und dies angesichts der traumatischen Wahrheit, daß die eigene Weltanschauung nicht adäquat war und somit keinen Schutz mehr bietet. Horowitz (1976) nennt diesen Aspekt des Posttraumatischen Stresses die »Neigung zur Vervollkommnung«. Jede therapeutische Intervention orientiert sich an diesen beiden Faktoren.

Ein Programm zur psychischen Trauma-Immunisierung

(Anm. d. Hrsg.: Der Begriff »Trauma-Immunisierung« wurde aus dem Original übernommen. Eine echte Immunisierung gegen traumatische Ereignisse kann es keinesfalls geben.)

Seitdem PTSD und mit ihr verwandte Posttraumatische Syndrome offiziell anerkannt wurden, haben wir gelernt, diese Probleme zu verstehen und mit ihnen umzugehen. PTSD bedeutet nicht mehr Ende des beruflichen Werdeganges. Heute kann die überwältigende Mehrheit derer, die eine PTSD entwickelt haben, in ihren Beruf zurückkehren, oft sogar ausgesprochen zügig. Viele müssen nicht einmal vom aktiven Dienst pausieren, auch nicht kurzzeitig. Der Schlüssel zur erfolgreichen Behandlung ist eine frühe, intensive Behandlung durch einen fachlich anerkannten Psychotraumatologen (z.B. aus den Berufsfeldern der psychosozialen Fachleute), der eine spezialisierte Ausbildung auf dem Gebiet der psychischen Traumatisierung abgeschlossen hat und sich auf diese Therapie spezialisiert hat.

Eben wurde kurz die Therapie angesprochen. Jedoch lehrt uns der gesunde Menschenverstand, daß es sinnvoller ist, intensiv an der Prävention der PTSD und der damit verbundenen Syndrome zu arbeiten. Unterstützung durch Peers, durch Krisenintervention, SBE-Kurzbesprechungen oder SBE-Nachbesprechungen sollen PTSD und andere streßbedingte Syndrome vorbeugen oder sie reduzieren. Diese Möglichkeiten können heute in ein Programm zur psychischen Trauma-Immunisierung integriert werden. Im folgenden wird ein Konzept vorgestellt.

Orientierungskurs

Bevor sie »zum Einsatz kommen«, sollten alle neuen Mitglieder, *Trainees* (Praktikanten), Freiwillige und andere Helfer die Gelegenheit bekommen, an einem Orientierungskurs oder einer Schulung teilzunehmen. Hier erfahren sie Grundlagen über die psychologischen Anforderungen und Aspekte ihrer Tätigkeit. In dem Orientierungskurs sollten Videos und Fotos gezeigt und Tonbänder vorgespielt werden, die den Kursteilnehmer zur Arbeit hinführen und ihm einen Eindruck der Aufgaben vermitteln, denen er sich künftig widmet. Ein Orientierungskurs als Basis und Vorbereitung auf Streß, Angst, streßbedingte physische Krankheiten, Zeichen und Symptome von starkem Streß und Psychotrauma ist obligatorisch. Auch PTSD sollte hier thematisiert werden.

Die Teilnehmer sollten eine Grundausbildung in Streßbewältigungstechniken erhalten, wie sie in Kapitel 2 dargestellt sind. Jede der adaptiven Techniken der Streßbewältigung, die dem Wohlbefinden förderlich sind, kann wertvoll sein und das Risiko verringern, starken Belastungen vor, während oder nach traumatischen Ereignissen oder Katastrophen ausgesetzt zu sein.

Alle Einsatzkräfte sollten auf der Anfahrt kurz vor dem Eintreffen an der Großschadensstelle in die Situation eingeführt werden. Sie müssen auf das Ereignis vorbereitet werden. Videos und Fotos können zur ersten Orientierung hilfreich sein. Man sollte ihnen nochmals die Anzeichen und Symptome von außergewöhnlichen Belastungen / exzessivem Streß und Trauma ins Gedächtnis rufen. Diese Vorgehensweise ist selbstverständlich dann nicht realisierbar, wenn es keine Gelegenheit gibt, sich vorzubereiten. Dennoch empfehlen wir dieses Vorgehen bei Großschadensfällen.

Krisenintervention am Einsatzort

Alle Einsatzkräfte sollten ermutigt werden, Streßmanagementtechniken (siehe Kapitel 2) als kontinuierliche Mittel zur Streßbewältigung umzusetzen - bei besonders anstrengenden Schichten, überlangen Einsätzen (mehr als 12 Stunden) oder Großschadenslagen.

Man sollte alles unternehmen, um sicherzustellen, daß die Einsatzkräfte ausreichend Nahrung zu sich genommen haben, daß ihnen ausreichende Sicherheit geboten ist, daß sie ausgeruht sind und daß sich schwierige und weniger schwierige Aufgaben abwechseln. Sie sollten unter ständiger Beobachtung stehen, unter Rücksichtnahme sowohl auf die physiologischen als auch auf die psychischen Auswirkungen der traumatischen Belastungen.

Es sollten Einsatzbegleiter verfügbar sein, damit sie flexibel Einzelberatungen zur Verminderung der traumatischen Auswirkungen von Streß anbieten können (Mitchell und Bray, 1990). Das Team der Einsatzbegleiter kann aus psychosozialen Fachleuten, Peers oder beiden bestehen. Für nähere Informationen zur akuten Krisenintervention lesen Sie bitte Kapitel 6.

Nachbetreuung

Auf ein belastendes Ereignis oder eine Großschadenslage folgen die SBE-Kurz- oder Nachbesprechung. Wir sind überzeugt, daß eine frühe Intervention die Befindlichkeit der betroffenen Person verbessert und für eine gewisse Normalisierung sorgt. Auch unterstützt sie die Wiederherstellung einer tragfähigen Weltanschauung nach dem Ereignis. SBE-Nachbesprechungen und SBE-Kurzbesprechungen wurden dafür konzipiert. Die frühe Intervention reduziert die Unruhe und die Tendenz, das Trauma zu »verinnerlichen«, wie später in diesem Buch noch ausgeführt wird. Außerdem können grundlegende Techniken der Streßbearbeitung hilfreich angewendet werden, wenn sich Einsatzkräfte von einem belastenden Einsatz oder von einer Großschadenslage erholen. Auch hier erweisen sich die Grundlagen der Methoden zum individuellen Umgang mit Belastungen als wertvoll.

Die gleichen Techniken können bei einer Familienbetreuung für alle Familienangehörigen angewendet werden. Etablierte Angebote von Programmen zur Familienbetreuung sind wertvoll. Sowohl die strukturierten als auch die informellen Gruppen zur Unterstützung von Familien werden hier in Betracht gezogen. Einige Formen strukturierter und informeller Nachbetreuung werden Einsatzkräften bei Bedarf empfohlen. Es bleibt außerdem die Möglichkeit, sich psychosozialen Fachleuten anzuvertrauen. Tabelle 3.4 zeigt die Zusammenfassung eines Standardprogramms, das für die psychische Trauma-Immunisierung verwendet werden kann.

Grundzüge der psychischen Trauma-Immunisierung

1. Prävention
   a. vor dem Einsatz
   b. Schulung am Arbeitsplatz
   c. Einweisung vor dem Einsatz

2. Einsatzbegleitung
   a. Unterstützung durch psychosoziale Fachleute
   b. Unterstützung durch Peers
   c. Pausen, Essen, Zuständigkeiten ändern und Konfrontation mit dem Ereignis begrenzen
   d. kurze Einzelberatungen für Einsatzkräfte, die offensichtlich unter einer Belastung leiden
   e. Beratung für Vorgesetzte, falls notwendig
   f. begrenzte Unterstützung für Opfer, Familienmitglieder und Beteiligte nach Bedarf

3. Nachsorge
   a. SBE-Kurzbesprechungen
   b. SBE-Nachbesprechungen
   c. Familienbetreuung
   d. Nachbetreuung
   e. Vermittlung weiterer Angebote

Tab. 3.4

Zusammenfassung

In diesem Kapitel haben wir eine schwere Form menschlichen Stresses, den Posttraumatischen Streß, behandelt. Der Begriff Psychotraumatologie wurde eingeführt und definiert als die Erforschung der psychischen Faktoren vor, während oder nach dem Trauma.

Wir beziehen uns hier auf die anerkannten Varianten des Posttraumatischen Stresses, die Posttraumatische Belastungsstörung (PTSD) und die Akute Belastungsstörung aus den Beschreibungen im DSM.IV und ICD-10. Neuere Erkenntnisse bezüglich der Beschaffenheit, Vorbeugung und Behandlung von PTSD wurden in diesem Kapitel angeschnitten. Dank dieser Erkenntnisse sind wir in der Lage, das destruktive Potential und die langfristigen Belastungen zu verringern, die diese Störungen bei Einsatzkräften hervorrufen können.

Es scheint angemessen, den Punkt zu wiederholen, der schon anfangs in Kapitel 2 erwähnt wurde: Es gibt die *Streßbearbeitung nach belastenden Ereignissen,* weil dies dem allgemeinen Bedürfnis entspricht. Dieses Bedürfnis besteht darin, daß Einsatzkräfte dem Risiko ausgesetzt sind, Störungen aufgrund starker Belastungen zu erleiden, insbesondere PTSD. Wir halten es mit Leonardo da Vinci: *»Erst lerne die Wissenschaft, dann praktiziere die Kunst«.* Die Basis für erfolgreiche Programme zur Prävention und Intervention ist das Verständnis für die Probleme. Kapitel 2 und 3 geben nicht erschöpfend Auskunft über die *»Wissenschaft«* von Streß und Trauma. Sie sollen jedoch eine *Einführung* in diese Wissenschaft sein, um zu ermöglichen, daß die *»Kunst«* der Streßbearbeitung nach belastenden Ereignissen effektiver angewendet wird. Die Kapitel 2 und 3 dieses Buches verstehen sich als Einführung, nicht als vollständige Abhandlung. Aus diesem Grunde wäre es wünschenswert, sich umfassender mit dieser *»Wissenschaft«* zu befassen, bevor man sich den Interventionen der SBE widmet.

4 Geschichte und Hintergrund der SBE-Angebote

Einführung

Für das bessere Verständnis ist die Kenntnis der Entwicklungsgeschichte von SBE eine wertvolle Hilfe. Aus Theorien und Erfahrungen von Menschen, die vor einem im selben Arbeitsfeld tätig werden, kann man immer profitieren. Von einem Rückblick auf die Fehler und die Erfolge kann man lernen. Die Lehrstunden aus der Vergangenheit sind notwendig, wenn heute eine Kompetenzsicherung in den relativ neuen Bereichen der Streßbearbeitung nach belastenden Ereignissen erreicht werden soll. SBE-Teams wird damit geholfen, die richtigen Schritte zur Unterstützung von belasteten Einsatzkräften zu unternehmen. Außerdem kann es uns Zeit und unnötige Denkarbeit ersparen, wenn wir den »Pfaden« folgen, die die Fachleute in der Vergangenheit »begangen« und »ausgetreten« haben. Eine gründliche theoretische und historische Fundierung beugt schwerwiegenden Fehlern von Angeboten der Streßbearbeitung nach belastenden Ereignissen vor.

Das folgende Kapitel gibt einen Überblick über die historischen und theoretischen Voraussetzungen der *Streßbearbeitung nach belastenden Ereignissen* und ihrer bekanntesten Komponente, der SBE-Nachbesprechung (Debriefing).

Wichtige Einflüsse auf die Entstehung der SBE

Ohne belastende Ereignisse (als bedeutende Erfahrungen, Traumata und Katastrophen, die einen Wendepunkt in der Biographie eines Menschen bedeuten und die gesamte Geschichte der Menschheit begleiten) wären SBE und die SBE-Nachbesprechung nie entwickelt worden. Menschen neigen dazu, eher auf Probleme zu reagieren als vorausschauend aktiv zu werden, um sie zu lösen. Die Geschichte ist voll von Beispielen für Katastrophen, die das Denken und Verhalten von Menschen verändert haben. Wenn Menschen unter Konflikten und Not litten, veränderten sie ihr Verhalten. Tragödien waren immer auch die Quelle neuer Ideen, Entdeckungen und neuer Technologien. Der heutige Wissensstand in den Bereichen traumatischer Streß, SBE-Nach- und Kurzbesprechungen hat seinen Ursprung in den Konflikten und der Not der Vergangenheit.

Die vier Haupteinflüsse auf die Entstehung der *Streßbearbeitung nach belastenden Ereignissen* sind:

- Krieg, militärische Auseinandersetzungen
- Katastrophen, ausgedehnte Großschadenslagen
- Entwicklung der präklinischen Notfallmedizin, der Brandbekämpfung und der stationären medizinischen Versorgung
- Psychologie im Strafvollzug.

Jedes dieser Felder als Bereich menschlicher Erfahrung hat über Generationen die Grundlage geschaffen, auf der heute die Konzepte der SBE und der Hilfsdienste stehen. Die Vergangenheit vermittelt uns das Verständnis und motiviert uns, heute schon effektiver für eine bessere Zukunft zu arbeiten.

Der Einfluß von Kriegen

Streß gehört seit Anbeginn der Zeit zu den Erfahrungen des Menschen. Niemand könnte ohne ihn leben. Im günstigsten Fall ist er eine kreative, treibende Kraft, die Menschen zum Leben motiviert, Glück finden und große Dinge erreichen läßt. Im ungünstigsten Fall ist er eine zerstörerische Kraft, die den Menschen Glück, Gesundheit, Vernunft, Beziehungen zu anderen Menschen und sogar das Leben selbst zerstört (Selye, 1980).

Unter allen Stressoren gibt es nur wenige, die so destruktiv und hinderlich für das seelische Gleichgewicht sind wie der Krieg. Niemand, der den Terror des Krieges miterlebt hat, widerspricht dem Satz von General William T. Sherman zum Amerikanischen Bürgerkrieg: »Jeder Krieg ist die Hölle« (Holmes, 1985). Krieg ist eine Ansammlung der potentesten destruktiven Stressoren, die die Menschheit kennt. Mit wenigen Ausnahmen hat nahezu jede Generation das Trauma Krieg erlebt. Die Opfer der Kriege sind unzählbar. Krieg hinterläßt bei fast allen, die daran teilnehmen, und bei vielen, die ihn von der Ferne miterleben, tiefe psychische Narben. Der Streß des Krieges hat die Macht, einzelne Menschen, ja ganze Gemeinschaften für immer zu verändern.

Die Auswirkungen von Kriegsereignissen auf das Militär hat man schon seit dem 6. Jahrhundert v. Chr. beobachtet und schriftlich festgehalten. Die meisten Armeen kennen ihre schweren Folgen. Während des Amerikanischen Bürgerkriegs zum Beispiel litten Tausende von Soldaten an der Belastung durch Kriegsereignisse, und viele bekamen deren Auswirkungen ernsthaft zu spüren. Generalleutnant Sir Thomas Picton schrieb von der Schlacht bei Waterloo an Lord Wellington, Kommandant der Britischen Einheiten in Waterloo, und beschrieb seine eigenen Belastungen durch die Kriegsereignisse:

»Lord, ich muß aufgeben. Ich bin so nervös geworden; jedesmal, wenn irgend ein Dienst getan werden muß, fängt es an, in meinem Gehirn zu arbeiten, so daß es mir unmöglich ist, des Nachts Schlaf zu finden. Ich kann das auf keinen Fall aushalten, ich sehe mich gezwungen, aus dem Militärdienst auszuscheiden.« (Holmes, 1985).

Leider verstand man zu dieser Zeit nur wenig von traumatischem Streß und fast ebensowenig von der Behandlung desselben. Tatsächlich blieben in allen Kriegen vor dem ersten Weltkrieg Streßreaktionen unbehandelt. Man machte sich über belastete Soldaten lustig, steckte sie ins Gefängnis, und nicht selten wurden sie von ihren Kriegskameraden umgebracht, die dachten, sie wären krank, ihnen fehle es an Moral, sie wären Feiglinge oder Verräter (Holmes, 1986; Nakanomiya, 1975).

Die Kriegsführung erlebte zwischen dem Amerikanischen Bürgerkrieg und dem Ersten Weltkrieg einen enormen Wandel. Technologie und Taktik der Kriegsführung hatten sich geändert. Das Ergebnis war, daß es einen neuen, weitverbreiteten und »hinterhältigen« Feind gab, der in den Kriegen des zwanzigsten Jahrhunderts immer häufiger sein Unwesen trieb. Zum ersten Mal in der Geschichte wurden viele Soldaten mit seelischen »Verwundungen« bemerkt. Der Amerikanische Bürgerkrieg verzeichnete zwischen 2,34 und 3,3 psychische Opfer auf 1000 Soldaten. Im Ersten Weltkrieg stieg die Anzahl psychiatrischer Fälle auf 4,0 pro 1000 Soldaten. Einige Kampfeinheiten, die länger im Einsatz standen, hatten mehr psychische Opfer zu verzeichnen (Holmes, 1985).

Um siegreich zu sein, mußte eine Armee möglichst in ihrer gesamten Kampfkraft erhalten bleiben. Es war wichtig, die verletzten Soldaten und diejenigen, die unter einem *Granatschock (shell shock)* litten, so schnell wie möglich wieder an die Front zurückzubringen. Im Ersten Weltkrieg testete man neue Verfahren, um eine höhere Rückkehrerquote zu erreichen. Dazu gehörten eine bessere medizinische Versorgung und psychologische Interventionen. Durch Granatschock traumatisierte Soldaten wurden in Feldlazaretten nahe der Frontlinien behandelt und nicht in entfernten Krankenhäusern. Ungefähr 65% derjenigen, die eine sofortige Streßbehandlung erhielten, konnten an die Front zurückkehren. War die Streßbehandlung verzögert und wurde sie erst dann angewandt, wenn die Soldaten ein Hospital erreichten, konnte nur ein wesentlich geringerer Prozentsatz von ihnen an die Front zurückkehren (ca. 40%) (Holmes, 1985; Brown und Williams, 1918; Salmon, 1919).

Die meisten Interventionsangebote im Ersten Weltkrieg bestanden aus psychiatrischen Einzelberatungen. Gruppeninterventionen gab es noch nicht.

Es gab kein offizielles Programm für die Unterstützung durch Peers. Bis Mitte des Zweiten Weltkriegs hatte sich daran nichts geändert. Fast 10% aller Schädigungen durch den Fronteinsatz im Zweiten Weltkrieg hatten eine psychische Ursache. Einige Einheiten wie die US 2nd Armored Division, die 1944 in Italien 44 Tage lang ununterbrochen in Kampfeinsätze verwickelt war, mußten bis zu 54% an psychischen Opfern verzeichnen (Holmes, 1985; Appel, Beebe und Hilger, 1946).

Erst Mitte 1944, ungefähr zur Zeit der Invasion der Alliierten auf dem europäischen Festland, hatte das Militär gelernt, daß die Anwendung von bestimmten grundlegenden psychologischen Interventionsprinzipien einen positiven Einfluß auf Opfer von Kampfstreß hatte. Tatsächlich verminderte sich die Rate von 20% zu Beginn der Invasion in Europa (Juni und Juli 1944) auf 8% im April und Mai 1945 (Holmes, 1985; Appel et al., 1946). Auch heute werden dieselben Methoden bei militärischen Programmen zur Streßbewältigung angewandt. Sie sind entscheidende Bestandteile moderner einsatzbegleitender Unterstützungsdienste im militärischen Bereich wie auch in der Arbeit mit Einsatzkräften aus Feuerwehr, Rettungsdienst, Polizei und Katastrophenschutz. Die Prinzipien sind:

- Unmittelbarkeit
- Nähe
- Berechenbarkeit.

Unmittelbarkeit heißt: Hilfsdienste müssen nach dem traumatischen Ereignis so schnell wie möglich für streßbelastetes Personal bereitstehen. *Nähe* heißt: Die Intervention muß, so nahe und sicher wie möglich, am Einsatzort stattfinden. Betroffene sollten nur dann vom Einsatzort entfernt werden, wenn Gefahr im Verzug ist oder wenn die Streßbelastung der Person so hoch ist, daß eine effektive Intervention nahe am Einsatzort nicht möglich ist. *Berechenbarkeit* meint: Vorschläge des Helfers für die betroffene Person wecken Erwartung und zeigen eine Perspektive auf. Wer überzeugt ist, daß er sich erholt und in der Lage ist, in der Routine zurechtzukommen, sobald die Streßreaktion nachgelassen hat, wird eher bereit sein, konstruktiv auf dieses Ziel hinzuarbeiten (Appel et al., 1946; Noy, 1991).

Die ersten Nachbesprechungen wurden während der Invasion am 6. Juni 1944 an den Stränden der Normandie durchgeführt. Sie hießen noch nicht Debriefings und hatten keine Struktur. Ein Neuropsychiater aus Utah, Dr. Glenn Srodes, der am Strand »psychische Erste Hilfe« anbot, saß mit den Soldaten zusammen und ließ sie von ihren traumatischen Erlebnissen während der Invasion erzählen. Er stellte fest: Wer sein Angebot wahrnahm und über Erlebnisse und Gefühle erzählte, war am nächsten Tag in einem besseren Zustand und stand zum Einsatz zur Verfügung. Dieses Vorgehen sprach sich in den eineinhalb letzten Kriegsjahren in den psychiatrischen Einrichtungen herum. Psychiater sammelten Erfahrungen mit diesen noch recht unstrukturierten Nachbesprechungen. Sowohl die Behandelnden als auch die Behandelten selbst waren schnell der Auffassung, daß diese Sitzungen hilfreich sind (Pittsburgh Post Gazette, 1984). Einheiten, denen diese Form der Unterstützung nicht zur Verfügung stand, hatten wesentlich mehr Opfer von Kampfstreß zu beklagen. Je mehr Zeit verstrich, bis die Intervention durchgeführt wurde, desto geringer war die Aussicht, daß die Soldaten wieder in den Einsatz zurückkehren konnten (Appel, 1966).

Bis Ende der achtziger Jahre wurden die Interventionen der Psychiater bei Kampfeinheiten kaum modifiziert. Psychologische Interventionen bestanden überwiegend in Einzelberatungen. Mit gruppendynamischen Prozessen erzielte man Erfolge zum Ende des Zweiten Weltkrieges und während des Koreakrieges. Die US Navy entwickelte Ende der 70er Jahre bis Anfang der 80er Jahre das »SPRINT« Programm. Die Abkürzung steht für »Special Psychiatric Rapid Intervention Team« (Psychiatrisches Sonderteam für schnelle Interventionen). Verschiedene Teams wurden in Krankenhäusern der Navy aufgebaut. Sie kamen zum Einsatz, wenn Angehörige der NAVY unter negativen Auswirkungen besonders belastender Ereignisse litten. Psychiater leiteten diese Teams, zu denen auch Pflegepersonal gehörte. Der Schwerpunkt lag weiterhin auf der Einzelgesprächstherapie. In den letzten fünf Jahren haben die Gruppen ihren Namen in »Special Personnel Rapid Intervention Teams« umgeändert und sind nach dem SBE-Ansatz ausgebildet, um traumatischen Streß bei Marinepersonal zu bearbeiten.

Bei US-Kampftruppen wurden während des Vietnamkrieges einige wenige Gruppeninterventionen durchgeführt, jedoch blieben sie bis zum Ende des Vietnamkrieges unstrukturiert. Zu diesem Zeitpunkt waren formalisierte Nachbesprechungen im außermilitärischen Bereich (Mitchell, 1983) bereits etabliert. Auch die israelische Armee wendet eine strukturierte Form der Gruppenintervention bei ihren Truppen an. Peers, die ihre Kameraden unterstützen, kamen erstmals während des Libanonkrieges 1982 zum Einsatz. Von den 600 Soldaten, die wegen psychischer Probleme von der Front abgezogen wurden, beantragten nur 60 eine weitere Behandlung, und keiner von ihnen brauchte eine Langzeittherapie. Insgesamt verringerte der Einsatz von Unterstützungsdiensten für Kampftruppen die psychischen Störungen im israelischen Militär um 60% (Holmes, 1985; Breznitz, 1980; Solomon, 1986).

Dem israelischen Militär sind erste seriöse Forschungsprojekte zur Effektivität psyischer Erster Hilfe und zur Anwendung von Gruppeninterventionen bei Kampftruppen zu verdanken. Die gründlichen Studien und ausführlich dokumentierte Ergebnisse bilden eine solide Grundlage für SBE und den Prozeß der SBE-Nachbesprechung (Pugliese, 1988).

Die Auswirkungen von Großschadenslagen / Katastrophen

Katastrophen ereignen sich seit Menschengedenken. Die massiven negativen psychischen Auswirkungen auf die Opfer wurden jahrhundertelang vernachlässigt. Es gab bis in das zwanzigste Jahrhundert keine offiziellen Studien über die Auswirkungen von Katastrophen. Wie auch in Kriegen, blieben psychische Folgen der Betroffenen vor dem zwanzigsten Jahrhundert unbehandelt. Man wußte wenig über die psychischen Auswirkungen von Katastrophen auf Einzelne oder eine Gemeinschaft. Die Psychiatrie war eine relativ neue Wissenschaft, die zu dieser Zeit noch keine effektiven Maßnahmen gegen psychische Traumata entwickelt hatte (Raphael, 1986).

Ein markantes Ereignis im Jahre 1943 bereitete den Boden für die Entwicklung der Theorie und Praxis von Krisenintervention. Bei dem Großbrand im *Coconut Grove Night Club* in Boston kamen mehr als 400 Menschen ums Leben. Eine Konsequenz davon war die Verbesserung der Feuerschutzverordnungen in den USA und in vielen anderen Ländern weltweit. Die Katastrophe hinterließ in der Psyche der Überlebenden und Hinterbliebenen wie auch der amerikanischen Bevölkerung tiefe Narben. Fachleute aus dem psychosozialen Bereich versuchten, dem Chaos und seinen Auswirkungen einen Sinn zu geben. Die Arbeit von *Dr. Gerald Caplan* und vor allem von *Dr. Eric Lindemann* für die Überlebenden und die Hinterbliebenen wurde zum Meilenstein für die Grundlagen der heutigen Krisenintervention. Diese Erfahrungen bilden bis heute theoretisch wie praktisch den Kern der Streßbearbeitung nach belastenden Ereignissen und ihrer Methodik (Caplan, 1964; Lindemann, 1944).

Der Akzent der Krisenintervention von *Caplan, Lindemann* und anderen Theoretikern und Praktikern lag bei den direkten Opfern von Großschadenslagen. Literatur und Forschungsberichte zu Katastrophen beziehen sich hier auf die Not und deren Auswirkung auf die Opfer (Cohen und Ahearn, 1980; Gist und Lubin, 1989). Spezifischen Belastungen von Polizeibeamten, Feuerwehrleuten, Rettungsdienstpersonal, Pflegepersonal, Leitstellenpersonal, Ärzten und anderen Katastrophenhelfern wurde nur wenig Beachtung geschenkt. Man nahm an, daß die Ausbildung an sich ausreichend wäre, um die Belastungen durch den Einsatz in einer Katastrophe zu bewältigen. Das *American Psychiatric Association's Committee on Civil Defense* veröffentlichte 1954 ein Papier mit dem Titel *Psychological First Aid in Community Disaster* (Psychologische Erste Hilfe bei Katastrophen), in dem Einsatzkräfte darauf aufmerksam gemacht werden, daß Katastrophen sich negativ auf ihre Psyche auswirken können. Die gleiche Warnung fand sich in der überarbeiteten Fassung dieses Dokuments von 1964. Diese Gefahr wurde im anschließenden Absatz heruntergespielt, in dem es hieß: »Die Ausbildung an sich, die Sie als Katastrophenhelfer durchlaufen, wird, wenn es soweit ist, Schutz vor Streß sein.« (American Psychiatric Association, 1964).

Eine gründliche Sichtung der Literatur zu Katastrophen zwischen 1900 und 1975 gab nur wenig Aufschluß darüber, wie diese sich auf die Einsatzkräfte ausgewirkt haben. Erst 1975 tauchten einige Hinweise auf, daß Rettungsdienstpersonal durch den Einsatz bei Großschadenslagen evtl. psychischen Schaden erleiden können (Kliman, 1975). *Dr. Beverly Raphael* aus Sydney, Australien, gehörte zu dem kleinen Kreis derer, die die Unterstützung des Rettungsdienstpersonals nicht vernachlässigten. Ende der 70er Jahre wandte er bereits Methoden der Streßbearbeitung an (Raphael, 1986).

Zwei tragische Unfälle, die die Bevölkerung bewegten, machten darauf aufmerksam, daß sich Unglücke bei Opfern und beim eingesetzten Rettungsdienstpersonal negativ auf die Psyche auswirken. Das erste Unglück war der Absturz eines Flugzeuges der Pacific Southwest Airlines in ein Wohngebiet von San Diego 1978. Der zweite Vorfall war ein weiterer Flugzeugabsturz, American Airlines Flug 191 nahe Chicago 1979. Beide Unfälle waren der Auslöser für intensives Interesse am Umgang mit traumatischen Belastungen. Bei beiden Abstürzen waren sowohl die Rettungskräfte vor Ort als auch die Krankenhausbediensteten erheblichen Belastungssituationen ausgesetzt. Die daraus resultierenden Streßreaktionen waren ein Jahr nach den Unfällen noch immer nicht vollständig bewältigt (Graham, 1981a, 1981b; Mitchell, 1982; Duffy, 1979; Freeman, 1979).

Schließlich gab eine weitere Flugzeugkatastrophe den Anstoß für die Entwicklung der SBE-Nachbesprechung. Am 13. Januar 1982 erreichte die Maschine des Air Florida Fluges 90 nach dem Start vom National Airport in Washington, DC, nicht ausreichende Flughöhe. Das Flugzeug schlug in die Brücke der 14. Straße über den Potomac ein, 76 Menschen verloren ihr Leben. Das Rettungsdienstpersonal erhielt keine sofortige Unterstützung. Innerhalb von drei Wochen traten erhebliche Streßsymptome auf, und die Einsatzkräfte baten um Unterstützung. Man entschied sich, eine SBE-Nachbesprechung durchzuführen. Die SBE-Nachbesprechung war damals noch nicht etabliert, obwohl sie acht Jahre vor dem Absturz der Air Florida bereits bei unbedeutenderen Vorfällen angewendet worden war (Mitchell, 1976, 1981). Der Absturz in Washington war die erste offizielle SBE-Nachbesprechung anläßlich eines Großschadensfalles. Die teilnehmenden Einsatzkräfte kamen aus Feuerwehr, Polizei, Rettungsdienst und anderen. Ihre Rückmeldungen waren durchweg positiv. Alle Teilnehmer der Nachbesprechung berichteten, daß die Veranstaltung für sie sehr hilfreich war (Mitchell, 1982).

Die SBE-Nachbesprechung wurde seit dem Absturz der Air Florida bei zahlreichen Katastrophen und Großschadenslagen angewendet. Einige erwähnenswerte Unfälle sind:

- Barneveld, Wisconsin - Tornado, 1984
- Mexico City - Erdbeben, 1985
- Cerritos, Kalifornien - Flugzeugkatastrophe, 1986
- El Salvador - Erdbeben, 1986
- Palm Bay, Florida - Massenschießerei, 1987
- Bridgeport, Connecticut - Einsturz eines Hauses, 1987
- San Francisco, Kalifornien, - Erdbeben, 1989
- New York - Großfeuer, 1990
- Charleston, South Carolina - Hurrican Hugo, 1990
- Persischer Golf - Desert Storm, 1991
- Los Angeles, Kalifornien - Bürgerunruhen, 1992
- Miami, Florida - Hurrican Andrew, 1992
- Hawaii - Hurrican Iniki, 1992
- Kuwait - Kämpfe, 1992
- Jugoslawien - Bürgerkrieg, 1993
- Ruanda - Massenmord, 1994
- Japan - Erdbeben, 1995
- Oklahoma City, Oklahoma - Terroranschlag, 1995.

Die Exekutive und die SBE-Nachbesprechung

Obwohl es einen strukturierten Polizeidienst in Europa schon seit fast 2000 Jahren gibt und in den USA seit ungefähr 350, hielten verhaltenspsychologische Erkenntnisse bei der Polizei nicht vor Anfang des zwanzigsten Jahrhunderts Einzug. Die erste Anwendung erfolgte schließlich in Form von psychologischen Untersuchungen bei neuen Polizeibeamten (Reese, 1987). Hier wurde der Grundstein dafür gelegt, Rettungsdienstpersonal, insbesondere Polizeibeamte, in seiner Persönlichkeit besser zu verstehen.

Man fand schnell heraus, daß die Polizeiarbeit extrem belastend war. Mitte der 30er Jahre forderte der damalige Bürgermeister von New York, *Fiorello H. La Guardia,* eine Studie zu Suizidfällen bei Polizeibeamten. Die Suizidrate unter ihnen war, so fand man heraus, deutlich höher als die Quote bei der durchschnittlichen Bevölkerung (Heineman, 1975). Leider reicht es nicht aus, ein Streßproblem zu erkennen, um es zu lösen. Das Fehlen eines unkomplizierten Interventionsprogramms für belastetes Personal der Exekutive schien der weiteren Vernachlässigung dieses Themas Vorschub zu leisten. Im Jahre 1976 sagten zwei Fachleute, die die Streßbelastungen bei der Polizei untersuchten: »Es gibt nur wenige Experten für den Bereich von Belastungen am Arbeitsplatz und noch weniger für den Bereich von Belastungen nach dem Polizeieinsatz …« (Kroes und Hurrell, 1976, S.iii).

Ein Großteil der Nachforschungen im Bereich der Streßbelastung bei Polizeibeamten wurde während der letzten beiden Jahrzehnte geleistet. Die Entwicklung von Streßinterventionsstrategien bei der Polizeiarbeit kam erst während der letzten Jahre auf (Reese, 1987).

Konstruktive Wege, um Polizeibeamten zu helfen, inklusive Beratungsdienste, Hilfsprogramme für Ehegatten, Ehe- und Familienberatung, Streßpräventionsprogramme und anderer Projekte zur Streßbehandlung bei Polizeibeamten, wurden Ende der sechziger Jahre zum ersten Mal begangen. *Dr. Martin Reiser* war der erste Vollzeit-Psychologe für die amerikanische Exekutive. Er wurde 1968 von der Polizeibehörde Los Angeles, Kalifornien, eingestellt. San Jose, Kalifornien, stellte bald *Dr. Michael Roberts* als Polizeipsychologen ein. Andere Städte, zum Beispiel New York, folgten den Vorreitern Los Angeles und San Jose. Anfang der achtziger Jahre war die Anzahl der im Polizeidienst tätigen psychosozialen Fachleute in die Hunderte angestiegen. 1980 schließlich führte das FBI psychologische Beratungsprogramme für seine Mitarbeiter ein (Reese, 1987).

Die ersten »*Police-Streß*«-Programme, die Mitte der siebziger Jahre entwickelt wurden, waren Ableger der früheren Alkoholhilfsprogramme in den fünfziger und sechziger Jahren. Police-Streß-Programme entstanden aus den Programmen der Anonymen Alkoholiker. Oftmals wurden sie mit Unterstützung von Peers durchgeführt. Hier wurden Peers für Einsatzkräfte erstmals eingesetzt.

Eine bestimmte Art von Nachbesprechung wurde Polizeibeamten angeboten, die 1979 bei dem Absturz von American Airlines Flug 191 außerhalb von Chicago zum Einsatz kamen. Die beteiligten Polizeibeamten bezeichneten die Vorgehensweise als hilfreich. Leider konnte der Nachbesprechung aus der damals zur Verfügung stehenden Literatur keine ausreichend detaillierte Beschreibung und Struktur zugrundegelegt werden (Wagner, 1979a-b). Erst 1983 wurde die Nachbesprechung, so wie sie heute angewendet wird, ausreichend detailliert beschrieben, so daß sie ein Modell für Einsatznachsorgeteams sein konnte (Mitchell, 1983, 1991).

Heute wenden viele Polizeibehörden die SBE-Nachbesprechung an, und zahlreiche Polizeibeamte in Amerika und anderen Nationen haben sich Teams zur SBE-Nachbesprechung angeschlossen. Auch hat die Arbeit vieler Polizeipsychologen und vor allem die Einheit des FBI zur Verhaltensforschung dazu beigetragen, daß für die zahlreichen Unterstützungsprogramme eine größere Akzeptanz erreicht werden konnte. Solche Programme sind zum Beispiel Streßprävention, Familien- und Eheberatung, Teams, die Polizisten nach Schußwaffengebrauch betreuen, und Einzelberatungen (Reese, 1991).

Einflüsse durch Krankenhaus, Notfallmedizin und Feuerwehr

Den letzten großen Anstoß erhielt die Entwicklung der SBE-Nachbesprechung und vieler Angebote, die in der Streßbearbeitung nach belastenden Ereignissen entwickelt wurden, von mehreren Seiten. Streßbewältigungsarbeit in Krankenhäusern, Notarztdiensten und Feuerwehren war schließlich ausschlaggebend für die Entstehung der SBE-Bewegung. Diese Einflüsse waren ineinander verwoben. Die letzten Entwicklungsstufen des Prozesses hätten nie bewältigt werden können, wäre da nicht vorher die Arbeit im Militär, den Vollzugsorganen und im Katastrophenbereich geleistet worden.

Das »*Shock Trauma Center*« in Baltimore war die erste größere Klinik zur Behandlung von Traumata, die auch ihr Personal psychologisch unterstützte. *Marge Epperson-Sebour,* eine Sozialarbeiterin im Bereich der Familienunterstützung, war zuständig, wenn erfahrenes Pflegepersonal kündigte. Sie entwickelte Mitte der 70er Jahre eine Reihe von Programmen zur Streßbearbeitung und Krisenintervention. Kündigungen von Pflegepersonal und anderen Angestellten, die eine Traumaausbildung erhalten hatten, gingen drastisch zurück (Epperson, 1977; Epperson-Sebour, 1985). Das Trauma Center wurde das Herzstück für die letzte Entwicklungsstufe der heutigen SBE-Prozesse.

Nancy Grahams Artikel zu *Streß und Burnout-Syndrom* im Bereich der Rettungsmedizin gehörten zu den ersten überhaupt, die beschrieben, welche Streßbelastungen Notärzte und Rettungskräfte erlebten (Graham, 1981a-b). Aber die USA waren nicht das einzige Land, an dem Interesse an Streßauswirkungen auf Rettungsdienstpersonal bestand. *Dr. Tony Taylor* aus Neuseeland untersuchte, welche positiven Auswirkungen die Angebote bei Einsatzkräften hatten, die nach einem Flugzeugabsturz in der Antarktis durchgeführt wurden (Taylor und Frazer, 1982). *Dr. Robyn Robinson* in Melbourne, Australien, und *Dr. Beverly Raphael* in Sydney, Australien, arbeiteten mit Feuerwehrleuten und Mitarbeitern im medizinischen und klinischen Bereich, um die negativen Folgen von Streß zu verringern (Robinson, 1986). *Dr. Robinson* war verantwortlich für die Entwicklung eines speziellen Teams zur SBE-Nachbesprechung. Es bestand aus Peers, die Feuerwehrleuten und Notärzten in Melbourne, Australien, zur Seite standen. *Dr. Atle Dyregrov,* ein Psychologe aus Norwegen, der sich auf traumatische Belastungen in der Pädiatrie spezialisiert hatte, zeigte ebenfalls großes Interesse an Traumatisierten im Krankenhaus, der Militärpolizei, der Feuerwehr und in der Industrie (Dyregrov und Thyhodt, 1988). Er veröffentlichte zahlreiche Artikel in europäischen Psychologiezeitschriften. Ihm ist es zu verdanken, daß sich die SBE-Nachbesprechung in Europa verbreitet hat.

Der erste Artikel, der die Details des Critical Incident Stress Debriefing behandelte, wurde von *Dr. Jeffrey T. Mitchell* verfaßt und im *Journal of Emergency Medical Services* im Januar 1983 veröffentlicht. In diesem Artikel wurde die Struktur der SBE-Nachbesprechung vorgestellt. Er gab den Anstoß, daß sich auf der ganzen Welt SBE-Teams zusammenfanden (Mitchell, 1983, 1988).

Der Artikel von 1983 wird häufig zitiert. Allerdings ist er nicht mehr aktuell, da die Grundlagen 1984 zum erstenmal und 1988 zum zweitenmal ergänzt wurden. Ursprünglich hatte die SBE-Nachbesprechung nur sechs Phasen. Artikel, die kurz nach dem oben genannten verfaßt wurden, zeigen sieben Phasen. Eine *»Gedanken«*-Phase, die im ursprünglichen Artikel die *»Tatsachen«*-Phase war, wurde zusätzlich als Bindeglied zwischen *»Tatsachen«*- und *»Reaktions«*-Phase aufgeführt. Die *»Reaktions«*-Phase wurde ursprünglich die *»Gefühl«*-Phase genannt. Es gab mehrere Gründe, warum die Phase von *»Gefühl«* in *»Reaktion«* umbenannt wurde. Erstens fand man, daß das Wort Gefühl nicht für Einsatzkräfte paßte. Diese sprechen nicht gern über Gefühle. Zweitens wurde bedacht, daß Menschen auf traumatische Situationen unterschiedlich reagieren; Gefühle sind nur eine Reaktion. Die Unterschiede zwischen der ursprünglichen und der modernen SBE-Nachbesprechung können zum besseren Verständnis Tabelle 4.1 entnommen werden.

Vergleich der Phasen einer SBE-Nachbesprechung (Debriefing)

1983 bis 1984	1984 bis heute
1. Einführung	1. Einführung
2. Tatsachen	2. Tatsachen
3. Gefühle	3. Gedanken
4. Auswirkungen	4. Reaktionen
5. Informationen	5. Auswirkungen
6. Abschluß	6. Informationen
	7. Abschluß

(Mitchell, 1983, 1988, 1993)

Tab. 4.1

Bevor wir dieses Kapitel beenden, müssen wir noch andere Entwicklungen ansprechen. Die verschiedenen Arten von Nachbesprechungen entwickelten sich in den letzten Jahren, weil die SBE-Teams Erfahrungen zum Ablauf von SBE-Nachbesprechungen sammelten. Heute liegt eine größere Betonung auf der Rolle der Peers. Dies schmälert die Wichtigkeit der psychosozialen Fachleute jedoch nicht. Die Bedeutung dieser Funktion bleibt bestehen.

Die Einsatzbegleitung wird nicht als eine Form der SBE-Nachbesprechung angesehen. Es sind Einzelberatungen, die meist von Peers mit einer fundierten Wissensgrundlage durchgeführt werden und nur selten, unter den extremsten Umständen, auch von psychosozialen Fachleuten. Es handelt sich immer um Einzelberatungen und nicht um Gruppenangebote.

Der Name »*Initial Defusing*« (»Erst-Entschärfung«) wurde aufgegeben und durch SBE-Kurzbesprechung ersetzt. Außerdem werden die SBE-Kurzbesprechungen häufiger von Peers angeboten. SBE-Nach- oder Kurzbesprechungen oder andere Gruppenberatungen werden nicht an der Einsatzstelle durchgeführt. Sie bleiben dem Zeitpunkt vorbehalten, wenn der Einsatz vorbei ist und die Einsatzkräfte nicht mehr am Ort des Geschehens sind. Die Nachbetreuung wurde ebenfalls wesentlich verändert, wie in einem späteren Kapitel erläutert wird.

Auch die Einschätzung, die SBE mit ihren unterschiedlichen Methoden sei nur Einsatzkräften vorbehalten, besteht glücklicherweise nur noch vereinzelt. SBE wird nun anerkannt als notwendige und hilfreiche Intervention, um traumatischem Streß in allen risikoreichen Berufsgruppen vorzubeugen (Everly und Mitchell, 1992).

Zusammenfassung

Dieses Kapitel beschrieb die Haupteinflüsse, welche die Entwicklung von SBE und der SBE-Nachbesprechung förderten. Die Beiträge verschiedener nennenswerter Forscher, psychosozialer Fachleute und Mitarbeiter des Rettungsdienstes wurden kurz beschrieben.

Natürlich gibt es noch andere, die zur Entwicklung der SBE und der SBE-Nachbesprechung beigetragen haben. Es ist aber unmöglich, jeden zu nennen. Es war jedoch nicht der Verdienst eines einzelnen, SBE weiterentwickelt zu haben. Viele Menschen, die sich diesem Bereich widmeten, trugen ein Stück zu seiner Geschichte bei. Und es werden noch viele mehr sein, die mit ihrem Können und ihrem Einsatz einen Beitrag leisten. All jene, die von SBE und SBE-Nachbesprechung profitieren, haben dies denen zu verdanken, die in ihrem Leben Belastungen erfahren haben, vor allem den Pionieren der Streßbearbeitung in Militär und Feuerwehr, im Katastrophenschutz, in Behörden, im Pflege-, Rettungs- und Notarztdienst.

5 Streßbearbeitung nach belastenden Ereignissen im Überblick

Einführung

SBE wird in den USA schon seit fast 20 Jahren praktiziert. Dennoch hat sich bis heute ein Bild vom Helfer und Retter erhalten, nach dem ein Retter immer stark zu sein hat und es nur einzelne »Weicheier« gibt, die Hilfestellung nach einem belastenden Ereignis brauchen. Dieses falsche Retterbild hat (in den USA) einige Vorgesetzte dazu gebracht, innerhalb ihrer Behörden aktiv gegen die Entwicklung von Angeboten zur Bearbeitung von traumatischem Streß zu kämpfen. Die »Kosten« dieser kurzsichtigen und einfältigen Managementstrategie wird man niemals ermessen können. Viele Menschen leiden enorm unter ihren quälenden Erinnerungen an Extremsituationen. Niemand weiß, wie viele Menschen vorzeitig aus ihrem Beruf ausgeschieden sind, gesundheitliche Beeinträchtigungen hinnehmen mußten, Schwierigkeiten mit ihrer Beziehung oder ihrer eigenen Person erfuhren oder die Freude am Leben und Arbeiten in ihrem gewählten Beruf verloren. Alles das sind Ergebnisse ungelöster Belastungen am Arbeitsplatz.

Jede Führungskraft sollte folgenden Satz beherzigen: »Gutes Management ist gutes Streßmanagement, und gutes Streßmanagement ist gutes Management«. Diese beiden Konzepte sind miteinander verbunden, sie bestehen nicht einzeln oder exklusiv. Sorgsam mit den Mitarbeitern umzugehen, ist die wichtigste Aufgabe in jedem Betrieb und jeder Organisation. Wer diese Ressourcen nicht nutzt, vermindert die Effizienz und die Effektivität jedes Systems, das auf Menschen aufbaut, egal in welchem Bereich.

Wenn sich traumatischer Streß auf das Personal innerhalb einer Organisation auswirkt, so deutet dies auch auf schlechtes Management hin. Ein gutes Anti-Streß-Programm mit entsprechenden SBE-Komponenten ist für die Gesundheit der Mitarbeiter jeder Organisation notwendig. Sie trägt viel dazu bei, daß die Leistungsfähigkeit und Integrität der Organisation erhalten bleibt.

Was ist Streßbearbeitung nach belastenden Ereignissen?

Die SBE will durch ihre Angebotsformen und Methoden folgende Ziele erreichen:

- Vorbeugung vor traumatischem Streß
- Linderung von traumatischem Streß
- Erholung von traumatischem Streß durch schnelle Intervention
- Beschleunigung der Erholung nach traumatischen Ereignissen
- Erhaltung von Gesundheit und Wohlbefinden der Mitarbeiter.

Unabdingbar für die Streßbearbeitung nach belastenden Ereignissen ist ein gut ausgebildetes SBE-Team. Zudem muß die jeweilige Führung der Organisation den Ansatz von SBE auf allen Ebenen akzeptieren, zur Teilnahme daran motivieren, und nicht zuletzt selbst daran teilnehmen. SBE kann nicht von dem Team alleine geleistet werden. Die Verantwortung für die SBE-Angebote innerhalb einer Organisation übernimmt zwar das SBE-Team, eine effektive SBE liegt aber in der Verantwortung eines jeden Mitglieds der Organisation.

SBE-Team

Die Zusammensetzung von SBE-Teams variiert je nach Organisation. Wenn das Team für Einsatzkräfte aus Polizei, Feuerwehr, Rettungsdienst, für Mitarbeiter eines Krankenhauses oder für das Militär tätig wird, müssen entsprechende Peers im Team sein. Jede Organisation, die bei akuten Notfällen Hilfsdienste am Einsatzort anbietet, wäre schlecht beraten, sich ausschließlich auf die Kompetenzen psychosozialer Fachleute zu verlassen und keine Peers im Team zu haben.

Wenn SBE-Teams in Schulen arbeiten, bestehen sie nahezu ausschließlich aus Psychosozialen Fachleuten. Zwar können Lehrer oder Schulbedienstete eine Ausbildung erhalten, die ihnen die Mitarbeit in einem Team ermöglicht. Es ist allerdings nicht klug, Schüler als Ehrenamtliche miteinzubeziehen, da sie mit traumatischen Ereignissen nicht angemessen umgehen können. Es besteht die Gefahr, daß die jungen Menschen im Rahmen der Traumaintervention selbst traumatisiert werden könnten. Die beste Lösung liegt darin, diese Arbeit den psychosozialen Fachleuten zu überlassen. Eventuell können einige sorgfältig ausgesuchte Erwachsene hilfreich sein, die in Verbindung mit der Schule stehen.

Bei Angeboten für Wirtschaft und Industrie können Peers aus den verschiedenen Berufsgruppen einbezogen werden. Dies hat einige Vorteile. Es hängt dabei viel vom Aufbau der Organisation und von ihrer Größe ab.

In einem großen Unternehmen mit einem festen Mitarbeiterstamm kann ein gut ausgebildetes Team von Peers sehr wichtig sein. In kleineren Unternehmen, wo jeder jeden gut kennt, ist es unter Umständen schwierig, Peers effektiv einzusetzen. In manchen Unternehmen kommen Vorfälle mit traumatischen Folgen so selten vor, daß Peers nahezu nie zum Einsatz kämen und keine Erfahrungen sammeln könnten. Da ist es angebracht, die Streßbearbeitung nach belastenden Ereignissen durch externe Teams durchführen zu lassen.

Die Hilfe von Peers hat sich auch in der Arbeit mit Gruppen aus der Zivilbevölkerung nach Großschadensfällen stets als hilfreich erwiesen. Die »National Organization for Victim Assistance« (vergleichbar mit dem Weißen Ring in Deutschland, Anm. d. Hrsg.) arbeitet seit vielen Jahren mit SBE-Angeboten und erhielt bislang durchweg positive Resonanz von den Betroffenen. Auch hier hat der Einsatz von Peers Vor- und Nachteile. Gute Ausbildung, Erfahrung und angemessene Supervisionsangebote machen es vertretbar, den Menschen diese Belastung zuzumuten.

Sorgfältig ausgewählte und gut ausgebildete Einsatzkräfte als Peers konnten psychosoziale Fachleute bei Interventionen für Gruppen aus der Zivilbevölkerung und Unglücksopfer ebenfalls gut unterstützen. Dies hat vor allem ihr Einsatz bei großen Katastrophen, z.B. bei dem Hurrican Andrew, gezeigt. Ein sogennantes kommunales SBE-Team kann sich, je nach Einsatzbereich, folgendermaßen zusammensetzen:

1. ausschließlich psychosoziale Fachleute
2. psychosoziale Fachleute und Peers aus der Wirtschaft
3. psychosoziale Fachleute und Einsatzkräfte als Peers
4. psychosoziale Fachleute und sorgfältig ausgewählte Peers aus der Bevölkerung.

Die Komponenten der SBE

Ausbildung

In der SBE gibt es keine Komponente, die der Ausbildung an Bedeutung gleichkommt. Sie ist der Schwerpunkt gegenüber jedem anderen Angebot. Jedes Mitglied der Organisation sollte auf jeden Fall sowohl eine Schulung über Streß, Streßprävention und Streßbearbeitung als auch Informationen zu traumatischem Streß erhalten. Solche Lehrgänge müssen nicht teuer oder zeitaufwendig sein, um effektiv zu sein. Ein paar Stunden mit einem ausgebildeten SBE-Teammitglied können schon viel bringen, um die vorgenannten Ziele von SBE zu erreichen. Lehrgänge zur Streßprävention und Streßbearbeitung sollten durchgeführt werden, wenn neues Personal eintritt. Später sollten während der gesamten Berufslaufbahn immer wieder Schulungen angeboten werden, um die Mitarbeiter im Bereich der Streßbearbeitung stets auf dem Laufenden zu halten.

Wenn Verwaltung und Leitung mit der Philosophie und den Zielen der SBE vertraut sind, wird das Programm eher von den Mitarbeitern akzeptiert und angefragt. Die Bereitschaft, sich nach einem belastenden Ereignis auf den Ansatz der SBE einzulassen, steigt in dem Maße, wie das Programm für die Prävention verstanden und als hilfreich erkannt wurde.

Menschen, die auf traumatischen Streß vorbereitet sind, kommen besser damit zurecht. Sie erkennen Zeichen und Symptome von traumatischem Streß früher. Einige Informationen aus dem Streßlehrgang können ihnen helfen, mit den verschiedenen Streßarten besser zurechtzukommen, allein oder mit Unterstützung anderer. Wenn Menschen erkennen, daß eine belastende Situation das übersteigt, was sie allein bewältigen können, werden sie die Möglichkeit für ein Angebot zur Streßbearbeitung in Anspruch nehmen. Sie bitten früher um Hilfe und erhalten diese eher. Damit können sie sich schneller wieder erholen.

Es sollten unterschiedliche Kurse zum Umgang mit Belastungen am Arbeitsplatz angeboten werden. Die nachfolgende Tabelle (Tabelle 5.1) beschreibt diese Anti-Streß-Programme.

Möglichkeiten zur Streßprävention	
Programm zur Streßprävention	**Zielgruppe**
Streßbearbeitung allgemein (inklusive kumulativer Streß)	alle Mitarbeiter
Richtlinien für Vorgesetzte zum Umgang mit Streß	Führungskräfte
Streß nach belastenden Ereignissen	jeder, der potentiell einem traumatischen Vorfall ausgesetzt sein könnte
SBE-Maßnahmen	Mitglieder in SBE-Teams

Tab. 5.1

Die beste Streßbearbeitung setzt bereits vor einem traumatischen Ereignis an. Diese Art der Streßbearbeitung wird Streßprävention genannt. Leider ist es nicht immer möglich, Schulungen abzuhalten, bevor Menschen traumatisiert werden. Diese können aber auch dann noch sehr hilfreich sein, wenn sie nachträglich stattfinden. Sie enthalten nützliche Informationen, die helfen können, das Geschehen in die eigene Biographie zu integrieren und eine Person wieder einsatzbereit zu machen. Wir sind überzeugt: Krisen können wertvolle Lernerfahrungen sein, die eine Person als Sprungbrett zur weiteren Entwicklung ansehen kann.

Peers

In den frühen 80er Jahren herrschte großes Mißtrauen, ob »ehrenamtliche Mitarbeiter« zu sogenannten Peers ausgebildet werden könnten. Sie hatten sehr begrenzte Übung und Erfahrung. Psychosoziale Fachleute waren sich nicht sicher, welche Fähigkeiten Peers entwickeln. Mitarbeiter in den Personalabteilungen und Vorgesetzte fürchteten, daß die Ausbildung zu Peers diese vom normalen Dienst abziehen würde. Darin wurden anfangs eher Nachteile für die Organisation gesehen.

Anfangs gab es Befürchtungen, daß Organisationen wegen der Peers in juristische Schwierigkeiten kommen könnten. Diese Befürchtungen waren so groß, daß in den USA die Bezeichnung »Peer counselor« (kollegialer Berater) von den meisten Rettungsdienstorganisationen gemieden wurde. Die letzten zwölf Jahre haben allerdings gezeigt, daß diese Befürchtungen völlig grundlos waren. Peers wurden ausgebildet und konnten wiederholt beweisen, wie wichtig sie sind; dies besonders in dem Bereich der Einsatzkräfte. Generell läßt sich sagen:

– Sie entscheiden sich bei dem Gespräch mit psychisch traumatisierten Mitarbeitern normalerweise für eine sehr direkte Vorgehensweise.
– Sie arbeiten nur innerhalb des Rahmens, der ihnen durch ihre Ausbildung vermittelt wurde.
– Sie konnten große Erfolge bei Interventionen in besonders schwierigen Situationen erzielen.

Es gibt viele Berichte, die zeigen, daß Peers streßbelastete Personen in Notsituationen adäquat begleiten und gute Arbeit leisten konnten bei:

– der Verhütung von Selbstmord
– vorzeitigem Ausscheiden aus dem Berufsleben
– Schlichtung in familiären Auseinandersetzungen
– Unzufriedenheit in der Arbeit
– Mobbing oder anderen unangenehmen Situationen.

Der Rettungsdienst in Melbourne, Australien, hat ein Programm für Peers entwickelt, das weltweit als Modellprogramm gilt. Es wurde Mitte der 80er Jahre ins Leben gerufen und hat sich in seiner Evaluation als erfolgreich und effektiv erwiesen. Kernstück und Schlüssel zum Erfolg des Melbourner Programms ist eine Supervision, die von engagierten psychosozialen Fachleuten angeboten wird. Eine angemessen durchgeführte psychologische Begleitung der Mitarbeiter hält das Programm am Laufen, begrenzt die Fehler und mögliche rechtliche Konsequenzen. Sie sichert höchste Qualität bei der Arbeit der Peers und trägt wesentlich zu deren Psychohygiene bei.

Unterstützung für Angehörige

Es ist selbstverständlich, daß eine Organisation ihren Mitgliedern Unterstützung bietet. Dieselbe Unterstützung muß aber auch dem Umfeld der Mitarbeiter zukommen, um wirkliche Hilfe für die Mitarbeiter leisten zu können. Die eigene Familie bedeutet Menschen sehr viel. Wenn Familienmitglieder eines Mitarbeiters Hilfe durch die Organisation erfahren, ist das Personal insgesamt zufriedener, und die Arbeitsmoral bleibt hoch. Streß wird leichter hingenommen, wenn im Umfeld der Mitarbeiter einer Organisation ein harmonisches, kollegiales Klima herrscht. Dieses Klima entwickelt sich durch ein Programm zur Unterstützung von Angehörigen.

Eine solche Unterstützung umfaßt nicht nur soziale Aktivitäten, sondern darüber hinaus spezielle Programme zum Umgang mit Streß für Ehegatten und nahestehende Personen. Manchmal müssen SBE-Nachbesprechungen und andere Formen von Hilfe, wie beispielsweise die Kriseninterventionsberatung, auch für nahestehende Personen und Familienmitglieder angeboten werden. Vor allem Kinder dürfen dabei nicht vergessen werden.

Für Einsatzkräfte sind diese Programme äußerst wichtig. Sie werden für sie häufiger angewendet als für Mitarbeiter in anderen Organisationen. Es ist Aufgabe von SBE-Teams, in ihrer Arbeit auch das soziale Umfeld von Betroffenen zu berücksichtigen. Geschieht dies nicht, können die Folgen für die Mitarbeiter und die nahestehenden Personen gravierend sein.

SBE-Team

Ein geschultes Team mit dem richtigen Angebot zur richtigen Zeit ist die wesentliche Voraussetzung für die Vorbeugung und Linderung traumatischer Streßreaktionen. Dies gilt auch für die Genesung traumatisierter Personen. SBE-Teams verstehen sich als partnerschaftliche Kooperation zwischen psychosozialen Fachleuten, Geistlichen und Peers.

Gute Teams verfügen über eine breite Palette verschiedener Angebote, um den Bedürfnissen der Menschen, denen sie helfen wollen, zu entsprechen. Denn sie wissen, daß es für unterschiedliche Situationen unterschiedliche Angebote braucht. Nachfolgend sind die gebräuchlichsten Angebote von SBE-Teams aufgelistet:

- SBE-Programm zur Streßprävention
- SBE-Einsatzbegleitung
- SBE-Kurzbesprechungen
- SBE-Einsatzabschlüsse (nach Großschadenslagen / Katastrophen)
- SBE-Nachbesprechungen
- informelle Gespräche
- Unterstützung für Angehörige
- Einzelberatungen
- Nachbetreuungen.

Genauere Informationen zu diesen Angeboten finden Sie in den weiteren Kapiteln dieses Buches. Das SBE-Team steht bei der Bearbeitung von traumatischem Streß in vielen Organisationen an vorderster Front. Mitglieder der Teams bieten breitangelegte Programme zum Umgang mit Streß an. Nach traumatischen Vorfällen sind sie schnell alarmierbar. Sie bieten Beratung, SBE-Kurzbesprechungen oder SBE-Nachbesprechungen, Beratung durch Peers, Hilfe beim »Papierkrieg«, der in der Regel dem belastenden Vorfall folgt, und andere Formen von Hilfe. Mitglieder von SBE-Teams können auch weitergehende Angebote vermitteln, wenn Menschen mehr Unterstützung benötigen, als die SBE-Angebote allein leisten können.

Vermittlung weiterer professioneller Hilfe

Traumatischer Streß ist ein komplexer Prozeß, der jeden Menschen auf andere Weise beeinträchtigt. Einige erholen sich davon aus eigener Kraft oder mit wenig Unterstützung von Familie und Freunden. Viele profitieren von den Angeboten eines SBE-Teams. Einige brauchen vielleicht weitere professionelle Hilfe, um sich vollständig zu erholen. Menschen können nach einer psychischen Traumatisierung auf unterschiedlichen Wegen wieder einen für sie befriedigenden Genesungsgrad erlangen. Es ist ihnen möglich, das entsetzliche Geschehen in ihre Biographie zu integrieren und so daran zu wachsen. Sie können trotz Schock, Verlust und Trauer wieder ein glückliches und produktives Leben führen. Manche traumatischen Ereignisse sind jedoch so schrecklich und erdrückend, daß einige Betroffene weitere professionelle Hilfe benötigen, um die bestmögliche Genesung zu erreichen. Dies ist kein negatives Zeichen ihrer Kompetenz, ihrer psychischen Verfassung oder anderer Fähigkeiten.

Denn auch hier gilt: *Eine traumatische Streßreaktion ist eine normale Reaktion normaler und gesunder Menschen auf ein abnormales Ereignis.* Nur in äußerst seltenen Fällen ist eine traumatische Streßreaktion als psychopathologisch anzusehen. Die richtige Unterstützung macht den entscheidenden Unterschied zwischen einer relativ kurzen, schmerzlichen Reaktion und einer verlängerten, komplexen Traumatisierung aus. Psychosoziale Fachleute mit einer Ausbildung in der Behandlung von Menschen mit Posttraumatischen Streßsymptomen können den Genesungsprozeß in guter Weise begleiten und beschleunigen. Es gibt inzwischen viele Methoden, um Posttraumatische Streßreaktionen zu behandeln. Dieses Buch will sich nicht anmaßen, all diese Prozesse hinreichend zu beschreiben, denn eine ausführliche Abhandlung würde den Rahmen sprengen. Wir wollen unser Augenmerk hier auf die *Streßbearbeitung nach belastenden Ereignissen* legen, ein Programm zur Steigerung der Gesundheit und Vermeidung von Streß. SBE arbeitet präventiv, SBE ist keine Behandlung.

Während der letzten 30 Jahre ist das Wissen um Posttraumatische Streßbelastungen und ihre Behandlungsmethoden enorm gewachsen. Neurokognitive Therapien, EMDR (Eye Movement Desensitization and Reprocessing, Abschwächung der Augenbewegung und Signalnachverarbeitung nach Francine Shapiro (Anm. d. Hrsg.)) sowie medikamentöse Interventionen, um nur ein paar zu nennen, sind einige der neuesten und vielversprechensten Entwicklungen in diesem Bereich.

Psychisch traumatisierte Menschen sollte man nur an psychosoziale Fachleute mit professioneller Ausbildung überweisen, die sich entsprechend qualifiziert haben und Posttraumatische Belastungen adäquat behandeln können.

Sicherlich werden die meisten Menschen nach traumatischen Ereignissen keine Therapie benötigen. Allerdings lösen religiöse und weltanschauliche Prägungen angesichts einer traumatischen Erfahrung oft zusätzliche Unsicherheit bei den betroffenen Menschen aus. Extremsituationen als Schnittstellen der Biographie lassen Sinn- und Wertfragen aufbrechen. »Wie konnte Gott das zulassen?« Der eigene Lebensentwurf und seine schlagartige Veränderung werden besonders bewußt, Schuld- und Theodizeefragen, Fragen nach dem Sinn menschlichen Leidens überschatten die Gegenwart und absorbieren die Lebenskraft. Viele Geistliche haben sich daher in der Traumaseelsorge fortgebildet. Heute haben Seelsorger in SBE-Teams einen festen Platz.

SBE für Einsatzkräfte und für die Bevölkerung

Während des letzten Jahrzehnts wurde immer mehr erkannt, daß die Bevölkerung nach traumatischen Ereignissen besonderen Bedarf an Kriseninterventionen hat. Die verheerenden Auswirkungen von Katastrophen, Gewaltverbrechen und anderen schlimmen Ereignissen auf einzelne Personen und auf die Bevölkerung wurde ausführlich schriftlich festgehalten. Ohne angemessene Intervention kann sich das Leiden dieser Menschen nach solchen Vorfällen dramatisch zuspitzen.

In den Anfängen der SBE-Bewegung, zu Beginn der 80er Jahre, wurden SBE-Teams für Einsatzkräfte ins Leben gerufen. Verschiedentlich wurden SBE-Teams alarmiert, um Gemeinden bei Krisensituationen zu beraten. Als jedoch die Anforderungen aus den Gemeinden immer stärker wurden, reagierte man folgendermaßen:

Als erstes erhielten Organisationen wie die *National Organization for Victim's Assistance* (vergleichbar mit dem Weißen Ring, Anm. des Hrsg.) eine größere Bedeutung bei der direkten Krisenintervention in Gemeinden. Zweitens erklärte sich das *Rote Kreuz* verantwortlich, in Gemeinden die psychischen Spätfolgen von Katastrophen mit zu behandeln. Daraufhin wurden in vielen Gemeinden quer durch die USA kommunale Beratungsteams (Kriseninterventionsteams) eingeführt.

Schließlich wurden die Anforderungen von SBE-Teams durch die Kommunen immer häufiger. In einigen Gebieten hat es sich eingebürgert, daß die Teams von selbst regelmäßig auf rettungsdienstfremde Organisationen und Gemeinden zugehen, wenn dies von den kommunalen Organisationen und den ortsansässigen psychosozialen Beratungsstellen erwünscht wird. SBE-Teams, die mit Einsatzkräften arbeiten, sollten darauf vorbereitet sein, ihren Gemeinden in ernsten Situationen zur Seite zu stehen, selbst wenn sie eigentlich für Organisationen außerhalb ihres Bereiches nicht zuständig sind. Es wäre sicher hilfreich, sich als SBE-Team auf solche Situationen vorzubereiten, da diese Arbeit den Rahmen des sonst üblichen weit überschreitet.

Forschung und Entwicklung

Den Bereich der Krisenintervention gibt es nun schon seit über fünfzig Jahren. Anerkannte und bewährte Interventionsstrategien wurden auf der ganzen Welt angewandt. Die SBE hat ihre Ursprünge in der Krisenintervention. Die Anzahl der Peers, Geistlichen und psychosozialen Fachleute, die in diesem Bereich aktiv sind, macht SBE zu einem der am schnellsten wachsenden Hilfsprogramme für psychisch belastete Menschen auf der ganzen Welt. Die Wachstumsrate ist bis heute bemerkenswert und wird es auch bis ins nächste Jahrhundert bleiben.

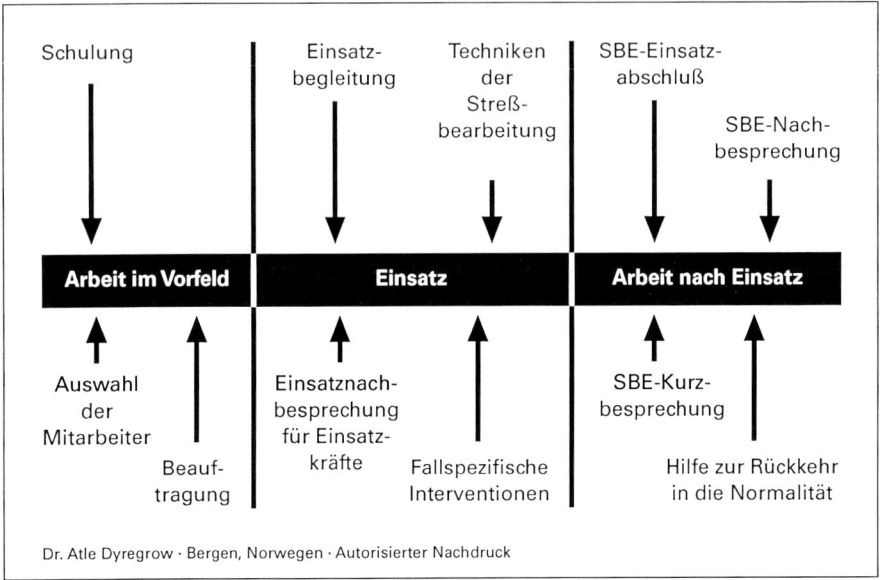

| Schulung | Einsatz-begleitung | Techniken der Streß-bearbeitung | SBE-Einsatz-abschluß |
| | | | SBE-Nach-besprechung |

Arbeit im Vorfeld · **Einsatz** · **Arbeit nach Einsatz**

| Auswahl der Mitarbeiter | Einsatznach-besprechung für Einsatz- | | SBE-Kurz-besprechung |
| Beauf-tragung | kräfte | Fallspezifische Interventionen | Hilfe zur Rückkehr in die Normalität |

Dr. Atle Dyregrow · Bergen, Norwegen · Autorisierter Nachdruck

Abb. 5.1: Streßbearbeitung nach belastenden Ereignissen

Ständiges Wachstum, zunehmende Dienstleistungen und kontinuierliche Akzeptanz bei Organisationen und Einzelpersonen kann bei einem Programm wie SBE nur durch ständige Forschung und Entwicklung gewährleistet werden. Die SBE-Bewegung entwickelt sich überaus dynamisch. Über zwei Jahrzehnte hat sie stets Prozesse zur Bewältigung von Posttraumatischem Streß für Einzelpersonen und Gruppen weiterentwickelt. Inzwischen gibt es auch ausreichend (englischsprachige, Anm. d. Hrsg.) Literatur zu diesem Thema.

Die Effektivität der SBE-Interventionen muß immer wieder untersucht werden, um sie auf hohem Stand zu halten. Jeder Funktionsträger im Bereich von SBE braucht fundiertes Wissen, um die Effektivität der SBE-Prozesse verstehen und beurteilen zu können. Außerdem müssen die Mechanismen, die die SBE-Methodik und die SBE-Prozesse effektiv machen, noch detaillierter erklärt werden.

Wir sind überzeugt: SBE hat eine gesicherte Zukunft. Jetzt wird es allerdings zunehmend auch die Aufgabe der Forschung sein, die SBE-Angebotsformen und deren Methoden zu hinterfragen und weiterzuentwickeln, stets zum Wohl der betroffenen Menschen.

Zusammenfassung

Dieses Kapitel gab einen Überblick über SBE. Es hat SBE definiert und verschiedene wichtige Bereiche, wie zum Beispiel die Hauptbestandteile von SBE, angesprochen. Dieses Kapitel bildet das Fundament für die nachfolgenden Kapitel.

6 Krisenintervention: Das SAFE-R-Modell

Bereits zuvor wurde angemerkt, daß SBE aus weit mehr als nur der SBE-Nachbesprechung besteht. SBE sieht auch Angebote am Unfallort für Einsatzkräfte vor. Solche einsatzbegleitenden Angebote am Unfallort beinhalten auch Einzelberatungen. Einzelberatungen können entweder von Peers oder von psychosozialen Fachleuten angeboten werden. Greenstone (1993) beschreibt diesen Punkt in seiner Abhandlung von »Litman's Law«. Einfach ausgedrückt, besagt Litman's Law: *Je schwerer die Krise ist, desto geringer ist der Bedarf nach einem professionellen Helfer für die akute Situation.*

Das Hauptziel dieses Kapitels ist es, ein Modell zur Krisenintervention vorzustellen, das ausdrücklich für die Anwendung bei Einsatzkräften entwickelt wurde. Das Modell kann entweder von zu Peers ausgebildeten Einsatzkräften angewandt werden oder von psychosozialen Fachleuten. Zu Beginn wollen wir einige Grundgedanken zur Krisenintervention kurz beleuchten. Hierbei soll die Krisenintervention als Grundlage für die Einzelintervention gelten (weiteres dazu in Kapitel 11).

Definition einer Krise

Was ist eine Krise? Aus der Sicht der Psychologie kommt es zu einer Krise, wenn eine Person unfähig ist, mit einer unangenehmen, fordernden Situation fertig zu werden. Das seelische Gleichgewicht ist hier massiv gestört. Das Versagen der gewöhnlichen Schutz- und Bewältigungsstrategien führt zu Streßsymptomen und Kompensationsstörungen. Caplan (1961) definiert eine Krise als Zustand, in dem Einzelpersonen auf ein Hindernis oder eine Herausforderung treffen, welche sich mit Hilfe der normalen Strategien zur Problemlösung oder -bewältigung als unüberwindbar erweist. Dieser Zustand führt dann zu seelischer Disharmonie und Dekompensation.

Reaktionen auf eine Krise können kognitive, affektive und körperliche Symptome umfassen. Auch die Fähigkeit zur Streßbearbeitung kann beeinträchtigt werden. Die üblichen *kognitiven Symptome* können kognitive Störungen oder verminderte Entschlußfähigkeit beinhalten. *Affektive Symptome* treten auf als Panik, Angst und/oder Depression. *Körperliche Symptome* können eine Vielzahl streßbedingter körperlicher Beschwerden beinhalten. Die üblichen Auswirkungen einer Krise auf das Verhalten eines Menschen sind unter anderem

- Gereiztheit
- Angriffslust
- Rückzug von den Mitmenschen
- Selbstmedikation (Alkohol, Nikotin, Koffein, Antihistamine wegen ihrer beruhigenden Wirkung und verschiedene illegale Drogen).

Ziele der Krisenintervention

Krisenintervention bedeutet die Anwendung einer *»Ersten Hilfe für die Seele«*. In diesem Sinne ist Krisenintervention eine Herausforderung an »psychologischer Schadenskontrolle und Schadensbegrenzung«. Gleichgültig, ob es sich um eine kleine Krise handelt oder eine akute traumatische Situation - die Vorstellung einer *Ersten Hilfe für die Seele* erweist sich immer als zutreffend. Einige Ziele der Krisenintervention:

1. Abbau der psychischen Leistungsfähigkeit stoppen, der unter dem Druck einer Krise typisch ist und als akuter Angriff auf die Psyche wahrgenommen wird
2. Stabilisierung der kognitiven und affektiven Prozesse.
3. Bearbeitung akuter Symptome psychischer Belastung / Störung
4. Wiederherstellung eines unabhängigen, anpassungsfähigen Verhaltens - oder Vermittlung weitergehender professioneller Hilfe

Krisenintervention ist *keine* Psychotherapie. Deshalb ist die Anwendung traditioneller Techniken aus der Psychotherapie in der Regel unangebracht. Diese zielen auf das Abreagieren ab, auf die Aufdeckung unterdrückter Information und das explizite Unterdrücken von Übertragungsreaktionen (Transference reactions).

Geschichtlicher Hintergrund

Der Gedanke der Krisenintervention ist nicht neu. Nach *Greenstone* (1993) gab es die ersten Kriseninterventionszentren in den Vereinigten Staaten bereits Anfang des Jahrhunderts. Sie wurden vorrangig als Suizidpräventionszentren konzipiert. *Greenstone* zufolge entstand die Krisenintervention, wie wir sie heute kennen, größtenteils aus der Arbeit von *Gerald Caplan* und *Eric Lindemann*.

Lindemann (1944) untersuchte die Trauerreaktionen der Menschen, die 1943 bei dem verheerenden Feuer im *Coconut Grove Club* in Boston Angehörige verloren hatten. *Lindemann* wurde von *Gerald Caplan* dabei unterstützt, ein Programm zur psychischen Gesundheit ins Leben zu rufen. Dies geschah in Zusammenarbeit mit der *Harvard-Universität*, wo sie auch ihre Behandlungsmethoden für Kriseninterventionen ausarbeiteten.

Konzepte der Krisenintervention wuchsen Ende der 60er Jahre bis in die 70er Jahre enorm an. In nahezu jeder größeren Ortschaft wurden Kriseninterventionszentren und Einrichtungen zur Telefonseelsorge geschaffen. Behörden und Krankenhäuser begannen, spezielle Kriseneinheiten zu bilden (Greenstone, 1993). Die Krisenintervention wuchs als Antwort auf die dramatischen ökonomischen, politischen und soziokulturellen Wandlungen dieser turbulenten Jahre hauptsächlich durch die Integration von Semiprofessionellen, Peers und freiwilligen Helfern. Mehr über die Entwicklung im Bereich der Krisenintervention finden Sie in Kapitel 11.

Die Krisenintervention ist heute als psychologischer Hilfsdienst etabliert und bietet Unterstützung an für Menschen in Risikoberufen sowie für jeden Bürger. (Anm. d. Hrsg.: Auch in Deutschland gibt es mittlerweile zahlreiche Kriseninterventionsprojekte für Menschen, die psychisch traumatisiert wurden. In der Regel unterscheidet man in diesem Bereich zwei Arten von Krisenintervention: 1. Krisenintervention im Rettungsdienst / Notfallseelsorge für Opfer und Betroffene, 2. Streßbearbeitung nach belastenden Ereignissen [SBE] / Krisenintervention für Einsatzkräfte.) Wir wollen nun die Prozesse der Krisenintervention verdeutlichen.

Das SAFE-R-Modell der Krisenintervention

Wie schon zuvor angemerkt, ist der Gedanke der Krisenintervention nicht neu. Dennoch hat die Erfahrung bei der Arbeit mit Einsatzkräften gezeigt, wie gut es ist, Änderungen an den bestehenden Konzepten vorzunehmen - nämlich dann, wenn man mit Menschen arbeitet, die wie Einsatzkräfte besonders aufgaben- und aktionsorientiert sind. Das SAFE-R-Modell ist ein Modell der Krisenintervention, das über fünf Jahre entwickelt wurde und speziell für die Anwendung bei Einsatzkräften konzipiert ist. Es kann von Peers ebenso durchgeführt werden wie von psychosozialen Fachleuten. Dieses Modell ist in Tabelle 6.1 zusammengefaßt.

Das SAFE-R-Modell: Krisenintervention für Einsatzkräfte	
1. Stufe	**S**timulanzverminderung (Reizmeidung)
2. Stufe	**A**kzeptanz der Krise: 1. »Was ist passiert?« 2. »Wie geht es Ihnen?«
3. Stufe	**F**örderung des Verstehens und der Normalisierung von Symptomen / Reaktionen
4. Stufe	**E**ntwicklung wirksamer Bewältigungsstrategien
5. Stufe	**R**ückführung zur Eigenständigkeit oder Unterstützung durch weitere Begleitung / Beratung

Tab. 6.1

1. Stimulanzverminderung (Reizvermeidung)

Der erste Punkt im SAFE-R-Modell zielt darauf ab, das Niveau der Stimulanz von betroffenen Personen zu verringern. Meist wird der Betroffene aus diesem Grund vom akuten Krisenherd entfernt. Dazu geeignet ist zum Beispiel ein Spaziergang, ein Café-Besuch oder eine andere Beschäftigung, die ablenkt und dem Menschen eine gewisse »psychische Distanz« ermöglicht: Distanz sowohl von der akuten Krisensituation als auch von anderen Geschehnissen, die die Belastung noch verstärken könnten. Selbstverständlich muß sich der Berater vor jeder dieser Interventionen vorstellen und den Ablauf beschreiben.

2. Akzeptanz der Krise

Im zweiten Schritt der SAFE-R-Intervention geht es darum, die Krise zu akzeptieren. Dieser Schritt wird gefördert durch die Anwendung von grundlegenden Kommunikationstechniken. Hier wird die betroffene Person in der Regel gebeten, zu beschreiben, »was passiert ist«, was die Krisensituation verursacht hat. Da eine Krise oft von starken Emotionen begleitet ist, bietet diese Frage der Person Halt und die Möglichkeit, zumindest für kurze Zeit zum kognitiven Denken zurückzukehren. Allerdings ist es nicht ratsam, das Ausdrücken von Gefühlen vollkommen zu vernachlässigen. Deshalb sollte man die betroffene Person anschließend bitten, ihren momentanen psychischen Zustand zu beschreiben. Eine kurze Frage: »Wie geht es Ihnen jetzt?« gibt dem Betroffenen die Möglichkeit, Gefühle zuzulassen und auszudrücken, aber auf eine Art und Weise, die etwas strukturierter und »sicherer« ist. Oftmals ist es so, daß der Berater das Gespräch bewußt auf der kognitiven Ebene hält, um dem Betroffenen so Distanz zu seinen starken Emotionen zu ermöglichen. Wenn sich der Berater angehört hat, worin die Krise besteht, fördert er ein emotionales Ausdrücken in einer Umgebung, die sicher und strukturiert ist.

3. Förderung des Verstehens

Der dritte Schritt beinhaltet eine Rückführung in den kognitiven Bereich der Psyche der betroffenen Person. In dieser Stufe beginnt der Berater, aktiv auf die Information zu reagieren, welche er im vorhergehenden Schritt erhalten hat. Hier wird die betroffene Person ermutigt, ihre Reaktion auf die Krise als etwas Normales zu betrachten. Auch hier gilt wieder der Grundsatz: Es sind normale Reaktionen, die man von normalen und gesunden Menschen als Folge einer unnormalen, herausfordernden Situation, einer Krisensituation erwartet. Die Hauptziele in dieser Stufe des SAFE-R-Modell sind:

1. der betroffenen Person zu helfen, auf die sachliche Ebene der Verarbeitung zurückzukehren und
2. sie zu ermutigen, ihre Symptome als ganz »normale« Reaktionen auf eine außerordentlich belastende Situation zu akzeptieren.

4. Entwicklung wirksamer Bewältigungsstrategien

In der vierten Stufe dieses Modells spielt der Berater die aktivste Rolle. Er versucht hier, der betroffenen Person folgende Begriffe nahezubringen: *Krise, Streß* und *Streßbearbeitung.* Genau wie in der vorhergehenden Stufe spielt sich dies größtenteils auf der kognitiven Ebene ab. Grundlegende Techniken der Streßbearbeitung können angesprochen werden. Der Berater und die betroffene Person entwickeln zusammen einen Plan, wie letztere mit der akuten Streßsituation umgehen kann.

5. Rückführung zur Eigenständigkeit

Das Ziel der vorhergehenden vier Stufen liegt darin, der Person zu helfen, wieder zur Normalität zurückzukehren, sowohl was die Psyche als auch was das Verhalten anbelangt. In den meisten Fällen kann dies im Rahmen der vier Stufen geleistet werden. Manchmal jedoch ist es offensichtlich, daß sich die betroffene Person immer noch in einer höchst instabilen Verfassung befindet. Wenn dies der Fall ist, muß der Berater zusätzliche Hilfsangebote organisieren. Zum Beispiel können Familienmitglieder oder Kollegen eine weitergehende Begleitung leisten. Nur in extremen Fällen, wenn alles andere unzureichend erscheint, wird eine Notaufnahme in einem Krankenhaus notwendig. Das SAFE-R-Modell kann entweder von als Peers ausgebildeten Einsatzkräften oder von ausgebildeten psychosozialen Fachleuten angewendet werden, die mit psychisch traumatisierten Einsatzkräften arbeiten. Das Modell arbeitet in jeder der fünf Stufen folgende Schlüsselelemente heraus:

1. eine zufriedenstellende Struktur
2. eine Ebene des Prozesses
3. eine Aktion / Handlungsweise
4. ein Ziel.

Das Grundkonzept des SAFE-R-Modells im Überblick

Schritte	Ansatzpunkt	Interventions-ebene	Tätigkeit	Ziele
S	Stimulanz-verminderung (Reizvermei-dung)	verhaltens-orientiert	Entfernen der Person vom akuten Krisenherd, um Reize/Stimulanz zu verringern	Reduktion der akuten Belastungs-symptome; Einschätzung des Zustands des Betroffenen
A	Akzeptanz der Krise	kognitiv - affektiv	Betroffenen be-schreiben lassen, was passiert ist; sich seine Reaktionen auf das belastende Ereignis beschreiben lassen	Möglichkeit ge-ben, Gefühle aus-zudrücken sowie das Ereignis kognitiv zu restrukturieren; Aufbau einer Be-ziehung zum Kri-senhelfer; Gewin-nung des Gefühls »neuer Sicher-heit« für den Be-troffenen
F	Förderung des Verstehens	affektiv - kognitiv	Belastungs-symptome erklären	dafür sorgen, daß der Betroffene seine Symptome als normale Reak-tion auf ein völlig abnormes Ereig-nis wahrnimmt
E	Entwicklung wirksamer Bewältigungs-strategien	kognitiv - verhaltens-orientiert	grundlegende Informationen zum Umgang mit Belastungen geben → SBE-Angebote	Stabilisierung der Situation; Ent-wicklung/Wieder-erschließung von Ressourcen für die Bewältigung der akuten Krise
R	Rückführung zur Eigen-ständigkeit	verhaltens-orientiert	Eigenständigkeit wird als adäquat/ inadäquat beurteilt → bei Bedarf Vermittlung weiterer Unterstützungs-angebote	Wiederherstellung des psychischen Gleichgewichts → bei Bedarf Vermittlung weiterer Unter-stützungs- und Beratungs-angebote

Tab. 6.2

Die Beratung schließt mit der Benennung einer konkreten Perspektive oder einem Lösungsvorschlag. Eine nähere Beschreibung dieser Punkte finden Sie in Tabelle 6.2. Im nächsten Abschnitt geht es um die wichtigste aller Fähigkeiten in der Krisenintervention: Die Kommunikation.

Kommunikation

Grundlegende Gesprächstechniken

Das wichtigste Handwerkszeug des Krisenberaters ist seine Kommunikationsfähigkeit. Die Gesprächstechniken können unter Bezug auf Vorgehensweise und den erwünschten Effekt klassifiziert werden. Einige der grundlegenden Gesprächstechniken, die bei der Krisenintervention Anwendung finden, sollen hier kurz wiedergegeben werden. Wichtig ist dabei, sich stets die Ziele der Einzelberatung vor Augen zu halten. Die Ziele der Einzelberatung im Rahmen der Krisenintervention sind:

1. Beenden Sie den akuten Angriff auf die Psyche bzw. den Abbau der psychischen Leistungsfähigkeit.
2. Stabilisieren Sie die kognitiven und affektiven Prozesse.
3. Bearbeiten Sie jedes akute Symptom einer psychischen Störung / Reaktion.
4. Führen Sie zur Eigenständigkeit zurück oder vermitteln Sie weitergehende Beratung.

Kommunikative Kompetenz und grundlegende Gesprächstechniken sind im Rahmen des SAFE-R-Modells wichtig,

– um Beziehungen aufzubauen,
– den betroffenen Personen zu helfen, sich entspannen zu können,
– den betroffenen Personen zu helfen, ihre Symptome zu verstehen und damit normalisieren zu können.

Direktive und nondirektive Gesprächstechniken

Die Skala der Gesprächstechniken reicht von extrem nondirektiv bis extrem direktiv. Nondirektive Techniken bieten der betroffenen Person im Gespräch die größtmögliche Flexibilität. Normalerweise werden die Antworten dabei weder auf die betroffene Person bezogen, noch wird sie direkt angesprochen. Direkte Techniken sind wesentlich aufgabenorientierter, selektiver und zielorientierter. Aber sie schränken gleichzeitig die Kommunikationsmöglichkeiten des Gesprächspartners ein. Im Vergleich lassen sich die Unterschiede der jeweiligen Techniken gut darstellen. Die Abbildung 6.1 zeigt eine Skala von Gesprächstechniken.

Nonverbales Begleiten
Das nonverbale Verhalten der betroffenen Person, ihre »Körpersprache« wird beobachtet. Hierbei wird nicht streng oder vorschnell interpretiert, was eine bestimmte

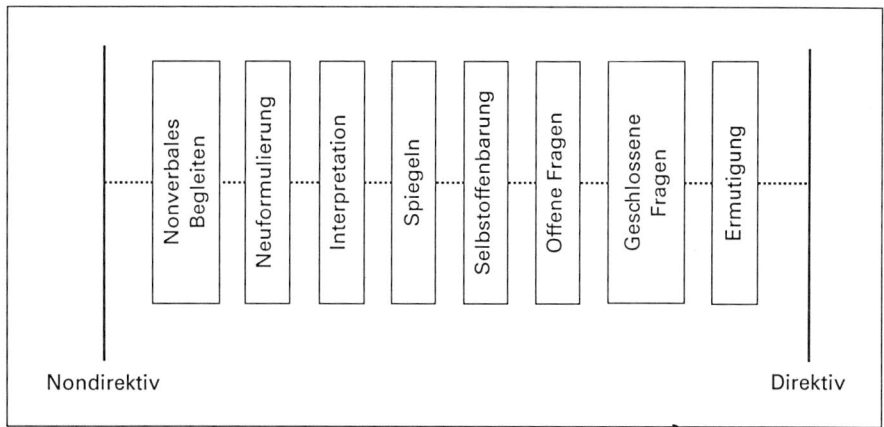

Abb. 6.1: Skala von Gesprächstechniken

Geste oder Haltung wohl aussagen könnte. Der Berater achtet vielmehr auf auffällige Veränderungen und darauf, ob diese Veränderungen die Kommunikation fördern oder sie behindern.

Neuformulierung
Der Berater wiederholt wortgetreu eine Schlüsselaussage der betroffenen Person. Dabei verwendet er dieselben Schlüsselwörter. Hierbei kann der Berater überprüfen, ob er alles richtig verstanden hat. Ebenso kann er zweideutige Aussagen eindeutig formulieren.

Interpretation
Der Berater verwendet seine eigenen Worte, um die Hauptpunkte oder den Zusammenhang der Aussage der betroffenen Person zusammenzufassen. Diese Technik ist gebräuchlicher als die »Neuformulierung«. Sie kann ebenfalls angewandt werden, um zu überprüfen, ob man alles richtig verstanden hat, um Zweideutiges eindeutig werden zu lassen. Auch ermöglicht es dem Sprecher, mit eigenen Ohren zu hören, was er gerade von sich gegeben hat. Darüber hinaus ermöglicht es dem Betroffenen eine weitere Klärung / Vertiefung.

Spiegeln
Hierbei handelt es sich um eine Methode, bei der der Berater der betroffenen Person die eben beobachteten Gefühle »widerspiegelt«, reflektiert. Zum Beispiel »Sie wirken traurig...« oder »Das scheint sie wütend gemacht zu haben...«. Diese Technik ist gut geeignet, wenn man der betroffenen Person dabei helfen will, über die Gefühle zu sprechen, die sie sonst eher für sich behalten würde.

Selbstoffenbarung
Dies ist eine Möglichkeit, Informationen von der betroffenen Person zu bekommen, indem der Berater zuerst einmal selbst etwas von sich offenbart, über sich selbst spricht.

Offene Fragen

Dies sind Fragen, die bei den Antworten im allgemeinen ein Maximum an Flexibilität ermöglichen. Sie beginnen typischerweise mit den Fragepronomen *Was, Warum und Wie*. Auch gibt es Fragestellungen wie: »Beschreiben Sie mir…« oder »Erzählen Sie mir von…«.

Geschlossene Fragen

Hierbei handelt es sich um Fragen, die die Antwortmöglichkeiten des Befragten in der Regel einschränken. Geschlossene Fragen beginnen meist folgendermaßen:

Ist	Wer	Soll	Tun	Hat getan
Hat	Wann/Als	Würde	Sind	Welche
Könnte	Wo	Kann	Sollte	

Ermutigung

Die Ermutigung ist mehr als eine Gesprächstechnik. Hierbei wird der betroffenen Person eine bestimmte Handlungsweise oder Perspektive vom Berater angeboten. Diese »Ermutigung« ist nicht typisch in der traditionellen Psychotherapie, sie kann aber bei der Krisenintervention helfen, Verwirrungen oder Störungen der betroffenen Person zu verringern.

Die beschriebenen Gesprächstechniken wirken auf den ersten Blick recht einfach. Allerdings entscheiden sie über Erfolg oder Mißerfolg der Krisenintervention. Für die professionelle Anwendung sind entsprechende Ausbildung und Erfahrung Voraussetzung. Unsere biologischen Anlagen, die uns gegeben sind und uns befähigen zu sprechen und zu hören, sind kein Garant dafür, daß wir auch gut kommunizieren oder zuhören können.

Im Grunde genommen ist das beste Werkzeug, um zu überzeugen, die Fähigkeit, eine Frage so zu stellen, daß sie nachdenklich macht und auf Veränderung abzielt. Die Veränderung kommt letztendlich aus dem Menschen selbst, er selbst entscheidet sich, sein Verhalten zu ändern. Menschen ändern sich nicht, wenn sie nicht der Meinung sind, es wäre gut für sie. Wenn eine Frage aber entsprechend gestellt wird, verändert sich die Person aus sich selbst heraus.

Was bei der Krisenintervention zu beachten ist

In diesem letzten Abschnitt geht es um grundlegende Dinge, die man als Berater beachten und befolgen sollte:

1. Konfrontieren Sie die betroffene Person nicht derart, daß ihr Selbstschutz weiter bröckeln kann.
2. Vermeiden Sie insistierende Fragen und akzeptieren Sie die Grenzen der Bereitschaft sich mitzuteilen.

3. Werden Sie nicht zu analytisch bei dem Versuch, die versteckten Motivationen für eine Verhaltensweise zu interpretieren.
4. Gehen Sie in ihren Fragen niemals soweit, daß sie den Bezug zu der Person in der Krise verlieren.
5. Versuchen Sie, alles zu vermeiden, was die betroffene Person in die Defensive drängen könnte.
6. Halten Sie keine Moralpredigten.
7. Schreiten Sie im Prozeß der Krisenintervention nicht allzu zügig fort.
8. Nehmen Sie Andeutungen zur Selbsttötung oder Mord in jedem Fall ernst. Auch verdeckte Andeutungen müssen Sie ernst nehmen, andernfalls kann dies fatale Folgen haben.
9. Wenden Sie keine »paradoxe Intervention« an, indem Sie jemanden dazu bringen, etwas zu tun, nur um ihm zu zeigen, daß er es nicht tun soll.
10. Achten Sie unbedingt auch auf eigenes Wohlbefinden.

Zusammenfassung

Dieses Kapitel behandelte die Einzelberatung als wichtigen Teil der Streßbearbeitung nach belastenden Ereignissen. Die Krisenintervention für Einsatzkräfte kann von geschulten Peers oder von psychosozialen Fachleuten durchgeführt werden.

Außerdem wurde die Verwendung des SAFE-R-Modells vorgeschlagen, das speziell für Einsatzkräfte entwickelt wurde.

7 Die SBE-Nachbesprechung (Debriefing)

Einführung

Die SBE-Nachbesprechung ist die differenzierteste aller Interventionen der SBE. Sie wird von SBE-Teams für Einsatzkräfte oder von kommunalen SBE-Teams angewandt. Diese arbeiten mit Bürgern verschiedener Gruppierungen, Schulen und anderen Organisationen nach traumatischen Erlebnissen. Während das Konzept der SBE anfänglich dazu entwickelt wurde, um bei Einsatzkräften die Folgen von traumatischem Streß zu lindern, findet es heute in den USA auch Anwendung in Schulen, in der Wirtschaft und bei kommunalen Gruppen.

Die SBE-Nachbesprechung bezieht sich auf belastende Ereignisse, die traumatischen Streß verursachen. Sie wurde nicht für Routinefälle entwickelt. Sie ist ein hilfreiches Mittel, um Streßfolgen zu vermindern - wenn sie richtig angewandt wird. Dabei sollte die Schwelle nicht zu niedrig angesetzt werden. Für bestimmte Fälle, wie z.B. zum Vermitteln bei Konflikten zwischen Geschäftsleitung und Angestellten oder in der Bewerberauswahl, stehen andere, effektivere Methoden zur Verfügung.

Das Grundkonzept der SBE-Nachbesprechung ist strukturiert und soll hier detailliert dargestellt werden. Die Komplexität der SBE-Nachbesprechung zeigt sich u.a. dann, wenn sie in der Praxis durchgeführt werden soll. Wenn ein SBE-Team mit einer Gruppe von psychisch traumatisierten Personen arbeitet, wird es in vielerlei Hinsicht herausgefordert. Dieses Kapitel soll erfahrenen und neuen SBE-Teammitgliedern helfen, effiziente und effektive SBE-Nachbesprechungen durchzuführen, sei es für Einsatzkräfte oder im kommunalen Bereich.

Definition der SBE-Nachbesprechung

Die SBE-Nachbesprechung ist ein Gruppenprozeß. Am besten läßt sie sich als ein Gruppentreffen oder -gespräch beschreiben, das Krisenintervention mit bestimmten Lernprozessen verbindet. Ziel ist dabei, die psychische Belastung, die ein traumatisches Ereignis mit sich bringt, aufzulösen oder zu lindern. Wird die SBE-Nachbesprechung für Einsatzkräfte angewandt, besteht das SBE-Team aus einem Vertreter der psychosozialen Fachleute und zwei oder drei als Peers ausgebildeten Einsatzkräften. Arbeitet das Team mit Polizisten, stammen die Peers aus dem Polizeibereich, arbeitet das Team mit Rettungsdienstpersonal, so gehören die Peers einer Hilfsorganisation an usw. Wird ein Team im kommunalen Bereich, in Schulen, in der Wirtschaft oder anderen Gruppen gebraucht, besteht es unter Umständen nur aus psychosozialen Fachleuten. Interventionen sollten bei Fällen von traumatischem Streß ausnahmslos von ausgebildeten Personen durchgeführt werden.

Die SBE-Nachbesprechung verläuft in sieben Phasen. Der Aufbau erlaubt den Teilnehmern, einen traumatischen Vorfall in einem abgeschirmten Bereich zu besprechen. Ein Bereich, der ihnen die Sicherheit gibt, ihre Gefühle wieder unter Kontrolle zu bekommen und nicht ins Bodenlose zu fallen. Die SBE-Nachbesprechung verwendet einige Techniken, die unter anderem auch bei Beratungen gebräuchlich sind. Dennoch ist die SBE-Nachbesprechung weder eine Beratung noch eine Psychotherapie und auch kein Ersatz für eine Psychotherapie. Die SBE-Nachbesprechung unterscheidet sich von Psychotherapie hauptsächlich durch ihren Schwerpunkt: Sie will Streßreaktionen und Streßsymptome bewußt machen und normalisieren. Darüber hinaus werden Techniken aufgezeigt, wie man die Folgen von traumatischem Streß bearbeiten kann.

Die SBE-Nachbesprechung für Einsatzkräfte ist ein von Peers getragener Prozeß. Psychosoziale Fachleute behalten dabei die Gesamtübersicht und (beg)leiten ihn. Kommunale SBE-Teams bestehen normalerweise aus psychosozialen Fachleuten, die spezielle Schulungen im Bereich der Psychotraumatologie erhalten haben. Sie leiten die SBE-Nachbesprechungen in der Regel ohne die Unterstützung von Peers - es sei denn, sie benötigen spezielle Unterstützung: Dann stehen ihnen geschulte Peers aus Polizei, Feuerwehr, Katastrophenschutz, Krankenpflege oder Notfallmedizin zur Seite.

Wenn eine SBE-Nachbesprechung bei Gruppen angewandt wird, die nicht aus dem Bereich der Einsatzkräfte kommen, ist es zuweilen notwendig, bestimmte Änderungen in Aufbau und Ablauf vorzunehmen, um den ethnischen, kulturellen und traditionellen Anliegen dieser Gruppen zu entsprechen. Ebenso ist es wichtig, daß die SBE-Nachbesprechung auf das Alter der Teilnehmer abgestimmt ist.

Zusammenfassend ist zu beachten, daß die Teammitglieder Erfahrung im Umgang mit den besonderen Bedürfnissen der Menschen haben, mit denen sie arbeiten. Wenn dies nicht der Fall ist, besteht Gefahr, daß die SBE-Nachbesprechung ihre Hauptziele verfehlt. Grundsätzlich bleiben Ablauf und Ziele der SBE-Nachbesprechung gleich, egal ob sie für Einsatzkräfte oder für die Bevölkerung durchgeführt wird.

Ziele der SBE-Nachbesprechung

Die SBE-Nachbesprechung verfolgt zwei Hauptziele. Das Angebot wurde entwickelt, um

1. die Auswirkungen eines belastenden Ereignisses auf Betroffene zu reduzieren.
    a) Primäropfer (die, die durch das Ereignis direkt traumatisiert wurden)
    b) Sekundäropfer (Einsatzkräfte, die bei dem kritischen Ereignis zum Einsatz kamen oder Augenzeugen wurden)
    c) Tertiäropfer (Angehörige, Freunde und diejenigen, denen von dem traumatischen Ereignis berichtet wurde)
2. den Genesungsprozeß bei Menschen zu beschleunigen, die normale Streßreaktionen aufgrund traumatischer Ereignisse entwickeln.

Wie schon zuvor beschrieben, ist die Methodik der SBE-Nachbesprechung eine der wichtigsten Maßnahmen, um die Gefahr zu verringern, eine Posttraumatische Belastungsstörung (PTSD) zu entwickeln. Sie ermöglicht es den Menschen, ihre Belastung auszudrücken und sich adäquat über die Streßreaktionen zu informieren, bevor sich eine falsche Interpretation ihrer Reaktionen in ihrem Denken festsetzen kann.

Das Hauptanliegen einer SBE-Nachbesprechung liegt im Streßabbau bei normalen, emotional gefestigten Menschen, die psychisch traumatisiert wurden. Sie wurde nicht entwickelt, um degenerativen Streß, psychische Krankheiten oder persönliche Probleme zu lösen, die schon vor der aktuellen Katastrophe bestanden haben.

Eine SBE-Nachbesprechung verfolgt verschiedene Ziele. Ziele, die nicht sofort erreicht werden können, sollten keinesfalls außer Acht gelassen werden. Weitere Ziele der SBE-Nachbesprechung:

- zu Streß, Streßreaktionen und Bewältigungstechniken schulen
- Gefühle zulassen, über sie sprechen
- versichern, daß die Streßreaktion kontrollierbar und die Genesung wahrscheinlich ist
- Menschen auf die Zeichen und Symptome aufmerksam machen, die in der nahen Zukunft auftreten könnten
- Korrektur der irrigen Annahme, dieser Vorfall sei einzigartig gewesen (oder des Gefühls, daß man auserwählt wurde, Opfer zu sein)
- Korrektur der irrigen Annahme, abnormal zu reagieren
- einen positiven Kontakt zu den psychosozialen Fachleuten herstellen
- ein Zusammengehörigkeitsgefühl in der Gruppe schaffen
- PTSD / Posttraumatischen Symptomen vorbeugen oder sie zumindest lindern
- Screening von Betroffenen, die eine zusätzliche Beratung / Therapie benötigen
- Vermittlung weiterführender Beratung oder anderer Angebote.

Belastende Ereignisse

Ein belastendes Ereignis wird wie folgt definiert: jedes Ereignis, das gewaltig genug ist, um - unmittelbar oder zeitlich verzögert - deutliche emotionale Reaktionen bei Menschen hervorzurufen. Es handelt sich um ein Ereignis, das außerhalb der üblichen menschlichen Erfahrung liegt. Das Ereignis kann, wenn nicht schnell und wirksam eingegriffen wird, Auslöser für die Posttraumatische Belastungsstörung sein. Die Methodik der SBE-Nachbesprechung wurde entwickelt, um Menschen zu helfen, besonders belastende Ereignisse besser zu bewältigen. Die Tabelle 7.1 enthält eine Übersicht von belastenden Ereignissen.

Belastende Ereignisse für Einsatzkräfte

1. schwerer Dienstunfall
2. Dienstunfall mit tödlichem Ausgang
3. Ereignis, bei dem mehrere Menschen ums Leben kommen
4. Ereignis, bei dem Kinder beteiligt sind bzw. geschädigt werden
5. Suizid eines Kollegen
6. Ereignisse, bei denen das Opfer den Helfern bekannt ist
7. übermäßiges Interesse der Medien
8. lange andauernde und dadurch besonders belastende Einsätze (mehrere Tage)
9. jeder andere besonders bedeutende Vorfall
10. mehrere parallele Schadensereignisse / Großschadenslagen

Tab. 7.1

Aufbau eines SBE-Teams

Das typische SBE-Team besteht aus 20 bis 40 Mitgliedern aus unterschiedlichen Zuständigkeitsbereichen oder aus einer Region, die wiederum aus kleineren Zuständigkeitsbereichen besteht. Knapp ein Drittel der Mitglieder sind psychosoziale Fachleute, zwei Drittel Peers. Diese kommen aus Polizei, Feuerwehr, Rettungsdienst und (in den Vereinigten Staaten) von Behörden, aus dem Pflegedienst, der Notfallmedizin, dem Strafvollzug, aus Such- und Bergungsmannschaften, Lebensrettungsorganisationen, Fahrdiensten und anderen speziellen Ersthelfergruppen. Jedes Team hat den grundsätzlich gleichen organisatorischen Aufbau, der zumindest die folgenden Rollen beinhaltet:

Fachlicher Leiter
Beim fachlichen Leiter handelt es sich um einen Vertreter der psychosozialen Fachleute, der anderen Teammitgliedern zur Seelsorge und Supervision zur Verfügung steht. Er kann jederzeit zur Beratung angefragt werden und trägt fachlich die Verantwortung für die Arbeit des SBE-Teams.

Leitender Teamkoordinator
Dies ist ein Peer, der die »Tagesgeschäfte« eines Teams abwickelt. Er wählt die Teammitglieder (jeweils drei oder vier) für eine SBE-Nachbesprechung aus. Er arrangiert auch die Teamsitzungen und verwaltet alle Aufzeichnungen, die das Team betreffen. Der leitende Teamkoordinator begleitet die Aktionen der stellvertretenden Teamkoordinatoren und der anderen Teammitglieder. Er organisiert in der Regel auch die Schulungen und Fortbildungen für Einsatzkräfte.

Stellvertretender Teamkoordinator
Je nach der Größe und den Aktivitäten des jeweiligen SBE-Teams kann es mehrere stellvertretende Teamkoordinationen geben. Ein stellvertretender Teamkoordinator übernimmt die Aufgaben des leitenden Teamkoordinators bei dessen Abwesenheit oder wenn dieser mit anderen Aufgaben beschäftigt ist.

Psychosoziale Fachleute
Sie begleiten und beraten die Teammitglieder, die SBE-Nachbesprechungen abhalten. Betroffenen, die offensichtlich zusätzliche Unterstützung benötigen, bieten sie Einzelberatungen an. Sie unterstützen die Peers im Alltagsgeschäft eines Teams, geben ihnen Rat und Rückendeckung. Sie sind auch assistierend tätig, wenn Schulungen und Fortbildungen zur Streßprävention angeboten werden.

Peers
Die meisten Mitglieder eines SBE-Teams sind selbst als Einsatzkräfte tätig. Sie führen Schulungen und Fortbildungen zur Streßprävention für Einsatzkräfte sowie Einzelberatungen, SBE-Kurzbesprechungen und Nachbetreuungen durch. Bei einer SBE-Nachbesprechung arbeiten die Peers mit dem Vertreter der psychosozialen Fachleute - dem Teamleiter - eng zusammen.

Kommunale SBE-Teams

Die SBE ist darauf ausgerichtet, Einsatzkräfte zu unterstützen. Die Zusammensetzung des Teams ist speziell darauf abgestimmt. In Teams, die mit Schulen, der Zivilbevölkerung oder Leuten aus der Wirtschaft arbeiten, können Peers ebenfalls vertreten sein. Manchmal kommen aber auch nur psychosoziale Fachleute zum Einsatz. Vornehmlich werden dann medizinisch ausgebildete Mitarbeiter der Organisation zu Peers ausgebildet. SBE-Angebote für den kommunalen Bereich ändern sich dadurch nicht. Nur die Zusammensetzung des Teams muß modifiziert werden.

Alarmierung eines SBE-Teams

Eine SBE-Nachbesprechung ist ein zeit- und arbeitsintensives Angebot. Es wird dafür ein Team aus zwei bis vier Mitgliedern benötigt. Die SBE-Nachbesprechung dauert ungefähr zwei bis drei Stunden. Vorab sollten die Teams genau klären, welches SBE-Angebot in der jeweiligen Situation erforderlich ist.

Ein wirklich belastendes Ereignis sorgt in den Organisationen in der Regel für große Turbulenzen. Die Tagesgeschäfte können kaum weitergeführt werden. Daraufhin kommt es meist zur ersten Anfrage bei einem SBE-Team. Diese kann entweder von einem Mitglied eines SBE-Teams kommen, von einer Person in Feuerwehr oder Rettungsdienst oder von einem Menschen, der erkannt hat, daß die betroffene Gruppe

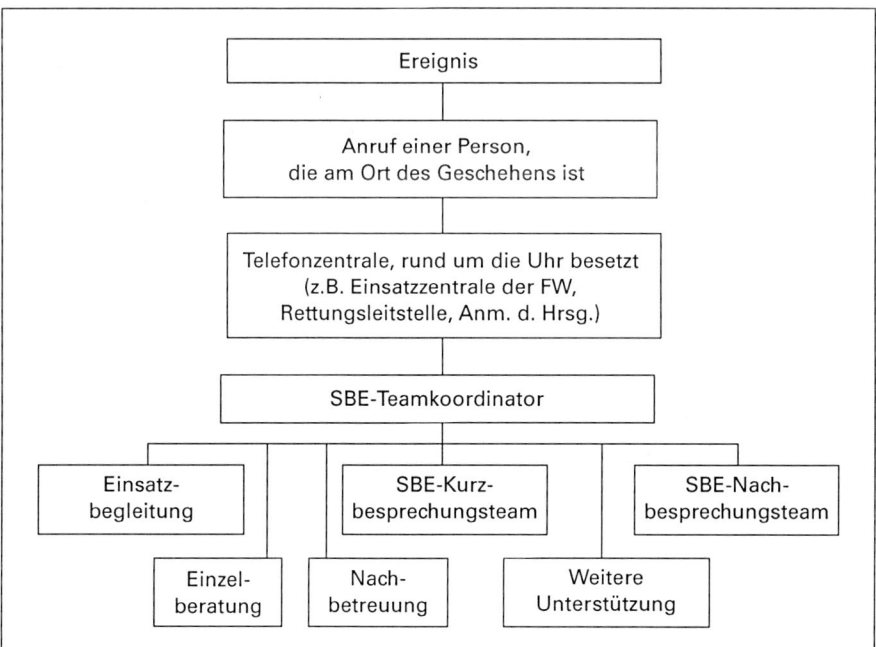

Abb. 7.1: SBE-Alarmierung

Unterstützung braucht. Oft kommt der erste Anruf von jemandem, der sich ein wenig mit SBE auskennt und weiß, wann sie angewendet werden kann. Manchmal wird schon während eines Einsatzes um Unterstützung gebeten. Ein anderes Mal wiederum gibt es tagelang nach dem Ereignis keine Anfragen, da kein Bedürfnis nach Hilfe besteht. Manchmal kann es allerdings auch vorkommen, daß betroffene Personen gar nicht wissen, daß es jemanden gibt, den sie um Hilfe und Unterstützung bitten könnten.

Gleichgültig, wann der Anruf erfolgt - die Arbeit des SBE-Teams beginnt mit der ersten Kontaktaufnahme. Einige Anrufer wenden sich erfahrungsgemäß direkt an den Teamkoordinator. Dies sollte verhindert werden, denn er kann nicht ständig im Büro neben dem Telefon sitzen. Damit die Anrufe an der richtigen Stelle eingehen, sollten alle potentiellen Anrufer darüber informiert werden, daß es eine Telefonzentrale gibt, die rund um die Uhr besetzt ist und in der ein geschulter Ansprechpartner oder Vermittler den Anruf entgegennimmt. (In Deutschland wird dies gewährleistet durch eine zentrale Alarmierungsnummer, siehe Anhang, Anm. d. Hrsg.)

Bei einer Anfrage versucht bereits der erste Ansprechpartner, ausreichend Informationen zu erfragen. Diese gibt er dann an den Teamkoordinator weiter:

—   Was hat sich genau ereignet?
—   Wer ist betroffen?
—   Handelt es sich um einen Notfall, oder braucht der Anrufer Unterstützung bei einer Routineangelegenheit?
—   Ist der sofortige Einsatz eines SBE-Teams notwendig?
—   Ist der Einsatz noch im Gange oder bereits beendet?
—   Wo befindet sich der Anrufer gerade?
—   Unter welcher Nummer kann er zurückgerufen werden?
—   Gibt es einen weiteren Ansprechpartner?

Wenn diese Vorabinformationen vorliegen, verständigt der Vermittler den Teamkoordinator oder einen »Reservekoordinator« *mittels Telefon* oder Funkmeldeempfänger. Er teilt dem Koordinator mit, daß ein SBE-Team angefordert wurde. Der Vermittler gibt alle Informationen, die er bekommen hat, an den Teamkoordinator weiter.

Der Koordinator versucht nun sofort, den Anrufer telefonisch zu erreichen, um festzustellen, ob und welche SBE-Angebote nötig sind. Die Verantwortung für die Entscheidung, ob eine SBE-Nachbesprechung oder ein anderes SBE-Angebot notwendig ist, liegt beim Koordinator. Wenn dieser entschieden hat, daß eines der Angebote nötig ist, beginnt er, ein oder mehrere Teams zusammenzustellen. Jeder Teamkoordinator hat dazu eine aktuelle Telefonliste der Teammitglieder. Psychosoziale Fachleute, Geistliche und Peers werden je nach Bedarf ausgewählt.

Bedarfserklärung für eine SBE-Nachbesprechung

SBE-Teams sollten den Bedarf einer SBE-Nachbesprechung bei einem traumatischen Vorfall sehr sorgfältig überprüfen. Die folgenden Fragen sind als Entscheidungshilfe gedacht, um zu klären, welches SBE-Angebot in der jeweiligen Situation angebracht ist. Der Teamkoordinator sollte der Situationseinschätzung diese Fragen auf jeden Fall zugrunde legen, denn er muß entscheiden, ob ein SBE-Team zum Einsatz kommt oder nicht. Einige der Fragen stellt er der hilfesuchenden Person direkt. Die Antworten auf die anderen Fragen liegen entweder auf der Hand oder müssen durch weitere Recherchen herausgefunden werden. Hier die Fragen, die für eine effektive Bedarfsabklärung hilfreich sind:

1. Um welches belastende Ereignis handelt es sich genau?
2. Wann hat sich der Vorfall ereignet? Dauert er noch an?
3. Ist es wahrscheinlich, daß der Vorfall größere emotionale Belastungen bei den Betroffenen hervorruft?
4. Paßt der Vorfall in den Definitionsrahmen eines belastenden Ereignisses?
5. Wie viele Personen sind betroffen?
6. Sind es mehr als drei Betroffene, braucht es wahrscheinlich eine SBE-Nachbesprechung. Sind es weniger, reicht vielleicht eine SBE-Kurzbesprechung oder eine Einzelberatung aus.
7. Sind verschiedene Gruppierungen beteiligt? Zum Beispiel: Soll die SBE-Nachbesprechung bei Einsatzkräften, Opfern, unfreiwilligen Zeugen oder mit Menschen aus der Bevölkerung durchgeführt werden? Wenn es mehrere betroffene Gruppen gibt, sind voraussichtlich auch mehrere SBE-Nachbesprechungen nötig.
8. Wie geht es den beteiligten Personen? Wo sind sie, wie reagieren sie? Bei einigen Ereignissen muß schnellstmöglich eine SBE-Kurzbesprechung durchgeführt werden; bis zur SBE-Nachbesprechung zu warten, wäre in diesen Fällen nicht sinnvoll.
9. Welche Anzeichen und Symptome von Streßbelastung zeigen sich bei den Beteiligten oder den unfreiwilligen Zeugen des Ereignisses?
10. Wie lange zeigen sich bereits Belastungsreaktionen, seit wann sind Anzeichen oder Symptome aufgetreten, die auf eine Belastung hinweisen? Deutliche Anzeichen auf eine Belastung, die länger als ein paar Tage andauern, machen eine SBE-Nachbesprechung eindeutig notwendig. Wenn die Belastungsreaktionen nach einer Woche immer noch nicht abgeklungen sind, ist eine SBE-Nachbesprechung ebenfalls notwendig.
11. Verstärken sich die Symptome im Laufe der Zeit? Wenn dies in einer Gruppe der Fall ist, dann weist dies auf den Bedarf einer SBE-Nachbesprechung hin.
12. Ist die betroffene Gruppe ungewöhnlich ängstlich oder eingeschüchtert?
13. Leiden die Betroffenen unter Schlafstörungen?
14. Vermeiden die Mitglieder der Gruppe bestimmte Aktivitäten?
15. Hat sich das Verhalten der Gruppe signifikant verändert?
16. Sind Tod oder Angst vorherrschende Themen in der Gruppe der Betroffenen?
17. Leiden sie unter geistiger Verwirrung?
18. Gibt es jemanden mit Suizidgefahr?
19. Deuten einige der folgenden Hauptindikatoren auf den Bedarf einer SBE-Nachbesprechung hin:
    – Verhaltensänderung

- Rückzug, Abkapselung
- Symptome verschwinden nicht
- Symptome intensivieren sich
- neue Symptome treten auf
- Symptome treten in der gesamten Gruppe auf

20. Ist eine SBE-Nachbesprechung notwendig oder benötigen die Betroffenen lediglich Informationen zu Streß und Streßbearbeitung?
21. Möchte die Gruppe freiwillig an der SBE-Nachbesprechung teilnehmen oder wurde sie dazu gezwungen bzw. dienstverpflichtet?
22. Gibt es gleichzeitig noch andere Stressoren?
23. Wurden bereits Ort und Zeit für die SBE-Nachbesprechung festgelegt?
24. Gibt es weitere Punkte / Anliegen, die im Rahmen der SBE-Nachbesprechung angesprochen werden sollten?

Die Befragung läuft selbstverständlich in einem Gespräch ab. Die hier genannten Punkte sind nur als Leitfaden gedacht. Natürlich kann der jeweilige Koordinator auch nach anderen Dingen fragen, und diejenigen, die eine Nachbesprechung wünschen, können weitere Informationen geben.

Anhand der Antworten auf die oben genannten Fragen, entscheidet der Koordinator, ob er ein Team für eine SBE-Einsatzbegleitung, einen SBE-Einsatzabschluß (im Großschadens- oder Katastrophenfall), eine SBE-Kurzbesprechung, eine SBE-Nachbesprechung, eine Einzelberatung oder eine Schulung zusammenstellt.

Mehr über den Ablauf einer SBE-Nachbesprechung erfahren Sie in den folgenden Abschnitten. Die anderen SBE-Interventionen sind in weiteren Kapiteln dieses Buches dargestellt.

Wenn der Koordinator nach diesen oder anderen Fragen noch schwankt, ob eine SBE-Nachbesprechung notwendig ist, entscheidet er sich im Zweifel dafür. Sollte das Team vor Beginn der SBE-Nachbesprechung im Gespräch mit den Teilnehmern dann feststellen, daß das Ereignis gar nicht so dramatisch war und die Teilnehmer letztlich nur Informationen zur Streßprävention benötigen, kann die SBE-Nachbesprechung dazu jederzeit flexibel abgeändert werden. In diesem Fall ist nichts verloren, und die Gruppe profitiert von den Informationen zur Streßprävention.

Zu beachten ist aber, daß im umgekehrten Falle nie nur ein Angebot zur Streßprävention gemacht wird, wenn wirklich eine SBE-Nachbesprechung notwendig ist.

Vorbereitungen für eine SBE-Nachbesprechung

Wenn die Entscheidung für die SBE-Nachbesprechung gefallen ist, müssen eine Reihe wichtiger Vorbereitungen getroffen werden. Damit wird sichergestellt, daß diese reibungslos verläuft und die Teilnehmer davon maximal profitieren können.

Tag und Zeit
Der ideale Zeitpunkt für eine SBE-Nachbesprechung liegt zwischen 24 und 72 Stunden nach dem belastenden Ereignis. Nur selten ist es jedoch möglich, Die Bespre-

chung auch tatsächlich innerhalb dieses Zeitraums abzuhalten, auch wenn dies ideal wäre. Was den richtigen Zeitpunkt für eine SBE-Nachbesprechung betrifft, gibt es noch einige weitere wichtige Punkte zu beachten.

Wie bereits erwähnt, verfügen Einsatzkräfte in der Regel über ein ausgeprägtes »seelisches Schutzschild«. Deshalb kann es bis zu 24 Stunden dauern, bis sie bereit sind, genauer zu beschreiben, wie sie auf das Ereignis reagiert haben (und noch reagieren). Sicherlich gibt es auch hier Ausnahmen, beispielsweise bei einem Dienstunfall mit tödlichem Ausgang oder bei einer Katastrophe, bei der Schock, Abgestumpftheit oder Verdrängungsmechanismen tage- oder wochenlang anhalten können. Die SBE-Nachbesprechung wird den Schadensumfang nur dann eingrenzen können, wenn sich die Betroffenen öffnen. Manchmal wird sie deshalb erst Wochen nach dem traumatischen Ereignis durchgeführt. Die seelischen Schutzmechanismen eines »normalen Menschen« sind in der Regel nicht stark ausgeprägt. Er ist früher bereit, seine Emotionen und andere Reaktionen an die Oberfläche kommen zu lassen. SBE-Nachbesprechungen mit Zivilpersonen können schon vor Ablauf von 24 Stunden nach dem Ereignis durchgeführt werden. Es ist sogar ratsam, diese Nachbesprechungen so schnell wie möglich nach dem Ereignis durchzuführen.

Wenn eine SBE-Nachbesprechung notwendig ist, das Team aber noch nicht zur Verfügung steht, kann im ersten Schritt auch eine SBE-Kurzbesprechung sehr hilfreich sein. Die SBE-Nachbesprechung kann später nachgeholt werden, wenn sie dann noch angebracht ist. Niemand sollte eine SBE-Nachbesprechung ohne ein entsprechendes vollständiges, gut ausgebildetes Team durchführen. Wenn doch, wird die SBE-Nachbesprechung höchstwahrscheinlich scheitern.

Während eine zu frühe Intervention manchmal problematisch sein kann, ist zu langes Warten sogar schädlich für die Teilnehmer. Die Schutzmechanismen der Betroffenen sind dann meist wiederhergestellt. Wenn die SBE-Nachbesprechung nach dieser Wiederherstellung durchgeführt wird, können dabei mühsam aufgebaute Schutzmechanismen wieder deaktiviert werden. Dadurch können einzelne Betroffene oder sogar die ganze Gruppe erneut belastet werden.

Ist seit dem Ereignis zu viel Zeit vergangen (3 bis 4 Monate), muß abgewogen werden, ob die SBE-Nachbearbeitung noch durchgeführt werden kann. Hier empfiehlt es sich, mit den/einigen Betroffenen Einzelgespräche durchzuführen, um zu sehen, ob diese noch unter den Nachwirkungen des Ereignisses leiden. Manchmal muß man Personen auch an Psychotherapeuten weitervermitteln, manchmal hilft bereits eine Schulung über traumatischen Streß oder Streß nach belastenden Ereignissen.

Es gibt keine ideale Tageszeit für die SBE-Nachbesprechung. SBE-Nachbesprechungen wurden zu jeder Tages- und Nachtzeit erfolgreich durchgeführt. Natürlich ist es wichtig, die SBE-Nachbesprechung dann anzusetzen, wenn sich sowohl das SBE-Team als auch die Teilnehmer darauf eingestellt haben. Es ist von größter Wichtigkeit, SBE-Nachbesprechungen abzuhalten, wenn die Teilnehmer wirklich »bereit« sind, die Möglichkeiten, die sie ihnen bietet, anzunehmen. Die bestgemeinte Hilfe kann nichts nützen, wenn die Betroffenen sie nicht annehmen können. Psychisch bereit ist man bei belastenden Ereignissen generell in einem Zeitfenster zwischen 24 und 72 Stunden nach dem Ereignis. Einige belastende Ereignisse, besonders Katastrophen, machen eine weitaus längere Wartezeit notwendig.

Ort

SBE-Nachbesprechungen können praktisch an jedem ruhigen Ort stattfinden. Manche wurden auch schon unter einem Baum durchgeführt. Dies ist natürlich nicht der idealste Ort, aber es zeigt, daß SBE nicht zwingend an eine bestimmte Umgebung gebunden ist. SBE-Nachbesprechungen wurden bisher in Wohnzimmern, Büchereien, Aulen, Konferenzräumen in Hotels, Gemeindesälen, Feuerwachen und an vielen anderen Orten durchgeführt. Gewöhnlich hat man keine perfekten Rahmenbedingungen, aber wenn es einen idealen Raum für SBE-Nachbesprechungen gäbe, ließe er sich wie folgt beschreiben:

- abgeschieden, nicht für die Öffentlichkeit zugänglich
- ruhig
- bewegliches Mobiliar
- gut ausgeleuchtet, mit der Möglichkeit, die Lichteinwirkung zu verändern
- bequeme Sitzgelegenheiten
- der Gruppengröße angemessen, nicht zu groß oder zu klein
- nur eine Tür
- beheizbar oder klimatisiert
- gut belüftet
- keine Fenster, die direkten Einblick von außen bieten
- für die volle Dauer der SBE-Nachbesprechung verfügbar
- kleinere benachbarte Räume für Einzelgespräche.

Raumarrangement

Es nützt dem Team nichts, nur den richtigen Raum zu finden. Er muß auch angemessen eingerichtet sein. Mit einer kleinen Gruppe (4 bis 12 Leute) kann die SBE-Nachbesprechung in einem Wohnzimmer oder einem kleineren Konferenzraum durchgeführt werden. Es ist unerheblich, ob die Teilnehmer um einen großen Tisch sitzen oder um einen Beistelltisch. In einigen Ländern wird gerade dieses Arrangement bevorzugt. Das Team sollte darauf achten, den landesüblichen oder kulturellen Vorlieben nachzukommen. Wenn die Gruppe aus über 12 Teilnehmern besteht, kann es sein, daß dieses Arrangement nicht möglich ist. Wählen Sie einen größeren Raum und stellen Sie die Stühle in einem Kreis, der für die ganze Gruppe groß genug ist. Tische und andere Möbel müssen evtl. beiseite geräumt werden, um sicherzugehen, daß jede Person die anderen in der Gruppe sehen kann.

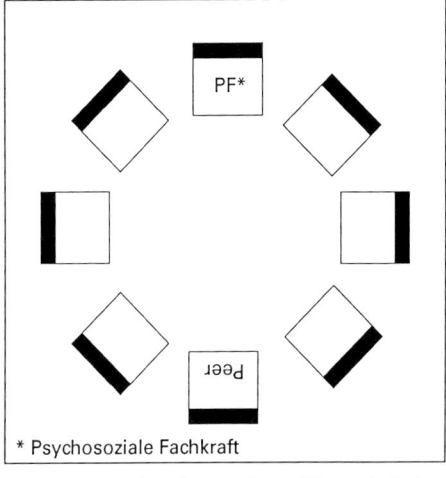

Abb. 7.2: Teamsitzordnung mit zwei Teammitgliedern

Vermeiden Sie es, die Stühle so nahe zueinander zu stellen, daß die Teilnehmer sich von der Nähe ihres Nachbarn bedrängt fühlen könnten. Darüber hinaus müssen für das Team und die Teilnehmer ausreichend Stühle vorhanden sein. Für Nachzügler sollten schon vor Beginn der SBE-Nachbesprechung einige Stühle mit in den Kreis gestellt werden. Wenn sie bereits stehen, ist die Störung durch die Späterkommenden nicht so groß. Das SBE-Team verteilt sich gleichmäßig unter die Teilnehmer und bildet keine Front. Die Türe zum Arbeitsraum sollte geschlossen, aber nicht abgeschlossen sein. Ein Schild an der Tür kann darauf hinweisen, daß hier eine SBE-Nachbesprechung stattfindet, und daß Beteiligte gerne hereinkommen dürfen. Später Kommende sollen eintreten ohne anzuklopfen. Wenn zu befürchten ist, daß Journalisten oder andere auftauchen könnten, die nicht zu den Betroffenen gehören, sollte man einen weiteren Peer vor der Tür postieren, um unerwünschten Personen den Zutritt zu verweigern.

Der Teamleiter sollte sich so setzen, daß er die Türe nicht im Rücken hat. Sie zu beobachten ist Aufgabe eines Peers, nicht die des Gruppenleiters. (Die Funktion des sog. »Türhüters« wird unten beschrieben). Der beste Platz für den psychosozialen Fachmann und Teamleiter ist in der Regel der Platz, der am weitesten von der Türe entfernt ist (näheres im Abschnitt: Aufgabenverteilung im Team).

Immer wieder sucht der Teamleiter Blickkontakt zu den Peers oder bedient sich einer vorher vereinbarten Zeichensprache. Blickkontakt und Zeichensprache sind die einzigen Möglichkeiten, mit den Teamkollegen diskret zu kommunizieren.

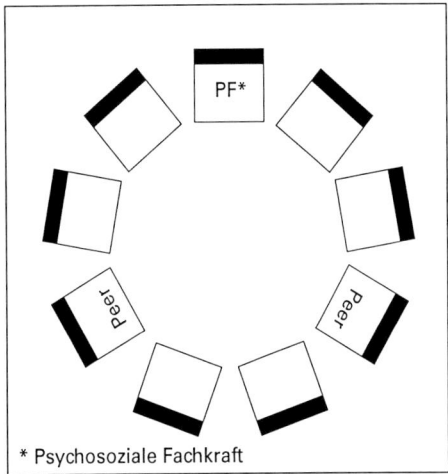

Abb. 7.3: Teamsitzordnung mit drei Teammitgliedern

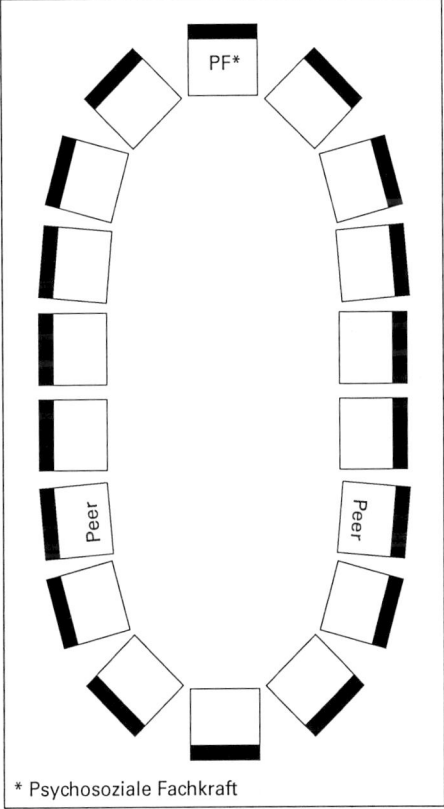

Abb. 7.4: Teamsitzordnung mit drei Teammitgliedern (größerer Raum)

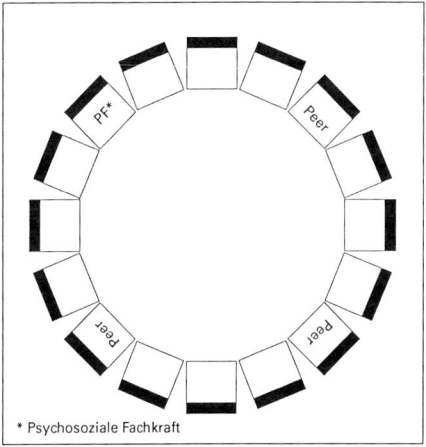

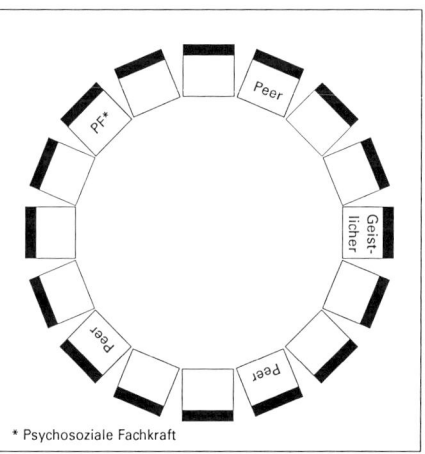

Abb.7.5: Teamsitzordnung mit vier Teammitgliedern (größerer Raum)

Abb. 7.6: Teamsitzordnung mit fünf Teammitgliedern (größerer Raum)

Imbiß

Nach der SBE-Nachbesprechung sollten kleine Erfrischungen und/oder ein kleiner Imbiß gereicht werden. Bestens geeignet sind frisches Obst, Fruchtsäfte und Kleingebäck. Die Gruppe bleibt so ein wenig länger zusammen. Dadurch erhalten die Teammitglieder die Möglichkeit, Teilnehmer auch einzeln anzusprechen. Einige können besser nach der SBE-Nachbesprechung allein mit einem Teammitglied über ihre Reaktionen auf das Ereignis sprechen als in der ganzen Gruppe.

Umgang mit Vorgesetzten

Viele Vorgesetzte wollen wissen, was sie ihren Mitarbeitern vor Eintreffen des SBE-Teams sagen sollen. Teams wissen, daß Erfolg oder Mißerfolg der SBE-Nachbesprechung gerade von den Vorgesetzten abhängt. Sie nehmen diese Anfrage ernst und bearbeiten sie entsprechend.

- Vorgesetzten muß genau erläutert werden, was eine SBE-Nachbesprechung ist, was sie leisten kann und was nicht.
- Ihnen muß deutlich werden: Eine SBE-Nachbesprechung ist keine Psychotherapie, und die Teilnehmer werden auch nicht ausgehorcht.
- Vorgesetzte sollten wissen, daß es ihre Aufgabe ist, das Personal zur Teilnahme zu ermutigen - zum Wohl des Einzelnen und zum Wohle der gesamten Organisation.
- Vorgesetzte müssen sich über die wichtige Rolle der Peers in den Team im klaren sein.
- Vorgesetzte müssen ihren Mitarbeitern vermitteln: Niemand wird zum Reden gezwungen.
- Sie müssen wissen, daß alles, was Betroffene in einer SBE-Nachbesprechung äußern, absolut vertraulich behandelt wird und nicht nach außen dringt.

- Vorgesetzte ermutigen ihre Mitarbeiter, daß ihre Teilnahme sehr wichtig ist, da jeder von ihnen das Ereignis aus einer anderen Perspektive erlebt hat. Jeder kann so einen Beitrag zur SBE-Nachbesprechung leisten und allen den gleichen Informationsstand verschaffen.
- Vorgesetzte dienen als gutes Beispiel, wenn sie ehrlich und offen über ihre eigene Reaktion auf das belastende Ereignis sprechen.
- Vorgesetzte werden auch über die Bedürfnisse des Teams informiert, z.b. über die Anforderungen an die Räumlichkeiten, die Möglichkeit, nachher eine kleine Erfrischung anzubieten und die Notwendigkeit, Funkmeldeempfänger und Funkgeräte während der SBE-Nachbesprechung auszuschalten.
- Damit ein Team in der SBE-Nachbesprechung gut arbeiten kann, muß es über das Ereignis bestmöglich informiert sein. Dazu ist es notwendig, einen Vorgesetzten differenziert zum Ereignis zu befragen.
- Der Vorgesetzte muß auch dafür sorgen, daß dem Team die Einsatzberichte sowie weitere Informationen zugänglich gemacht werden. Darüber hinaus geben u.a. Einsatzberichte, Bilder, Videoaufzeichnungen, Fernseh- und Zeitungsberichte oder Bänder, auf denen die Notrufe aufgezeichnet wurden, wichtige Informationen zum Ereignis.

Weitere Hinweise für organisationsinterne Vorbereitung

Im folgenden finden sie weitere Hinweise zur Planung und Durchführung einer SBE-Nachbesprechung:

- Die verantwortliche Stelle lädt jedes Mitglied ein, das mit dem Ereignis konfrontiert war.
- Einsatzleiter bzw. Führungsdienstgrade sind ebenfalls zur Teilnahme eingeladen. Nur in seltenen Fällen wird für die Einsatzleitung eine eigene SBE-Nachbesprechung durchgeführt. Dies gilt z.B., wenn Kollegen extrem wütend, ärgerlich oder mißtrauisch gegenüber dem Einsatzleiter sind. Es kann hilfreich sein, beide »Parteien« zu einem späteren Zeitpunkt zusammenzuführen, um dann verdeckte, ungeklärte Konflikte zu bearbeiten.
- Gelegentlich trifft sich das Team mit den Führungskräften noch ein weiteres Mal. Diese haben oft Anliegen, die sie nicht in Anwesenheit der Kollegen besprechen wollten.
- Bei großem Medieninteresse soll die Organisation den Medien die SBE-Nachbesprechung nur zurückhaltend beschreiben. Für genauere Informationen zum SBE-Prozeß werden die Journalisten an das örtliche SBE-Team oder die International Critical Incident Stress Foundation verwiesen. (In Deutschland gibt die »Bundesvereinigung Streßbearbeitung nach belastenden Ereignissen e.V.« die entsprechenden Auskünfte, Anm. d. Hrsg.)

Die Teammitglieder nehmen die Fragen und Anliegen der Organisation sehr ernst und versuchen, sie zu berücksichtigen. Bevor die SBE-Nachbesprechung tatsächlich beginnt, hat der Koordinator bereits viele Male mit dem Ansprechpartner der Organisation telefoniert. Es ist äußerst wichtig, während dieser Krisenzeit kontinuierlich mit der Dienststelle in Kontakt zu bleiben. Die meisten Dinge können so schon vorab geklärt werden. Vielleicht vermittelt der Koordinator vor Ort schon Möglichkeiten zur Intervention, bevor die SBE-Nachbesprechung überhaupt stattfindet. Manchmal wohnt ein Peer in der Nähe der Organisation, der schon helfen kann, bevor das SBE-Team eintrifft.

Rückblick auf das Ereignis

SBE-Teams treffen am Ort der Nachbesprechung ungefähr eine Stunde vor Beginn ein. Als erstes sorgt der Teamleiter dafür, daß alle Teammitglieder umfassend über das Ereignis informiert werden und alle den gleichen Informationsstand haben.

Je besser ein Team über das Ereignis informiert ist, um so besser kann es auch agieren. Größere Überraschungen während der SBE-Nachbesprechung verursachen in der Regel Unbehagen. Manchmal verunsichert das sogar die Teilnehmer. Überraschungen verursachen eine unnötige Unterbrechung des SBE-Prozesses.

Die meisten SBE-Teams bevorzugen schriftliche Informationen. Sie lesen den Einsatzbericht sowie Zeitungsartikel. Sollte es einen umfassenden Vorbericht geben, beinhaltet dieser ebenfalls wichtige Informationen. Die Teammitglieder hören Tonbandaufnahmen des Einsatzes an, sehen Dias oder Videos, werten Karten und Einsatzberichte aus und nutzen jede weitere Informationsquelle, um mehr über das Ereignis zu erfahren.

Manchmal sind die Berichte oder Zeitungsartikel über einen Vorfall unvollständig oder schlichtweg falsch. SBE-Teams sollten dann Vorgesetzte, Ausbilder oder andere Mitglieder der Organisation zum Ablauf befragen. Hierbei muß allerdings darauf geachtet werden, daß keine Fragen gestellt werden, die die Menschen dazu bringen könnten, sich über ihre Reaktionen nach dem Ereignis zu unterhalten. Das ist schließlich Bestandteil der SBE-Nachbesprechung. Wichtig für den Rückblick ist auch, daß sich das Team mit den unterschiedlichsten Aspekten des Einsatzes vertraut macht.

Die so gesammelten Informationen über den Vorfall reichen dem Team meist nicht, um eine SBE-Nachbesprechung vollständig vorbereiten zu können. Vor Beginn werden deshalb noch zwei weitere Schritte durchgeführt: ein Warming up mit der Gruppe und eine strategische Team-Sitzung.

Warming up mit der Gruppe

Das SBE-Team teilt sich auf, mischt sich unter die Gruppenmitglieder und kommt mit den Teilnehmern und Hinzukommenden zwanglos ins Gespräch. In den Gesprächen vermischen sich »small talk« und Fragen mit ernstem Hintergrund. Dies nimmt ein wenig die Spannung und sorgt dafür, daß sich Teilnehmer und Teammitglieder ein bißchen näher kommen. So entsteht Vertrautheit zwischen den Teilnehmern und den Teammitgliedern, und das reicht meist schon für einen gelingenden Einstieg in die SBE-Nachbesprechung aus. Die Gruppe beginnt, sich zu entspannen und gewinnt mehr und mehr Vertrauen zu den Teammitgliedern.

Zusätzliche Informationen

Mit folgenden Fragen werden noch weitere Aspekte genannt, die für die Arbeit mit Betroffenen nach einem belastenden Ereignis von Bedeutung sein können.

1. Wie gut arbeiten die Menschen in dieser Organisation zusammen?
2. Wie gut kommen sie mit ihrem Chef zurecht?
3. Wie sieht das Verhältnis zwischen Vorgesetzten und Mitarbeitern aus?
4. Gibt es an der Situation etwas, das nach deren Meinung nicht in der SBE-Nachbesprechung thematisiert werden sollte?
5. Gibt es an dieser Situation etwas wirklich Ungewöhnliches oder Bizarres, das dem Team vor Beginn bekannt sein sollte?
6. Bestehen in der Organisation besondere Beziehungen zwischen Personen, die die Situation beeinflußt haben, oder die jetzt durch die Situation beeinflußt werden?
7. Gibt es sonst etwas, was für das SBE-Team von Interesse sein könnte?
8. Ist bereits früher etwas vorgefallen, was diesem belastenden Ereignis ähnelt?
9. Welche andere wichtige Information gibt es noch?

Das SBE-Team geht mit diesen Fragen äußerst sensibel um. Es verwirft sofort jede Frage, die von den Teilnehmern aus irgendeinem Grund nicht gut aufgenommen werden könnte. Die Fragen sollten auch keinesfalls der Reihe nach abgearbeitet werden, sie dienen vielmehr als Anhaltspunkte, um verdeckten Fragestellungen und Problemen, die im Kontext des belastenden Ereignisses von Bedeutung sein könnten, auf die Spur zu kommen. Es ist sehr wichtig, daß die Teammitglieder bei der Arbeit mit einer Gruppe von Betroffenen ihre eigenen, authentischen Worte verwenden. Der beste Leitfaden ist hierbei ein gesunder Menschenverstand.

Nach der Aufwärmphase im Vorfeld (10 bis 45 Minuten) zieht sich das SBE-Team für eine kurze Unterredung in einen Nebenraum zurück. Zuvor werden die Teilnehmer darüber informiert, daß die SBE-Nachbesprechung zwischen 2 und 3 Stunden dauern kann und dabei keine Pause gemacht wird.

Für das SBE-Team ist die »strategische Sitzung« die letzte Möglichkeit, ihr Konzept für die Nachbesprechung zu besprechen. Die SBE-Nachbesprechung beginnt pünktlich, um die Anspannung der Teilnehmer möglichst gering zu halten.

Die strategische Team-Sitzung

Während der strategischen Team-Sitzung bespricht das SBE-Team, wie es vorgehen wird. Unter den Teammitgliedern wird abgesprochen, wer die Aufgaben des »Türhüters«, des Co-Leiters übernimmt und wer über traumatischen Streß, Streßsymptome und Möglichkeiten der Streßbearbeitung informiert (mehr dazu im nächsten Absatz). Die psychosozialen Fachleute ermuntern die Peers, sich aktiv mit Statements oder Fragen einzubringen, die für die Gruppe wichtig sein könnten. Die genaue Sitzordnung des Teams wird festgelegt. Das Ereignis selbst und Punkte, die daran bemerkenswert oder ungewöhnlich sind, werden kurz angeschnitten. So weiß jedes Teammitglied, was es in der SBE-Nachbesprechung erwartet. Wenn damit zu rechnen ist, daß es in der Gruppe besondere Widerstände gibt, werden die Teammitglieder darauf hingewiesen. In diesem Falle gibt es in der SBE-Nachbesprechung eine etwas längere Einführung, bei der die Worte noch sorgfältiger als sonst gewählt werden. Unter Umständen bekommen die Teammitglieder noch zusätzliche Aufträge (z.B. Vermittlung bestimmter Inhalte, eine bestimmte Frage oder Beobachtungsaufträge). Wenn Teammitglieder noch Klärungsbedarf haben, wird dies in der strategischen Sitzung besprochen. Der Teamleiter gibt seine Instruktionen speziell für die bevorstehende Nachbesprechung. Wenn jedes Mitglied seinen Informationsbedarf über das Ereignis gedeckt hat und die Strategie für die folgende SBE-Nachbesprechung feststeht, beendet das Team die kurze Sitzung und begibt sich in den Raum, in dem die SBE-Nachbesprechung stattfindet.

Die Rollen im Team

Das Team nimmt während und nach der SBE-Nachbesprechung unterschiedliche Aufgaben und Funktionen wahr. Jede einzelne Aufgabe bedarf gründlicher Vorbereitung und voller Konzentration. Auch kann nicht jeder alle Aufgaben gleich gut erledigen. Deshalb werden bei der SBE-Nachbesprechung die Aufgaben im Team aufgeteilt. Peers und psychosoziale Fachleute bündeln ihre Kompetenzen und ihre Fähigkeiten zum Nutzen der gesamten Gruppe.

Der Teamleiter

Die SBE-Nachbesprechung wird von einem psychosozialen Fachmann geleitet. Seine Aufgabe besteht darin, seine kommunikativen Fähigkeiten einzusetzen, um die Betroffenen behutsam einzuladen und zu ermutigen, über das traumatische Ereignis zu sprechen. Ebenso achtet er auf das psychische Wohlbefinden der gesamten Gruppe, besonders aber der Teilnehmer, die sehr große Belastungen erfahren haben.

Hauptanliegen des Leiters einer SBE-Nachbesprechung ist es, die Betroffenen über ihre Reaktionen und Symptome aufzuklären und ihnen zu ermöglichen, aus ihren Erfahrungen zu lernen. Er muß die verschiedenen Aspekte der Gruppenerfahrung immer wieder in ein klares Schema bringen, damit die Teilnehmer ihre eigene Erfahrung als Teil eines Ganzen verstehen können. Während der gesamten SBE-Nachbesprechung hört er sehr sorgfältig zu. In besonders intensiven und belastenden Phasen der Besprechung, in denen die anderen Teammitglieder die »Gruppe nicht mehr tragen können«, übernimmt der Teamleiter die Leitung. So findet das Gespräch wieder in die richtige Bahn zurück. Der Leiter interveniert auch, um bestimmte Themen zu erläutern oder um den Teilnehmern ihre eigene Rolle im gesamten Geschehen transparent zu machen. Diese Interventionen verfolgen u.a. zwei Ziele: Die Teilnehmer sollen maximal von der SBE-Nachbesprechung profitieren und sich schnellstmöglich wieder erholen.

Gute Teamleiter entwickeln ihre Fähigkeiten im Laufe der Zeit weiter, sie wachsen mit ihrer Erfahrung. Je mehr Kenntnisse sie sich im Vorfeld über die Arbeit von Einsatzkräften angeeignet haben, desto besser. Besuche in einer Unfallstation, in einer Einsatzzentrale, bei der Feuerwehr, der Polizei und im Rettungsdienst sind essentiell, um Einsatzkräfte wirklich verstehen zu können. Es ist für alle psychosozialen Fachleute absolut notwendig, sich mit der unterschiedlichen Denkweise und Kultur der verschiedenen Einsatzdienste vertraut zu machen, bevor sie mit diesen Menschen zusammenarbeiten.

Gruppenleiter, die nur in kommunalen SBE-Teams für Menschen aus der Bevölkerung arbeiten, benötigen diese Kenntnis nicht. Leiten im Team bedeutet, daß auch wirklich alle Team-Mitglieder die Möglichkeit haben, Leitung zu übernehmen. Nur Teamleiter mit einem kooperativen und interaktiven Führungsstil können die Fähigkeiten von jedem Teammitglied adäquat berücksichtigen und für die Gruppe nutzbar machen. Nur so wird die SBE-Nachbesprechung ein Erfolg.

Der Co-Leiter

Wenn eine SBE-Nachbesprechung mit Einsatzkräften abgehalten wird, kommt der Co-Leiter aus den Reihen der Peers. Normalerweise hat der Peer, der für diese Aufgabe ausgewählt wird, die meiste Erfahrung mit SBE-Nachbesprechungen. Wenn die Nachbesprechung für eine Gruppe aus der Bevölkerung durchgeführt wird, ist der Co-Leiter meist ein weiterer Vertreter der psychosozialen Fachleute.

Der Co-Leiter unterstützt den Teamleiter in der Leitung der SBE-Nachbesprechung. Er greift in der Einführungs-Phase Punkte auf, die der Leiter nicht erwähnt hat. Er macht selbst einige weitere Anmerkungen. Der Co-Leiter beobachtet die Teilnehmer, sucht speziell nach Anzeichen von Belastungen und fragenden Blicken, (er)klärt und macht Anmerkungen, wann immer sie angebracht sind. Er spielt in der Informationssphase der SBE-Nachbesprechung eine bedeutende Rolle. Der Co-Leiter hilft dem Leiter, die Nachbesprechung zusammenzufassen und steht den Teilnehmern auch hinterher zur Verfügung. Er nimmt Kontakt mit denjenigen auf, die noch weitere Unterstützung brauchen oder eventuell an professionelle Helfer weitervermittelt werden müssen.

Auch in der Nachbetreuung spielt der Co-Leiter eine Rolle. Oft sind es gerade die Peers, die erste Kontakte mit Einsatzkräften knüpfen. Dies geschieht bereits wenige Tage nach der SBE-Nachbesprechung. Einsatzkräfte werden bei Bedarf eher von Peers dazu ermutigt, psychosoziale Fachleute aufzusuchen.

Der Co-Leiter verteilt die bei der Nachbetreuung wichtigen Aufgaben an die Teammitglieder. Zum Beispiel erhält ein Peer die Aufgabe, den Chef der Einheit zu beraten. Ein anderer kann den Auftrag bekommen, zwei bestimmte Personen zur SBE-Nachbesprechung zu holen, die in einem noch desolateren Zustand als die anderen sind.

Der Türhüter

Der Türhüter hat eine Schlüsselrolle in der SBE-Nachbesprechung. Während der Nachbesprechung verwehrt er allen fremden oder nicht autorisierten Personen den Zutritt. Dies betrifft auch Mitglieder der Organisation, die nicht an dem Einsatz beteiligt waren, Familienmitglieder von Teilnehmern, die selbst nicht beteiligt waren, Schaulustige, Journalisten und Personen, die zufällig am Einsatzort waren. Mitglieder der betroffenen Organisationen und Beteiligte, die später kommen, läßt er dagegen hinein.

Der Türhüter hat eine weitere Funktion: Möchte ein Teilnehmer die Nachbesprechung verlassen, ist es die Aufgabe des Türhüters, mit der Person hinauszugehen und sie zu ermutigen zurückzukommen. Diese Aufgabe ist einfach, wenn die Person lediglich auf die Toilette gehen will. Dann wird der Türhüter die Person nur bitten, so bald wie möglich wieder zurückzukommen. Ist jedoch ein Teilnehmer extrem belastet und will die Nachbesprechung deshalb verlassen, muß der Türhüter vorsichtig nachfragen, genauestens zuhören und so viel Unterstützung wie möglich geben. Er ermutigt diese Person unbedingt, so bald wie möglich in die Nachbesprechung zurückzukehren. Manchmal genügt es, der Person lediglich zu versichern, daß sie auch wirklich nichts sagen muß, wenn sie nicht will. Manchmal muß man beteuern, daß sie von den anderen Teilnehmern in der Nachbesprechung gebraucht wird, und daß sie einigen Teilnehmern sehr helfen könnte - aber natürlich nur dann, wenn sie auch an der Nachbesprechung teilnimmt. Fast jeder kehrt dann zurück.

Nur in seltenen Fällen verlassen Teilnehmer die Nachbesprechung und wollen unter keinen Umständen zurück. Der Türhüter versucht dann, sie einfühlsam zu beraten. Wenn die Person jegliche Hilfsangebote ablehnt, bittet er sie um ihren Namen und die Telefonnummer oder gibt ihr zumindest die eigene Visitenkarte und lädt sie ein anzurufen, wenn es doch noch etwas geben sollte, über das sie sprechen will.

Der Geistliche

Geistliche, die sich für SBE-Nachbesprechungen haben ausbilden lassen, spielen als aufmerksame Zuhörer und Ratgeber eine wichtige Rolle im Team. Predigen und Beten sind in einer SBE-Nachbesprechung nicht angebracht. Nicht alle Teilnehmer teilen die gleichen religiösen Überzeugungen.

Der Geistliche kommentiert an geeigneter Stelle oder stellt während der Nachbesprechung Fragen. Er kann auch die Rolle des stummen Beobachters übernehmen und versucht dann herauszuhören, welche Personen später noch zusätzliche Unterstützung benötigen. Nach der Besprechung geht er aktiv auf die Teilnehmer zu, um zu sehen, ob die Teilnehmer die Situation angemessen verarbeiten können. Er versucht herauszufinden, ob die betroffenen Personen weitere Hilfe brauchen, um das Ereignis zu verarbeiten oder um wieder in ihren Alltag zurückzukehren (besonders in spiritueller Hinsicht). Gebete oder Andachten werden auf Wunsch im Anschluß an die Nachbesprechung angeboten, vielleicht auch nur für einzelne.

Die Peers

Kommunale SBE-Teams können ohne Peers arbeiten. Sie benötigen nur psychosoziale Fachleute. SBE-Teams, die SBE-Nachbesprechungen mit Einsatzkräften durchführen, brauchen unbedingt Peers. Um in der Arbeit mit Einsatzkräften erfolgreich zu sein, müssen folgende Anforderungen erfüllt sein:

1. Vertrautheit mit Aufbau, Denkweise und Organisationskultur der Dienste von Polizei, Feuerwehr, Rettungsdienst und Katastrophenschutz
2. schnelle Interventionsmöglichkeit
3. Schwerpunkt in der Pragmatik, zum Beispiel auf Streßbewältigungstechniken
4. zu Peers ausgebildete Einsatzkräfte, zur Unterstützung des Selbstverständnisses von Einsatzkräften.

Auch wenn die Peers in einigen Phasen der SBE-Nachbesprechung nicht aktiv eingreifen, erfüllen sie eine wichtige Funktion. Sie folgen aufmerksam dem Gespräch und beobachten die Teilnehmer. Sie filtern diejenigen heraus, die ihrer Meinung nach weitere Hilfsangebote brauchen und zeigen während der Informationsphase (s.u.) Möglichkeiten zur Entlastung auf.

Die Peers helfen bei den einführenden Bemerkungen, stellen Fragen und bringen sich ein, wenn sie es für angebracht halten. Sie helfen, die SBE-Nachbesprechung zu beenden, indem sie sich aktiv an den abschließenden Bemerkungen beteiligen. Wenn einer der Teilnehmer spricht, richtet der Teamleiter seine Aufmerksamkeit ganz auf diese Person, hört ihr sehr genau zu und sieht sie an. Die Peers achten nun auf Gesichtsausdruck und Körpersprache der übrigen Teilnehmer. Wenn Leiter und Co-Leiter in eine nächste Phase der SBE-Nachbesprechung eintreten wollen, ein Peer jedoch sieht, daß ein Teilnehmer noch etwas sagen möchte, kann der Peer dieser Person das Wort erteilen.

Peers und psychosoziale Fachleute arbeiten während der gesamten SBE-Nachbesprechung eng zusammen. Jeder hat eine wichtige Aufgabe und unterstützt die anderen in ihren Aufgaben. Die Ziele einer SBE-Nachbesprechung kann man deshalb nur durch gute Teamarbeit erreichen.

Die Phasen der SBE-Nachbesprechung

Umfangreiche Vorbereitungen sichern den Erfolg einer SBE-Nachbesprechung. Teams sollten sich daher immer genügend Zeit zur Vorbereitung nehmen, weil die Nachbesprechung die komplizierteste der SBE-Interventionen ist. Gute Vorbereitung und die Auswahl der richtigen Teammitglieder erhöht die Chancen für eine erfolgreiche SBE-Nachbesprechung. Primär geht es darum, die Streßbelastung zu reduzieren und die Betroffenen zu unterstützen, baldmöglichst wieder ein »normales Leben« führen zu können. Das erfordert stets ein hohes Maß an Aufmerksamkeit im Umgang mit den Betroffenen. Zudem macht es fundierte Erfahrungen und Kompetenzen in der SBE notwendig.

Es gibt immer wieder Menschen, die meinen, sie hätten bereits nach der Lektüre der folgenden Abschnitte das notwendige Rüstzeug, um SBE-Nachbesprechungen durchführen zu können. Dies ist falsch. Die Lektüre ist kein Ersatz für die Ausbildung. Es gibt zu viele Feinheiten und ausgefeilte Techniken, die hier nicht entsprechend dargestellt werden können. Nur eine Schulung durch qualifizierte und erfahrene Ausbilder ist eine gute Vorbereitung für die Durchführung von SBE-Nachbesprechungen. Alles andere wäre unprofessionell und könnte für belastete Personen, die ein gutes Angebot von geschulten Teammitgliedern erwarten, gefährlich sein. (In Deutschland wird die Ausbildung von der »Bundesvereinigung Streßbearbeitung nach belastenden Ereignissen e.V.« durchgeführt und zertifiziert, Anm. d. Hrsg.)

Die ausführliche SBE-Nachbesprechung hat sieben Phasen. In der Abbildung 7.7 sind diese sieben Phasen dargestellt.

Ein Team, das eine SBE-Nachbesprechung durchführt, beginnt mit dem Punkt, der am leichtesten besprochen werden kann. Ausgehend von der Einführung wird das Gespräch phasenweise behutsam bis zu dem Punkt weitergeführt, an dem die Teilnehmer ihre Empfindungen und Eindrücke ausdrücken. Danach bewegt sich das Gespräch schrittweise wieder in Richtung des kognitiven Bereichs und schließt dort ab.

1. Einführungs-Phase

Die Einführung in die SBE-Nachbesprechung schafft die Grundlage für alle weiteren Phasen. Wenn die Einführung nicht gelingt, wird der Rest der SBE-Nachbesprechung

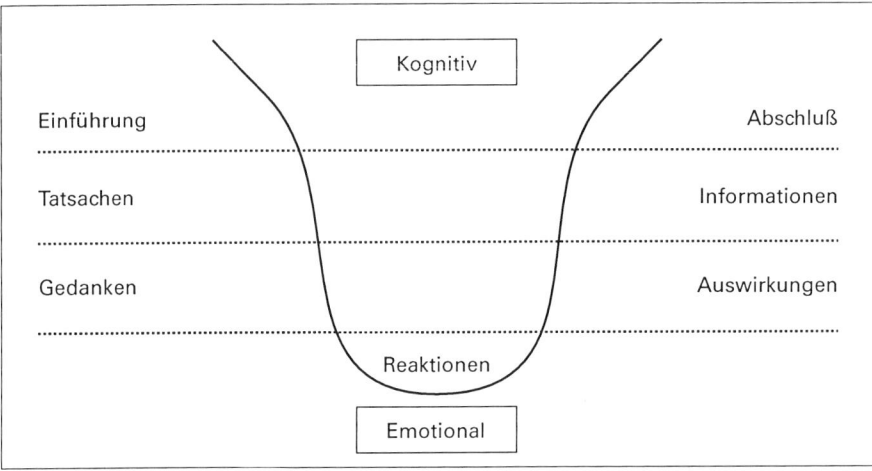

Abb. 7.7: Der Ablauf der SBE-Nachbesprechung

wahrscheinlich sehr kompliziert. Nach mißglückten Nachbesprechungen fanden Teams in der Reflexion den Grund dafür oft in der Einleitung. In der Einleitung muß das Team für den gesamten übrigen Verlauf eine solide Basis legen. Die Einführung hat folgende Ziele: Das Team muß

- die einzelnen Teammitglieder vorstellen
- den Teamleiter vorstellen
- die Leitung als Team wahrnehmen
- den Grund des Treffens nennen
- den Ablauf erklären
- die Teilnehmer motivieren
- mögliche Widerstände abbauen
- die Ziele der SBE-Nachbesprechung erläutern
- die Teilnehmer zur Zusammenarbeit ermuntern
- vorrangige Anliegen bearbeiten und Ängste abbauen helfen
- über die Fragen informieren, die in der SBE-Nachbesprechung gestellt werden
- die Teilnehmer zu gegenseitiger Unterstützung ermutigen.

Zwar wird während der Einführung schon auf die Peers hingewiesen, richtig vorgestellt werden sie aber erst in der Tatsachen-Phase. Weitere Informationen zur Vorstellung der Peers folgen in der Tatsachen-Phase.

Das gesamte SBE-Team strahlt Zuversicht aus und wirkt gelassen, soweit es die Umstände des Ereignisses erlauben. Die Teammitglieder zeigen durch Stimmung und Worte, daß sie mitfühlen und daß ihnen viel daran liegt, den Teilnehmern zu helfen. Das Team weiß, daß es die richtige Ausbildung und genügend Erfahrung hat, um helfen zu können. Die Teammitglieder wirken allerdings nicht zu selbstsicher oder arrogant. Grundsätzlich hätte auch jedes Teammitglied in dieselbe Situation geraten können. Das SBE-Team sollte sich stets vor Augen halten, daß es eine privilegierte Position hat. Einsatzkräfte vertrauen den Teammitgliedern ihre Gedanken und Empfindungen an und sprechen über das belastende Ereignis, das ihr Leben schlagartig verändert hat. Die wichtigsten Regeln für eine SBE-Nachbesprechung:

– Die Teilnehmer werden gebeten, zu überprüfen, ob jemand aus irgendeinem Grund nicht in die Gruppe gehört. Diese Frage muß in jedem Fall gründlich geklärt werden. (Sonderfall: Wenn Einsatzkräfte tödlich verletzt wurden, ist die ganze Organisation davon betroffen, alle Mitglieder werden zu der SBE-Nachbesprechung eingeladen, nicht nur diejenigen, die am Einsatz teilgenommen haben.)

– Vertraulichkeit ist ein absolutes Muß. Was auch immer in dem Raum gesprochen wird, bleibt im Raum. Diese Regel gilt sowohl für das Team als auch für die Teilnehmer. Nach der Nachbesprechung können die Teilnehmer selbstverständlich mit anderen über ihre eigenen Gefühle und Reaktionen sprechen oder sich darüber unterhalten, was sie vom Team gelernt haben. Sie dürfen aber keinesfalls darüber sprechen, was sie von einer anderen Person während der Nachbesprechung gehört haben.

– Die Teilnehmer sollten für und von sich selbst sprechen. Sie können die Reaktionen der anderen beschreiben, wenn sie sie gesehen haben (»Ich habe gesehen, wie John gelaufen ist«), aber sie dürfen sie nicht interpretieren (»Er hatte Angst«). Jede Person hat das Recht, für sich selbst zu sprechen (»Ich hatte Angst«). Keiner hat das Recht, dies für andere zu tun.

– Die Teilnehmer müssen nicht reden. Jeder hat das Recht zu schweigen. Es ist vielleicht nicht in ihrem Interesse, aber sie haben das Recht dazu. Die Teilnehmer werden besonders darauf hingewiesen, daß sie nur den Kopf schütteln müssen, um Nein zu sagen, das Team wird das sofort akzeptieren.

– Die Teilnehmer werden gebeten, den Raum nicht zu verlassen ohne zurückzukommen. Es ist wichtig, am gesamten Prozeß teilzunehmen. Die Teilnehmer werden darauf hingewiesen, daß ein Verlassen der SBE-Nachbesprechung die Ursache dafür sein kann, daß sie sich später noch schlechter fühlen. Falls sie nur zur Toilette gehen wollen, werden sie gebeten, schnellstmöglich wieder zurückzukehren.

– Photoapparate, Kameras, Recorder und Aufnahmen jeglicher Art sind während der Nachbesprechung nicht zugelassen. Es gibt keinen Grund, etwas in einer SBE-Nachbesprechung aufzuschreiben oder sonstwie festzuhalten. Namen, Telefonnummern oder Ansprechpartner können sich die Teilnehmer im Anschluß an die Nachbesprechung notieren.

– Die SBE-Nachbesprechung ist weder eine Psychotherapie noch ein Ersatz dafür. Sie ist vielmehr ein Gespräch über ein traumatisches Ereignis, das von ausgebildeten Menschen geleitet wird. Diese ausgebildeten Menschen versuchen, die Auswirkungen des Ereignisses zu lindern und zu bewirken, daß die Teilnehmer so schnell wie möglich wieder ihre normalen Lebensaufgaben bewältigen können.

– In der SBE-Nachbesprechung wird niemand ausgehorcht. Die Teilnehmer werden gebeten, nichts mitzuteilen, was eine Untersuchung nach sich ziehen, als Eingeständnis einer kriminellen Handlung oder als vorsätzliche Verletzung einer Dienstanweisung interpretiert werden könnte. Grundsätzlich ist es allen möglich, diejenigen Informationen herauszufiltern, die ihrer Meinung nach nicht in eine SBE-Nachbesprechung mit hineingehören. Solche Informationen müssen z.b. einem Untersuchungsausschuß vorbehalten bleiben.

– Die Teilnehmer werden gebeten, in der Nachbesprechung Dienstrang und Titel zu vergessen, da alle als Menschen unter den Belastungen leiden.

– Die Teilnehmer werden aufgefordert, Funkmeldeempfänger, Funkgeräte oder andere störende Geräte auszuschalten.

– Die Teilnehmer werden informiert, daß das SBE-Team für sie da ist und ihnen nach der Nachbesprechung zur Verfügung steht.

– Die Teilnehmer werden aufgefordert, sich gegenseitig zu unterstützen und aktiv an der Nachbesprechung teilzunehmen. Sie werden darüber aufgeklärt, daß andere in der Gruppe davon profitieren können, auch wenn sie glauben, daß sie selbst die Nachbesprechung nicht benötigen. Diese können anderen vielleicht dadurch helfen, daß sie ihre Rolle bei dem Ereignis beschreiben.

– Die SBE-Nachbesprechung ist kein Ort für Kritik am einsatztaktischen Verlauf eines Ereignisses.

– Die Teilnehmer werden darüber informiert, daß die SBE-Nachbesprechung nur aus einem einzigen Grund durchgeführt wird: Ihnen soll geholfen werden, sich so schnell wie möglich zu erholen, damit sie ihren Dienst tun und wieder ein normales Leben führen können. Die Erfahrung hat gezeigt: Menschen, die über traumatische Situationen reden, schlafen und essen besser und finden sich wieder früher im Alltag zurecht.

– Den Teilnehmern muß unbedingt gesagt werden, daß keine Berichte an Vorgesetzte weitergegeben werden dürfen.

– Die Teilnehmer werden auf die erste Frage (in der Tatsachen-Phase) vorbereitet, auf die sie kurz etwas zu ihrer Person und zu ihrer Rolle / Aufgabe im Einsatz sagen sollen.

– Während der Nachbesprechung gibt es keine Pausen. Wenn jemand auf die Toilette muß, so ist das möglich, er wird aber gebeten, sofort wieder zur Gruppe zurückzukehren.

– Die Teilnehmer werden in Kenntnis gesetzt, daß das Team Informationen hat, die es an die Gruppe weitergeben will. Diese werden gegen Ende der Nachbesprechung gegeben.

– Während der einführenden Bemerkungen wird wiederholt darauf hingewiesen, daß alles Gesprochene absolut vertraulich behandelt werden muß.

– Die Teilnehmer werden gebeten, Fragen zu stellen, wann immer sie etwas wissen wollen oder nicht verstanden haben.

Diese Punkte variieren etwas. Manchmal müssen einige abgeändert werden. Dies gilt im Besonderen, wenn die Nachbesprechung bei einer Gruppe durchgeführt wird, die bislang noch keine Erfahrungen mit SBE sammeln konnte. In einer Gruppe, die schon mehrere SBE-Nachbesprechungen hinter sich hat, sind die Teilnehmer in der Regel mit den Modalitäten vertraut und benötigen lediglich eine kurze Auffrischung.

Während der einführenden Bemerkungen sollte das Team zuversichtlich und verbindlich sprechen. Die Teammitglieder müssen sich hier locker geben, damit sie unter den Teilnehmern keine Ängste verstärken. Während der Nachbesprechung müssen die Teammitglieder aufmerksam für die verbalen Äußerungen und nonverbalen emotionalen Andeutungen der Teilnehmer sein. Sie sind auf möglichen Widerstand von einzelnen Gruppenmitgliedern vorbereitet. Wenn sie ihn während der Einführungs-Phase ignorieren, wird er nicht geringer werden. Zu einem späteren Zeitpunkt der Nachbesprechung wird er dann erneut deutlich werden. Wenn das gerade in einer sehr intensiven Phase ist, kann dieser Widerstand das Gelingen der Nachbesprechung ernsthaft gefährden.

2. Die Tatsachen-Phase

Einsatzkräfte beschreiben mühelos die Tatsachen eines Ereignisses. Tatsachen haben noch nichts mit eigenen Erfahrungen und Empfindungen zu tun. Sie sind unpersönlich. Gespräche über Tatsachen sind weniger belastend als über eigene Gefühle. Für Einsatzkräfte gilt dies besonders. Wie bereits erwähnt, verfügen sie über ein sehr ausgeprägtes »seelisches Schutzschild«. Gespräche über Gefühle vermeiden sie eher. Sie befürchten, daß ihre Gefühle sie so überwältigen und vereinnahmen könnten, und daß sie ihre Arbeit nicht mehr verrichten könnten. Ihnen fällt die Beschreibung des Ablaufes eines Ereignisses viel leichter. Sie bevorzugen Tatsachen; denn sie haben bei ihrer Arbeit ständig mit diesen Tatsachen zu tun. Bei Gesprächen über Situationen klammern sie sich oftmals regelrecht an Tatsachen. Die Tatsachen-Phase ist also bei der Arbeit mit Einsatzkräften vom logischen Ablauf her der beste Ausgangspunkt.

Um die Personen dazu zu bringen, in der Tatsachen-Phase über eine bestimmte Situation zu sprechen, sagt der Leiter Sätze wie:

> *»Das SBE-Team war zur Zeit des Vorfalles nicht am Einsatzort. Unsere Kenntnisse über den Vorfall sind daher nur bruchstückhaft. Es wäre sehr hilfreich, wenn wir etwas mehr darüber erfahren könnten.*
>
> *Also möchten wir Sie bitten, uns kurz zu sagen, wer Sie sind, was Ihre Rolle oder Aufgabe während des Ereignisses war, und was aus Ihrer Sicht geschehen ist. Wenn das, was Sie erlebt haben, etwas anderes ist, als das, was alle anderen erfahren haben, macht das gar nichts. Es geht uns vor allem darum, ihre Einzelerfahrungen zu sammeln, um so ein umfassendes Bild von diesem Ereignis zu bekommen. Wenn Sie nichts dazu sagen wollen, ist das auch in Ordnung. Schütteln Sie einfach den Kopf und wir werden mit dem Nächsten weitermachen. Wir werden hier zu meiner linken (rechten) beginnen und dann der Reihe nach fortfahren. Noch einmal, was wir wissen möchten, ist:*
>
> *1. Wie heißen Sie?*
> *2. Was war Ihre Aufgabe oder Ihre Funktion während des Einsatzes?*
> *3. Was passierte aus Ihrer Sicht heraus?«*

Die Teilnehmer erzählen nun reihum. Wer wann an die Reihe kommt, ist unwichtig. Es kann sein, daß derjenige, der als letzter am Einsatzort eingetroffen ist, der erste ist, der erzählt. Nachdem jeder sich zu Wort melden kann, verfügt man zum Schluß in der Regel über ein aussagekräftiges Gesamtbild. Ein gutes SBE-Team wird keinerlei Schwierigkeiten haben, die bedeutsamen Punkte herauszufiltern.

Wenn die Gruppe aus mehr als zwanzig Personen besteht oder wenn der Zeitrahmen kurz gefaßt ist, wird es zu aufwendig, wenn jeder Teilnehmer von seiner Aufgabe während des Einsatzes erzählt. Die Tatsachen-Phase wird dann anders gestaltet. Die Fragen unterscheiden sich ein wenig von den vorgenannten, können aber der Gruppe immer noch Anstoß zu einem Gespräch über die Fakten sein:

- Wer traf als erster am Einsatzort ein?
- Welche Einheiten kamen dann?
- Was passierte, als zusätzliche Einheiten eintrafen?

Jede Einheit bestimmt einen »Sprecher«, der ihre Aufgabe im Einsatz erklärt - in einer Kurzversion. Es kann sein, daß dann nur sechs oder sieben Teilnehmer sprechen. Das ist in Ordnung. Es gibt keinen Grund, beunruhigt zu sein, wenn manche Personen keine Möglichkeit bekommen, während einer SBE-Nachbesprechung etwas zu sagen. Es ist falsch anzunehmen, daß Personen nicht von der SBE-Nachbesprechung profitieren, wenn sie nichts sagen. Viele entschließen sich während der Nachbesprechung nichts zu sagen, auch dann, wenn sie ausreichend Gelegenheit dazu haben. Und doch bestätigen sie, daß ihnen das bloße Zuhören etwas gebracht hat. Oft zeigen die Teilnehmer während der Tatsachen-Phase bereits spontan Emotionen.

Wenn die Teilnehmer einer SBE-Nachbesprechung gebeten werden, die *Tatsachen* der Situation zu beschreiben, und sie beginnen, ihre *Gefühle* auszudrücken, so ist das ein Zeichen, wie nahe ihnen das Ereignis geht. Hier darf das SBE-Team keinesfalls nachhaken.

Wenn Teilnehmer sich ausgefragt fühlen, sind sie verärgert. Sie denken, daß sie wesentlich mehr preisgegeben haben, als sie eigentlich wollten. In der Regel sind sie selbst überrascht, wie emotional sie auf die Situation reagiert haben. Sie wollen dann in Ruhe gelassen werden und *nicht* aufgefordert werden, noch mehr von ihren Gefühlen zu offenbaren. Das Team muß stets bedenken, daß Einsatzkräfte oft große Schwierigkeiten haben, wenn sie in Anwesenheit der Kollegen die Kontrolle über ihre Gefühle verlieren. Ein plötzlicher Gefühlsausbruch nimmt sie mit. Das beste, was ein SBE-Team in einer solchen Situation tun kann, ist:

- die Gefühle anerkennen
- der Person versichern, daß ihre Gefühle ganz normal und der Situation angemessen sind
- der Gruppe und Einzelpersonen versichern, daß solche Gefühle vorhersehbar sind und daß jede andere Person unter ähnlichen Umständen mit ähnlichen Gefühlen reagieren würde
- sich einer anderen Person zuwenden, es sei denn, der Betroffene signalisiert, daß er weitersprechen will.

Auch andere Teilnehmer werden möglicherweise von Gefühlsausbrüchen verunsichert. Sie wissen nicht, wie sie reagieren sollen. Sie fürchten, daß das SBE-Team unter Umständen die Kontrolle über die Nachbesprechung verlieren könnte. Normalerweise löst so etwas große Verunsicherung bei den anderen Teilnehmern aus. Die nächsten, die etwas sagen sollen, werden dann viel weniger von sich erzählen, als sie eigentlich vorhatten. Vielleicht sagen sie auch gar nichts. Dann müssen die Peers, die bis dahin noch keine Möglichkeit hatten, sich einzubringen, entsprechend intervenieren.

Das Team verfolgt genau den Verlauf des Gespräches. Wenn eine Person stark emotional reagiert und die Gruppe unsicher geworden ist, stellt sich der nächste Peer vor. Die Vorstellung dieses Peers ist dann ein wenig ausführlicher (vielleicht um ein paar Sätze) als üblich. Durch diesen »Einschub« kann die Gruppe wieder zur Ruhe kommen. Die Vorstellung des Peers, in der Mitte der Tatsachen-Phase, bietet somit eine zusätzliche Kontrolle über die SBE-Nachbesprechung. Die Vorstellung verhilft, ein wenig durchzuatmen, bevor der nächste Teilnehmer die Fragen beantwortet. Wenn die Teilnehmer dann mit dem Gespräch fortfahren, ist viel von der Unsicherheit gewichen, die der Gefühlsausbruch des Kollegen verursacht hat.

Die Tatsachen-Phase kann zwischen fünf und zwanzig Minuten dauern, je nachdem, wie viele Menschen beteiligt sind und wieviel Informationen diese geben. Falls in dieser Phase Fragen auftauchen, werden sie schnellstmöglich durch das Team geklärt. Manchmal beschreiben Teilnehmer auch schon ihre Gedanken oder Reaktionen, obwohl das Team die dazu passenden Fragen noch nicht gestellt hat. Die Teammitglieder hören auch hier sehr gut zu, reagieren aber in dieser Phase normalerweise nicht darauf. Sie können an solche Aussagen auch in den Phasen Information oder Abschluß anknüpfen. Nach Beendigung der Tatsachen-Phase schließt sich unmittelbar die Gedanken-Phase an.

3. Gedanken-Phase

Die Gedanken-Phase beginnt mit der Aufforderung des Leiters, den ersten oder intensivsten Gedanken mitzuteilen, als deutlich wurde, was eigentlich geschehen war. Da viele Einsatzkräfte starke kognitive Schutzmechanismen entwickeln, orientieren sich ihre Antworten weitgehend an den einsatztaktischen Aspekten. Viele sagen etwa: »Ich dachte, die Person würde nicht aus dem Fenster springen« oder »Mein erster Gedanke war, mein Gott, hoffentlich ist das kein Kind«. Allerdings läßt sich die emotionale Seite des Ereignisses nicht ausklammern oder abblocken. Einige werden etwa sagen: »Ich hatte Angst, wir würden den Abschnitt nicht halten können«, »Ich war wirklich wütend, daß jemand so etwas einem anderen antun kann«.

Die Gedanken-Phase kennzeichnet einen Übergang zwischen der tatsächlichen Welt und der momentanen, inneren und sehr persönlichen Welt des Betroffenen. Die Tatsachen gehören nicht zur Person, die Gedanken jedoch schon, sie sind »Teil der Person«. Die Fragen der Gedanken-Phase lassen sich nicht beantworten, ohne daß Gefühle durchscheinen. Die Teams rechnen mit dem Durchscheinen als einem Teil des SBE-Prozesses. *Die Gedanken-Phase ist die Übergangsphase von der »Kopfebene« zur »Gefühlsebene« (von der kognitiven zur emotionalen Ebene).* Das Team wertet die gefühlsbetonten Äußerungen in der Gedanken-Phase positiv als Zeichen dafür, daß der Prozeß wie gewünscht verläuft.

Wenn jedoch die Äußerung von Gefühlen zu intensiv wird, verunsichert dies die Gruppe. Sie sperrt sich dann gegen weitere Versuche, sich der »Gefühlsebene« anzunähern. Manchmal drücken Teilnehmer ihren Ärger darüber verdeckt aus, indem sie behaupten, der Gruppenprozess verlaufe schlecht. Manchmal versuchen sie auch, weiterhin nur über Tatsachen und Einsatztaktik zu sprechen. Manchmal zeigen sie tiefe Gefühle und verlangen unmittelbar Hilfe vom Team. Manchmal verlassen sie sogar die Nachbesprechung.

Niemand kann alle Reaktionen vorhersagen, die Teilnehmer während der Übergangsphase haben können. Die Teilnehmer testen sich selbst und das Team. Das Team muß darauf vorbereitet sein. Wenn jemand geht, folgt ihm der »Türhüter« und versucht, ihn zurückzuholen. Wenn die Gefühle sehr intensiv werden, sind Anerkennung, Wertschätzung oder Beruhigung durch das Team besonders wichtig. Wenn Ärger verdeckt auftaucht, muß man ihn teils akzeptieren, teils zurückgeben. Das SBE-Team muß während dieser Phase aufmerksam zuhören. Den Mitgliedern bleiben nur wenige Sekunden zum Nachdenken, bevor sie reagieren. In der Regel ist ihre Reaktion richtig, da sie - im Gegensatz zu den betroffenen Teilnehmern - entspannt sind und rationaler denken können.

4. Reaktions-Phase

Die Reaktions-Phase ist die Phase, in der Teilnehmer ihre Gefühle und Empfindungen besonders stark zeigen. Wenn Einführungs-, Tatsachen- und Gedanken-Phase sorgfältig durchgeführt wurden, schließt die Reaktions-Phase nahtlos an die Gedanken-Phase an. Das SBE-Team wird feststellen, wie ihre Interaktion in der Gruppe während dieser Phase abnimmt. Die Redebeiträge kommen von den Teilnehmern, nicht vom SBE-Team. Das ist gut so. Das SBE-Team ergreift nur dann das Wort, wenn Bemerkungen wirklich notwendig sind und beachten, daß sie den Gesprächsfluß der Teilnehmer nicht unterbrechen. Am besten eignet sich folgende Frage, um die Reaktions-Phase zu eröffnen: Was war für Sie persönlich das Schlimmste an dieser Situation? Es gibt einige Varianten dieser Frage:

– Welcher Zeitpunkt war für Sie der schlimmste bei dem Ereignis?
– Welche Erinnerung an das Ereignis möchten Sie aus dem Gedächtnis löschen?
– Unter welchem Aspekt des Ereignisses leiden Sie am meisten?

Die aktive Beteiligung am Gespräch ist ab dieser Phase freiwillig. Das Team fordert nicht mehr einen Teilnehmer nach dem anderen auf, etwas zu sagen. Wer etwas sagen will, kann dies tun. Wer schweigen will, schweigt. Eine Gesprächsreihenfolge gibt es nur während der Tatsachen- und der Gedanken-Phase. Wann immer jemand aus der Gruppe etwas sagen will, kann er dies tun.

Gelegentlich kommt das Gespräch nur schwer in Gang. Die Teilnehmer ringen mit den Gefühlen, die sie mit dem Ereignis verbinden. Ein Teilnehmer wird anfangen und etwas sagen, einen Eindruck, ein Gefühl formulieren. Ein anderer wird zugeben, daß er Angst, Wut oder Trauer empfindet. Nach kurzer Zeit beteiligen sich immer mehr Teilnehmer.

Manchmal läßt eine Bemerkung die Gruppe für einen Moment verstummen. Ein neues Gefühl beherrscht die Situation. Andere Äußerungen lösen starke verbale Reaktionen in der Gruppe aus. Es werden vielleicht Stühle gerutscht, Hände gerungen oder es sind andere nonverbale Signale wahrnehmbar. Die Blicke sind auf den Boden gerichtet. Manchmal sind die Blicke starr, manchmal gibt es Tränen, oder eine Stimme zittert beim Sprechen.

In vielen SBE-Nachbesprechungen werden Gefühle verhalten geäußert. Tränen werden nicht gezeigt, Emotionen sind nicht zu beobachten. Die Worte können aber sehr viel Gefühl enthalten. Jede SBE-Nachbesprechung hat ihren eigenen Charakter, der davon abhängt, wie einschneidend das Ereignis war, wie groß das Vertrauen innerhalb der Gruppe ist und wie sehr sie gewillt ist, sich ihren Erfahrungen zu öffnen und die Reaktionen offen anzusprechen. Die Professionalität des SBE-Teams bestimmt die Möglichkeiten der Gruppe und das Vertrauensverhältnis zwischen Team und Teilnehmern.

Die Reaktions-Phase dauert zwischen 10 und 40 Minuten (manchmal etwas länger), abhängig von der Gruppengröße und der Schwere des Ereignisses. Wenn das Gespräch abflaut und mehrere Versuche der Teammitglieder, die Gruppe zum Sprechen zu motivieren, erfolglos bleiben, ist das ein Zeichen, die Reaktions-Phase zu beenden. Das Team führt die Gruppe nun in die nächste Phase der SBE-Nachbesprechung, die Auswirkungs-Phase.

5. Auswirkungs-Phase

Die Auswirkungs-Phase stellt eine weitere Übergangsphase dar. Ihr Ziel ist es, die Gruppe von der emotionalen Reaktions-Phase auf eine etwas kognitivere Ebene zu bringen. Diese »Bewegung« ist Teil des Gesamtverlaufs einer SBE-Nachbesprechung: von der kognitiven Ebene zur Gefühlsebene und wieder zurück zur kognitiven Ebene. Ein Ende der Nachbesprechung an diesem Punkt ließe die Teilnehmer in einer emotionsgeladenen Stimmung zurück. Dies wäre für sie schädlich. Die Nachbesprechung wird deshalb immer zu Ende geführt - um den Prozeß abzuschließen und die Teilnehmer wieder auf eine kognitive Ebene zu bringen. Dank ihrer gewohnten und intakten seelischen Schutzmechanismen können sie arbeiten und ihr normales Leben führen.

Zu Beginn der Auswirkungs-Phase bittet das Team die Teilnehmer, Veränderungen ihres Denkens, ihrer Gefühle, ihres Verhaltens sowie Veränderungen an und in ihrem Körper zu beschreiben, die sie bereits während des Einsatzes bemerkt haben. Das SBE-Team gibt ein paar Beispiele, wie sich streßbedingte Symptome zeigen können:

- zittrige Hände
- Entschlußunfähigkeit
- vollkommene Ruhe
- Wut.

Dann spricht die Gruppe mehrere Minuten lang über die verschiedenen Streßsymptome, die sie während des Einsatzes empfunden haben.

Das SBE-Team fragt die Teilnehmer dann, wie es ihnen während der Tage nach dem Ereignis bis zur Nachbesprechung ergangen ist. Wieder erzählen die Teilnehmer von den Symptomen oder Anzeichen von Streß, die in dieser Zeit aufgetreten sind. Schließlich werden die Teilnehmer gefragt, ob sie seit dem Ereignis bis zu Beginn und auch während der Nachbesprechung noch weitere Veränderungen an sich bemerkt haben. Die Gruppe wird hier einige Symptome beschreiben, die jetzt noch auftreten.

Manche Teilnehmer nennen nicht ihre Symptome, weil sie Angst haben, sie seien einzigartig und anormal. Wenn das SBE-Team wahrnimmt, daß die Gruppe sich aufgrund solcher Befürchtungen nicht öffnet, wird variiert. Es kann die Gruppe bitten, mit Handzeichen zu zeigen, wie viele von ihnen das eine oder das andere Symptom hatten. Das Teammitglied wählt eine übliche Streßreaktion, beschreibt sie den Teilnehmern und bittet sie, Handzeichen zu geben. Da es wahrscheinlich ist, daß mehrere Personen in der Gruppe genau diese Reaktion entwickelt haben, werden auch mehrere Hände nach oben gehen. Noch ein paar ähnliche Fragen, und die Gruppe wird gelassener. Dann kann das SBE-Team bitten, noch mehr zu erzählen, diesmal ohne Handzeichen. Die Auswirkungs-Phase dauert gewöhnlich fünf bis zehn Minuten. Wenn das Gespräch an Intensität verliert, beginnt das Team, in die nächste Phase, die Informations-Phase, überzuleiten.

6. Informations-Phase

Die Informations-Phase wird dadurch eingeleitet, einige der von den Teilnehmern genannten Symptome auszuwählen und dabei zu erklären, daß sie nach einem solchen Ereignis

- – normal und
- – typisch

sind. Ein geschicktes und erfahrenes Team kann die Überleitung so behutsam vornehmen, daß die Teilnehmer nicht merken, daß eine neue Phase begonnen hat.

In dieser »Informationsphase« sind alle Teammitglieder aktiv. Einige der Teammitglieder beschreiben typische Streßsymptome. Andere Teammitglieder weisen die Gruppe auf Symptome hin, die noch nicht aufgetreten sind, aber noch auftreten könnten. Die Teammitglieder betonen, daß alle Einsatzkräfte ihr Möglichstes taten und darüber hinaus versuchten, ihr Können in die Praxis umzusetzen, unter diesen Umständen aber trotzdem kein besseres Ergebnis möglich war. Das Team nimmt sich für die Vorstellung von Streßbearbeitungstechniken viel Zeit. Es werden Ratschläge

- – zur richtigen Ernährung / einer Diät
- – zu Übungen
- – zu Entspannungstechniken
- – zu Gesprächen mit der Familie
- – zur Arbeit mit den Vorgesetzten, um ggf. notwendige Änderungen im Arbeitsablauf zu veranlassen
- – und zu anderen, für die Gruppe relevanten Themen gegeben.

Die Informations-Phase findet wieder ganz auf der kognitiven Ebene statt. Sie soll die Teilnehmer von den gefühlsbetonten Fragestellungen wegbringen, die während der

Reaktions-Phase thematisiert werden. Einige der Informationen, die in dieser Phase gegeben werden, können auf bestimmte Teilnehmer zugeschnitten sein, werden aber an die ganze Gruppe gerichtet.

Diese Lehrphase dauert so lange, bis die Themen, die für diese Gruppe relevant sind, behandelt sind. Es ist wichtig, diese Phase nicht zu lange auszudehnen. Die betroffene Gruppe ermüdet in dieser Phase wahrscheinlich sehr schnell, genau wie das SBE-Team. Durch Sensibilität und Konsequenz findet das SBE-Team den richtigen Zeitpunkt, um die Informations-Phase zu beenden. Das Team muß wissen, daß es für die Inhalte, die hier vermittelt werden, Grenzen gibt. Unangebracht sind:

- Meditationen
- progressive Muskelentspannungsübungen
- kognitive Restrukturierungsstrategien.

Diese Techniken haben nicht nur keinen Platz in einer Nachbesprechung, sie erfordern auch spezielles Wissen und entsprechende Erfahrung. Deshalb sollten solche Techniken in einem anderen Rahmen Anwendung finden. Elementare Streßbearbeitungstechniken werden allerdings vorgestellt. Gegen Ende der Informations-Phase fragt ein Teammitglied die Gruppe, ob es während des Einsatzes auch etwas Positives gegeben hat. Wenn diese Frage gestellt wird, dann mit großer Sensibilität und dem entsprechenden Fingerspitzengefühl. Die Betroffenen haben eventuell Schwierigkeiten, an dem Vorfall überhaupt etwas Positives zu sehen. Die Frage kann folgendermaßen gestellt werden: »Gibt es einen Aspekt an dem Ereignis, das es etwas weniger grausam oder belastend macht? Gibt es etwas, das Ihnen trotz dieser grausamen Erlebnisse doch ein wenig Hoffnung gibt?« Dann geht die Informations-Phase in die Phase des Abschlusses über.

7. Abschluß-Phase

Diese Phase der SBE-Nachbesprechung ist die letzte Möglichkeit, um Anliegen zu klären, Fragen zu beantworten, ein Resümee zu ziehen und die Gruppe wieder auf die Rückkehr in ihren Alltag vorzubereiten. Eine SBE-Nachbesprechung ist ein Prozeß mit Anfang, Kernstück und Ende. Diese sieben Phasen bringen den Prozeß in Gang und schließen ihn sinnvoll und verantwortet ab.

Die Abschluß-Phase besteht aus mehreren Abschnitten. Die Teilnehmer und das SBE-Team haben hierbei verschiedene Aufgaben.

Die Teilnehmer
1. benennen alle noch nicht angesprochenen Punkte, über die noch geredet werden soll
2. lassen die Nachbesprechung noch einmal Revue passieren
3. stellen jede Frage, die ihnen wichtig ist
4. besprechen alles, was ihnen helfen könnte, die Nachbesprechung gut abzuschließen.

Das SBE-Team
1. beantwortet Fragen, die ihm gestellt werden
2. beruhigt die Teilnehmer nötigenfalls und gibt weitere Anregungen
3. benennt jedes seiner Meinung nach vermutete, aber noch unterdrückte Gefühl
4. verteilt aussagekräftige Handouts / Informationszettel
5. faßt den Gesprächsverlauf zusammen.

Die abschließenden Bemerkungen der Teammitglieder sind authentisch und warmherzig. Sie zeigen Respekt, ermutigen, unterstützen, sprechen Dank aus und eröffnen den Teilnehmern eine Perspektive. Jedes Teammitglied gibt in den letzten Minuten der Nachbesprechung einen zusammenfassenden Kommentar. Die Teilnehmer können sich, wenn sie wollen, dazu äußern, sie werden aber nicht dazu aufgefordert.

Mit dem Ende der Nachbesprechung leitet das Team die SBE-Folgeangebote ein. Es nimmt Kontakt zu den Teilnehmern auf, die ihrer Meinung nach mehr Unterstützung brauchen, als die Nachbesprechung bieten konnte.

SBE-Folgeangebote

Einzelbetreuung

Mit einer SBE-Nachbesprechung allein ist es nicht getan. Sie bietet die Möglichkeit, Belastungen einzuschätzen oder zu erkennen. Sie ist keine Behandlung und hat insofern einen präventiven Charakter. Nach einer Nachbesprechung werden immer noch Dinge ungeklärt sein. Die Arbeit des Teams ist mit Beendigung der Nachbesprechung nicht erledigt. Wenn die Gruppe aufbricht, verabschiedet sich das SBE-Team von den Teilnehmern und geht auf diejenigen zu, die während der SBE-Nachbesprechung deutliche Symptome von Belastung gezeigt haben. Ebenso sprechen sie die Personen an, die während der Nachbesprechung zu ruhig waren. Damit sollen die Personen erreicht werden, die noch mehr Unterstützung benötigen. Die Nachbesprechung war hierbei nur eine Möglichkeit zur Sichtung. Vielleicht benötigen die Betroffenen nur ein paar unterstützende Worte von den Peers. Einigen wird das reichen. Andere muß man unter Umständen an einen Therapeuten weitervermitteln. (Vermittlungen von Psychotherapien sind eher selten. Großzügig geschätzt liegt die Rate bei 1 bis 3%. In Extremsituationen liegt sie etwas höher).

Um einer betroffenen Person zu helfen, kann sie einer der Peers kurz besuchen oder anrufen. Wenn ein Teammitglied der Meinung ist, daß es einem Teilnehmer hilft, kann er sich mit ihm absprechen und Telefonnummern oder Adressen austauschen.

Direkt nach der Nachbesprechung werden Erfrischungen angeboten. Dies fördert die Verbindung zwischen SBE-Team und Teilnehmern. Außerdem ist es so leichter, die Gruppe noch eine Weile zusammenzuhalten. Kontakte zwischen Teammitgliedern und Teilnehmern können dadurch auf ungezwungene Weise entstehen.

Manche Teilnehmer wollen nach der Nachbesprechung ein Gespräch mit dem psychosozialen Fachmann führen. Den meisten Betroffenen ist mit einer solchen zusätzlichen Sitzung ausreichend geholfen. Anderen jedoch muß weitere professionelle Hilfe, bis hin zur Therapie, vermittelt werden.

Das Team bleibt vor Ort, bis sich die Gruppe langsam auflöst. Wenn niemand mehr da ist, der einen persönlichen Kontakt wünscht, beginnt eine abschließende Team-Sitzung. Die Teammitglieder können ebenso vereinbaren, dieses Gespräch im Auto oder während einer Pause auf dem Rückweg zu führen.

Abschließende Team-Sitzung

Die Abschlußbesprechung ist unverzichtbar. Sie gehört zu den wichtigsten Maßnahmen des Teams, auch um sich selbst vor Belastungen zu schützen. In der Abschlußbesprechung müssen mehrere Aspekte behandelt werden.

– Der gesamte Nachbesprechungs-Prozeß wird gründlich reflektiert. So lernen die Mitglieder mehr über den Prozeß. Sie verstehen, warum bestimmte Entscheidungen so oder so getroffen wurden oder warum bestimmte Fragen gestellt wurden.
– Es werden die Aufgaben für die Nachbetreuung verteilt.
– Es muß sichergestellt werden, daß es allen Teammitgliedern gut geht. Auch Teammitglieder können durch die Aspekte, die in einer Nachbesprechung thematisiert werden, stark belastet sein. In der Abschlußbesprechung muß es daher unbedingt die Möglichkeit geben, über Eindrücke und Belastungen zu sprechen. Geschieht dies nicht, nehmen die Teammitglieder vielleicht ebenfalls Belastungen mit nach Hause. Wird dies wiederholt versäumt, verliert das SBE-Team unter Umständen wertvolle Mitarbeiter.

Das wichtigste Element der Abschlußbesprechung ist also das »*Debriefing für die Debriefer*«.

Tätigkeitsbericht

Ein Tätigkeitsbericht ist sinnvoll, muß aber nicht angefertigt werden. Er wird erstellt, um das Ereignis in der nächsten Teamsitzung oder bei der Supervision besprechen zu können. Der Tätigkeitsbericht darf keine Informationen enthalten, die es möglich machen, eine Person zu identifizieren, die an der Nachbesprechung teilgenommen hat. Ein Tätigkeitsbericht ist informativ, verständlich und kurz. Er umfaßt eine Seite mit drei Absätzen:

– knappe Beschreibung des Ereignisses
– vorherrschende Themen der Nachbesprechung
– Zusammenfassung der Hinweise, die die Teilnehmer vom SBE-Team erhalten haben.

Vielleicht führt das SBE-Team über jedes Mitglied eine Statistik. Dann werden nach jeder Intervention folgende Punkte schriftlich festgehalten: eine Namensliste der mitwirkenden Teammitglieder, Zeitpunkt der Nachbesprechung und die Gesamtanzahl der Teilnehmer. (Ein Tip: Zur besseren Übersicht kann man die Namen der Teammitglieder in eine Spalte setzen, die jeweiligen SBE-Angebote quer über die anderen Spalten.) Wenn ein Teammitglied ein bestimmtes Angebot durchführt, so wird der Tag der Intervention auf einem Erfassungsbogen festgehalten. Diese Informationen werden nicht in den Tätigkeitsbericht aufgenommen.

Was bei einer SBE-Nachbesprechung sonst noch wichtig ist

Gruppengröße

- Die ideale Gruppengröße für eine SBE-Nachbesprechung liegt zwischen 4 und 20 Personen.
- Eine Gruppengröße zwischen 20 und 30 ist möglich, braucht aber mehr Zeit und die Veränderung bestimmter Abläufe.
- Eine Gruppengröße von mehr als 30 Teilnehmern erschwert die Arbeit erheblich.
- Bei einer noch größeren Gruppe muß das SBE-Team die Tatsachen-Phase verändern. (Welche Einheiten trafen zuerst ein? Wer kam dann? Was ist geschehen?) Dies erlaubt allerdings nicht jedem Teilnehmer, etwas zu sagen. In der Gedanken-Phase könnte es dann heißen: »Was haben Sie gedacht, als Sie mit dem Ereignis konfrontiert wurden? Jeder, der möchte, kann dann etwas dazu sagen.«
- Bei einer Gruppengröße von mehr als 40 Teilnehmern wird, wenn irgend möglich, in kleinere Gruppen unterteilt.

Zielgruppen

Wenn sehr viele Betroffene eine Nachbesprechung benötigen, müssen Untergruppen gebildet werden. Die SBE-Nachbesprechung zielt vor allem auf diejenigen ab, die von dem Ereignis am stärksten betroffen sind. Diejenigen, die direkt damit zu tun hatten, sind die nächste Zielgruppe. Dann folgen vielleicht höhere Dienstgrade. Dann diejenigen, die von dem Ereignis nur indirekt betroffen sind. Schließlich kommen jene, die zwar betroffen sind, aber nicht am Einsatzort waren. Die Gruppen können nach unterschiedlichen Kriterien aufgeteilt werden:

- unterschiedliche Stützpunkte / Wachen der Einheiten / Gruppen
- Ankunftszeit
- spezielle Aufgaben
- Einsatzgruppe
- Fachdienst (Polizei, Feuerwehr, Rettungsdienst, Strafvollzug usw.).

Teilnehmer

Jeder, der in das Ereignis involviert war, sollte auch zur Nachbesprechung eingeladen werden. Dies schließt Führungsdienstgrade ausdrücklich mit ein.

Zuschauer, Journalisten und Personen aus der Bevölkerung, die Hilfe benötigen, werden getrennt von Einsatzkräften betreut. Die Gruppen untereinander zu mischen ist nicht ratsam. Betroffene aus der Bevölkerung könnten möglicherweise Aspekte mitbekommen, die sie nur noch mehr belasten würden.

Mit den Familienmitgliedern der Einsatzkräfte wird ebenfalls getrennt gearbeitet. Wenn sie zu viele Details von der Arbeit der Einsatzkräfte hören, könnte sie das sehr belasten. Aus diesem Grund empfiehlt es sich für Einsatzkräfte, ihren Angehörigen das Ereignis nicht in allen schrecklichen Details zu schildern.

Pausen

Während einer SBE-Nachbesprechung gibt es keine Pausen. Pausen stören den Fluß des gesamten Prozesses und wirken sich eher destruktiv auf die Atmosphäre in der Gruppe aus.

Dienstbefreiung

Einsatzkräfte, die an einer Nachbesprechung teilnehmen, erhalten für die gesamte Dauer dienstfrei. Ein Einsatz / Notfall während der Nachbesprechung wäre nicht nur schädlich für den Prozeß, sondern unter Umständen sogar gefährlich für die Teilnehmer. Während der Nachbesprechung »stellen sie ihr seelisches Schutzschild beiseite«. Ein Alarm in diesem Zustand könnte sie sehr gefährden. Durch das Wegfallen oder das eingeschränkte Funktionieren des Schutzschildes wären sie nicht nur in erhöhtem Maße psychischen Belastungen ausgesetzt, sie hätten eventuell auch große Schwierigkeiten, richtige Entscheidungen zu treffen und vernünftig zu handeln.

Keine Einsatzkritik

Die SBE-Nachbesprechung ist keine Einsatzkritik. Idealerweise würde diese der Nachbesprechung folgen. Es ist keinesfalls zulässig, die einsatztaktische Nachbesprechung und die SBE-Nachbesprechung miteinander zu kombinieren.

Vertraulichkeit

Vertraulichkeit ist ein absolutes Muß. Wird die Vertraulichkeit vom Team nicht gewahrt, stellt das Effektivität und Seriosität der SBE in Frage. Teammitglieder müssen diese Verpflichtung daher sehr ernst nehmen.

Nachbetreuung

Die Nachbetreuung ist essentiell, um die Arbeit abzuschließen, die in der Nachbesprechung begonnen wurde. Niemand soll denken, daß die Unterstützung von Einsatzkräften mit der Nachbesprechung beendet ist. Ohne Nachbetreuung können die Symptome bei einigen Teilnehmern unter Umständen sogar noch weit intensiver auftreten, als dies zuvor der Fall war. Betroffene, die keine Nachbetreuung erhalten, können sich verlassen und vernachlässigt fühlen. Sie merken dann, daß die Hilfe nicht ausreichend war.

Die Nachbetreuung beginnt nach der SBE-Nachbesprechung mit ersten Kontakten. Innerhalb von 24 Stunden erhalten all diejenigen eine intensivere Nachbetreuung, die sie augenscheinlich nötig haben. Es gibt verschiedene Angebote von Nachbetreuung:

- Besuch auf der Dienststelle
- Anruf
- Besuch eines Seelsorgers
- Einzelgespräch
- Weitervermittlung in eine Therapie-Einrichtung
- weitere Treffen mit einer Untergruppe
- Begleitprogramme
- Gespräche mit der Familie
- Nachbetreuung mit der ganzen Gruppe, ca. eine Woche nach der SBE-Nachbesprechung
- sonstige Angebote, je nach Bedarf.

Zusammenfassung

Dieses Kapitel beschreibt den Prozeß und den Verlauf der SBE-Nachbesprechung im Detail. Für ein SBE-Team ist sie die komplizierteste und vielschichtigste der SBE-Interventionen. SBE-Teams müssen sorgfältig prüfen, ob eine SBE-Nachbesprechung wirklich nötig ist. Sie sollten stets abwägen, ob nicht andere Interventionen geeigneter sind.

In diesem Kapitel sind Richtlinien beschrieben, die von vielen Teams auf der ganzen Welt und aus der Erfahrung von vielen tausend SBE-Nachbesprechungen über Jahre entwickelt wurden.

An dieser Stelle sei noch einmal eindringlich zur Vorsicht gemahnt: Der Gruppenprozeß und Verlauf einer SBE-Nachbesprechung kann durch die einfache Lektüre nicht angemessen erlernt werden. Wer SBE-Nachbesprechungen professionell und verantwortet durchführen möchte, braucht eine umfassende Ausbildung und entsprechende Erfahrung.

8 Die SBE-Kurzbesprechung (Defusing)

Einführung

Das vorhergehende Kapitel behandelte ausführlich die SBE-Nachbesprechung. Sie ist die vollständigste, vielschichtigste und arbeitsintensivste SBE-Intervention. Weiter wurde betont, daß die tatsächliche Notwendigkeit einer SBE-Nachbesprechung anhand bestimmter Kriterien genau überprüft werden muß. Darüber hinaus wurden andere Interventionen, die zur Unterstützung von Einsatzkräften ebenfalls geeignet sind, vorgestellt. Diese anderen Interventionen können eine Nachbesprechung ergänzen oder überflüssig machen.

Dieses Kapitel befaßt sich mit der SBE-Kurzbesprechung. Sie wird von vielen SBE-Teams in verschiedenen Ländern erfolgreich angewandt. Die Kurzbesprechung ist grundsätzlich eine Alternative zur Nachbesprechung. In vielen Fällen ist sie ebenso effektiv wie diese, vorausgesetzt, sie findet innerhalb eines bestimmten Zeitraumes statt. Auch bei Ereignissen, nach denen zusätzlich eine SBE-Nachbesprechung durchgeführt wurde, hat sich die Kurzbesprechung als effektive Intervention bewährt: zum einen, um die Zeit bis zu einer SBE-Nachbesprechung zu überbrücken, zum anderen, um herauszufinden, welcher Grad der Belastung bei den Betroffenen vorliegt und welche SBE-Angebote diese benötigen.

SBE-Kurzbesprechung

Die SBE-Kurzbesprechung geht auf den Begriff *Defusing* zurück. Er bedeutet, etwas unschädlich zu machen, oder bevor es Schaden anrichten kann etwas zu entschärfen. Genau darin liegt der Haupteffekt der SBE-Kurzbesprechung. Als übergeordnetes Ziel soll die belastende Situation für die Betroffenen entschärft werden. Wenn die Situation auch oft nicht vollkommen entschärft werden kann, so wird zumindest der Gefahr negativer Auswirkungen entgegengewirkt.

Eine SBE-Kurzbesprechung ist ebenfalls ein dynamischer Gruppenprozeß. Sie wird nach einem Ereignis angewandt, das so belastend ist, daß es die Bewältigungsmechanismen der ihm ausgesetzten Personen außer Kraft gesetzt haben könnte. Die Ereignisse, die eine SBE-Kurzbesprechung indizieren, haben grundsätzlich die gleiche Intensität wie die, die eine SBE-Nachbesprechung erforderlich machen. Ob eine SBE-Kurzbesprechung oder eine SBE-Nachbesprechung durchgeführt wird, liegt nicht an der Dimension des belastenden Ereignisses. Der Unterschied liegt im Zeitpunkt und der Art, wie dem Ereignis begegnet wird.

Die SBE-Kurzbesprechung ist im Prinzip eine verkürzte Version der SBE-Nachbesprechung. Sie folgt jedoch unmittelbar auf das Ereignis. Das Team, das die Kurzbesprechung durchführt, muß nicht erst 24 Stunden warten, bevor es interveniert. Es versucht, so schnell wie möglich nach dem belastenden Ereignis in Aktion zu treten. Weil die Kurzbesprechung frühzeitig stattfindet, geht sie emotional nicht so sehr in die Tiefe wie die SBE-Nachbesprechung. Sie bietet den Personen, die bei einem belastenden Ereignis im Einsatz waren, die Möglichkeit, kurz über ihre Erlebnisse zu sprechen, und zwar, bevor sie Zeit haben ausgiebig über den Vorfall nachzudenken, bevor sie ins Grübeln geraten. Ziel ist auch, einer Fehlinterpretation des Ereignisses durch die Betroffenen vorzubeugen. Es gibt einige Hinweise darauf, daß eine sofortige Intervention effektiver sein kann als beispielsweise eine SBE-Nachbesprechung, die erst nach 24 bis 72 Stunden angeboten wird.

Auch die Kurzbesprechung hat eine Struktur. Diese ist aber weniger ausgeprägt als die der formalen SBE-Nachbesprechung. Die Struktur wird in den nachfolgenden Abschnitten beschrieben. Die SBE-Kurzbesprechung ist weniger komplex als die SBE-Nachbesprechung. Das erleichtert ihre Organisation und Durchführung wesentlich. Sie kann »preiswerter« angeboten werden, da sie die betroffenen Personen weniger lange vom Dienst fernhält. Für die Durchführung einer SBE-Kurzbesprechung wird kein komplettes SBE-Team benötigt.

Es gibt einen weiteren bedeutenden Unterschied zwischen den beiden Interventionen. Die SBE-Nachbesprechung wird normalerweise für einen größeren Teilnehmerkreis angeboten. Sie bringt Personen verschiedener Arbeitsbereiche zusammen. In der SBE-Kurzbesprechung arbeitet man im allgemeinen mit kleineren Gruppen. Ziel ist, für Kollegen, die täglich zusammenarbeiten, eine Möglichkeit der gemeinsamen Einsatznachbesprechung zu schaffen. Das Team muß deshalb manchmal drei oder vier Kurzbesprechungen anbieten: zum Beispiel eine für Pflegekräfte, eine weitere für Rettungskräfte oder Notärzte und eine weitere für Polizisten.

Eine Kurzbesprechung ist natürlich nicht für jede Situation geeignet. Ihr Anwendungsbereich liegt, wie später noch beschrieben wird, innerhalb eines klaren Zeitlimits. Die SBE-Kurzbesprechung wurde als Primärintervention zur Prävention Posttraumatischer Belastungen entwickelt. Sie wird erfolgreich für Einsatzkräfte, in Industrie und Wirtschaft, für Schulen und für Betroffene aus der Bevölkerung durchgeführt.

Ziele der SBE-Kurzbesprechung

Die als Primärintervention konzipierte SBE-Kurzbesprechung verfolgt im wesentlichen vier Hauptziele:

1. die rasche Verminderung der Intensität von Reaktionen auf ein traumatisches Ereignis
2. die »Normalisierung« der Erfahrung, damit die alltäglichen Aufgaben schnellstmöglich wieder erfüllt werden können
3. die Wiederherstellung des sozialen Netzwerkes der Gruppe, damit sich die Betroffenen nicht voneinander isolieren. (Vielmehr soll den Betroffenen deutlich gemacht werden, daß ihre Reaktionen denen der anderen ähneln. Wenn Ähnlichkeiten zu anderen festgestellt werden, sind sie in der Regel eher bereit, sich in schwierigen Zeiten gegenseitig zu unterstützen.)
4. die Abschätzung, ob darüber hinaus eine SBE-Nachbesprechung notwendig ist.

Darüber hinaus spielen im Rahmen der SBE-Kurzbesprechung noch weitere wichtige Ziele eine Rolle:

- Angleichung des Informationsstandes über das Ereignis bei allen eingesetzten Kräften
- Wiederherstellung kognitiver Prozesse, die durch das Ereignis massiv gestört wurden
- verständliche und praktische Informationen zur Streßbearbeitung
- Ausdruck der Wertschätzung gegenüber der Arbeit der eingesetzten Kräfte
- Aufbau von Beziehungen für weitere Unterstützungsangebote
- Eröffnung von Perspektiven für eine Erholung von den Belastungen des Ereignisses.

Die Schlüsselrolle der SBE-Kurzbesprechung

Die SBE-Kurzbesprechung verfolgt hauptsächlich zwei Ziele. Diese hängen wesentlich von der richtigen Anwendung innerhalb des dafür vorgesehenen Zeitrahmens ab. Eine gut gelaufene und geleitete Kurzbesprechung wird in der Regel:

- den Bedarf einer SBE-Nachbesprechung ausschließen, oder
- eine SBE-Nachbesprechung einleiten, wenn diese zusätzlich notwendig ist.

Zielgruppen

Zielgruppe einer Kurzbesprechung sind die eingesetzten Kräfte, welche das Ereignis am stärksten getroffen hat. Normalerweise werden bei einer Kurzbesprechung nach einem besonders belastenden Ereignis sechs bis acht Personen zusammengefaßt, eine Löschgruppe oder eine Fahrzeugbesatzung, eine RTW-Besatzung, das Personal einer Unfallstation, eine taktische Polizeieinheit oder andere Spezialeinheiten. Das SBE-Team muß unter Umständen für mehrere Zielgruppen getrennte Kurzbesprechungen anbieten.

In seltenen Fällen sind alle betroffenen Gruppen im selben Bereich tätig. Dann ist es einfacher, zusammen für alle eine Kurzbesprechung anzubieten. Das Team trifft diese Entscheidung aber nur dann, wenn es davon überzeugt ist, daß es unter den gegebenen Umständen die beste Lösung ist. Eine SBE-Kurzbesprechung mit einer großen Gruppe ist allerdings arbeitsaufwendiger und dauert länger als die in einer kleinen Gruppe. In der Regel werden Kurzbesprechungen deshalb für einen kleinen Teilnehmerkreis angeboten.

Leitung der SBE-Kurzbesprechung

SBE-Kurzbesprechungen können nur von speziell ausgebildeten Personen durchgeführt werden. Betroffene sind nach einem belastenden Ereignis besonders sensibel und verletzlich. Personen ohne Ausbildung sollten in diesem kritischen Zustand deshalb keinesfalls mit ihnen arbeiten.

Kurzbesprechungen können von Peers angeboten werden, die eine SBE-Ausbildung absolviert haben. Auch ausgebildete Geistliche, Seelsorger oder psychosoziale Fachleute können eine SBE-Kurzbesprechung anleiten. Manchmal wird die Kurzbesprechung gemeinsam von einem Team aus Peers und psychosozialen Fachleuten geleitet. Selbst wenn nur Peers oder nur psychosoziale Fachleute die Kurzbesprechung leiten, ist es am besten, wenn das Team aus mindestens zwei Personen besteht. Die Verantwortung, die ansonsten bei nur einer Person liegen würde, verteilt sich so besser. Manchmal ist allerdings nur ein SBE-Teammitglied verfügbar. Da der Erfolg der Kurzbesprechung zunächst davon abhängt, wie schnell sie nach einem Ereignis angeboten wird, kann sie, wenn nicht anders möglich, auch von nur einem SBE-Mitarbeiter durchgeführt werden.

Die Mitarbeit psychosozialer Fachleute ist bei einer SBE-Kurzbesprechung zwar wünschenswert, aber nicht zwingend notwendig. Zum Zeitpunkt der Kurzbesprechung hatten die Betroffenen noch nicht ausreichend Zeit, ihre Erfahrungen zu verarbeiten. Sie zeigen meist ebenfalls noch keine starken emotionalen Reaktionen. Oft befinden sie sich in einem Schockzustand oder verdrängen den Vorfall und verschieben das Verarbeiten ihrer Emotionen auf später. Die belastenden Aspekte des Einsatzes können zum Zeitpunkt der Kurzbesprechung in der Regel problemlos von einem Team gut ausgebildeter Peers bearbeitet werden.

Wenn bei der Kurzbesprechung kein psychosozialer Fachmann anwesend war, nehmen die Peers für Supervision und weitere Hinweise zu ihrer Intervention Kontakt zum zuständigen psychosozialen Fachmann auf.

In manchen SBE-Teams können Peers Kurzbesprechungen nur dann selbständig anbieten, wenn sie innerhalb von 8 bis 12 Stunden danach einen Vertreter der psychosozialen Fachleute ins Team holen. Dieser reflektiert die Kurzbesprechung dann zusammen mit den Peers, unterstützt ihre Arbeit und gibt Hinweise, wie Interventionen effektiver gestaltet werden können.

Der richtige Zeitpunkt

In diesem Kapitel wurde schon mehrmals angemerkt, daß eine Kurzbesprechung innerhalb eines bestimmten Zeitrahmens stattfinden muß, um maximale Effektivität zu erreichen. Kurzbesprechungen sollten innerhalb von acht Stunden nach Beendigung des Einsatzes durchgeführt werden: idealerweise in den ersten drei Stunden nach einem Vorfall. In bestimmten Fällen gibt es Ausnahmen von der 8-Stunden-Regel: z.B. nach Dienstunfällen mit tödlichem Ausgang oder nach einer Katastrophe. Der Schock des Ereignisses macht eine Kurzbesprechung auch dann noch sinnvoll, wenn sie erst 12 bis 16 Stunden nach dem Ereignis durchgeführt wird.

Grund für einen solchen Zeitrahmen ist der Verlauf der Traumatisierung nach einem besonders belastenden Ereignis. Kurz nach dem Einsatz befinden sich die Betroffenen in einer Art Schockzustand. Sie sind sehr sensibel und verletzlich, aber auch sehr empfänglich für Hilfe. In den nächsten Stunden versuchen sie, ihre Schutzsysteme wiederherzustellen. Sie kapseln sich von ihrer Umwelt ab und beginnen, ihr eigenes seelisches Schutzschild wieder zu aktivieren. Oftmals entwickeln Betroffene eine

Art Verteidigungshaltung, die sich gleichermaßen gegen Freund und Feind richten kann. Sie scheinen keine Unterstützung zu brauchen. Traumatisierte Menschen kapseln sich innerhalb weniger Stunden von fast allen äußeren Einflüssen ab. Ihre gesamte Umwelt interpretieren sie als gefährlich, bis sie wieder in der Lage sind, sich aus eigener Kraft zu stabilisieren.

Betroffene sind in den ersten Stunden nach einer Traumatisierung, bevor sie begonnen haben, sich abzukapseln, offen für Hilfsangebote. Hier ist die Kurzbesprechung am effektivsten. Haben sich die betroffenen Personen erst einmal abgekapselt, verfehlt die Kurzbesprechung wahrscheinlich ihr Ziel. Nach ungefähr 24 Stunden ist es ihnen möglich geworden, sich zu stabilisieren und neu zu orientieren. Sie beginnen dann auch, die Erfahrung emotional zu verarbeiten. Es kann sein, daß sie die Situation falsch interpretieren und sich nach einem mißlungenen Einsatz selbst die Schuld daran geben. Manchmal öffnen sie sich auch bis zu einem gewissen Maß und sind dann eher bereit, Hilfe anzunehmen. Nach 24 Stunden ist die Kurzbesprechung nicht mehr effektiv. Sie kann dann nur wenig bewirken. Nach 24 Stunden ist die SBE-Nachbesprechung die wirkungsvollste Intervention, um die Belastungen zu bearbeiten.

Verzögert sich die Kurzbesprechung über 8 bis 12 Stunden hinaus, entschließt sich das SBE-Team, die SBE-Kurzbesprechung nicht anzubieten. Statt dessen sollten bis zum Termin der SBE-Nachbesprechung Einzelberatungen angeboten werden.

Sonderfall Katastrophe

Die SBE-Kurzbesprechung kann unmittelbar nach einer Katastrophe ebenfalls als Soforthilfe durchgeführt werden. Sie wurde bereits bei den verschiedensten Katastrophen wirkungsvoll angewandt. Für Großschadensereignisse gibt es auch eine spezielle Intervention: den SBE-Einsatzabschluß. Er kann hier anstelle einer SBE-Kurzbesprechung angewandt werden, aber nie zusätzlich. Eine Intervention ersetzt die andere mit den jeweiligen Vor- und Nachteilen. Die Entscheidung für die SBE-Kurzbesprechung oder den SBE-Einsatzabschluß hängt vom jeweiligen Ereignis, der Unterstützung der Führungskräfte und Vorgesetzten der Organisationen, der Anzahl der SBE-Mitarbeiter und der Logistik ab. Eine SBE-Kurzbesprechung bei einem Großschadensereignis wird für Gruppen angeboten, die während der Katastrophe schwer traumatisiert wurden. Der SBE-Einsatzabschluß wird im nächsten Kapitel näher erläutert.

Rahmenbedingungen für die SBE-Kurzbesprechung

Ort

Die Kurzbesprechung wird in einem neutralen und störungsfreien Ort durchgeführt, nie am Einsatzort. Der Raum, in dem sie stattfindet, sollte der kleinen Gruppe angemessen sein. Er ist gemütlich, gut beleuchtet und entsprechend klimatisiert. Die Stühle sind so bequem wie möglich und sollten in einem Kreis oder um einen Tisch aufgestellt sein. SBE-Kurzbesprechungen werden in Versammlungsräumen, Wohnzimmern,

Kirchenräumen, Klassenzimmern, Feuerwachen und Tagungsräumen in Hotels durchgeführt. So lange der Anspruch auf Ruhe und Abgeschlossenheit erfüllt ist, können SBE-Kurzbesprechungen überall durchgeführt werden.

Zeitpunkt

Wenn ein besonders belastender Einsatz zu Beginn einer Schicht stattfindet und die eingesetzten Kräfte für den Rest der Schicht ständig daran denken müssen, ist es sehr hilfreich, diese Gruppe zusammenzuholen und eine SBE-Kurzbesprechung abzuhalten. Dies gibt den Betroffenen die Möglichkeit, über den belastenden Einsatz zu sprechen, ihr Streßniveau zu verringern und ihre Belastungen so weit zu reduzieren, daß sie wieder gut weiterarbeiten können. Eine Kurzbesprechung kann, wenn sich der Vorfall später in der Schicht ereignet hat, auch zum Dienstende angeboten werden. So wird verhindert, daß die Belastungen in unguter Weise in die Familien hineingetragen werden.

Zeitaufwand

Die SBE-Kurzbesprechung dauert in der Regel zwischen zehn und zwanzig Minuten, höchstens eine gute Stunde. Wenn sie wesentlich länger als eine Stunde dauert, ist dies ein Zeichen dafür, daß entweder die Gruppe sehr traumatisiert ist oder die Leitung nicht professionell arbeitet. Normalerweise ist es am besten, die Dauer einer Kurzbesprechung zwischen zwanzig Minuten und einer Stunde zu halten. Wenn es so aussieht, als müßte man mit den betroffenen Personen weit länger arbeiten, ist es ratsam, sie im Moment nur auf ein notwendiges Maß begrenzt zu stabilisieren und dann in den nächsten Tagen eine SBE-Nachbesprechung durchzuführen.

Vorbereitung

Da die Notwendigkeit einer SBE-Kurzbesprechung sich kurzfristig ergibt, hat das SBE-Team selten viel Zeit, sich darauf vorzubereiten. Eine kurze Beschreibung des Vorfalles ist meist die einzige Information für das Team. Die Teammitglieder müssen mit den wenigen ihnen zur Verfügung stehenden Informationen das Beste aus der Situation machen. Es bleibt in der Regel auch keine Zeit, um eine Erfrischung oder einen Imbiß vorzubereiten. Somit fehlt auch die Möglichkeit, die Teilnehmer in einem informellen Rahmen noch etwas zusammenzubehalten und auf den ein oder anderen Kollegen besonders einzugehen.

Die Phasen der SBE-Kurzbesprechung

Die SBE-Kurzbesprechung besteht aus drei Phasen, die in einem Gespräch über das traumatische Ereignis ohne feste strukturierte Schritte oder Zeitvorgaben aufeinander folgen. Diese drei Phasen sind:

- Einführungs-Phase
- Austausch-Phase
- Informations-Phase.

Die Einführung dauert normalerweise zwischen fünf und sieben Minuten. Dann leitet das Team über in die Austausch-Phase, die zehn bis dreißig Minuten dauert. Abgeschlossen wird die Kurzbesprechung mit der Informations-Phase, die in der Regel zwischen fünf und fünfzehn Minuten dauert.

Einführungs-Phase

Die Kurzbesprechung beginnt, sobald Gruppe und Team Platz genommen haben. Die Teammitglieder stellen sich kurz vor. Das Kurzbesprechungsteam arbeitet hier ähnlich wie in der SBE-Nachbesprechung. Allerdings gibt es einen Hauptunterschied zur Nachbesprechung: die Kurzbesprechung ist wesentlich kürzer. Somit hat das Team hier nicht so viele Möglichkeiten, die Einleitung zu gestalten. Das Team

- stellt sich vor
- benennt den Grund, warum man zusammengekommen ist
- beschreibt den Ablauf der SBE-Kurzbesprechung
- motiviert die Teilnehmer
- umreißt die wichtigsten Ziele der SBE-Kurzbesprechung
- ermutigt zur gegenseitigen Unterstützung
- ermutigt zur Teilnahme
- betont die notwendige Vertraulichkeit
- beantwortet Fragen
- relativiert Befürchtungen
- versichert der Gruppe, daß die Kurzbesprechung keinen Ausfragecharakter hat
- bietet zusätzliche Unterstützung an, wenn sie nach der Kurzbesprechung noch notwendig sein sollte.

Viele Punkte der Einführungs-Phase einer SBE-Kurzbesprechung sind denen der SBE-Nachbesprechung ähnlich, manche sind identisch. Bevor man eine Kurzbesprechung leitet, empfiehlt es sich, im vorhergehenden Kapitel den Abschnitt zur Einführung bei der SBE-Nachbesprechung zu lesen, besonders wenn schon einige Zeit seit der letzten SBE-Kurz- oder Nachbesprechung vergangen ist.

Austausch-Phase

In der zweiten Phase der SBE-Kurzbesprechung werden die Teilnehmer gebeten, von ihren Erfahrungen aus dem letzten Einsatz zu erzählen. Diese Phase ist eine Kombination aus Tatsachen-, Gedanken-, Reaktions- und Auswirkungs-Phase der SBE-Nachbesprechung.

Das Team darf keinesfalls den Eindruck erwecken, es würde die Betroffenen aushorchen. Es muß daher einen legeren, lockeren Ton wählen. Jeder Teilnehmer, der etwas sagen möchte, wird dazu eingeladen. Es gibt keine Gesprächsordnung bei der Kurzbesprechung. Jeder, der schweigen will, kann dies tun - auch wenn es nicht in seinem eigenen Interesse liegt. Während der Kurzbesprechung versuchen die Teammitglieder auf unterschiedliche Art und Weise, jeden in der Gruppe sanft dazu zu bringen, etwas zu sagen. Die Teilnehmer werden aber nicht unter Druck gesetzt. Die Teammitglieder machen deutlich, daß ihnen das Wohlbefinden der Teilnehmer wichtig ist.

Es gibt eine breite Palette an Fragen, die Teammitglieder während einer Kurzbesprechung stellen können. Zu Anfang werden die Betroffenen gebeten, zu erzählen, was geschehen ist. Das Team versucht darüber hinaus, über Nachfragen einen besseren Eindruck von den Aufgaben und der Arbeit der Einsatzkräfte zu bekommen. Die Auswahl reicht von Fragen nach zusätzlichen Details bis hin zu Fragen nach Interaktionen mit Personen, die nicht an der Kurzbesprechung teilnehmen. Manchmal fragt das Team auch, ob die Teilnehmer schon Anzeichen und Symptome von Streß bei sich festgestellt haben.

Es ist unmöglich, alle Fragen zu nennen, die Teammitglieder während der SBE-Kurzbesprechung stellen. Sie sind von Mal zu Mal anders. Sie können sehr direkt und auch sehr komplex sein. Manchmal kommen die Redebeiträge aus der Gruppe, und es müssen kaum Fragen gestellt werden. Wenn Gruppenteilnehmer sich entspannen und allmählich Vertrauen zu dem SBE-Team gewinnen, sprechen sie meist sehr detailliert über das traumatische Erlebnis.

Wenn das Gespräch ins Stocken gerät oder Belanglosigkeiten langsam wichtiger werden als das eigentliche Anliegen, versucht das Team, in die letzte Phase der Kurzbesprechung überzuleiten. Die gesamte SBE-Kurzbesprechung dauert nicht länger als zwanzig Minuten bis eine Stunde. Es bleibt also nur wenig Zeit, um sie abzuschließen.

Informations-Phase

Die letzte Phase einer Kurzbesprechung entspricht einer Kombination von Informations- und Abschluß-Phase der SBE-Nachbesprechung. In einem sehr kurzen Zeitraum müssen viele Aspekte berücksichtigt werden. In dieser Phase versucht das SBE-Team, genau die Informationen zu geben, die den Teilnehmern eine möglichst effektive Bearbeitung ihrer Belastungen ermöglichen. Im folgenden sind die Aufgaben des SBE-Teams aufgelistet:

- Informationen, die während der Austauschphase aus der Gruppe kamen, abschließend zusammenfassen
- Fragen beantworten
- die Erfahrungen und Reaktionen der Betroffenen normalisieren
- praktikable Möglichkeiten zur Streßbewältigung aufzeigen
- falls notwendig, einen Termin für eine SBE-Nachbesprechung ansetzen
- der Gruppe brauchbare Tips und Hinweise mit auf den Weg geben
- ankündigen, daß es auch nach der Kurzbesprechung für Fragen zur Verfügung steht.

Der Prozeß der SBE-Kurzbesprechung

Wenn das Team sensibel vorgeht und gut zuhört, wirkt das Gespräch fesselnd. Schnell vergessen die Teammitglieder dann, daß die Kurzbesprechung nach einer Stunde oder eher beendet sein soll. Größere Überschreitungen dieses Zeitlimits deuten an, daß die Gruppe wahrscheinlich eine SBE-Nachbesprechung braucht. Normalerweise ist eine SBE-Kurzbesprechung nach 20 bis 45 Minuten beendet.

Gegenanzeigen

Ein Mittel, das für einen speziellen Zweck gedacht ist, kann auch nur diesen speziellen Zweck erfüllen. Übermäßiger Gebrauch oder unsachgemäße Anwendung dieses Mittels kann uneffektiv sein und möglicherweise sogar Schaden anrichten. Dasselbe gilt für die Anwendung von SBE-Interventionen. Übermäßiger oder unsachgemäßer Gebrauch kann im besten Fall uneffektiv sein, im schlimmsten Fall aber Schaden anrichten.

Die Kurzbesprechung wurde entwickelt, um einer kleineren Anzahl betroffener Personen eine schnellstmögliche Intervention anzubieten, innerhalb von acht Stunden nach einem traumatischen Ereignis. Es entspricht nicht dem Anliegen, eine Kurzbesprechung Tage nach einem besonders belastenden Ereignis oder am Ende einer 12- oder 24stündigen Schicht durchzuführen. Damit wird die Kurzbesprechung ineffektiv. Der Versuch, sie als Ersatz für eine Vermittlung in eine Psychotherapie anzuwenden, ist ein gefährlicher Mißbrauch. Man kann damit Menschen, die ernsthafte Hilfe von ausgebildeten Therapeuten brauchen, dauerhaften, möglicherweise sogar lebensbedrohlichen Schaden zufügen. Die SBE-Kurzbesprechung darf nur von Personen durchgeführt werden, die eine entsprechende Ausbildung nachweisen können. Kein SBE-Team sollte die Verletzung der Grundprinzipien der SBE-Kurzbesprechung oder jeder anderen SBE-Intervention tolerieren. SBE - Techniken ohne Grund und Grundlagen anzuwenden, ist gefährlich und unprofessionell.

Nachbetreuung

Wie bei der SBE-Nachbesprechung beginnt die Nachbetreuung auch bei der Kurzbesprechung unmittelbar nach Ende des Gesprächs. Die Teammitglieder versuchen, jeden der Teilnehmer zu kontaktieren, um sicherzugehen, daß es allen gut geht. Ein Teammitglied kann innerhalb der nächsten 24 Stunden noch einmal anrufen und so feststellen, ob der Betroffene weitere Hilfe benötigt.

Einzelbetreuungen sind nach Kurzbesprechungen durchaus üblich. Viele Personen haben Fragen, die sie nicht in Anwesenheit der anderen Teilnehmer besprechen wollen. Viele der Betroffenen, die ein Einzelgespräch suchen, haben sehr private Sorgen, und es wäre ihnen unangenehm, offen darüber zu reden.

Wenn in einer Kurzbesprechung die Anliegen vieler Teilnehmer nicht ausreichend besprochen werden können, liegt es auf der Hand, auch eine SBE-Nachbesprechung durchzuführen. Dies ist allerdings nur sinnvoll, wenn die ganze Gruppe unter den Auswirkungen des traumatischen Ereignisses leidet. Im Laufe einer Kurzbesprechung kann auch die Notwendigkeit von anderen Formen der Nachbetreuung entstehen. Diese sollten dann in jedem Fall auch zur Anwendung kommen.

Zusammenfassung

Dieses Kapitel behandelte den Prozeß und den inhaltlichen Hintergrund der SBE-Kurzbesprechung. Sie gehört zu den wichtigsten Interventionstechniken, die ein SBE-

Team unmittelbar nach einem belastenden Ereignis einsetzen kann. Sie wurde beschrieben als ein Prozeß für eine kleine Gruppe, der sehr gut dazu geeignet ist, entweder die Notwendigkeit einer SBE-Nachbesprechung auszuschließen oder diese nötigenfalls einzuleiten. Die Schritte, die für die Planung und Durchführung einer SBE-Kurzbesprechung notwendig sind, wurden detailliert dargestellt.

Das Kapitel 9 beschreibt den SBE-Einsatzabschluß. Diese Intervention ist nicht unbegrenzt anwendbar: Sie wird ausschließlich bei Katastrophen durchgeführt.

Unter bestimmten Umständen kann der SBE-Einsatzabschluß nach einer Katastrophe oder Großschadenslage sehr hilfreich sein. Ein SBE-Team gewinnt so ebenfalls Zeit, in der dann eine SBE-Nachbesprechung vorbereitet werden kann.

9 Der SBE-Einsatzabschluß (Demobilization)

Einführung

In den vorhergehenden Kapiteln wurden verschiedene SBE-Interventionen vorgestellt, die darauf abzielen, schnelle Stabilisierung und bestmögliche Erholung von Streß zu erreichen. SBE-Kurzbesprechungen sind hilfreich, wenn ein SBE-Team bereits innerhalb weniger Stunden nach einem traumatischen Ereignis intervenieren kann. Sie wurden primär für kleine Gruppen entwickelt. Die SBE-Nachbesprechung ist dann besonders wirkungsvoll, wenn nicht sofort interveniert werden konnte oder wenn das Ereignis derart belastend war, daß es einer intensiveren Form der Intervention bedarf. Meist nehmen an den Kurzbesprechungen zwischen sechs bis acht Personen und an den Nachbesprechungen zehn bis dreißig Personen teil. Wenn durch ein besonders belastendes Ereignis besonders viele Einsatzkräfte (Anm. d. Hrsg.: ca. 300 Einsatzkräfte oder mehr) betroffen sind, die sofortige Unterstützung benötigen, wird es sehr schwierig, für alle eine Kurzbesprechung anzubieten. SBE-Kurzbesprechungen sind auf kleine Gruppen zugeschnitten und nehmen mehr Zeit in Anspruch, als während einer Katastrophe zur Verfügung steht. Kurzbesprechungen mit hunderten von Einsatzkräften durchzuführen, wäre darüber hinaus eine unlösbare Aufgabe für ein SBE-Team. Das Team wäre nicht nur schnell erschöpft, auch müßten die Betroffenen stundenlang Schlange stehen. Die SBE-Nachbesprechung wurde nicht als Sofortintervention entwickelt, denn meist zeigen Einsatzkräfte erst zirka 24 Stunden nach einem Ereignis deutliche Belastungssymptome. Somit liegt auf der Hand, daß für eine große Zahl von Einsatzkräften, die unmittelbar nach dem Einsatz Hilfe brauchen, eine SBE-Nachbesprechung nicht das adäquate Angebot ist. In diesem Kapitel finden Sie Informationen zu einem SBE-Angebot, das unmittelbar nach Großschadensereignissen angewandt wird.

Der SBE-Einsatzabschluß

Der SBE-Einsatzabschluß ist in erster Linie eine primäre Streßpräventions- und Interventionsmaßnahme, die angewandt wird, wenn Einsatzkräfte von einer Großschadensstelle abrücken, noch bevor sie zu ihrer normalen Arbeit zurückkehren. Der SBE-Einsatzabschluß besteht aus zwei Teilen. Der erste dauert 10 bis 15 Minuten. Den Personen werden Informationen gegeben, die ihnen helfen sollen, ihre Streßreaktionen zu verstehen und entsprechend zu bearbeiten. Bei der Arbeit mit Einsatzkräften reichen 10 Minuten aus. Andere Personen benötigen 15 Minuten oder mehr. Der zweite Teil des SBE-Einsatzabschlusses besteht aus einer 20minütigen Pause, in der die Einsatzkräfte die Möglichkeit haben, sich auszuruhen und einen kleinen Imbiß zu sich zu nehmen, bevor sie zu ihren Alltagspflichten zurückkehren.

Anwendungsbereiche

Der SBE-Einsatzabschluß hat nur zwei Anwendungsbereiche. Er wurde entwickelt, um Einsatzkräften zu helfen, die erstens eine Katastrophe oder zweitens ein besonders belastendes Großschadensereignis miterlebt haben.

Der SBE-Einsatzabschluß wurde in den USA bereits bei verschiedenen Katastrophen sehr erfolgreich angewandt. Einen Einsatzabschluß zu organisieren, ist mitunter leider recht schwierig. Deshalb sollten die Teams mit dem Ablauf eines SBE-Einsatzabschlusses unbedingt vertraut sein, bevor sie ihn anbieten.

Rahmenbedingungen

Der SBE-Einsatzabschluß wird in der Regel nur für Ersteinsatzkräfte durchgeführt. Dauert der Einsatz mehrere Tage oder gar Wochen, wird der SBE-Einsatzabschluß für die ersten zwei bis drei Schichten angeboten. Das heißt, daß der SBE-Einsatzabschluß durchgeführt wird, wenn Einsatzkräfte die »heiße Phase« der Katastrophe hinter sich haben. Er wird mit denselben Personen nur einmal durchgeführt. Eine erneute Anwendung wäre gefährlich, da der Einsatzabschluß den Einsatzkräften ihre Streßreaktion erneut ins Bewußtsein ruft. Diesen fiele es dann noch schwerer, ihre emotionale Reaktion entsprechend zu kontrollieren, um ihre Arbeit verrichten zu können. Wenn eine Katastrophe lange andauert, sollten nach der Ersteinsatzphase keine Gruppeninterventionen mehr angeboten werden.

Wurde eine kleinere Gruppe von Einsatzkräften während der Katastrophe besonders schwer traumatisiert, kann für sie eine SBE-Kurzbesprechung durchgeführt werden. Während einer Katastrophe ist besonders darauf zu achten, daß dieselben Personen nicht mehrmals an den gleichen SBE-Angeboten teilnehmen. Jeder wiederholte Gruppenprozeß verstärkt die Streßreaktion. Um Einsatzkräfte adäquat zu unterstützen, braucht es in der Regel nur wenige, aber dafür gezielte Angebote.

Die folgenden Informationen sind für die Planung eines SBE-Einsatzabschlusses nach einer Katastrophe hilfreich.

Ziele

Die Ziele des SBE-Einsatzabschlusses ähneln denen einer SBE-Kurzbesprechung. Es gibt einige Modifikationen, da unterschiedliche Techniken eingesetzt werden. Ziele des SBE-Einsatzabschlusses sind:

– Brückenschlag vom traumatischen Ereignis zur Normalität
– Abschwächung der akuten Belastungsreaktionen
– Abklärung des Bedarfs einer Gruppe nach weiterer Unterstützung
– Infos über mögliche Streßsymptome
– Informationen über das Ereignis und die Reaktionen der beteiligten Personen
– praktische Information über Streßbearbeitung und Vermittlung weiterer Unterstützungsangebote
– Aufbau positiver Erwartungen über das Ergebnis der SBE-Angebote.

Anbieter

Der SBE-Einsatzabschluß darf nur von ausgebildeten SBE-Mitarbeitern durchgeführt werden. SBE-Einsatzabschlüsse werden in der Regel von den ein bis zwei Verantwortlichen des sogenannten Einsatzabschlußzentrums und sechs bis acht SBE-Teammitgliedern durchgeführt. Die Teammitglieder sind psychosoziale Fachleute, Geistliche und Peers mit SBE-Ausbildung, die entweder aus anderen Bezirken kommen oder als »Interne« nicht direkt am Katastropheneinsatz teilgenommen haben. Die Teammitglieder dürfen keinesfalls am Einsatzort gearbeitet haben.

Konkrete Vorbereitung

Der Aufbau eines SBE-Einsatzabschlußzentrums kann die SBE-Teammitglieder herausfordern. Für einen erfolgreichen Einsatzabschluß werden einige Dinge benötigt. Hier eine Checkliste:

– Bestimmung des Ortes/der Orte für das/die SBE-Einsatzabschlußzentren
– zwei große Räume in jedem Zentrum
– entsprechende Einrichtung (Verpflegung, Licht, Heizung)
– Stühle und Tische
– ausreichend Essen und Getränke, Sicherstellung der Verpflegung
– mindestens ein verantwortlicher Organisator pro SBE-Einsatzabschlußcenter
– sechs bis acht SBE-Teammitglieder für die Informationsphase
– jeweils eine Informations- und Anlaufstelle
– ausreichend Parkplätze für Einsatzfahrzeuge
– genügend Mitarbeiter, die den Medien und anderen interessierten Personengruppen Eintritt gewähren oder gegebenenfalls verweigern.

Organisation

Auf drei Dinge ist bei der Durchführung des Einsatzabschlusses zu achten:

1. zuverlässige und gut ausgebildete SBE-Mitarbeiter
2. entsprechende/s Hilfsmittel und Material
3. geeignete Örtlichkeiten.

Ein SBE-Einsatzabschluß verläuft nur dann erfolgreich, wenn er entsprechend vorbereitet wird. SBE-Einsatzabschlüsse erfordern

– gründliche Vorbereitung
– gute Organisation
– sorgfältige Übung und
– exakte Planung.

Hier einige Punkte für die Entwicklung eines Konzeptes für den SBE-Einsatzabschluß:

- das Vorhaben der Führung und Verwaltung unterbreiten
- die Genehmigung von Führung und Verwaltung einholen
- für die Zusammenarbeit zwischen Führung und Verwaltung sorgen
- Handlungshinweise für Führung und Verwaltung erstellen
- Vorauswahl der Örtlichkeiten treffen (wenn möglich)
- Lebensmittelvorräte beschaffen
- Handzettel für den SBE-Einsatzabschluß vorbereiten
- Schulungen für die SBE-Teammitglieder durchführen
- Organisationsplan erstellen
- Absprachen mit kooperierenden Hilfsorganisationen / Behörden treffen
- Kurzvortrag zum Thema »psychische Belastungen im Einsatz« vorbereiten
- mit dem SBE-Team an Katastrophenübungen teilnehmen
- Fortbildungen für SBE-Teams durchführen
- schriftliche Genehmigung für die Belegung der vorab ausgewählten Örtlichkeiten einholen
- Telefonliste aller relevanten Personen erstellen und aktualisieren
- Schulungen für Einsatzkräfte durchführen, um Ziele und Verlauf des SBE-Einsatzabschlusses deutlich zu machen
- Vertreter der Presse schon vorab über die Einrichtung eines SBE-Einsatzabschlußzentrums bei Großschadenslagen informieren. Zielrichtung: Der SBE-Einsatzabschluß ist ein Angebot, um Einsatzkräften zu ermöglichen, sich vom Einsatz zu erholen und Informationen zu bekommen, wie sie mit evtl. auftretenden psychischen Belastungen besser umgehen können. Solche Bekanntmachungen können vermeiden, daß man Pressevertreter während eines aktuellen Ereignisses über den SBE-Einsatzabschluß unterrichten muß.

Schwierigkeiten

Die vorhergehenden Abschnitte machen deutlich, daß Organisation und Leitung des SBE-Einsatzabschlusses Schwierigkeiten mit sich bringen. Kein SBE-Team sollte auf diese Arbeit unvorbereitet sein. Ein SBE-Einsatzabschluß kann ein großer Erfolg oder Mißerfolg werden. Dabei hängt viel von der Organisation ab, die vor der Katastrophe oder anderen Großeinsätzen gelaufen ist. Einige der Schwierigkeiten wurden hier bereits aufgeführt, um Teams zu warnen. Im folgenden nun eine Zusammenfassung der häufigsten Problempunkte:

- Die Führungskräfte wissen nichts über Ziele und Ablauf des SBE-Einsatzabschlusses.
- Während des Einsatzes bestehen Absprachenschwierigkeiten zwischen Vorgesetzten verschiedener Zuständigkeitsbereiche.
- Durch das überwältigende Ausmaß des Ereignisses tritt die Bedeutung des Einsatzabschlusses in der Wahrnehmung der Verantwortlichen in den Hintergrund.

- Das SBE-Team wird verspätet benachrichtigt.
- Das SBE-Team braucht zu lange, um das SBE-Einsatzabschlußzentrum in Betrieb zu nehmen.
- Es sind zu wenige SBE-Teammitglieder erreichbar.
- Einsatzkräfte werden zu spät abgelöst und sind stark erschöpft.
- Essen und Getränke sind nicht in ausreichendem Umfang vorhanden.
- Die räumliche Distanz zwischen Einsatzort und Einsatzabschlußzentrum ist groß.
- Einsatzkräfte wurden nicht rechtzeitig informiert, daß sie am SBE-Einsatzabschluß teilnehmen sollen und gehen daher direkt nach Hause / zu ihrer Dienststelle.
- Das Einsatzabschlußzentrum ist schwer zu finden.
- Zwischen Einsatzabschlußzentrum und Einsatzleitung besteht keine Kommunikation.
- SBE-Teammitglieder überfordern sich.
- SBE-Teammitglieder versuchen zusätzlich, SBE-Nachbesprechungen oder SBE-Kurzbesprechungen abzuhalten.

All diese Probleme können allerdings durch gute Vorplanung auf einfache Art und Weise bewältigt werden.

Der SBE-Einsatzabschluß im Überblick

Die Vorbereitung eines SBE-Einsatzabschlusses ist schwieriger als seine Durchführung. Der SBE-Einsatzabschluß besteht aus zwei Teilen, und jeder findet in einem anderen Raum statt. Es gibt also *zwei* Teile und *zwei* Räume.

Dies liest sich vielleicht sonderbar, soll dem unter Druck stehenden SBE-Team jedoch helfen, in der Einsatzhektik nicht den Überblick zu verlieren. Die Abbildung 9.1 zeigt die Einrichtung / Raumgestaltung eines SBE-Einsatzabschlußzentrums.

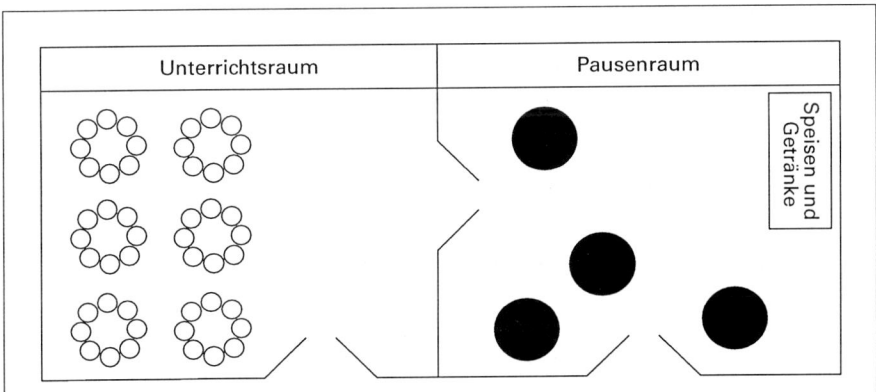

Abb. 9.1: Einrichtung/Ausstattung eines SBE-Einsatzabschlußzentrums

Einsatzkräfte erhalten zuerst im Unterrichtsraum ca. 10 Minuten Informationen über Posttraumatische Belastungsreaktionen. Anschließend haben sie ca. 20 bis 30 Minuten Zeit, um sich im Pausenraum auszuruhen und etwas zu essen und zu trinken.

Sobald das SBE-Einsatzabschlußzentrum geöffnet ist, wird die Einsatzleitung unterrichtet, daß die betroffenen Personen nach Beendigung ihres Einsatzes zum Zentrum gebracht werden können. Da es sich auch beim SBE-Einsatzabschluß um einen Gruppenprozeß handelt, wird dieser immer in einem SBE-Einsatzabschlußzentrum und niemals am Einsatzort angeboten.

Es nehmen nur die Personen am Einsatzabschluß teil, die ihre Arbeit am Einsatzort beendet haben und durch die Einsatzleitung vom Einsatzort entlassen wurden. Sie kehren nach einem SBE-Einsatzabschluß *nicht* zum Einsatzort zurück, um dort weiterzuarbeiten.

Einsatzkräfte können direkt nach einem SBE-Einsatzabschluß zu anderen Einsätzen herangezogen werden. Eine Rückkehr zum Katastrophenort würde Streßreaktionen bei ihnen hervorrufen. Wenn die Einsatzkräfte anderweitig eingesetzt werden, besteht dieses Problem nicht. In der Regel bringen diese einen anderen Einsatz nicht mit der Katastrophe in Zusammenhang und kommen damit ohne Probleme zurecht.

Zunächst müssen die Einsatzkräfte vom Einsatzort zum Einsatzabschlußzentrum gebracht werden. Normalerweise geschieht dies mit dem Einsatzfahrzeug der Einsatzkräfte. Werden Ausrüstungsgegenstände oder Fahrzeuge noch an der Einsatzstelle benötigt, müssen andere Fahrzeuge bereitgestellt werden, um die Einsatzkräfte zu transportieren. In der Regel werden die Fahrer der Einsatzfahrzeuge der betroffenen Einheit angewiesen, zum SBE-Einsatzabschlußzentrum zu fahren. Bei guter Vorplanung und Organisation liegt es in der Nähe der Einsatzstelle.

Die Personen betreten das Zentrum und begeben sich zuerst in den Unterrichtsraum. Sie werden gebeten, auf den kreisförmig aufgestellten Stühlen Platz zu nehmen. Einheiten oder Fahrzeugbesatzungen setzen sich am besten zusammen. Genauso sollten Feuerwehrleute mit Feuerwehrleuten und Rettungsdienstmitarbeiter mit Rettungsdienstmitarbeitern im Kreis sitzen usw. Unterschiedliche Gruppen sollten untereinander nicht vermischt werden, denn Betroffene erhalten am ehesten von den Kollegen Unterstützung, die gemeinsam mit ihnen im Einsatz tätig waren.

Sobald eine Einheit oder Fahrzeugbesatzung komplett ist, kommt der Mitarbeiter des SBE-Teams in den Kreis. Die Schwerpunkte dieser Informationsphase werden unter dem Punkt »Verlauf« genauer beschrieben.

Jede Gruppe bekommt die gleichen Informationen. In der Regel gibt es für alle SBE-Teammitglieder ein verbindliches Skript. Der SBE-Mitarbeiter gibt der Gruppe maximal 10 bis 15 Minuten lang Anregungen und Informationen. Anschließend besteht die Möglichkeit, Fragen zu stellen oder der Gruppe noch etwas mitzuteilen. Über diese Statements wird allerdings nicht diskutiert. Danach verabschiedet sich der Leiter des Einsatzabschlusses und schickt die Gruppe in den Pausenraum.

Im Pausenraum haben die Einsatzkräfte ungefähr 20 Minuten Zeit, um zu essen, sich auszuruhen und sich auf die Rückkehr in ihren Alltag vorzubereiten. Am Ende der Pause werden die Einsatzkräfte darüber informiert, ob sie weiter im Dienst bleiben oder nach Hause gehen können. Oftmals kommt nach der Ruhepause ein Vorgesetzter und instruiert seine Mannschaft, bevor sie das SBE-Einsatzabschlußzentrum verläßt. In einem SBE-Einsatzabschlußzentrum werden immer mehrere Gruppen gleichzeitig begleitet. Während die erste Gruppe von Einsatzkräften die zehnminütige Informationsphase durchläuft, kann parallel dazu eine zweite, dritte oder vierte Gruppe im SBE-Einsatzabschlußzentrum in Empfang genommen werden.

Für jede Gruppe ist ein eigener Stuhlkreis vorbereitet. Pro Gruppe / Stuhlkreis steht jeweils ein SBE-Mitarbeiter zur Verfügung.

Die Gruppen gehen erst nach der Informationsphase in den Pausenraum. Neue Gruppen, die gerade erst vom Einsatzort entlassen wurden, begeben sich als erstes in den Unterrichtsraum.

Informationen über psychische Belastungen

Die Informationen über psychische Belastungen und Streßreaktionen sind didaktisch aufbereitet und haben folgende Schwerpunkte:

- Vorstellung des SBE-Mitarbeiters
- kurze Beschreibung des SBE-Einsatzabschlusses
- Hinweise zum Ablauf
    - Anschließend gibt es die Möglichkeit, noch etwas zu essen und zu trinken.
    - Diese Hinweise vermeiden Anspannung und sorgen dafür, daß die Streßbearbeitung nicht gleich mit »Streß« beginnt.
- Betonung, daß es normal ist, wenn einige Personen bereits Belastungssymptome entwickelt haben, andere sie noch entwickeln werden und einige auf das Ereignis nicht besonders reagieren
- Versicherung, daß bestimmte Belastungssymptome unter diesen Umständen ganz normal sind
- Warnung, daß die Belastungssymptome intensiver werden können, wenn sie ignoriert werden
- Beschreibung der üblichen Streßanzeichen und Symptome, die sich auf der kognitiven, physischen, emotionalen und auf der Verhaltensebene zeigen
- Hinweise zu: Essen, Ruhepausen, Vermeidung von Alkohol und Drogen, Ermunterung zu Gesprächen mit vertrauten Personen, Ablenkung durch Lesen oder Fernsehen und anderen Möglichkeiten, um sich von der Belastung zu erholen
- Ankündigung der SBE-Nachbesprechung, die ca. eine Woche nach dem SBE-Einsatzabschluß durchgeführt wird
- Ermutigung der Teilnehmer, Fragen zu stellen oder Bemerkungen zu machen
- Zusammenfassung
- Verteilen von Informationsmaterial.

Teilnehmer des SBE-Einsatzabschlusses sprechen - anders als bei SBE-Nachbesprechungen oder SBE-Kurzbesprechungen - nur dann, wenn sie wollen. Der SBE-Mitarbeiter versucht nicht, die Teilnehmer zu befragen, um sie zum Reden zu bringen. Das Hauptziel des SBE-Einsatzabschlusses ist es, Anregungen und Informationen zu geben. Wenn die Teilnehmer ihre Erfahrungen besprechen möchten, können sie das ausführlich in der Ruhepause oder im Anschluß daran tun.

Der SBE-Einsatzabschluß im militärischen Bereich

Bei sehr umfangreichen Operationen, zum Beispiel im militärischen Bereich, bei denen Tausende von Personen involviert sind, braucht der SBE-Einsatzabschluß eine andere Struktur. Wenn Tausende von Personen auf ein Angebot warten, ist es unmöglich, allen eine SBE-Nachbesprechung anzubieten. Das Ziel ist, nur die Gruppen zu begleiten, die am stärksten betroffen sind, und allen anderen eine veränderte Form des SBE-Einsatzabschlusses anzubieten.

Bei Einsatzkräften bietet man den SBE-Einsatzabschluß in der Regel Gruppen von sechs bis acht Personen an, unmittelbar nachdem sie ihre Arbeit am Einsatzort beendet haben. Bei Militäroperationen können solche Gruppen / Einheiten aus hundert Soldaten bestehen. Manchmal kann der SBE-Einsatzabschluß erst dann durchgeführt werden, wenn die Soldaten ihren Einsatz (z.B. im Ausland) beendet haben. Dadurch kann es zu einer Verzögerung von mehreren Tagen oder gar Wochen kommen. Der SBE-Einsatzabschluß darf allerdings keinesfalls während des laufenden Einsatzes durchgeführt werden. Die Soldaten sind unter Umständen nicht mehr in der Lage, ihren Dienst zu verrichten.

Sind viele hundert Menschen betroffen, läuft der SBE-Einsatzabschluß eher wie eine Schulung ab. Er wird in großen Schulungsräumen und nicht in einem Stuhlkreis durchgeführt. Es muß sichergestellt sein, daß jede Person an demselben Einsatz teilgenommen hat oder dieselbe Art von Arbeit ausgeführt hat. Die Informationsphase wird hier statt 10 Minuten vielleicht 20 oder 30 Minuten dauern, da der SBE-Einsatzabschluß möglicherweise die einzige Art von Unterstützung ist, die den vielen hundert Betroffenen angeboten werden kann. Hier gibt es mehr und differenzierte Informationen und auch andere Merkblätter. Es wird mehr Wert darauf gelegt, weitere Stellen zu nennen, bei denen die Betroffenen Unterstützung bekommen können.

Gegenanzeigen

Der SBE-Einsatzabschluß wurde entwickelt, um in kurzer Zeit viele Menschen über Streß und Streßbearbeitung zu informieren. Er wird nicht durchgeführt, wenn das belastende Ereignis zeitlich und lokal begrenzt ist, nur wenige Einsatzkräfte beteiligt waren und außerdem die Möglichkeit besteht, andere Maßnahmen (z.B. SBE-Kurzbesprechungen oder SBE-Nachbesprechungen) anzubieten.

Es wurde bereits angemerkt, daß ein SBE-Einsatzabschluß vom Ablauf her leicht durchzuführen ist. Kompetente SBE-Teammitglieder haben kein Problem, ein zehnminütiges Referat zur Streßbearbeitung nach belastenden Ereignissen zu halten und den Personen dann mitzuteilen, daß sie im Pausenraum etwas essen und trinken können. Das wirklich Schwierige ist die Logistik. Wenn es Probleme gibt, Essen für die mehreren hundert Personen zu beschaffen, stört das den SBE-Einsatzabschluß. Wenn die Einsatzkräfte darüber hinaus den Verlauf eines SBE-Einsatzabschlusses nicht kennen, werden sie möglicherweise Widerstand leisten. Wenn das SBE-Team den Verantwortlichen nicht bereits zuvor den Einsatzabschluß vorgestellt und dessen Ziele erklärt hat, so ist dies unter den unübersichtlichen Umständen einer Katastrophe kaum mehr zu leisten. Ohne eine gute und konsequente Vorbereitung steht der Einsatzabschluß von Anfang an unter einem schlechten Stern. Dem SBE-Team wird in diesem Falle nicht Kooperationsbereitschaft, sondern Ärger und Widerstand begegnen.

Einen SBE-Einsatzabschluß ohne Unterstützung, Zusammenarbeit und Logistik der betroffenen Organisationen durchzuführen, ist unmöglich. Wenn das SBE-Team feststellt, daß der *Einsatzabschluß für diesen bestimmten Einsatz* trotz Indikation nicht durchführbar ist, gibt es eine Möglichkeit, auf die das Team zurückgreifen kann. Das Team disponiert um und kann für die Gruppen bzw. Einheiten, die am stärksten belastet sind, SBE-Kurzbesprechungen anbieten. Eine Kurzbesprechung ist eine gute Alternative zum Einsatzabschluß. Allerdings muß sich das Team für ein Angebot entscheiden. Einzelpersonen, die deutliche Streßsymptome entwickelt haben, kann auch eine Einzelbegleitung angeboten werden.

Der SBE-Einsatzabschluß ist lediglich ein Glied in einer ganzen Kette von Angeboten, um Einsatzkräften nach Großeinsätzen oder einer Katastrophe Unterstützung anzubieten. Die Möglichkeiten des SBE-Einsatzabschlusses sind relativ eingeschränkt. Er ist dazu konzipiert, mit einem SBE-Team mehrere hundert Personen zu betreuen. Es mag zwar nicht die beste Intervention von allen sein, aber es ist die angemessene unter extremen Umständen.

Nachbetreuung

Dem SBE-Einsatzabschluß folgt einige Tage oder Wochen nach Beendigung des Einsatzes *immer* eine SBE-Nachbesprechung. In den Wochen nach dem Ereignis müssen wahrscheinlich mehrere Nachbesprechungen angeboten werden. Am besten beginnt man mit den Gruppen, die stärker von dem Ereignis betroffen wurden, z.B. mit den Einsatzkräften oder mit denen, die mit Toten oder Sterbenden zu tun hatten. Wenn die Nachbesprechungen mit diesen Gruppen durchgeführt wurden, organisiert das SBE-Team Nachbesprechungen für die weniger stark betroffenen Gruppen. Einzelberatungen sind immer dann notwendig, wenn ein Betroffener danach verlangt. Bei Katastrophen nehmen in der Regel ca. 10% der Einsatzkräfte das Angebot einer Einzelberatung durch ein SBE-Team oder eine weiterführende Beratung durch einen Therapeuten in Anspruch.

Zusammenfassung

Dieses Kapitel behandelte ein SBE-Angebot, das entwickelt wurde, um mehreren hundert Einsatzkräften Unterstützung zu geben, die von einer Katastrophe oder anderen Großschadenslagen betroffen sind. Vor- und Nachteile werden aufgezeigt. Der SBE-Einsatzabschluß kann leicht durchgeführt wurden, muß jedoch aufgrund logistischer

Anforderungen sorgfältig vorbereitet werden. In Kapitel 12 erfahren Sie mehr zu Katastrophen, über mögliche Ansatzpunkte für die SBE und über die Arbeit von SBE-Teams mit Zivilpersonen.

10 Die SBE-Einsatzbegleitung (On Scene Support Services)

Einführung

Es ist nicht vorhersehbar, wann Einsatzkräfte psychisch belastet werden. Die meisten Einsätze sind Routine und verursachen nur wenig Streß. Manchmal jedoch gibt es Einsätze, die ein, zwei Personen oder eine Einheit sehr belasten. In diesen Fällen hat es sich bewährt, ausgebildete SBE-Mitarbeiter an der Einsatzstelle zu haben. Diese helfen den Betroffenen bei der Bearbeitung ihrer Belastungsreaktionen. Dieses Kapitel enthält Hinweise, um Organisationen zu unterstützen und aufzuzeigen, wie SBE-Teams eine effektive Einsatzbegleitung realisieren können.

Einsatzort

Ein »Einsatzort« ist der Ort, an dem Einsatzkräfte tätig sind. Für Rettungsdienstmitarbeiter ist der Einsatzort ihr RTW oder NAW/NEF beziehungsweise der Ort, an dem verletzte Personen notfallmedizinisch versorgt werden müssen. Für Leitstellenpersonal ist der Einsatzort die Leitstelle, für eine Krankenschwester ist es die Notaufnahme oder andere Räumlichkeiten in einem Krankenhaus usw.

Wenn Einsatzkräfte in belastende Situationen geraten und ihnen SBE-Mitarbeiter - direkt an der Einsatzstelle oder in unmittelbarer Nähe Unterstützung anbieten, heißt dies SBE-Einsatzbegleitung. Diese SBE-Hilfsangebote dauern nicht lange. Dabei bedienen sich SBE-Mitarbeiter verschiedener Ansätze und Techniken der Krisenintervention, um das Ausmaß der Belastung so gering wie möglich zu halten.

Methoden

Die SBE-Einsatzbegleitung wird auf zwei Arten durchgeführt. Die erste beruht auf Zufälligkeit: Hilfe wird angeboten, wenn während des Einsatzes zufällig ein ausgebildeter SBE-Mitarbeiter anwesend ist. Wenn er nicht mit anderen Aufgaben beschäftigt ist, kann er sich um den belasteten Kollegen kümmern. Es liegt auf der Hand, daß die Möglichkeiten der Zufälligkeit begrenzt sind. Der zweite Weg der Einsatzbegleitung ist geplant und organisiert. Hier wird für potentiell belastende Einsätze bereits vorab geschultes SBE-Personal bereitgestellt. Die SBE-Teammitglieder haben ihre normalen Aufgaben im Einsatz, gehören jedoch zusätzlich zu einem »Spezialteam«, das bei Bedarf aus dem normalen Einsatzdienst herausgelöst und im Rahmen der Einsatzbegleitung tätig wird. Freiwillige Kräfte melden sich für einen bestimmten Zeitraum zur SBE-Einsatzbegleitung und sind dann über Funkmeldeempfänger erreichbar. Bei einem entsprechenden Ereignis können sie dann schnell an den Ort des Geschehens gerufen werden. In einigen Bereichen werden Mitglieder von SBE-Teams automatisch bei bestimmten Einsätzen für den Fall auf Abruf vorgehalten, daß sie am Einsatzort gebraucht werden. Diese organisierte Methode hat viele Vorteile.

Das Kapitel 6 behandelt als Beispiel für eine »strukturierte Intervention« am Einsatzort das SAFE-R-Modell. Einsatzbegleitungen sind nicht auf das SAFE-R-Modell begrenzt.

Ziele der Einsatzbegleitung

Die Ziele der Einsatzbegleitung sind den Zielen der Krisenintervention ähnlich. Bei allen Angeboten der SBE-Einsatzbegleitung geht es vorrangig um:

- Stabilisierung der Situation und Schutz vor zusätzlichen Belastungen
- Nutzung aller Ressourcen, um Betroffenen zu helfen
- Normalisierung der Erfahrung und Relativierung der Empfindung, das Erlebnis wäre einzigartig und abwegig
- schnellstmögliche Wiederherstellung der Einsatzfähigkeit (siehe dazu auch Kapitel 6).

Was die Einsatzbegleitung leisten kann

Eine frühzeitige Intervention durch die Einsatzbegleitung unterbricht innere Vorgänge einer Person, die ansonsten zu einer »Fixierung« führen würden oder Funktionsstörungen verursachen könnten. Wenn Belastungen frühzeitig erkannt werden, kann man niederschwellig und kostengünstig intervenieren und dem Betroffenen eine schnelle Rückkehr zur Normalität ermöglichen. Die SBE-Einsatzbegleitung vermindert die Auswirkungen des traumatischen Ereignisses und verhindert, daß sich der Zustand des Betroffenen weiter verschlechtert. So läßt sich auch vermeiden, daß die Person nicht einsatzfähig bzw. zu lange dienstuntauglich bleibt. Personen, die durch die Einsatzbegleitung eine kurze Pause bekommen, haben so das Gefühl, daß man sich um sie kümmert und reagieren meist unmittelbar. Das Gefühl emotionaler Überwältigung schwächt sich ab, und sie entwickeln ihre normalen, kognitiven Schutzmechanismen. Dies hilft ihnen, ihre Arbeit weiter verrichten zu können.

Zielgruppen

Es gibt drei Zielgruppen für die Einsatzbegleitung:

- Einzelpersonen mit erkennbaren Zeichen von Belastungen
- Führungskräfte, denen eine Beratung angeboten wird
- Primäropfer, ihre Familien und Zeugen oder Zuschauer, die durch das Ereignis betroffen sind.

Die SBE-Einsatzbegleitung wird meist während langdauernder Einsätze durchgeführt oder wenn sich Einsätze zu Großeinsätzen entwickeln. Allerdings kann grundsätzlich jeder Einsatz so belastend sein, daß er die Schutzmechanismen von Einsatzkräften außer Kraft setzt und das Angebot einer schnellen Unterstützung notwendig macht.

Anbieter

Die Einsatzbegleitung wird von Peers mit SBE-Ausbildung angeboten, die auch im Bereich Krisenintervention Erfahrung haben. Ebenso sind Geistliche und Seelsorger mit Kriseninterventions- und SBE-Ausbildung bei der SBE-Einsatzbegleitung tätig.

Darüber hinaus werden SBE-erfahrene und ausgebildete psychosoziale Fachleute alarmiert, wenn die Situation extreme Ausmaße annimmt und/oder so überwältigend ist und die Peers des SBE-Teams allein überfordert sind, vielleicht sogar selbst unter den Belastungen des Einsatzes leiden. Personen ohne SBE-Ausbildung können eine Situation unbeabsichtigt noch verschlimmern, indem sie bei dem Versuch, anderen zu helfen, falsche Techniken anwenden. Deshalb sollten in jedem Fall nur ausgebildete SBE-Mitarbeiter Einsatzbegleitungen durchführen.

Zeitpunkt

Es gibt nur ein Wort, das den richtigen Zeitpunkt für eine Einsatzbegleitung beschreibt: *sofort*. Die SBE-Einsatzbegleitung wird während des Einsatzes unmittelbar am Einsatzort angeboten, muß aber an einem Ort durchgeführt werden, an dem niemand akut gefährdet ist. Der Schlüssel zum Erfolg liegt in der kurzen Dauer der SBE-Einsatzbegleitung.

Grundregeln

Die Intensität der Einsätze wie auch die kognitiven Schutzsysteme der Einsatzkräfte erlauben am Einsatzort keine komplexen Interventionen. Alles, was die Mitglieder eines SBE-Teams machen, muß daher kurz und prägnant sein. Dazu gibt es drei Grundregeln:

– Bieten Sie die Unterstützung nur erkennbar belasteten Personen an. Diejenigen, denen es dem äußeren Anschein nach gut geht, sollten weiter ihre Arbeit verrichten können, ohne gestört zu werden. Sprechen Sie keinesfalls Personen an, die auf normale Weise ihre Arbeit verrichten, nur um nachzufragen, wie es ihnen geht. Lassen Sie sie unbedingt weiterarbeiten.

– Die Interventionen müssen sehr kurz sein. Manchmal genügen schon ein, zwei Sätze oder eine Geste. Eine Intervention von fünf Minuten ist lange, fünfzehn Minuten sind extrem lang. Sollten Personen nach einer Intervention von fünfzehn Minuten keine deutlichen Anzeichen einer Besserung zeigen, ist es unwahrscheinlich, daß sie sich wieder soweit erholen werden, um weiter am Einsatzort arbeiten zu können.

– Konzentrieren Sie sich auf das Wesentliche. Es besteht kein Grund, in »alten Geschichten« herumzuwühlen. Die Hilfe geschieht »hier und jetzt«.

Richtlinien für eine effektive Einsatzbegleitung

– Nehmen Sie die Gefahren, die aus dem Einsatz für Sie selbst und für die Einsatzkräfte resultieren, ernst.

– Nehmen Sie nicht aktiv am Einsatz teil, wenn Sie SBE-Unterstützungsangebote durchführen sollen. Beides zusammen können Sie nicht leisten.

– Die Einsatzbegleitung erfordert gesunden Menschenverstand. Denken Sie erst, intervenieren Sie dann. Schätzen Sie ab, wie betroffene Personen auf Ihre »Hilfe« reagieren.

– Bleiben Sie als SBE-Mitarbeiter außerhalb des unmittelbaren Gefahrenbereichs.

– Kritisieren Sie niemals die Arbeit von Einsatzkräften.

– Vermeiden Sie es, daß betroffene Einsatzkräfte unnötigerweise in den Mittelpunkt der Aufmerksamkeit geraten.

– Suchen Sie nach sichtbaren Streßsymptomen:
  - zielloses Herumlaufen
  - willkürliche Wutausbrüche

- jede Form von Gefühlsausbrüchen
- Schock
- Weinen
- starrer Blick
- unnormales Verhalten
- unangemessenes Verhalten
- übertriebenes Verhalten
- Isolation von der Gruppe
- sonstiges
- Begrenzen Sie Ihre Ratschläge nur darauf, was in der Situation wichtig ist.
- Verstärken Sie die Aktivitäten einer Person, die in der Situation hilfreich scheinen.
- Kommen Sie Bitten von Einsatzkräften, wenn möglich, nach.
- Vermeiden Sie es, Fragen zu stellen, die Gefühle besonders betonen. Fragen Sie nach, was geschehen ist, und lassen Sie die betroffenen Personen ihre Erfahrungen in eigenen Worten erzählen.
- Hören Sie aufmerksam zu.
- Zerstreuen Sie den Eindruck von der Einzigartigkeit der Situation und der Abnormität des Verhaltens der betroffenen Personen.
- Lassen Sie die Person wissen, daß ihre Reaktionen normal sind und vorübergehen werden und daß sie ihrer Arbeit wie gewohnt nachgehen kann, sobald die Reaktionen wieder nachlassen.
- Sorgen Sie, wenn der Betroffene etwas zur Ruhe gekommen ist, schnellstmöglich dafür, daß er wieder am Einsatz teilnimmt.
- In manchen Fällen müssen den betroffenen Personen im Einsatz andere Aufgaben zugeteilt werden, um so zu vermeiden, daß die Belastung erneut auftritt.
- Wenn nötig, ermutigen Sie den Betroffenen, später mit Ihnen Kontakt aufzunehmen oder an einer SBE-Kurzbesprechung beziehungsweise einer SBE-Nachbesprechung teilzunehmen - natürlich nur, wenn diese auch angeboten werden.

Psychosoziale Fachleute und Geistliche am Einsatzort

Manchmal werden auch psychosoziale Fachleute und Geistliche gebeten, am Einsatzort tätig zu werden. Dabei gibt es Aspekte, die beachtet werden müssen, um sicherzugehen, daß deren Angebote akzeptiert werden und hilfreich sind.

Psychosoziale Fachleute und Geistliche werden immer nur auf Anfrage und dann auch nur zusammen mit einem SBE-Team am Einsatzort tätig. Falls diese unaufgefordert am Einsatzort auftauchen und auch keinem SBE-Team angehören, kann das bei Einsatzkräften Ärger und Wut hervorrufen. Manche fürchten, daß diese »ungebetenen Gäste« unnötigerweise Personen vom Einsatz abziehen, sie in Verlegenheit bringen, ihre Arbeit und möglicherweise auch ihren weiteren Dienst in der Organisation stören.

Wenn psychosoziale Fachleute und Geistliche bei einem Einsatz angefordert werden, melden sich diese immer zuerst bei dem jeweiligen Ansprechpartner des SBE-Teams oder bei der Einsatzleitung. Diskretion ist in dieser Situation das oberste Gebot. Sie sollten jede Tätigkeit vermeiden, die Einzelpersonen ins Rampenlicht stellt. Keinesfalls sollten sie auffallende Kleidung tragen. Unauffälliges Verhalten ist auch wichtig, um von den Medien unerkannt zu bleiben. Die Strategie besteht darin, sich unauffällig unter die Einsatzkräfte zu mischen.

Nur Einsatzkräfte, die deutliche Symptome von einsatzspezifischer Belastung zeigen, werden angesprochen. Alle anderen sollen in Ruhe ihre Arbeit tun können. Psychosoziale Fachleute und Geistliche werden selbst im Einsatz nicht tätig. Wenn sie nicht sofort benötigt werden, halten sie sich in der Nähe der Einsatzleitung oder an einem ihnen zugewiesenen Ort auf.

Es ist sehr wichtig, daß sie sich *außerhalb des unmittelbaren Gefahrenbereichs* aufhalten.

Ein Unfall im Rahmen der Einsatzbegleitung würde die ohnehin sehr komplexe Situation noch weiter komplizieren und damit noch mehr Arbeit für die Einsatzkräfte bedeuten.

Psychosoziale Fachleute und Geistliche beraten Führungskräfte bzw. die Einsatzleitung. Sie können auch in der Arbeit mit psychisch traumatisierten Einsatzkräften Angebote machen. Allerdings bieten sie niemals - egal für welche Zielgruppe - eine Psychotherapie an oder machen religiöse Angebote. Psychosoziale Fachleute und Geistliche können am Einsatzort helfen, indem sie gut zuhören und auf die Einsatzkräfte eingehen. Sie sollten auch bereit sein, sich im Rahmen der Einsatznachsorge, z.B. in der Vorbereitung und Durchführung von SBE-Kurzbesprechungen, SBE-Nachbesprechungen und anderen SBE-Angeboten zu engagieren.

Zwingende Voraussetzung für die Teilnahme an einem Großschadensfall ist ein entsprechendes Praktikum bei Einsatzkräften, für die die psychosozialen Fachleute und Geistliche arbeiten. Sie sollten den Einsatzalltag kennen und bereits ausführlich Kontakt zu Einsatzkräften gehabt haben. Je mehr Kenntnisse ein Vertreter der psychosozialen Fachleute oder ein Geistlicher über die Organisationen hat, denen er seine Dienste anbietet, um so leichter wird es ihm fallen, gute und effektive Unterstützungsangebote zu machen. (In Deutschland werden Kurse für Notfallseelsorger und spezielle Ausbildungsmodule für psychosoziale Fachleute innerhalb der SBE-Ausbildung angeboten, Anm. d. Hrsg.)

Nachbetreuung

Die Angebote einer SBE-Einsatzbegleitung müssen ausgewogen sein und dürfen weder zu viel noch zu wenig Unterstützung bieten. Ein ungenügendes Hilfsangebot kann die Streßbelastung nicht vermindern. Die Gefahr einer nicht ausreichenden Unterstützung von Einsatzkräften kann man vermeiden, indem Einsatzkräfte in Ruhepausen angesprochen werden. Wenn sie sehen, daß die Mitglieder eines SBE-Teams sich für sie interessieren und freundlich auf sie zugehen, werden sie vielleicht später von sich aus Kontakt zu ihnen aufnehmen.

Ständige Überprüfung und Rückversicherung über den Zustand des Betroffenen wird eher als Plage empfunden. Dies führt nur dazu, daß jegliche Hilfe abgelehnt wird. Einsatzkräfte fühlen sich belästigt, wenn man sie mit einem Klemmbrett in der Hand verfolgt, um auf einer Checkliste Anzeichen und Symptome von einsatzspezifischen Belastungen abzuhaken. Dies ist wirklich einmal bei einem Flugzeugabsturz geschehen. Personen ohne SBE-Ausbildung versuchten auf diese Weise, die Belastung des Rettungsdienstpersonals am Einsatzort einzuschätzen. Die Einsatzkräfte fanden diese Vorgehensweise aufdringlich und reagierten sehr verärgert.

Die Faustregel für Einsatzbegleitungen besagt, nur das zu tun, was dringend notwendig ist. Der Einsatzort ist nicht der Ort, an dem alle Probleme gelöst werden können. Viele Dinge muß man auf sich beruhen lassen. Nochmals zur Erinnerung: Die Einsatzkräfte bei einem Großschadensfall wissen, was sie zu tun haben, sie tun ihre Arbeit gut und reagieren auf ungewöhnliche Situationen in der Regel relativ normal. Es ist unnötig, sie »festigen« zu wollen, besonders bei einem Großschadensfall. Lassen Sie die Einsatzkräfte ihre Arbeit tun. Wenn Einsatzkräfte in dieser Situation Hilfe brauchen, wird man dies deutlich erkennen.

Zusammenfassung

Dieses Kapitel befaßte sich mit Unterstützungsangeboten am Einsatzort. Es definierte die Abläufe und den Rahmen der Interventionen. Ebenso wurden die Ziele, der Zeitrahmen und die Anbieter (Peers, psychosoziale Fachleute und Geistliche jeweils mit SBE-Ausbildung) genannt. Darüber hinaus wurden die Grundregeln der Einsatzbegleitungen aufgezeigt. Einige Kriterien wurden benannt, die für den reibungslosen Ablauf und die Effizienz der Angebote notwendig sind. Das Kapitel enthält Hinweise für Peers, psychosoziale Fachleute und Geistliche.

Das Hauptziel einer Einsatzbegleitung besteht darin, nur so viel Unterstützung anzubieten, wie tatsächlich notwendig ist. Dabei ist wichtig, daß die Hilfe von ausgebildeten Personen angeboten wird, die ein angemessenes Mittelmaß zwischen zuviel und zuwenig Unterstützung finden.

Bei der Einsatzbegleitung findet unter anderem das SAFE-R-Modell Anwendung (siehe Kapitel 6), sie ist aber nicht darauf begrenzt.

11 Die Bedeutung der SBE für die Arbeit mit psychisch traumatisierten Menschen

Einführung

In den vorhergehenden Kapiteln wurden SBE-Nachbesprechung und SBE-Kurzbesprechung ebenso wie andere SBE-Angebote ausgehend von Zielen, Inhalten und in ihrem Gruppenprozeß definiert. Darüber hinaus wurde für jede Intervention eine Schritt-für-Schritt-Analyse aufgezeigt. Wie beschrieben, gab es zu Beginn der SBE-Bewegung noch keine systematische Forschung oder wissenschaftliche Evaluation der Arbeit mit Einsatzkräften. Interventionen in Form der SBE-Nachbesprechung und SBE-Kurzbesprechung wurden von vielen Menschen angenommen (es gibt heute weltweit über 400 SBE-Teams). Sie gewannen allgemeine Akzeptanz, obwohl sie von Gegnern äußerst negativ und abschätzig beurteilt wurden (z.B. wurden in bestimmten Kreisen über einen Zeitraum von über zehn Jahren empirische Untersuchungen durchgeführt, um - aus beruflichen oder persönlichen Gründen - jeglichen Bedarf an SBE oder SBE-Nachbesprechung zu widerlegen). Trotz dieses Spießrutenlaufes gegen Verwaltung, gegen beruflich oder persönlich motivierte Widerstände ist die Zahl der durchgeführten SBE-Nachbesprechungen so enorm gestiegen, daß das (psychologische) »Debriefing« mittlerweile eine große Bedeutung erlangt hat und sich etliche Fachleute sogar auf dieses SBE-Angebot spezialisiert haben. Wie kam es zu diesem Erfolg? Es sollen zuerst die Arbeits- und Wirkprinzipien der SBE-Nachbesprechung und der SBE-Kurzbesprechung beleuchtet werden. Danach werden die Vorteile und positiven Effekte von SBE-Programmen dargestellt.

SBE als eine Form der Krisenintervention

Kapitel 6 erläutert, wie die Einzelberatung nach den Grundzügen der Krisenintervention umgesetzt wird. In diesem Kapitel wird die Krisenintervention als Grundlage aller Interventionsmethoden der SBE ausführlich und differenziert erklärt. Um zu verstehen, warum SBE-Nachbesprechungen, SBE-Kurzbesprechungen und andere SBE-Prozesse effektiv sind, ist es notwendig, ihre theoretischen Grundlagen zu verstehen.

SBE-Angebote haben eine lange Tradition, die eng verknüpft ist mit der 50jährigen Geschichte der Krisenintervention. Man kann sich SBE als ein Spezialgebiet der Krisenintervention vorstellen. Die SBE entwickelte sich aus dem Grundverständnis der Krisenintervention heraus und bedient sich ihrer Prinzipien. Dieselben Faktoren, die eine Krisenintervention effektiv und effizient machen, sorgen auch dafür, daß die SBE und ihre bekannteste Methode, die SBE-Nachbesprechung, effektiv und effizient sind.

Über die Jahre wurden Berichte und Studien verfaßt, die die Erfolge der Krisenintervention belegen. Sie beschreiben deren Abläufe und Mechanismen. Da SBE und SBE-Nachbesprechung Anwendungen der Krisenintervention sind, kann man mit Blick auf die SBE auf Studien aus einem halben Jahrhundert zurückgreifen. Sie bieten eine solide Grundlage für die Arbeit mit Menschen, die psychisch traumatisiert wurden. Einige der Studien werden in diesem Kapitel angesprochen. Für weitere Informationen zur Krisenintervention wird im Anhang auf Bücher, Artikel und Studien hingewiesen. Außerdem verweisen wir wiederum auf Kapitel 4, in dem die Entstehungsgeschichte der SBE beschrieben wird.

Krise wird als ein vorübergehender Zustand emotionaler Unruhe und Desorganisation beschrieben. Charakteristisch ist dabei, daß die Kompensationsfähigkeit von Einzelpersonen oder Gruppen so stark abnimmt, daß sie mit der Situation nicht mehr zurechtkommen. Eine Krise setzt Energien frei, die sich entweder konstruktiv oder destruktiv auswirken können (Parad, 1965; Rapoport, 1965; Slaikeu, 1984). Sie ist zeitlich begrenzt. Normalerweise dauert sie einige Stunden oder Tage, unter ungewöhnlichen Umständen auch bis zu 4 bis 6 Wochen. Krisen bergen auch die Möglichkeit für positive Entwicklung in sich. Allerdings können sie auch bleibende Schäden verursachen, wenn nicht schnell und angemessen interveniert wird. Die Erholung von einer Krisensituation oder einem belastenden Ereignis hängt von verschiedenen Faktoren ab: von der Schwere des Ereignisses, den persönlichen Ressourcen, Erlebtes verarbeiten zu können, und den Möglichkeiten, sich Unterstützung von anderen Menschen zu holen (Slaikeu, 1984).

Es gibt zwei Arten von Krisen: Reifekrisen und situative Krisen. Krisen im Reifeprozeß sind unter anderem: Beginn der Pubertät, das Erwachsenwerden oder der Beginn des Ruhestands. Situative Krisen sind unter anderem Krankheiten, Verletzungen, bedrohliche Umstände wie Brände, Überschwemmungen, Zerstörung, das Erleben grausamer Szenarien, die Konfrontation mit Tod und Vernichtung sowie andere Erlebnisse, die außerhalb der üblichen menschlichen Erfahrung liegen (Slaikeu, 1984). Dadurch wird klar: Bei den traumatischen Ereignissen, auf die sich die SBE bezieht, handelt es sich um situative Krisen.

Allein das Erleben einer Krisensituation reicht bei den meisten Menschen nicht aus, um sie aus der Fassung zu bringen. Es gibt einen weiteren Faktor, der für die Entwicklung einer Belastungsreaktion nach einer Krise wesentlich ist: die Wahrnehmung des Menschen. So verursacht in erster Linie die Bewertung oder Interpretation eines Ereignisses die psychische Belastung. In Fällen, in denen das Erwartete vollkommen anders ist als das Erlebte, in denen das Ereignis so belastend ist, daß es alle Schutzmechanismen außer Kraft setzt, in diesen Fällen entwickeln sich heftige und schmerzvolle Reaktionen (Taplin, 1971).

Wenn eine Person durch ein Ereignis beunruhigt ist, reagiert sie in der Regel emotional. Menschen befinden sich nach Krisensituationen in einem ausgeprägten emotionalen und seelischen Ungleichgewicht, ihr Gefühlsleben gerät durcheinander. Als Folge daraus werden die Bewältigungsmechanismen beeinträchtigt. Das geschieht meist in dem Moment, in dem den betroffenen Einzelpersonen oder Gruppen das Ausmaß der Situation bewußt wird (Slaikeu, 1984). Krisen lassen sich von ihrem Verlauf her in fünf Phasen einteilen:

1. Aufschrei
2. Verdrängung
3. Aufdrängung
4. Verarbeitung
5. Abschluß (Horowitz, 1976).

Krisen weisen nicht nur ein bestimmtes Verlaufsmuster auf, sie haben auch Merkmale. Die häufigsten Merkmale sind:

1. Sie treten plötzlich auf.
2. Sie treten unerwartet auf.
3. Sie haben die Qualität von »Dringlichkeit« oder »Notfall«.
4. Sie haben ein ausreichendes Potential, um auf die ganze Umgebung einzuwirken.
5. Sie sind gefährlich, bieten gleichzeitig aber auch Entwicklungschancen.

Bezogen auf die Merkmale der Krise sind Interventionsmethoden jeweils gekennzeichnet durch Kurzfristigkeit sowie zeitliche Begrenzung (Caplan, 1964; Guilera et al., 1974; Burgess und Baldwin, 1981). Interventionen müssen schnell angeboten werden, weil Reaktionen auf belastende Ereignisse physische oder psychische Störungen verursachen können. Aus diesem Grund betont auch Slaikeu (1984) das Prinzip der Unmittelbarkeit im Rahmen der Krisenintervention. Ein Experte im Bereich der Krisenintervention beschreibt die Bedeutung der sofortigen Intervention in »Hansel´s Law« so: Die Effektivität eines Angebotes der Krisenintervention steigert sich mit der Nähe von Ort und Zeit zum belastenden Ereignis (McGee, 1974).

Unter Krisenintervention versteht man den sofortigen »zeitlich befristeten und aktiven Eingriff« in die Lebenssituation einer Person oder Gruppe während einer Periode von akuter Belastung und Unruhe (Mitchell und Resnik, 1981). Die Angebote der Krisenintervention richten sich keineswegs nur an Menschen, die psychisch krank sind. Die Mehrheit derer, die sich in einer Krise befinden, sind nicht psychotisch. Durchschnittlich gesunde Personen bewältigen Krisen ohne nennenswerte Belastungen. Krisenintervention wird von professionellen Helfern oder Peers deshalb angeboten, um bei normalen Menschen, die normale Reaktionen auf abnormale Ereignisse zeigen (Caplan, 1976; Rueveni, 1979; Slaikeu, 1984; Mitchell, 1981; Mitchell und Everly, 1993), die Auswirkungen eines Ereignisses möglichst zu begrenzen und den normalen Erholungsprozeß zu beschleunigen. Jede Krisenintervention, auch die im Rahmen der SBE, hat vier Hauptziele:

1. Stabilisierung der Situation
2. Mobilisierung der Ressourcen einer Einzelperson oder einer Gruppe
3. Normalisierung der Belastungsreaktionen
4. Wiederherstellung der physischen und psychischen »Vitalfunktionen« von Personen oder Gruppen.

Die Krisenintervention kennt als »psychologische Erste Hilfe« fünf Schritte. Der Helfer stellt zuerst den Kontakt her. In einer SBE-Nachbesprechung wird dieser Schritt durch die Einführung geleistet. Als zweites muß der Helfer die Dimensionen des Problems abschätzen. Die Tatsachen-, Gedanken-, Reaktions- und Auswirkungs-Phase decken dies ab. In einem dritten Schritt müssen Lösungen und Perspektiven entwickelt werden. In der SBE-Nachbesprechung übernehmen Informations- bzw. Abschluß-Phase diese Funktion. Die vierte Kriseninterventionsphase beinhaltet die konkrete Unterstützung. Ein Teil dieser Arbeit muß in einer Einzelberatung geleistet werden, die sofort nach der SBE-Nachbesprechung stattfindet. Der fünfte Schritt der Krisenintervention ist die Nachbetreuung. Die Nachbetreuung beginnt nach dem Ende der

Nachbesprechung und zieht sich über die nächsten Wochen hin, bis sich die Teammitglieder sicher sind, daß sich die Gruppenmitglieder gut erholt haben (Slaikeu, 1984; Mitchell, 1983, 1988a, b; Mitchell und Bray, 1990; Mitchell und Everly, 1993). Kapitel 6 beschreibt, wie diese Schritte im Rahmen einer Einzelberatung umgesetzt werden können. Dazu wird das SAFE-R-Modell vorgestellt.

Eine Krisensituation ist beendet, wenn sich das emotionale Gleichgewicht wieder eingestellt hat, wenn die Betroffenen ihre Erfahrungen adäquat verarbeiten konnten und sie entsprechende - ressourcenorientierte - Bewältigungsstrategien entwickelt haben (Viney, 1976). Die fünf Phasen der Krisenintervention sind:

- Kontakt herstellen
- Umfang des Problems abschätzen
- Lösungen und Perspektiven entwickeln
- konkrete Unterstützungsangebote machen
- Nachbetreuung anbieten.

Anders ausgedrückt: Die Reorganisation und Integration der extremen Erfahrung in die eigene Biographie ist die wichtigste Voraussetzung für eine Erholung von (post-) traumatischen Reaktionen. Auch eine SBE-Nachbesprechung verfolgt diese Ziele. Zur Vorbeugung bietet SBE präventive Maßnahmen an: SBE-Kurzbesprechung, SBE-Nachbesprechung, SBE-Einsatzabschluß, Einzelberatung und andere Angebote. Ziel ist immer die »*Wiederherstellung*« der Betroffenen, damit sie ohne Beeinträchtigung durch das Ereignis leben und arbeiten können.

Der Mensch lebt nicht in einem Vakuum, getrennt von allen anderen. Menschen gehören zu Familien, Organisationen und Gemeinschaften. Was einzelne negativ beeinflußt, wirkt sich auch negativ auf ihr Umfeld aus. Deshalb ist es wichtig, Krisenintervention auch mit den Menschen durchzuführen, die der betroffenen Person nahe sind. Das sind die Familien sowie die Kollegen in den Organisationen und Gemeinschaften. Der Schwerpunkt liegt darauf, die Gemeinschaft insgesamt »wiederherzustellen«. Nur so erhält eine Gemeinschaft / Organisation ihre Ressourcen. Deshalb bilden Gruppenarbeit, Lernen im Team sowie die SBE-Nachbesprechung als gruppenbezogene Interventionsform immer schon die Schlüsselelemente der gesamten SBE. Der Erfolg der Krisenintervention hängt ab:

1. von aktiven, direkten und zielorientierten Helfern
2. von einer schnellen Mobilisierung aller zur Verfügung stehenden Ressourcen
3. von der Flexibilität (des Helfers und des Betroffenen)
4. von der erfolgreichen Ermutigung des Betroffenen, die Verantwortung für seine Genesung selbst zu übernehmen
5. von Einfühlungsvermögen und Echtheit der Helfer
6. von den Kompetenzen der Helfer im Bereich der Krisenintervention und von der Fähigkeit, nach diesen Prinzipien zu arbeiten
7. von kontinuierlicher und konstruktiver Kommunikation
8. von der Fähigkeit, das traumatische Ereignis verbalisieren zu können
9. von der Vermittlung bzw. Aneignung angemessener Bewältigungsstrategien

10. von der »Normalisierung« der Reaktionen auf das belastende Ereignis (Lindemann, 1944; Berg, 1970; Fowler und McGee, 1973; McGee, 1974; Aguilera et al., 1974; Viney, 1976; Hoff, 1987; Mitchell, 1981; Slaikeu, 1984; Meichenbaum, 1994).

Die folgenden Abschnitte bauen auf den vorhergehenden auf und beschreiben, wie die grundlegenden Prinzipien der Krisenintervention in den SBE-Angeboten umgesetzt werden.

Spezifische Merkmale der SBE-Angebote

1. Frühe Intervention

Die SBE-Interventionen werden sehr früh, oft innerhalb weniger Stunden nach dem besonders belastenden Ereignis angesetzt. Friedman, Framer und Shearer (1988) fanden heraus, daß die Nachsorge- und Behandlungskosten für die Traumaopfer geringer und die Prognosen günstiger sind, wenn die PTSD früh erkannt wurde. Zweihundert Fälle klinischer PTSD aus der Umgebung von Los Angeles wurden in zwei Gruppen aufgeteilt: 100 Einzelpersonen, bei denen innerhalb von 6 Monaten nach dem Trauma eine PTSD diagnostiziert und behandelt wurde, wurden verglichen mit 100 Einzelpersonen, bei denen 6 bis 36 Monate nach dem Trauma eine PTSD diagnostiziert und behandelt wurde.

Der durchschnittliche Kostenfaktor bei den »frühen Fällen« (bis 6 Monate) betrug ca. 8.300 $ pro Person, bei den »späten« Fällen« ca. 46.000 $. Die »frühen Fälle« benötigen eine Erholungsphase von durchschnittlich 12 Wochen, bevor die Betroffenen wieder zurück zur Arbeit gehen konnten, die »späten Fälle« durchschnittlich 46 Wochen. Schließlich verklagten ca. 13% der ersteren ihren Arbeitgeber, während es bei den letzteren ca. 94% waren. Es ist allgemein anerkannt, daß Prävention und frühe Intervention in bezug auf Krisensituationen am hilfreichsten sind (Yandrick, 1990; Duffy, 1979; Kentsmith, 1980; Butcher, 1980).

Der Begriff *Trauma-Membrane* hilft zu verstehen, warum eine frühe Intervention im Traumaprozeß so wichtig ist. Lindy beschreibt die *Trauma-Membrane* (Lindy, Grace und Green, 1981) folgendermaßen: Opfer beginnen, sich nach einem traumatischen Ereignis von anderen Personen zu isolieren. Dieser »Isolationsprozeß« geht mit der Bildung einer schützenden Hülle einher. Mit dieser »Schutzhülle« versucht sich der Betroffene gegenüber dem belastenden Ereignis und den daraus resultierenden Reaktionen abzugrenzen. Dieses »sich abschotten« führt vordergründig zu einer emotionalen Stabilisierung, macht es allerdings unmöglich, dem Betroffenen in dieser Situation weitergehende Unterstützung anzubieten. Es ist also wichtig, früh zu intervenieren, solange die Schutzhülle noch »durchlässig« ist. Eine frühe Intervention ermöglicht eine effektive Hilfe für den Betroffenen und beugt ungeeigneten Verarbeitungsmechanismen vor (z.B. Drogenmißbrauch, soziale Isolation, aggressives oder gewalttätiges Verhalten). Nach Post (1992) kann eine frühe Intervention verhindern, daß sich eine bestimmte Form des Erinnerungsvermögens etabliert, die zu einer pathologischen neuralen Überregung führt.

2. Möglichkeit, Gefühle zum Ausdruck zu bringen

Heider (1974) betont: Es gibt nur wenige Betroffene, die von der Möglichkeit, ihre Gefühle ausdrücken zu können (Katharsis), nicht profitieren. Die SBE-Nachbesprechung bietet eine sichere, hilfreiche und strukturierte Umgebung, in der Einzelpersonen ihren Gefühlen »freien Lauf lassen können«. Kahn (1966) zeigte, daß das Ausdrücken von Gefühlen die emotionale Betroffenheit reduziert. Aus Studien, die besonders die Beziehung zwischen der Bearbeitung eines traumatischen Ereignisses und dem Auftreten von Streß behandelten, schlossen Pennebaker und Susman (1988): Das explizite Thematisieren von traumatischen Ereignissen führt zu einer Verringerung der Belastungsreaktion und zu einer verbesserten Funktion der Abwehrmechanismen. Roemer und Borkovec (1994) fanden als bedeutendsten Punkt heraus: Betroffene Personen neigen eher dazu, ängstlich und depressiv zu reagieren, wenn sie ihre Gefühle unterdrücken. Sie gewöhnen sich aber im Laufe der Zeit an die Angst, wenn sie ihre Gefühle ausdrücken. Schon Shakespeare wußte, wie wertvoll es ist, Gefühle auszudrücken: Sein MacBeth sagt: »*Gib dem Leiden Worte: Die Trauer, die nicht spricht, flüstert dem überlasteten Herzen zu und reißt es entzwei.*« Das Ausdrücken von Emotionen verbessert das psychische und physische Wohlbefinden (Pennebaker, 1990). Katharsis als ein Ausdruck der Gefühle ist ein Merkmal des Erholungsprozesses nach belastenden Ereignissen (Meichenbaum, 1994).

3. Die Möglichkeit, das Trauma zu verbalisieren

Die Angebote der SBE geben Menschen nicht nur die Möglichkeit, ihre Gefühle zu äußern, sondern auch die Gelegenheit, spezifische Traumata, Ängste und Sorgen verbal zu rekonstruieren und auszudrücken.

Van der Hart, Brown und van der Kolk (1989) geben die Ansichten des bedeutenden Traumatologen Pierre Janet wieder. Dieser behauptete um die Jahrhundertwende: Die erfolgreiche Behandlung von Posttraumatischen Belastungsreaktionen baut nicht nur auf der Fähigkeit des Klienten auf, Gefühle auszudrücken (Katharsis), sondern vielmehr auf der Fähigkeit, das Trauma zu rekonstruieren und zu integrieren, indem er es sprachlich ausdrückt (verbalisiert). Die Arbeit von Pennebaker (Pennebaker, 1985; Pennebaker und Beall, 1986) bestätigt die Bedeutung, die die verbale Rekonstruktion und Expression des traumatischen Ereignisses für viele Betroffene hat.

Bruno Bettelheim, der mit Überlebenden des Holocaust und anderen traumatisierten Menschen arbeitete, bringt es auf den Punkt: »Probleme, über die man nicht spricht, können nicht gelöst werden. Daraus resultiert: Die Wunden werden von Generation zu Generation tiefer« (Bettelheim, 1984, S. 166). Wenn Menschen ihre traumatischen Erfahrungen nicht in Worte fassen, träumen sie häufiger davon und versuchen meist erfolglos, diese Erfahrungen einzuordnen und zu verarbeiten. Dies steigert ihre Belastung zusätzlich (Silver et al., 1983; Harvey et al., 1991). Pennebaker und Francis schließen daraus, daß der schriftliche oder mündliche Ausdruck der eigenen traumatischen Erfahrung folgendes bewirkt:

1. Gedanken und Gefühle über das Ereignis werden geordnet.
2. Gefühle werden besser integriert.
3. Gedanken und Gefühle über das Ereignis nehmen weniger in Beschlag.

4. Das Ereignis kann rekonstruiert, in einen veränderten Bezugsrahmen einge-ordnet und dadurch von Betroffenen akzeptiert werden.
5. Die Bedeutung des Ereignisses kann entschlüsselt werden.
6. Neue Perspektiven und Problemlösungsstrategien treten in den Vordergrund (Meichenbaum, 1994).

Durch das Ausdrücken der Gefühle und durch die Verbalisierung des traumatischen Ereignisses

- reduziert sich die Streßbelastung
- reduziert sich die Überbeanspruchung der homöostatischen Mechanismen (Regelung des Kreislaufs, der Körpertemperatur, des Hormonhaushalts usw. Anm. d. Hrsg.)
- reduziert sich das Bedürfnis, ständig über das Ereignis und seine Bedeutung nachdenken zu müssen
- erhöht sich die Wahrscheinlichkeit, daß der Betroffene einen Sinn in der traumatischen Erfahrung sehen kann (Wiederherstellung des Weltbildes).

4. Struktur

Die SBE-Nachbesprechung hat eine deutliche Struktur und steht für einen Prozeß mit einem klaren Anfang und Ende. Ein traumatisches Ereignis ist gekennzeichnet von Strukturlosigkeit, Chaos, Leid und von vielen unbeantworteten Fragen.

Die SBE-Nachbesprechung schafft einen Gegenpol dazu. Borkovec und andere (1983) fanden heraus: Die Bearbeitung eines belastenden Ereignisses in einem klar strukturierten Rahmen verringert bei den Betroffenen die Tendenz, sich Sorgen zu machen bzw. Ängste zu entwickeln, krank zu werden und die Anforderungen des täg-lichen Lebens nicht mehr erfüllen zu können.

5. Psychologischer Hintergrund

SBE-Nachbesprechung und SBE-Kurzbesprechung folgen einem durchdachten und strukturierten psychologischen Prozeß. Dieser beginnt auf der kognitive Ebene (*Ein-führungs-* und *Tatsachen*-Phase in der SBE-Nachbesprechung). Der Einstieg auf der kognitiven Ebene erleichtert den Betroffenen, die das Ereignis kognitiv verarbeiten und vielleicht Verdrängungsstrategien entwickelt haben, einen adäquaten Zugang zu einem SBE-Angebot. So holt man Betroffene dort ab, wo sie stehen. Andere, die sich eher auf einer emotionalen Ebene mit dem Ereignis beschäftigen, erfahren während der ersten Phase mehr über die anderen Beteiligten und deren Sichtweise. Sie werden darüber informiert, daß es auch für sie noch ausreichend Gelegenheit geben wird, über persönliche Eindrücke und Gefühle zu sprechen. Auf diese Weise sorgt man da-für, daß jeder seinen Platz in der Gruppe findet, und vermeidet unnötige Konflikte. In der *Gedanken*-Phase (SBE-Nachbesprechung) wird die kognitive Ebene verlassen. Nachdem Gedanken nicht frei sind von emotionaler Bewertung, werden hier Empfin-dungen und Gefühle geäußert. Die *Reaktions*-Phase dient dazu, Gefühle auszudrük-ken und zu verbalisieren. Allerdings muß dafür Sorge getragen werden, daß die Be-troffenen nach dieser Phase nicht in ein tiefes emotionales Loch fallen. Aus diesem

Grund folgt jetzt die *Auswirkungs*-Phase. Damit bewegt sich der Prozeß von der emotionalen langsam wieder zur kognitiven Ebene. In der Informations- sowie Abschluß-Phase ist die kognitive Ebene wieder erreicht.

Diese Gesamtstruktur macht es möglich, verantwortet und effizient (im Sinne der Krisenintervention, nicht therapeutisch) die Gefühle und Eindrücke mit den Betroffenen zu bearbeiten. Die kognitiven Einstiegs- und Ausstiegsphasen erleichtern den Zugang und sorgen für einen guten und angstfreien Abschluß der SBE-Nachbesprechung. Eine Übersicht dazu finden Sie in Tabelle 11.1.

Phasen der SBE-Nachbesprechung und der psychologische Prozeß

Phasen der SBE-Nachbesprechung	Psychologischer Prozeß		
Einführung	kognitiv		
Tatsachen	kognitiv		
Gedanken	kognitiv	→	affektiv
Reaktionen	affektiv		
Auswirkungen	affektiv	→	kognitiv
Informationen	kognitiv		
Abschluß	kognitiv		

Tab. 11.1

6. Unterstützung durch die Gruppe

Die SBE-Nachbesprechung nutzt nachdrücklich die in der Gruppe vorhandenen Ressourcen. Welche Vorteile es hat, »belastende Themen« in einer Gruppe zu besprechen, ist ausführlich dokumentiert. Yalon (1970) schreibt der Gruppe / dem Gruppenprozeß an sich eine positive / heilsame Wirkung zu. Dazu gehört u.a. der Austausch hilfreicher, konstruktiver Informationen, das Ausdrücken von Gefühlen, die Relativierung des Gefühls der Einzigartigkeit, die Entwicklung konstruktiver Bewältigungsstrategien, sowie Zuwendung und Unterstützung von der Gruppe zu erfahren, die Möglichkeit, sich selbst zu helfen, indem man anderen hilft, und - im Bezug zu dem Trauma - die Entwicklung einer neuen Perspektive. Jones (1985) beschreibt die Qualität von »Gruppengesprächen« nach einem Trauma folgendermaßen: »Der wirkliche Wert liegt - besonders für junge Menschen - darin, zu verstehen, daß andere unter solchen Umständen die gleichen, starken Gefühle haben, daß niemand mit seinen Problemen, Ängsten, seiner Trauer und seiner Wut« allein ist (Jones, 1985, S. 307).

Viele Ärzte und Forscher auf dem Gebiet der Krisenintervention, der Therapie Posttraumatischer Belastungsstörungen und der Gruppenarbeit sind überzeugt: Menschen, die psychisch traumatisiert wurden und ihre Erfahrungen im Beisein anderer, die ähnliches erlebt haben, austauschen, erholen sich schneller und besser von ihren psychischen Belastungen (Yalom, 1970; Smitz, 1985; Scurfield, 1985; Roth und Newman, 1993; Courchaine und Dowd, 1994).

Hier eine Übersicht der »positiven Effekte« von SBE in Gruppen (Meichenbaum, 1994):

- Austausch von stützenden, konstruktiven Informationen
- Verringerung des Gefühls, isoliert bzw. alleingelassen zu sein
- Möglichkeit, Zuwendung und Unterstützung von anderen zu erfahren
- Vermeidung von Stigmatisierung
- Identifizierung mit normalen Themen und Zielen
- Förderung der Kommunikation unter den Betroffenen
- Möglichkeit, verdeckte Themen in einem sicheren Rahmen anzusprechen
- Ermutigung und Stärkung der Teilnehmer
- Wiederherstellung des Selbstwertgefühls
- Reduzierung/Relativierung von Schuld- und Schamgefühlen
- Erarbeitung einer Perspektive
- Förderung einer optimistischen Einstellung
- Stärkung des Zusammengehörigkeitsgefühls
- Ermutigung zu gegenseitiger Hilfe
- Normalisierung der Erfahrung
- Aufzeigen von Wegen für mögliche Veränderungen.

7. Unterstützung durch Peers

Psychosoziale Fachleute begleiten den Prozeß der SBE-Nachbesprechung, getragen wird er aber wesentlich von den Peers. Carkhuff und Truax (1965) weisen bereits seit langer Zeit darauf hin, welchen Wert Laienhilfsprogramme haben. Tatsächlich bieten Interventionen mit Peers große Vorteile gegenüber den traditionellen psychologischen Angeboten. Gerade Personengruppen mit spezifischen Merkmalen (z.B. Feuerwehrleute, Rettungsassistenten, ...) können Peers als Angehörige dieser Gruppen besser beraten, Verständnis zeigen und Empfehlungen zur Streßbearbeitung geben. Im Grunde genommen sind erst Peers wirklich glaubwürdig (bezogen auf »Ethos« im aristotelischen Sinne). Die notwendige »Hilfe aus erster Hand« sowie die »kollegiale Beratung« können psychosoziale Fachleute nicht leisten, es sei denn, sie sind selbst Peers.

Peers haben sich in verschiedensten Situationen, auch in der Einsatz- und Katastrophennachsorge, vielfach bewährt (Orner, 1994). Ein Peer braucht folgende Fähigkeiten, um im Rahmen der SBE effektiv und verantwortet helfen zu können. Hier eine Übersicht der »Schlüsselqualifikationen« (Tindall und Gray, 1985):

- Fähigkeit, zuzuhören
- Kommunikationsfähigkeit
- Empathie, Einfühlungsvermögen
- Fähigkeit, zusammenzufassen
- Fähigkeit, passende Fragen zu stellen
- Aufrichtigkeit / Authentizität, Echtheit
- Verbindlichkeit
- Mut, zu konfrontieren, und die Fähigkeit, Konfrontation auszuhalten
- Problemlösungskompetenz.

8. Angebote zur Streßprävention

Die Hinweise zur Streßprävention, die in einer SBE-Nachbesprechung gegeben werden, werden nicht im Unterrichtsstil, sondern interaktiv vermittelt. Die Informationen und Erkenntnisse helfen, die Belastungen besser und schneller verarbeiten zu können. Informationen in einer SBE-Nachbesprechung sind hilfreich, um die Mythen rund um traumatische Erfahrungen zu korrigieren. Die Teilnehmer werden über vermeidbare Streßauslöser und die Symptome der Akuten Belastungsstörung/Belastungsreaktion informiert. Die Betroffenen bekommen Hinweise, wie sie mit sich aufzwängenden Erinnerungen und Gedächtnisproblemen umgehen können. Zusätzlich soll so auch Rückfällen vorgebeugt werden. Die Informationen in SBE-Nachbesprechungen eröffnen Perspektiven und versuchen, der Erfahrung einen Sinn zu geben. Das hilft den Betroffenen, das Ereignis kognitiv neu zu bewerten. Der Schwerpunkt der SBE-Nachbesprechung besteht, wie bei Therapien, darin, eine Erfahrung zu »normalisieren« (Lipton, 1994). Die Informations-Phase in einer SBE-Nachbesprechung dient den Menschen als »Wegweiser« oder »Straßenverzeichnis«, um Wege zu finden, sich von traumatischen Erfahrungen zu erholen (Ochberg, 1991; Hermann, 1992).

9. Nachbetreuung und weitergehende Angebote

Die SBE-Nachbesprechung bietet potentiellen Traumaopfern die Gelegenheit zu Gruppengesprächen, Informationsaustausch und Unterstützung. Darüber hinaus besteht die Möglichkeit, Personen, die eine weitergehende professionelle psychologische Betreuung benötigen, herauszufiltern. Diesen werden im Rahmen der SBE dann weitergehende Hilfsangebote gemacht, um sicherzustellen, daß auch sie sich schnell wieder erholen.

10. Prozeßorientierung

Die SBE-Nachbesprechung folgt den Grundprinzipen der Krisenintervention. Sie wurde für die Arbeit mit psychisch traumatisierten Menschen entwickelt. Der Prozeß läßt die Teilnehmer nicht im Zustand der Verwirrung und des emotionalen Ungleichgewichts. Statt dessen restrukturiert das SBE-Team die Gruppe, stabilisiert die Situation, mobilisiert Ressourcen und ermutigt die Betroffenen, die Verantwortung für ihre Erholung selbst zu übernehmen. Im Verlauf der SBE-Nachbesprechung fühlen die Teilnehmer, daß ihre Sorgen und Anliegen ernst genommen werden, daß die SBE-Mitarbeiter alles unter Kontrolle haben und Bescheid wissen, welche Art von Unterstützung notwendig ist.

Warum SBE-Programme sinnvoll sind

Nachdem deutlich ist, wie die SBE-Nachbesprechung funktioniert, stellt sich die Frage »Warum sollen solche Programme durchgeführt werden?«

Nach der *National Council on Compensation Insurance* (dem Nationalen Rat der Schadensversicherungen in den USA, Anm. d. Hrsg.) sind ca. 14% aller Schadensersatzforderungen bei Betroffenen, die Belastungen im Dienst ausgesetzt waren, auf außergewöhnliche Belastungen zurückzuführen. (McCarthy, 1989). Forderungen für medizinische Leistungen oder Beihilfen, die in Zusammenhang mit einsatzspezifischen Belastungen stehen, betragen pro Person durchschnittlich 15.000 $. Das ist doppelt so viel, wie durchschnittlich an Personen mit körperlichen Verletzungen ausgezahlt wird.

Die Gesamtkosten, die außergewöhnliche Belastungen zusätzlich zu den bloßen Schadenersatzforderungen der Arbeitnehmer für Wirtschaft und Industrie verursacht, sind enorm. Schätzungen zufolge betragen die Gesamtkosten durch diese Art von Streß für die Wirtschaft 150 Milliarden $ pro Jahr (in den USA, Anm. d. Hrsg.) (Miller et al., 1988).

In einer epidemiologischen Untersuchung von Helzer und anderen (1987) wurde nachgewiesen, daß zirka 1% der Bevölkerung der Vereinigten Staaten von Amerika eine PTSD entwickelt haben. Dieser Wert ist mit dem der Schizophrenie vergleichbar. Bei jungen Erwachsenen in städtischen Gebieten fand man heraus, daß mehr als 9% im Laufe ihres Lebens an PTSD erkranken (Breslau et al., 1991). Das statistische Risiko, eine PTSD zu erleiden, hat jedoch keine große Aussagekraft.

Für alle, die in gefährlichen bzw. risikoreichen Berufen arbeiten, kann grundsätzlich jedes einzelne belastende Ereignis Posttraumatische Streßsymptome oder eine PTSD hervorrufen. In diesem Zusammenhang sei darauf hingewiesen:

1. Schadensersatzforderungen aufgrund von Streß am Arbeitsplatz zählen zu den am schnellsten wachsenden Bereichen dieser Branche. Sie verursachen der amerikanischen Wirtschaft pro Ereignis die größten Kosten (McCarthy, 1988).

2. Die PTSD ist eine ernstzunehmende Krankheit, die Arbeitsunfähigkeit nach sich ziehen und die dem Berufsleben eines Betroffenen von einem Moment zum anderen ein Ende setzen kann. Sie kann die Biographie des Betroffenen und seiner Familie nachhaltig verändern (Everly und Lating, 1995).

3. Das Risiko, an PTSD zu erkranken, ist für diejenigen am höchsten, die risikoreichen, möglicherweise traumatisierenden Situationen und Erfahrungen ausgesetzt sind. Personen in gefährlichen bzw. risikoreichen Berufen (zum Beispiel Einsatzkräfte) haben naturgemäß ein höheres Risiko, eine PTSD zu entwickeln.

4. Die Wahrscheinlichkeit, als Mitarbeiter in einer großen städtischen Feuerwehr an PTSD zu erkranken, wird auf über 16% geschätzt (Corneil, 1992). Das Risiko für Einsatzkräfte allgemein, im Berufsleben eine PTSD zu entwickeln, wird auf 15 bis 20% geschätzt.
    In einer Untersuchung des London Ambulance Service in Großbritannien wurden 40 zufällig ausgewählte Rettungskräfte daraufhin untersucht, ob sich aufgrund ihrer Einsatztätigkeit Belastungen einstellten. Bei 60% des Personals konnten Posttraumatische Belastungen belegt werden, 17% dieser Personen hatten - nach dem *General Health Questionnaire* und auch nach dem *Impact of Events Scale* (Thompson und Suzuki, 1991) ausgeprägte bzw. starke Symptome entwickelt.
    In einer Untersuchung von 1.420 Angestellten des London Ambulance Service, der größten Rettungsdienstorganisation weltweit, wurde herausgefun-

den, daß 15% der (Notfall) Einsatzkräfte die Schwelle für die Diagnose der Posttraumatischen Belastungsstörung überschritten hatten. Bei 16 Symptomen wurden die Schwellenwerte überschritten. Zum Beispiel hatten zusätzlich zu den Hauptsymptomen der PTSD *Aufdrängung, Vermeidung* und *Unruhe*, 46% der Gruppe *Wut*, 43% hatten die *Hoffnung in die Zukunft verloren*, 25% *fühlten eine emotionale Kälte gegenüber den Klienten*, 33% beklagten *Schlafstörungen*, 29% waren *rastlos* und *hyperaktiv* (Ravenscroft, 1994).

Ähnliche Ergebnisse bringt eine weitere Studie. Der »Victoria Ambulanceservice« in Australien führte eine umfangreiche Untersuchung mit 1.380 Sanitätern (Abulance officers) und 1.223 nahestehenden Personen bzw. Angehörigen durch. Dr. Robyn Robinson (1994, S. 3) stellte fest:

»Erschreckend war, daß 65% der Sanitäter berichteten, sie würden in bestimmten Situationen infolge früherer Einsätze Posttraumatische Belastungsreaktionen an sich wahrnehmen, 17% berichten über besonders starke Reaktionen. Zwar wird in dieser Studie die Posttraumatische Belastungsstörung nicht genannt, die Ergebnisse lassen aber doch vermuten, daß sie in hohem Maß vorkommt.«

5.   Die Suizidrate in verschiedenen Bereichen der Vollzugsorgane ist dreimal so hoch wie der Landesdurchschnitt. Dies hängt wohl damit zusammen, daß die Mitarbeiter großen Belastungen ausgesetzt sind und sie zudem auch mit traumatischen Erfahrungen Betroffener konfrontiert werden. (siehe z.B. Newsweek, Sept. 26, 1994).

6.   Es ist hinreichend bekannt, daß die psychische Verfassung bzw. psychische Gesundheit von Einsatzkräften in großem Maße deren »Arbeitserfolg« beeinflußt. Psychisch gesunde und leistungsfähige Mitarbeiter geben bessere und effektivere Hilfe in Notfallsituationen.

7.   Diese und andere Punkte machen deutlich, daß im Rahmen der (SBE-)Interventionen alle Bemühungen darauf ausgerichtet sein müssen, Posttraumatischen Belastungssyndromen vorzubeugen (Duffy, 1979; Kentsmith, 1980; Butcher, 1980).

8.   SBE-Nachbesprechungen und SBE-Kurzbesprechungen werden seit über 14 Jahren erfolgreich mit Risiko(berufs)gruppen auf der ganzen Welt durchgeführt. Sie sind mittlerweile die am häufigsten verwendeten formalisierten Interventionen im Bereich der Belastungsprävention nach besonders belastenden Einsätzen.

Um die Effizienz der Interventionen SBE-Nachbesprechung und SBE-Kurzbesprechung zu untersuchen, wurden sie genau beobachtet, jedoch nie in einem experimentellen Rahmen durchgeführt. Die 14jährige Geschichte und Tausende von Anwendungen haben eine ansehnliche Zahl aussagekräftiger empirischer Beweise geliefert. Von einer meta-analytischen Perspektive aus könnte argumentiert werden, daß Irrtümer zufälliger werden, wenn es viele Anwendungen für viele Bereiche gibt. Dennoch sind Zahlen hilfreich, die hier systematisch zusammengestellt worden sind. Tabelle 11.2 und 11.3 vergleichen die Auswirkungen zweier Flugzeugabstürze. Tabelle 11.3 stellt

Vergleich der Flugzeugabstürze in San Diego und Cerritos

	San Diego	Cerritos
Tote insgesamt	125	82
Überlebende	0	0
zerstörte Häuser	16	16
getötete Anwohner bzw. Zuschauer	15	15
Einsatzkräfte vor Ort	300	300
gefundene Körperteile	>10.000	>10.000

(zusammengestellt von J.T. Mitchell, Ph.D., aus NIMH, 1979, 1983; Duffy, 1979; Freeman, 1979; Honig, 1987)

Tab. 11.2

Auswirkungen der Flugzeugabstürze von San Diego und Cerritos auf die Rettungsdienstmitarbeiter mit und ohne SBE-Angebote

	San Diego	Cerritos
Art der Intervention	sporadische Einzelberatungen, Krisenintervention	12 SBE-Nachbesprechungen SBE-Einsatzabschlüsse SBE-Hotline/Infotelefon Nachbetreuung
Dienstunfähige/ausgeschiedene ...		
Polizeibeamte	5 pro Jahr	
Feuerwehrleute	7 pro Jahr	insgesamt 1 pro Jahr
Rettungskräfte	17 pro Jahr	
Anstieg des Bedarfs an psychologischer Unterstützung:	31% pro Jahr	1% pro Jahr

(zusammengestellt von J.T. Mitchell, Ph.D., aus NIMH, 1979, 1983; Duffy, 1979; Freeman, 1979; Honig, 1987)

Tab. 11.3

die *Folgen* dieser Katastrophen unter Zugrundelegung der verschiedenen Interventionen gegenüber. Nach der Cerritos-Katastrophe waren weit weniger negative Auswirkungen zu verzeichnen. Dies ist den verschiedenen SBE-Angeboten zuzuschreiben. Die Ergebnisse dieses empirischen Vergleichs sind überzeugend.

Obwohl es sehr schwerfällt, im Rahmen von Feldversuchen experimentelle Bedingungen zu schaffen, hat Rogers (1992) eine quasi-experimentelle Studie über Auswirkungen von SBE-Nachbesprechungen auf Einsatzkräfte durchgeführt. Die hier gewonnenen Daten belegen, daß die SBE-Nachbesprechung sich positiv auswirkt und

Belastungssymptome effektiv reduziert. Dieser Effekt wird allerdings erst einige Wochen nach der Nachbesprechung deutlich. Rogers Daten zufolge erscheinen die Effekte einer SBE-Nachbesprechung innerhalb von 36 Stunden eher gering. Die Studie wird wiederholt und ausgeweitet.

Die erste Ausgabe dieses Buches erschien im Jahre 1993 (in den USA). In der Zwischenzeit stehen neue Zahlen zur Effektivität der SBE-Nachbesprechung zur Verfügung, weitere Studien sind noch nicht abgeschlossen. Bei der Forschung ist jede Information wichtig, da sie die Prozesse der Streßbearbeitung nach belastenden Ereignissen und die Anwendung von SBE-Interventionen transparent macht. Der Forschung verdanken wir Erkenntnisse darüber, was aus welchen Gründen wirksam ist. Sie trägt dazu bei, Konzepte zu korrigieren und Protokolle und Verfahren effektiver zu gestalten. Im folgenden wird der gegenwärtige Stand der Forschung vorgestellt.

Dr. Atle Dyregrov, ein maßgeblicher europäischer Forscher im Bereich der Psychotraumatologie, belegt, daß die frühe Anwendung einer SBE-Nachbesprechung für die Opfer einer Katastrophe hilfreich ist (Dyregrov, 1989). Seine Vorschläge zur Anwendung von Nachbesprechungen mit Gruppen werden von anderen Forschern mitgetragen (Turner, Thompson und Rosser, 1993). Sie führten SBE-Nachbesprechungen durch, nachdem eine Fähre mit britischen Schulkindern im Mittelmeer gesunken war (Johnston, 1983). In den USA geht man mittlerweile davon aus, daß SBE-Nachbesprechungen auch bei einer Vielzahl von »Traumata am Arbeitsplatz« (Williams, 1993) hilfreich sind.

SBE-Nachbesprechungen werden auch für die Arbeit mit Polizisten (Blau, 1994) oder Pflegepersonal (Burns und Harm, 1993) empfohlen. Häufig werden sie im Militär angewandt (Miller, 1994). Auch Ärzte und Forscher haben verschiedene Formen von *Debriefings* in ihrer Arbeit mit traumatisierten Personen und Gruppen angewandt (Wilson und Raphael, 1993; Mitchell und Dyregrov, 1993; Meichenbaum, 1994).

1985 hatte die *Commonwealth Banking Corporation* in Australien 30 Überfälle erlitten, bei denen insgesamt 107 Angestellte betroffen waren. In diesem Jahr gab es weder eine SBE-Nachbesprechung für die Betroffenen noch ein Team, das sich mit den Folgen des belastenden Ereignisses für die Betroffenen beschäftigte. Die Bank verzeichnete insgesamt 281 Fehltage bei den betroffenen Angestellten und weitere 668 Krankheitstage innerhalb von sechs Monaten nach den Überfällen. Die durchschnittlichen Schadensersatzzahlungen an die Angestellten betrugen 18.488 Australische Dollar pro Person. Ein SBE-Team mit dem Namen *»Post Hold-Up Support Program«* (Hilfsprogramm nach Überfällen) wurde Ende 1986 gegründet. 1987 und 1988 wurde ein SBE-Team gegründet, und es kam zu insgesamt 36 Überfällen, bei denen wiederum 107 Angestellte betroffen waren.

Durch die Arbeit des *»Post Hold-Up Support Program Team«* verringerten sich die Fehltage und die Schadensersatzzahlungen an die Arbeitnehmer. Von den betroffenen Angestellten wurden nur 112 Krankheitstage, die direkt in Zusammenhang mit den Überfällen standen, in Anspruch genommen. Dies war eine Reduzierung von 60 Prozent gegenüber der Statistik von 1985. Innerhalb von sechs Monaten nach den Überfällen wurden nur 265 weitere Krankheitstage genommen. Diese Zahl stellt ebenfalls eine 60%ige Verringerung dar im Vergleich zu den Zahlen von 1985.

Eine drastische Senkung konnte bei den Schadensersatzzahlungen verzeichnet werden. Durchschnittlich wurden nach Einsatz des Hilfsteams pro Person 6.326 Australi-

Commonwealth Bank of Australia: Schadensersatzzahlungen an Angestellte im Vergleich			
	1985	1987 - 88	Veränderung
Überfälle	30	36	+16%
betroffene Angestellte	107	107	0%
Hilfsangebote	–	Unterstützungsteam	–
Krankheitstage in direktem Zusammenhang mit dem Überfall	281	112	- 60%
andere Krankheitstage, nicht in direktem Zusammenhang	668	265	- 60%
Schadensersatzzahlungen	18.488 Aus$	6.326 Aus$	- 68%
(Leeman-Conley, 1990)			

Tab. 11.4

sche Dollar gezahlt. Dies ist eine Verringerung der Schadensersatzzahlungen um 68%. Tabelle 11.4 stellt eine Zusammenfassung dieser Statistik dar (Leeman-Conley, 1990). Andere Untersuchungen kommen überwiegend zu positiven Ergebnissen bezüglich SBE-Nachbesprechungen. Robyn Robinsons Untersuchung bei Rettungskräften zeigt, daß 45% der betroffenen Einsatzkräfte angaben, ein oder mehrere belastende Ereignisse wären die Ursache für ihre deutlichen Belastungsreaktionen. Von den 823 befragten Rettungskräften wußten 64%, daß das *Victoria Ambulance Crisis Counseling Unit* spezielle SBE-Angebote machte. Davon waren 71% der Meinung, daß SBE-Nachbesprechungen sehr wichtig sind, 26%, daß SBE-Nachbesprechungen relativ wichtig sind, und nur 3% waren der Meinung, daß SBE-Nachbesprechungen nicht wichtig sind (Robinson, 1994). Wenn die SBE-Nachbesprechungen an sich bewertet wurden, fanden sie 37% der Angestellten im Rettungsdienst sehr hilfreich. Weitere 45% fanden die SBE-Nachbesprechungen relativ hilfreich, und 18% fanden sie nicht hilfreich.

Da angenommen wird, daß der Prozeß der SBE-Nachbesprechung Belastungssymptome verringert (Rogers, 1992), wurden hierzu in der Studie von Robinson konkrete Fragen gestellt. 21% der Beschäftigten, die an einer SBE-Nachbesprechung teilnahmen, meinen, daß sich die Symptome bei ihnen deutlich verringert hätten. Weitere 51% sagten, daß sich die Symptome ein wenig verringert hätten, und 28% gaben an, daß die Nachbesprechung keine Auswirkungen auf das Ausmaß ihrer Symptome hatte.

Bei der Frage, wie lange die positiven Auswirkungen der SBE-Nachbesprechung vorhielten, waren 48% der Meinung, sie würden lange andauern. Weitere 10% sagten, die positiven Auswirkungen der SBE-Nachbesprechung dauerten einige Wochen, 14% sagten, sie würden ein paar Tage andauern, und 28% sagten, sie hätten keinerlei positive Auswirkungen bemerken können (Robinson, 1994).

Die Effektivität der SBE-Nachbesprechung wurde in Australien in einer Studie mit 288 Beschäftigten aus dem sozialen und klinischen Bereich sowie aus dem Rettungsdienst bewertet. Die Betroffenen hatten an insgesamt 31 SBE-Nachbesprechungen nach dem *»Mitchell-Modell«* teilgenommen, die zwischen 1987 und 1989 in Melbourne, Australien, durchgeführt wurden. Die Ereignisse, die bearbeitet wurden, waren unter anderem ein Dienstunfall mit tödlichem Ausgang, fünf Einsätze, bei denen es viele Opfer (und viele Tote) gab, Einsätze mit Tod von Kindern, Verletzung eines Kollegen, Suizid eines Patienten und andere traumatische Situationen. Alle Teilnehmer der Studie waren sich einig, daß die belastenden Ereignisse mittelmäßige bis nachhaltige Auswirkungen auf sie hatten.

Zwei Wochen nach den SBE-Nachbesprechungen wurden Fragebögen an alle Teilnehmer verteilt. Es ist wichtig, hier den Zeitraum von zwei Wochen zu nennen, weil bei einer Reihe anderer Studien die Zeitspanne zwischen der Nachbesprechung und der Befragung größer war. Durch eine solche »Verspätung« können allerdings die Befragungsergebnisse verfälscht werden.

Die Mehrzahl der Teilnehmer der Melbourner Studie gab an, daß ihnen die SBE-Nachbesprechung sehr half. Darüber hinaus waren sie der Meinung, daß es auch anderen in der Gruppe so ging. Tatsächlich »gaben 96% des Rettungsdienstpersonals und 77% der Beschäftigten im Sozialdienst / Krankenhaus an, die Streßsymptome nach einer sehr belastenden Situation entwickelt hatten, daß sie eine Verringerung der Streßsymptome bei sich feststellten, was sie zumindest teilweise der SBE-Nachbesprechung zuschrieben« (Robinson und Mitchell, 1993, S. 376).

Die häufigsten Gründe, warum die SBE-Nachbesprechungen nach Meinung von Betroffenen hilfreich waren:

–   Die SBE-Nachbesprechung bot einen Rahmen, über das Ereignis zu sprechen. (Die Teilnehmer bemerkten, daß sie das ohne SBE-Nachbesprechung nicht getan hätten).
–   Die SBE-Nachbesprechung half den Betroffenen, sich selbst bzw. die eigene Streßsituation besser zu verstehen.

Obwohl der Fragebogen Punkte enthielt, die zu Kritik an der SBE-Nachbesprechung aufforderten, bezog sich die einzige substantielle Kritik der Teilnehmer auf äußerliche Details, wie zum Beispiel fehlender Komfort bei Sitzgelegenheiten, daß die Nachbesprechung zu lange nach dem Ereignis abgehalten wurde und daß jeder, der an dem Ereignis beteiligt war, auch an der Nachbesprechung hätte teilnehmen sollen. Andere beklagten, daß ihnen der Prozeß nicht vertraut war und sie vorher nicht genug darüber gewußt hätten. Sie gaben an, daß sie mit einer größeren Kenntnis der SBE-Nachbesprechung mehr von den Sitzungen gehabt hätten. Niemand schrieb, die SBE-Nachbesprechung hätte ihm geschadet (Robinson und Mitchell, 1993).

Insgesamt fanden die Teilnehmer der Melbourner Studie die SBE-Nachbesprechungen generell positiv. »Die positiven Auswirkungen und der Wert von SBE-Nachbesprechungen für die Teilnehmer werden betont. Die meisten Personen, die nach einem belastenden Ereignis unter Belastungssymptomen litten, gaben an, daß diese sich verringerten, nachdem sie an der SBE-Nachbesprechung teilgenommen hatten. Außerdem wurde der Wert einer Nachbesprechung als um so größer eingeschätzt, je stärker die Auswirkungen des Ereignisses auf die Personen waren« (Robinson und Mitchell, 1993, S. 380).

In einer Studie eines anderen Forschers wurden ähnliche Gründe für die Effektivität einer SBE-Nachbesprechung genannt. Von 219 Angestellten im Pflegebereich, die an SBE-Nachbesprechungen teilgenommen hatten, berichteten 193, daß der Prozeß für sie hilfreich war. 26 berichteten, daß der Prozeß nicht hilfreich war. Das Pflegepersonal gab Gründe an, warum die SBE-Nachbesprechungen hilfreich oder nicht hilfreich waren (Burns und Harm, 1993). Siehe hierzu Tabelle 11.5.

Studie zur SBE-Nachbesprechung bei Pflegepersonal

SBE-Nachbesprechung war hilfreich

1. Sprechen über das Ereignis hilft _____ 86,0%
2. Erkennen, daß ich mit meinen Reaktionen auf das Ereignis nicht alleine bin _____ 85,1%
3. andere über den Vorfall reden hören _____ 83,0%
4. Teil einer Gruppe zu sein, die das Ereignis auch miterlebt hat _____ 73,2%
5. hören, wie andere mit Belastungen umgehen _____ 58,2%
6. meine Streßreaktionen ließen an Intensität nach _____ 46,9%
7. von den Team-Leitern etwas über einsatzspezifische Belastungen lernen _____ 22,2%

SBE-Nachbesprechung war nicht hilfreich

1. Die Team-Leiter hatten keine relevante Erfahrung. _____ 26,9%
2. Es gibt in der Gruppe Personen, in deren Anwesenheit ich mich nicht wohl fühle. _____ 23,1%
3. SBE-Nachbesprechungen werden zu lange nach dem Ereignis angeboten. _____ 19,2%
4. Ich fühlte mich nicht wohl dabei, das Ereignis in einer Gruppe zu besprechen. _____ 9,6%
5. Ich bereue die Zeit, die ich für die SBE-Nachbesprechung verschwendet habe. _____ 9,6%
6. Die Nachbesprechung wurde zu früh nach dem Ereignis angeboten. _____ 3,8%

(Burns und Harm, 1993)

Tab. 11.5

Die Gründe für die Uneffektivität der SBE-Nachbesprechung verdienen besondere Aufmerksamkeit. Wenn grundlegende Prinzipien einer SBE-Nachbesprechung nicht befolgt werden, die in diesem Buch und zahlreichen Artikeln beschrieben werden, führt dies dazu, daß SBE-Nachbesprechungen fehlschlagen und/oder SBE-Teams die Atmosphäre der Nachbesprechung als unangenehm empfinden. Eine solche Mißachtung der Grundprinzipien der SBE-Nachbesprechung wird in einer Abhandlung zu dem Flugzeugabsturz über Lockerbie beschrieben. Ein »Debriefer« schreibt:

> »Wir haben auch schnell die ›Kardinalsregel‹ der SBE-Nachbesprechung ge-
> lernt: Es ist nicht ratsam, Betroffenen, die ›abgehärtet‹ sind (ausgeprägte ko-
> gnitive Schutzmechanismen), zunächst über emotionale Reaktionen zu befra-
> gen. Es war effektiver (und leichter), erst die Gesamterfahrung der Gruppe
> zusammenzutragen, bevor wir uns den Reaktionen der Einzelnen zuwandten.
> Die Richtigstellung der Fehlinterpretationen und falschen Vorstellungen ein-
> zelner Teilnehmer war in diesem Rahmen sehr beeindruckend« (Meichenbaum,
> 1994, S. 521).

SBE-Nachbesprechungen werden auch bei Kindern mit positiven Resultaten durchgeführt. Zum Beispiel wurden Kindern eineinhalb Jahre nach dem Armenischen Erdbeben SBE-Nachbesprechungen, Einzel- und Gruppennachbetreuungen angeboten.
Die Nachbesprechungen verminderten ernste traumatische Belastungsreaktionen bei
den Kindern deutlich. Kontrollgruppen erzielten keine guten Ergebnisse (Pynoos et
al., 1994).

Wie man an zahlreichen neueren Artikeln sehen kann, die in den vorhergehenden
Abschnitten aufgeführt wurden, sind SBE-Nachbesprechungen und verwandte Interventionen in die Forschung integriert worden. Außerdem gibt es zunehmend mehr
Literatur zu dieser Thematik. Shalev (1994, S. 209) gibt an, daß die Werke von Raphael und Mitchell die meistzitierten im Bereich der *Nachbesprechungen* sind. Meichenbaum (1994) bestätigt Shalevs Aussage und bietet eine Beschreibung und Kritik des
»Mitchell-Modells« der SBE-Nachbesprechung an.

Heute besteht ein größerer Bedarf als je zuvor, die SBE-Nachbesprechungen weiterzuentwickeln und ihre Effizienz zu evaluieren. Wenn Personalverantwortliche die
Arbeit der SBE-Teams weiterhin unterstützen und fördern sollen, dann muß man stets
aufs neue den Beweis erbringen, daß SBE-Angebote auch tatsächlich positive Effekte
haben. Weitere Bestrebungen, die grundlegenden Gesetzmäßigkeiten der SBE-Nachbesprechung zu untersuchen und zu testen, sind sehr willkommen. Jedoch gibt es
Aspekte, die man sowohl in der Praxis wie auch bei der Untersuchung der SBE-Nachbesprechung beachten muß. Die folgenden zwei Abschnitte befassen sich mit diesen
Punkten.

Was man bei einer SBE-Nachbesprechung beachten muß

Es gibt kein psychologisches Unterstützungsangebot, egal wie sorgfältig es ausgear-
beitet und angewendet wird, das für alle Personen unter allen Umständen gleich effektiv ist. Wo manche maximal profitieren, profitieren andere nur wenig oder gar nicht.
Erfolg oder Mißerfolg einer SBE-Nachbesprechung hängen von verschiedenen miteinander in Beziehung stehenden Faktoren ab:

1. Die SBE-Nachbesprechung soll ausschließlich in Bereichen angewendet wer-
    den, für die sie entwickelt wurde, d.h. zur *Reduzierung* der Auswirkungen

eines traumatischen Ereignisses, zur *Vorbeugung* Posttraumatischer Belastungsstörungen und *zur Beschleunigung* des Erholungsprozesses bei normalen Menschen mit normalen Reaktionen auf ein abnormes Ereignis. Die Nachbesprechung wurde nicht konzipiert für die *Behandlung* der Posttraumatischen Belastungsstörung (PTSD) oder anderer psychischer Störungen. Am hilfreichsten ist und bleibt sie als »Werkzeug« zur konstruktiven Bearbeitung Posttraumatischer Belastungsreaktionen und zur Prävention der PTSD. Eine neuere Abhandlung zu den breitgefächerten Anwendungsmöglichkeiten der SBE-Nachbesprechung in der Katastrophenarbeit warnte: »Wir erkennen an, daß SBE-Nachbesprechungen einigen Opfern von Katastrophen helfen können. Wir befürchten aber, daß sich eine unbegründet hohe Erwartungshaltung bei den Anbietern vor Ort entwickelt« (Hiley-Young und Gerrity, 1994, S. 17).

2. Zeitpunkt: Interventionen, die zu früh oder zu spät nach einem traumatischen Ereignis durchgeführt werden, sind nicht effektiv (Burns und Harm, 1993).

3. Bereitschaft der Betroffenen, Hilfe anzunehmen: Alle Hilfe der Welt wird sinnlos, wenn die, die sie brauchen, nicht in der Lage sind, sie anzunehmen (Mitchell, 1994).

4. Betroffenheitsgrad in einem besonders belastenden Ereignis: Je mehr eine Einsatzkraft von einem besonders belastenden Ereignis betroffen ist, um so weniger reicht eine SBE-Nachbesprechung zur Bearbeitung aus. Beispielsweise kann ein Feuerwehrmann oder ein Polizist, der an einem belastenden Einsatz teilgenommen hat, eine SBE-Nachbesprechung als adäquat und hilfreich empfinden. Allerdings muß man voraussetzen, daß seine Familie nicht direkt von dem Ereignis betroffen ist. Wenn eine Einsatzkraft den Verlust des eigenen Heims zu beklagen hat (Überschwemmungen, Hurrikans, Erdbeben ...) oder ein Familienangehöriger verletzt bzw. getötet wurde, wird die SBE-Nachbesprechung alleine nicht hilfreich sein können (Raphael und Wilson, 1993; Hiley-Young und Gerrity, 1994).

5. Ausmaß der akuten psychischen Belastung bei einer Person zum Zeitpunkt des Ereignisses: Einige Menschen brauchen mehr Unterstützung als die SBE-Nachbesprechung, da sie schon vor dem belastenden Ereignis mit besonderen Streßsituationen konfrontiert wurden oder weil mehrere Streßsituationen gleichzeitig auftreten (Raphael und Wilson, 1993).

6. Psychische Störungen, die schon vor dem traumatischen Ereignis bestanden: In seltenen Fällen sind Betroffene psychopathologisch auffällig und besonders belastet. Sie sind nicht in der Lage, ein belastendes Ereignis adäquat zu verarbeiten und dekompensieren. In solchen Fällen ist eine Psychotherapie indiziert. Die SBE-Nachbesprechung ist kaum hilfreich (Hiley-Young und Gerrity, 1994).

7. Durchführung der SBE-Nachbesprechung von gut ausgebildeten psychosozialen Fachleuten und Peers: Unzureichend ausgebildete Helfer und jene, die den Nachbesprechungsprozeß aus mangelnder Erfahrung falsch anleiten, gefährden Betroffene genauso wie den Gesamterfolg der Intervention (Mitchell und Everly, 1993).

8. Akzeptanz der Ziele und der Struktur der SBE-Nachbesprechung: Der Prozeß der SBE-Nachbesprechung ist gut dokumentiert. Deutliche Änderungen der etablierten Struktur können den Betroffenen Schaden zufügen und dazu führen, daß die SBE-Nachbesprechung fehlschlägt (Mitchell und Everly, 1993).

9. Ausbildungsstand hinsichtlich psychischer Traumatisierung und SBE: Eine entsprechende Ausbildung vor einem Ereignis kann helfen, dessen Auswirkungen zu lindern. Sie erhöht die Motivation der Teilnehmer, an einer SBE-Nachbesprechung teilzunehmen (Mitchell, 1992).

10. Umfang der angebotenen Nachbetreuung: Alle Unterstützungsangebote verfehlen ohne angemessene Nachbetreuung ihr Ziel. Es ist wichtig, wiederholt zu überprüfen, daß es den Teilnehmern der Angebote gut geht. Einige werden keine weitere Unterstützung benötigen. Andere brauchen zusätzliche Hilfe und müssen möglicherweise an professionelle Berater weitervermittelt werden (Mitchell, 1992; Mitchell und Everly, 1993).

11. Intensität des belastenden Ereignisses: Manche Ereignisse sind so einschneidend, daß die SBE-Nachbesprechung nicht alle negativen Auswirkungen eliminieren kann. Noch Monate nach einer Nachbesprechung können Posttraumatische Belastungssymptome fortbestehen (Sloan et al., 1994).

12. Häufigkeit der Exposition gegenüber besonders belastenden Ereignissen: Die Zeit allein heilt keine Wunden, wie mancher gerne glauben würde. Neuere Studien bei Rettungskräften zeigen, daß eine Korrelation zwischen Dienstzeit, Art und Anzahl der belastenden Ereignissen und anhaltenden, d.h. chronifizierten Streßsymptomen besteht (Moran und Britton, 1994).

13. Die Unterstützung durch die Organisation / Dienststelle.

14. Die Unterstützung durch Familie und soziales Umfeld.

15. Ein SBE-Programm besteht neben der SBE-Nachbesprechung aus weiteren Komponenten (Robinson und Mitchell, 1993).

Für weitere Informationen zu »Problemen« bei SBE-Kurzbesprechungen und SBE-Nachbesprechungen lesen Sie bitte Kapitel 14.

Studien über die SBE-Nachbesprechung

Wer Studien über SBE-Nachbesprechungen durchführt oder plant oder Forschungsprojekte, die von anderen entwickelt wurden, selbst durchführt, ist gut beraten, die folgenden Richtlinien zu beachten. Die Forschungsergebnisse sind dann für Anbieter von SBE-Nachbesprechungen von größerem Wert.

1. Besuchen Sie für den entsprechenden Baustein, der untersucht werden soll, eine qualifizierte Ausbildung. Dadurch wird sichergestellt, daß der Untersucher die fachgerechte Umsetzung kennt. Die Arbeit in diesem Bereich ist keineswegs beliebig. Vielmehr geht es darum, das methodische Vorgehen entsprechend zu standardisieren. Es reicht nicht, nur von einem Verfahren zu

lesen. Die Lektüre stellt nicht sicher, daß der Prozeß vollständig verstanden wird.

2. Definieren Sie den Bereich, der untersucht werden soll, genau, und beschreiben Sie ihn detailliert. Manche Forscher behaupten, daß sie SBE-Nachbesprechungen intensiv studiert haben, können aber nicht einmal den Prozeß der SBE-Nachbesprechung beschreiben. Sie nennen alles *Nachbesprechung/Debriefing,* ein kurzes, unstrukturiertes Interview ebenso wie einen durchstrukturierten Gruppenprozeß. Diese Untersuchungen wären aussagekräftig, wenn sie den Begriff *Debriefing*/SBE-Nachbesprechung definierten. Die fehlende Definition des Begriffes verursacht Irritationen bei Lesern.

3. Definieren Sie die Zielgruppen der Untersuchungen. Eine Untersuchung von Feuerwehrleuten unterscheidet sich signifikant von einer Untersuchung, die bei Zivilpersonen ansetzt, deren Häuser durch ein Feuer bedroht wurden und die selbst das Feuer bekämpft haben, um ihr Hab und Gut zu beschützen. Selbstverständlich unterscheiden sich diese beiden Gruppen in Ausbildung, Erfahrung und Reaktionen.

4. Vermischen Sie keine Gruppen innerhalb einer untersuchten Zielgruppe. Ein Polizist, der den Einsatzort absperrt, hat eine andere Erfahrung und eine andere Sicht der Dinge als ein Feuerwehrmann, der im Erstangriff im Rahmen der Brandbekämpfung tätig war. Bürger oder Opfer gehören nicht zusammen mit Einsatzkräften in eine Gruppe, auch dann nicht, wenn sie dasselbe Ereignis erlebt haben. Ihre Ausbildung, Erfahrung, Persönlichkeiten und Reaktionen unterscheiden sich zu sehr voneinander.

5. Stellen Sie sicher, daß diejenigen, die eine Nachbesprechung im Rahmen einer Studie anbieten, gut ausgebildet und erfahren sind. Seien Sie sich darüber im Klaren, daß jeder Anbieter von Nachbesprechungen seinen eigenen Stil entwickelt. Damit variieren die Fähigkeiten eines Teams gegenüber denen anderer Teams. Derartige Aspekte müssen im Studiendesign berücksichtigt werden. In der Forschung geht es nicht nur darum, ein Verfahren oder einen Ansatz an sich zu bewerten. Bewertet wird auch die Kompetenz des Anwenders, ein Modell verantwortet und effektiv umzusetzen und seine Arbeit auszuwerten.

6. Wenn eine Studie eine Reihe verschiedener Ereignisse miteinander vergleicht, sollten sich diese so ähnlich wie möglich sein. Es ist nicht sinnvoll, die Effektivität einer SBE-Nachbesprechung im Vergleich von Anwendungen bei einem Auffahrunfall mit mehreren Todesopfern und einem Auffahrunfall ohne Todesfolge festzustellen. Die Auswirkungen beider Ereignisse sind zu unterschiedlich.

7. Die aussagekräftigste Studie über SBE-Nachbesprechungen hätte ein Design, in dem Personen, die an einer SBE-Nachbesprechung teilgenommen haben, mit anderen verglichen werden, die nicht an einer Nachbesprechung teilgenommen haben, aber einem Ereignis nahezu gleicher Intensität ausgesetzt waren.

8. Forscher sollten keine Themen besprechen, die sie nicht untersucht haben. Mit anderen Worten: Forscher sehen davon ab, aus Spekulationen Fakten

abzuleiten, die nicht in dem Forschungsprojekt untersucht wurden. Die Behauptung, daß nur SBE-Nachbesprechungen mit freiwilliger Teilnahme einen positiven Effekt haben, ist falsch, wenn das einzige, was untersucht wurde, die Frage war, ob SBE-Nachbesprechungen innerhalb von 24 Stunden nach einem besonders belastenden Ereignis stattfinden sollen oder nicht.

9. Forscher sollten Schlüsse vermeiden, die ihren Daten nicht entsprechen. Wenn in einer Studie zum Beispiel die Effektivität einer SBE-Nachbesprechung zur Behandlung von Schizophrenie evaluiert werden soll und sich herausstellt, daß sie keinen positiven Effekt auf schizophrene Patienten hatte, ist der Schluß falsch, daß SBE-Nachbesprechungen bei nicht schizophrenen Einsatzkräften genauso unangebracht sind.

10. Beginnen Sie mit Untersuchungen bald nach den SBE-Nachbesprechungen. Einige Forscher haben mehrere Monate gewartet, bis sie die Daten erhoben. Wenn nach der Nachbesprechung ein zu großer Zeitraum verstreicht, fließen in die Studie zu viele Variablen ein, sie verzerren das Gesamtbild und verfälschen die Ergebnisse.

11. Lassen Sie nicht zu, daß Forschungsprojekte die laufende Arbeit behindern. Primär geht es um Hilfsangebote für psychisch traumatisierte Menschen und nicht um die Forschung der Forschung willen.

12. Jedes Forschungsprojekt sollte bereits veröffentlichte Studien mit einbeziehen, die dieselben Themen behandeln.

Es besteht ein großes Bedürfnis nach Forschungen auf dem Gebiet von SBE, und Forschungsprojekte sollten sorgsam geplant und durchgeführt werden. Die vorgenannten »Mindestrichtlinien« sind zur Orientierung sowohl für interessierte Forscher wie auch für Leser gedacht.

Zusammenfassung

Dieses Kapitel bot Informationen zu Wirkungsweise, Hintergründen, notwendigen Rahmenbedingungen und zur Evaluation der SBE-Angebote (schwerpunktmäßig SBE-Nachbesprechung). Folgende Merkmale charakterisieren die SBE-Angebote und sorgen für die positiven Effekte:

1. frühe Intervention
2. die Möglichkeit, Gefühle auszudrücken
3. die Möglichkeit, das Trauma verbal zu rekonstruieren
4. die Struktur des (Gruppen)Prozesses, die den Teilnehmern (Verhaltens)Sicherheit gibt.
5. die psychologische Struktur (Kognition-Emotion-Kognition), die den Verarbeitungsprozeß stützt
6. Unterstützung durch Gruppen
7. Unterstützung durch Peers
8. Möglichkeit zur Nachbetreuung.

Die SBE-Nachbesprechung und SBE-Kurzbesprechung vermittelt, daß Leid und Probleme der Betroffenen wahrgenommen werden und kompetente Helfer Betreuung anbieten.

Zum Schluß ein Zitat von William James: »Der sehnlichste Wunsch eines Menschen ist es, angenommen zu sein.« Dieses Zitat macht deutlich, daß es für eine - im wahrsten Sinne des Wortes - »humanitäre Hilfe« keine Grenzen gibt.

12 Die SBE-Nachbesprechung bei Großschadensereignissen und für die Zivilbevölkerung

Einführung

In den vergangenen Jahren wurden die Anwendungsmöglichkeiten der SBE-Nachbesprechung breit diskutiert. Mitchell (und andere) hatten die Nachbesprechung ursprünglich für die Arbeit mit Einsatzkräften nach eher »alltäglichen« und »überschaubaren« belastenden Ereignissen entwickelt. Herman (1992) und andere haben eine Variante der Posttraumatischen Belastungsstörung als »komplexe« PTSD beschrieben. Die komplexe Variante der PTSD ist gekennzeichnet durch verlängerte chronische Traumatisierung und/oder eine erneut ausgebrochene chronische PTSD. Mit Blick auf die komplexe Form der PTSD wurde die SBE-Nachbesprechung (Mitchell, 1983) für die Anwendung bei Großschadensereignissen entsprechend modifiziert (Everly und Mitchell, 1992).

Entwicklung

Über Jahre hinweg haben erfahrene SBE-Anwender die Nachbesprechung (Mitchell, 1983) auch im Kontext von Großschadenslagen erfolgreich angeboten. Dazu wurde das Konzept der Nachbesprechung etwas geändert.

Die Erfahrungen mit dem Hurrican Iniki, Hurrican Andrew, der Balkankrise, die anhaltenden Unruhen im Nahen Osten und nicht zuletzt die Interventionen in Somalia überzeugten die Autoren, das ursprüngliche Modell der SBE-Nachbesprechung für derartige »Extremfälle« entsprechend zu ändern. Damit sollte ein Modell der SBE-Nachbesprechung für Großschadensereignisse geschaffen werden, das die Reduzierung der komplexen PTSD nach Kampfhandlungen, langanhaltenden Bürgerunruhen, Großschadensereignissen oder langanhaltenden Einsätzen im kommunalen Bereich ermöglicht. Dieses modifizierte Modell kann grundsätzlich auch bei der Bearbeitung von »Burnout« nach Kampfhandlungen oder bei kumulativem Streß angewandt werden.

Die SBE-Nachbesprechung bei Großschadensereignissen

Die Großschadensvariante der SBE-Nachbesprechung läßt sich gut anhand eines Vergleichs beschreiben. Tabelle 12.1 beschreibt die Phasen des ursprünglichen Modells der SBE-Nachbesprechung (Mitchell, 1983, 1988). Tabelle 12.2 zeigt zum Vergleich das Modell der SBE-Nachbesprechung bei Großschadensereignissen (Everly und Mitchell, 1992).

Im Vergleich erkennt man, daß die Großschadensvariante der SBE-Nachbesprechung den Akzent auf das direkte Ausdrücken von Emotionen (Stufe 4) und auf die konstruktiven Aspekte der Erfahrung (Stufe 5) legt. Das Ziel besteht darin, möglichst schnell einen Zustand emotionalen Gleichgewichts herzustellen. Auch in schrecklichen, grausamen und destruktiven Situationen, in denen Betroffene zunächst nichts Positives erkennen können, kann hervorgehoben werden, daß das Positive der Situation darin liegt, daß die Betroffenen überlebt haben. Es ist eine enorme Leistung, in gefährlichen und chaotischen Situationen Überlebensstrategien erfolgreich umzusetzen. In anderen Situationen werden entsprechend andere Aspekte betont.

Die sieben Phasen der SBE-Nachbesprechung

Phase 1	Einführung	die Mitglieder des SBE-Teams vorstellen, den Ablauf erklären, Erwartungsabklärung, Perspektiven aufzeigen
Phase 2	Tatsachen	das traumatische Ereignis aus der Sicht der Betroffenen auf der kognitiven Ebene beschreiben lassen
Phase 3	Gedanken	den Teilnehmern ermöglichen, Gedanken und Eindrücke zu beschreiben; Überleitung zu emotionalen Reaktionen
Phase 4	Reaktionen	den Aspekt des Ereignisses herausfinden, der für die Teilnehmer am belastendsten ist
Phase 5	Auswirkungen	die persönlichen Streßsymptome thematisieren und erklären; Überleitung zurück zur kognitiven Ebene
Phase 6	Informationen	Reaktionen normalisieren, angemessene Bewältigungsstrategien aufzeigen (z.B. Streßbearbeitung), den Betroffenen einen »kognitiven Anker« anbieten
Phase 7	Abschluß	Mehrdeutiges eindeutig machen und die SBE-Nachbesprechung abschließen

Tab. 12.1

Die Großschadensvariante der SBE-Nachbesprechung

Phase 1	Einführung	die Mitglieder des SBE-Teams vorstellen, den Ablauf erklären, Erwartungsabklärung, Perspektiven aufzeigen
Phase 2	Tatsachen	jeden Teilnehmer die Aufgabe im Einsatz / die Art der Beteiligung kognitiv beschreiben lassen
Phase 3	Gedanken und Reaktionen	eher »kognitive Antworten« auf die Fragen 1. »Was hat Sie in dieser Situation am meisten belastet?« 2. »Was war das Schlimmste für Sie?« anschließend Überleitung zur »emotionalen Ebene«
Phase 4	Emotionen	Antwort auf Phase 3, emotionale Reaktion, Reaktionen oder Konsequenzen erbitten
Phase 5	Neubewertung	Überleitung von der emotionalen Ebene zur kognitiven. »Was kann man aus dieser Erfahrung lernen?« und »Können Sie auch positive Dinge aus dieser Erfahrung ziehen?«
Phase 6	Informationen	Reaktionen normalisieren, Grundsätze der Streßbearbeitung aufzeigen
Phase 7	Abschluß	Erfahrungen unter besonderer Betonung der positiven Erfahrungen und Lerneffekte; Abschluß der Nachbesprechung

Tab. 12.2

Anwendungsgebiete der Großschadensvariante

Dieses Modell der SBE-Nachbesprechung wurde für Einsatzkräfte, die während einer Katastrophe mehrfach traumatisierenden Ereignissen ausgesetzt waren, entwickelt. Es wurde konzipiert, um Katastrophenschutzkräften Unterstützung anzubieten, die über lange Zeit hinweg bei mehreren Großschadensstellen im Einsatz waren. Ersteinsatzkräfte aus dem Rettungsdienst und Katastrophenhelfer des Roten Kreuzes haben an der Großschadensvariante erfolgreich teilgenommen. Die Anwendung dieses Modells der SBE-Nachbesprechung setzt voraus, daß verschiedene Faktoren berücksichtigt werden:

- Die Einsatzkräfte werden von ihren Aufgaben entlassen und in ihren Stützpunkt zurückgeschickt, um sich auszuruhen.
- Die Einsatzkräfte werden aus dem Einsatz genommen und kehren nicht mehr an die Einsatzstelle zurück (mindestens für eine Woche, besser für zwei oder drei Wochen).
- Sie hatten bereits Zeit, ihre Familien und Freunde aufzusuchen. Wenn dazu keine Zeit war, lehnen Mitarbeiter jegliche Unterstützungsangebote ab, gleichgültig, ob es sich um SBE-Nachbesprechungen oder andere Angebote handelt.

Durchführung einer SBE-Nachbesprechung nach Großschadenslagen

Diese Form der SBE-Nachbesprechung wird geleitet wie eine Nachbesprechung für Einsatzkräfte, die in ihrem alltäglichen Dienst einen belastenden, aber überschaubaren Einsatz hatten. Dennoch gibt es einige wesentliche Unterschiede. Am deutlichsten zeigen sie sich in der dritten, vierten und fünften Phase der SBE-Nachbesprechung. Die Namen dieser Phasen wurden entsprechend verändert (Tab. 12.1 und 12.2).

Der dritte Schritt wurde zur Phase »*Gedanken und Reaktionen*«. Um einer Gruppe die Überleitung von den kognitiven Aspekten einer Erfahrung zu den emotionalen zu erleichtern, verlagert sich die Gewichtung von einer nichtspezifischen Frage wie »Was war Ihr erster Gedanke, nachdem Sie das Ausmaß des Ereignisses realisiert hatten?« zu einer direkten Frage wie »Was war das Schlimmste für Sie in dieser Situation?«.

Es ist wahrscheinlich, daß ein SBE-Team in dieser Art der SBE-Nachbesprechung mit stärkeren emotionalen Reaktionen konfrontiert wird als sonst in einer SBE-Nachbesprechung. Manchmal sind die Teilnehmer so belastet, daß sie ihre Gedanken bereits während der Tatsachen-Phase beschreiben. Wenn die Teilnehmer diese beiden Phasen verbinden, kann man das hinnehmen und mit der Phase der (*emotionalen*) *Reaktionen* fortfahren.

In der vierten Phase werden zu den emotionalen Aspekten der Situation direkte Fragen gestellt. Man kann fragen: »Wie haben Sie emotional reagiert?« Während bei SBE-Nachbesprechungen über Gefühle gewissermaßen versteckt gesprochen wird, stellt man hier direkte Fragen zu den Gefühlen und Reaktionen, um die Katharsis, das Ausdrücken der Emotionen, zu fördern.

Die Neubewertungs-Phase ersetzt die Auswirkungs-Phase, wie sie bei SBE-Nachbesprechungen mit Einsatzkräften aus Polizei, Feuerwehr und Rettungsdienst üblich ist. Statt dessen werden die Teilnehmer in der Gruppe gefragt, was sie aus dieser Erfahrung gelernt haben. Eine übliche Frage in dieser Phase ist: »Was können Sie aus dieser Erfahrung lernen?«, »Welche positiven Aspekte sehen Sie in dieser Erfahrung?« oder »Gab es Situationen, in denen Sie stolz darauf waren, am Einsatz teilgenommen zu haben?«

Die Mitglieder des SBE-Teams motivieren die Teilnehmer, ihre Erfahrungen in einem positiven Licht zu sehen. Wenn sich eine Person in der Gruppe z.B. schuldig oder feige fühlt, weil sie vor der Gefahr davonlief, während andere getötet oder verletzt wurden, hilft das SBE-Team dieser Person, zu sehen, wie klug es war, sich selbst zu retten, weil sie so den anderen, die verletzt waren, helfen konnte. Die Idee der Neubewertungs-Phase liegt darin, trotz aller chaotischen und negativen Aspekte etwas Positives wahrzunehmen. Die Interventionen des SBE-Teams in dieser Art von Nachbesprechung gehen weiter als bei »normalen Nachbesprechungen«. Die anderen Phasen der Nachbesprechung bleiben im Großen und Ganzen unverändert.

Kommunale SBE-Teams

Viele Gemeinden (in den USA, Anm. d. Hrsg.) greifen auf SBE-Teams aus dem Rettungsdienstbereich zurück (z.B. nach Erdbeben, Hurricans), um Zivilpersonen, die psychisch traumatisiert wurden, zu helfen. Andere Gemeinden haben Teams gegründet, die ausschließlich auf kommunaler Ebene und nach entsprechenden Ereignissen ihre Hilfsdienste anbieten. Mitglieder der Feuerwehr und der Hilfsorganisationen sind daran nicht beteiligt.

Die Bedürfnisse und Reaktionen von Zivilpersonen unterscheiden sich deutlich von den Bedürfnissen und Reaktionen der Einsatzkräfte. Deshalb muß die SBE-Nachbesprechung auch hier modifiziert werden, um Betroffenen aus einer Gemeinde eine adäquate Unterstützung zu bieten.

Es ist bei Großschadensereignissen nicht grundsätzlich notwendig, für Zivilpersonen SBE-Nachbesprechungen anzubieten. Andere Interventionen sind möglich (vielleicht geeigneter als die Nachbesprechung).

Wenn viele hundert Menschen in einer Gemeinde traumatisiert wurden, fällt es schwer, allen eine entsprechende SBE-Nachbesprechung anzubieten. Manchmal wäre sie unnötig oder sogar kontraproduktiv.

Anstatt zeitaufwendige und teure SBE-Nachbesprechungen für jede Gruppe oder Untergruppe in einer Gemeinde zu organisieren, ist es effizienter, große Gruppen an einem Versammlungsort zusammenzubringen, um sie kurz über Posttraumatische Belastungen und ihre Auswirkungen zu informieren. Auf diese Weise erreicht man viele Menschen gleichzeitig und beantwortet ihre Fragen. Zusätzlich werden Informationsblätter oder Broschüren verteilt. Ein »Informationstreffen« dauert eine bis eineinhalb Stunden.

Einzelne aus der Gruppe, die darüber hinaus weitere Hilfe benötigen, können an SBE-Nachbesprechungen teilnehmen, die von kommunalen SBE-Teams durchgeführt werden. Dabei stellt sich heraus, wer eventuell eine individuelle, kurze Beratung braucht oder an eine psychosoziale Beratungsstelle vermittelt werden muß. Kommunale SBE-Teams sollten folgende Punkte beachten:

- sich in der Situation angemessen verhalten
- sich auf die Bedürfnisse der Gruppe einlassen
- die SBE-Nachbesprechung mit anderen Angeboten vor Ort abstimmen
- das Alter der Betroffenen berücksichtigen
- Möglichkeiten für eine weitere Nachbetreuung bieten und Kontakte zu Beratungsstellen herstellen
- Angebote müssen kurzfristig realisiert werden können
- bei SBE-Nachbesprechungen wird grundsätzlich eine Nachbetreuung angeboten.

Zusammenfassung

Die SBE-Nachbesprechung und die SBE-Kurzbesprechung sind Interventionen, die von einem der Autoren konzipiert wurden (Mitchell, 1983; 1988a; 1988b; 1991), um Posttraumatischen Belastungen und PTSD bei Risikogruppen wie Einsatzkräften aus Feuerwehr, Polizei, Rettungsdienst, Sicherheitskräften, Pflegepersonal, Leitstellenpersonal, Katastrophenhelfern und Soldaten vorzubeugen. Die später modifizierte SBE-Nachbesprechung hat sich in der Anwendung bei Großschadenslagen und in diesem Zusammenhang auch mit Zivilpersonen als nützlich erwiesen. Das »Großschadens-Modell« wird im Rahmen der verschiedenen Ansätze zur Traumabearbeitung seinen festen Platz finden. Bei einer verstärkten Anwendung in diesem Bereich ist es sinnvoll, das Modell zu modifizieren. Modifizierte Nachbesprechungen werden nur von Mitarbeitern mit umfassender SBE-Ausbildung und langjähriger Erfahrung in der Anwendung des »klassischen Modells« durchgeführt.

13 SBE-Angebote unter besonderen Bedingungen

Einführung

Die vorhergehenden Kapitel dieses Buches beschrieben, wie sich die Anwendungen von SBE während der vergangenen 20 Jahre entwickelt haben. Auch die Technik der SBE-Nachbesprechung hat sich weiter entwickelt und paßte sich einer Vielzahl herausfordernder Situationen an. Ihr Kerngedanke ist seit 1984 der gleiche geblieben. Doch wurde das Konzept modifiziert, um sich den speziellen Anforderungen entsprechend anpassen zu können. Einige modifizierte Anwendungsformen werden in diesem Kapitel vorgestellt.

Modifizierte Anwendungen der SBE-Nachbesprechung sind für die Umsetzung durch erfahrene SBE-Teams gedacht, die an einem Aufbaukurs zur SBE-Nachbesprechung der ICISF (International Critical Incident Stress Foundation, Inc., der internationalen SBE-Vereinigung, teilgenommen haben (siehe Anhang, Anm. d. Hrsg.). Die SBE-Nachbesprechung kann bei komplexen oder schwierigen Situationen nicht von unerfahrenen Teams oder Teams ohne SBE-Ausbildung durchgeführt werden.

Der richtige Zeitpunkt für SBE-Angebote

Gegenstand von Diskussionen bleibt der Zeitpunkt, wann belasteten Einzelpersonen oder Gruppen SBE-Angebote gemacht werden sollen. Die folgenden Angaben helfen, eine Gesamtstrategie für die Streßbearbeitung nach belastenden Ereignissen zu entwickeln. Wie mehrmals beschrieben, nehmen Betroffene Hilfe dann an, wenn sie dafür bereit sind. Keine Tabelle kann umfassende Informationen geben, um in allen Situationen die richtige Entscheidung und den exakten Zeitpunkt für ein SBE-Angebot zu finden. SBE-Mitarbeiter treffen ihre eigene Entscheidung und verantworten diese. Sie beurteilen zuerst die Situation und bestimmen dann, in welchem Zustand sich Betroffene befinden. Mit dieser Information können die SBE-Teammitglieder entscheiden, welches SBE-Angebot in der jeweiligen Situation sinnvoll ist.

Das Diagramm 13.1. beschreibt den Prozeß der psychischen Traumatisierung im Zusammenhang mit den verschiedenen SBE-Angeboten und den Angaben der Zeitpunkte, wann eine Intervention sinnvoll ist.

Die Schutzfunktion der SBE-Nachbesprechung

Wenn die SBE-Nachbesprechung richtig und zeitgerecht angewendet wird, unterstützt sie »Schutzfunktionen« zur Prävention der Posttraumatischen Belastungsstörung (PTSD). Die Entwicklung einer PTSD hängt von verschiedenen Faktoren ab. Zunächst ereignet sich ein traumatisches Ereignis, das außerhalb der üblichen menschlichen Erfahrung liegt. Dann folgt eine Reaktion auf das traumatische Ereignis. Diese Reaktion besteht normalerweise aus kognitiven und affektiven Interpretationen des traumatischen Ereignisses und ruft einen Zustand physischer und emotionaler Unruhe hervor. Die kognitiven und affektiven Interpretationen des Ereignisses führen zu einer Gesamtinterpretation der traumatischen Erfahrung. Wenn diese Interpretation das

SBE-Zeitleiste

Zeit	Umstände	SBE-Angebote
Minus Null	vor dem Ereignis	– Planung – Aus- und Fortbildung – Vorbereitung – Aufgaben zuteilen – Bewertung – Einsatzprotokolle erstellen – Ressourcen ermitteln – Mitarbeiter aussuchen – Training
Null	Ereignis	– Team zusammenstellen – Lagebeurteilung – Einsatzbegleitung – Einsatzleitung beraten – psychische Erste Hilfe für Einzelpersonen – Betreuung von Primäropfern, Familienmitgliedern und Augenzeugen – weitere Schritte planen
die ersten 8 Stunden	laufender Einsatz	– Einsatzbegleitung bei Bedarf fortführen – in der Nähe SBE-Einsatzabschlußzentren einrichten, wenn möglich (nur für die ersten beiden Schichten) – falls notwendig, weitere SBE-Teams verständigen – Einzelberatung nach Bedarf – SBE-Kurzbesprechungen durchführen
die ersten 24 Stunden	Einsatz ist fast oder ganz beendet	– Einzelberatungen fortsetzen – Einsatzbegleitung fortführen, falls notwendig – SBE-Nachbesprechungen durchführen – weitere SBE-Angebote planen
24 bis 72 Std. nach dem Ereignis (evtl. nach Wochen oder längerer Zeitspanne, je nach Länge des Einsatzes)	Umstände normalisieren sich (beste Zeit für SBE-Angebote)	– SBE-Nachbesprechung(en) – Einzel-Nachbetreuung im Anschluß an vorherige SBE-Interventionen – Angebote für Angehörige – Angebote für Zivilpersonen bzw. Gemeinde – informelle Gespräche anregen – Nachbetreuung bei allen vorherigen SBE-Angeboten

Tab. 13.1a

Zeit	Umstände	SBE-Angebote
72 Stunden bis 1 Monat (evtl. länger, je nach Länge des Einsatzes/Großschadensereignisses	Umstände haben sich normalisiert	– Fortsetzung der Nachbetreuung bei weiter bestehendem Bedarf – Einzelberatungen weiterführen – Vermittlung an Nachsorgeeinrichtungen (wenn notwendig) – Auswertung – Planung – Aus- und Fortbildung – Training

Tab. 13-1b

Weltbild des Betroffenen stark erschüttert bzw. zerstört, kann sich in der Folge eine PTSD einstellen. Das Diagramm (Abb. 13.1) beschreibt diesen Prozeß.

Wenn die SBE-Nachbesprechung durchgeführt wird, bevor der Betroffene eine neue Weltanschauung entwickelt, beugt dies einer PTSD vor. SBE-Nachbesprechungen haben diesen positiven Effekt, weil sie weitere »Informationen« in Bezug auf die traumatische Erfahrung anbieten. Aufgrund fundierter Informationen über das Ereignis, die jedem Teilnehmer gegeben werden, können die Betroffenen das Ereignis nochmals »durchleben« und so eine neue Interpretation entwickeln, die wahrscheinlich eine PTSD verhindert. Ein Betroffener entwickelt eher eine PTSD, wenn er eine cmo-

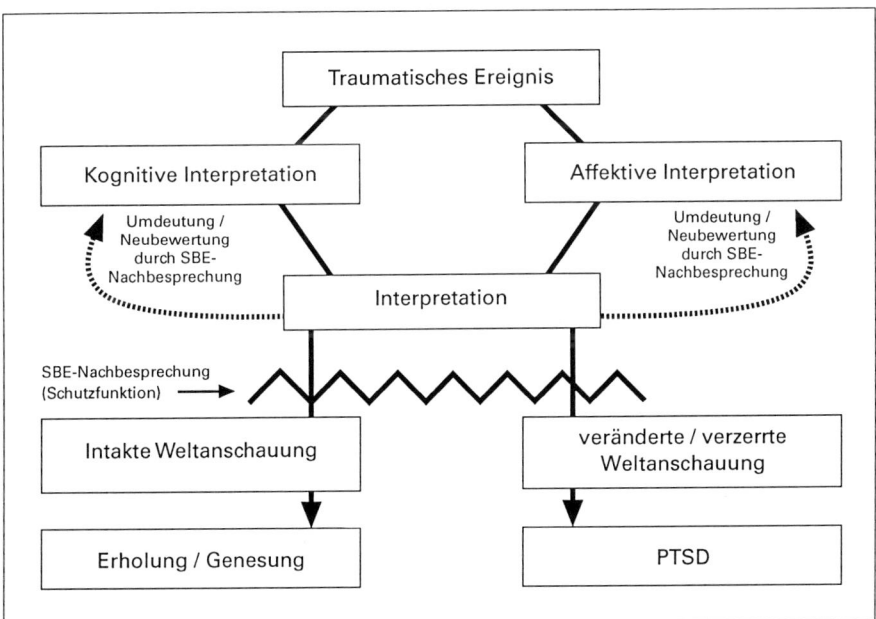

Abb. 13.1: Der Verlauf einer PTSD und die Schutzfunktion der SBE-Nachbesprechung

tionale und kognitive Bewertung des Ereignisses entwickelt, in der er sich schuldig fühlt (z.B. einen Kollegen nicht gerettet zu haben).

Wenn der Betroffene an einer SBE-Nachbesprechung teilnimmt und erfährt, daß die Verletzung des Freundes durch dessen eigenes Verschulden entstanden ist, weil dieser beispielsweise nicht richtig gehandelt hat, ist es weitaus weniger wahrscheinlich, daß er das Ereignis auf eine Weise interpretiert, die zu einer PTSD führt. Das Diagramm in Abbildung 13.1 demonstriert, wie eine SBE-Nachbesprechung eine PTSD verhindern kann. Der Effekt liegt darin, die Teilnehmer zur kognitiven und affektiven Neubewertung zu motivieren. Die unterbrochene Linie (im Bild), die zur PTSD führt, zeigt, daß traumatische Ereignisse so nachhaltig sein können, daß trotz einer SBE-Nachbesprechung die Entwicklung einer PTSD nicht verhindert werden kann. In der Regel ist die SBE-Nachbesprechung allerdings geeignet, der PTSD vorzubeugen.

Zeitpunkt und Umfang der Hilfsangebote

Im Laufe der Zeit sammelten die Anwender der SBE-Nachbesprechung Erfahrungen. Die SBE-Teams lernten daraus und entwickelten ihre Arbeit. Leider gibt es einige Organisationen / Teams, die aus »schlechten« Erfahrungen keine Lehren für sich gezogen haben. Diese Organisationen, Personen und Teams lernen nichts dazu. Es mag sein, daß sie ein unstillbares Verlangen haben, die Dramatik einer Katastrophe mitzuerleben oder Teil von deren »Geschichte« zu sein. Ihre Motivation bleibt unklar. So wurden bei der Anwendung von SBE-Angeboten nach belastenden Einsätzen leider schwerwiegende Fehler gemacht.

Das Problem liegt nicht bei den SBE-Angeboten. Bei richtiger Anwendung werden sie angenommen und sind hilfreich. Leider beklagen betroffene Organisationen nach belastenden Ereignissen immer wieder den Übereifer und die fehlende Distanz einiger SBE-Mitarbeiter. Dies ist gefährlich. In solchen Fällen besteht dringender Handlungsbedarf.

Die zeitliche Gestaltung der Hilfsangebote stellt oft das größte Problem dar. Trotz klarer Vorgehensweise, die sich in Katastrophen während der letzten zehn Jahre unzählige Male bewährten, folgen einige noch immer einem inneren Drang, sofort in das Geschehen einer Katastrophe eingreifen zu wollen. Die Folge ist, daß SBE und andere psychologische Hilfsangebote störend wirken. Wer sich derart aufdrängt, zeigt, daß er einen wichtigen Gedanken der Krisenintervention ignoriert.

Menschen müssen für die Hilfe bereit sein, ansonsten ist sie wirkungslos. Wenn Hilfe zu früh angeboten wird, läuft sie Gefahr, zurückgewiesen zu werden.

Wenn Einsatzkräfte bei einer Großschadenslage mit Brandbekämpfung, Triage, Versorgung, Bergung, Suchen, Retten, Leichenbergung und Aufräumarbeiten beschäftigt sind, nehmen sie psychologische Hilfe nur selten an. Sie sind in dieser Arbeit gefangen, unterdrücken ihre Gefühle und konzentrieren sich auf ihre Arbeit. Dies hilft ihnen, die Situation sogar dann durchzustehen, wenn die Arbeit bei der Katastrophe mehrere Tage bis zu einer Woche oder länger dauert. Erst wenn sie sich vom Ort des Geschehens entfernt haben, kommen sie von einer kognitiven Verarbeitungsebene langsam zu einer emotionalen Verarbeitung des Erlebten. Mit dem Beginn der emotionalen Verarbeitung setzen die Belastungsreaktionen ein. Abbildung 13.2 bezieht sich auf Erfahrungen bei Katastrophen bzw. Großschadenslagen und zeigt die Entwicklung von Belastungssymptomen bei Einsatzkräften. Sie bestätigt den Grundsatz, daß Hilfe nur sinnvoll ist, wenn die Betroffenen dafür bereit sind.

Die Abbildung bezieht sich auf die Erfahrungen des Verfassers (J.T.M.) nach einer Vielzahl größerer Katastrophen, bei denen er SBE-Nachbesprechungen geleitet hat. Bei dem Amtrak-Unglück in Baltimore waren die Rettungskräfte zwei Tage lang im Einsatz. Einige Einzelpersonen zeigten schon bald Anzeichen von Streß und benötigten Hilfe in Form von Einzelgesprächen. Bei dem größten Teil des Personals zeigten sich erst drei bis fünf Tage nach Beendigung des Einsatzes Symptome von Belastungsreaktionen, die so stark waren, daß eine SBE-Nachbesprechung indiziert war.

Ein sieben Tage andauernder Einsatz in El Salvador führte dazu, daß die Rettungsdienstkräfte ihre Symptome so stark unterdrückt hatten, daß sie sich erst sieben bis zehn Tage nach Beendigung des Einsatzes zeigten. Bei dem Flugzeugabsturz in Cerritos, Kalifornien, blieben die Einsatzkräfte acht Tage lang ununterbrochen am Absturzort. Erst zirka 10 bis 14 Tage nach Beendigung des Einsatzes zeigten sich die Symptome. Abbildung 13.2 zeigt weitere Beispiele aus dem Erfahrungsbereich des Autors.

Nachbesprechungen sind nicht sofort notwendig. Dies wird deutlich in Abbildung 13.2. Es ist dagegen wichtig, Einsatzbegleitung, Einzelberatungen mit offensichtlich streßbelasteten Einzelpersonen, Beratung für die Einsatzleitung und direkte Unterstützung für belastete Opfer und Zuschauer am Einsatzort anzubieten. SBE-Einsatzabschlüsse oder SBE-Kurzbesprechungen (siehe Kapitel 8 und 9) können bei Kata-

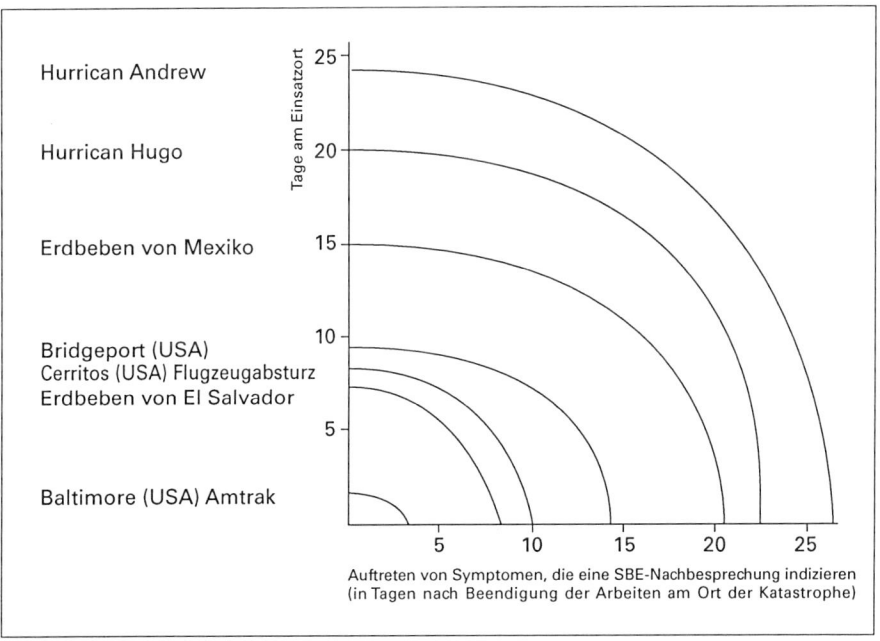

Abb. 13.2: Tage am Einsatzort verglichen mit den Symptomen, die eine SBE-Nachbesprechung indizieren

strophen notwendig sein, wenn die Einheiten aus dem Dienst entlassen werden. SBE-Nachbesprechungen sind sinnvoll, wenn sich die Erlebnisse etwas gesetzt haben (normalerweise nach einer Woche bis zehn Tagen). Abweichungen von dieser Regel gibt es, sie sollten aber in jedem Fall gut überdacht sein.

Es ist falsch, Einsatzkräfte während des Einsatzes am Ort der Katastrophe nach ihrem Befinden zu befragen. Sie entwickeln während des Einsatzes eine kognitive Abwehrhaltung und werden jeden ärgerlich zurückweisen, der versucht, ihre Wahrnehmung auf Gefühle zu lenken.

Es kann ihre Sicherheit und/oder ihr Leben ernsthaft gefährden, wenn man Einsatzkräfte ernsthaft dazu bringt, ihre kognitiven Abwehrmechanismen »auszuschalten« und sie drängt, Emotionen zu zeigen.

Vor nicht allzu langer Zeit untersuchten unzureichend ausgebildete psychosoziale Fachleute Einsatzkräfte während der Arbeiten nach einem Flugzeugabsturz. Sie waren mit Klemmbrett und Fragebogen ausgerüstet und wollten herausfinden, wie sich Einsatzkräfte in der Situation verhalten und welche Gefühle sie zeigen. Sie versuchten wiederholt, die Einsatzkräfte dazu zu bringen, ihre Gefühle auszudrücken und darüber zu sprechen, während die Einsatzkräfte noch in der schwierigen Phase des Einsatzes arbeiteten. Dieses Vorgehen ist völlig verfehlt. Es zeigt vollkommene Ignoranz über die Grundlagen der Krisenintervention und Unsensibilität gegenüber Einsatzkräften. Ebenso deutet dieses Vorgehen auf mangelndes Verständnis für die Aufgaben und die Persönlichkeit von Einsatzkräften hin.

Primäropfer bzw. Zivilpersonen der Katastrophe zeigen früher emotionale Reaktionen. Sie werden die verschiedenen Arten der Unterstützung früher annehmen als Einsatzkräfte. Opfer müssen nicht wie Einsatzkräfte fürchten, ihr Gesicht zu verlieren. Die kognitiven Abwehrmechanismen treten bei ihnen schneller in den Hintergrund, und sie sind viel eher bereit, Hilfe anzunehmen.

Die SBE-Arbeitsweise unterscheidet sich in Katastrophen beziehungsweise Großschadenslagen von normalen Einsätzen. Es hat fatale Konsequenzen, wenn unerfahrene oder unzureichend ausgebildete SBE-Teammitglieder oder Vertreter von Organisationen des Katastrophenschutzes tätig werden. Alle SBE-Maßnahmen und Interventionen sowie psychologische Hilfsangebote im Katastrophenfall unterscheiden sich sehr von der alltäglichen Streßbearbeitung nach belastenden Ereignissen. Katastrophen verlangen nach erfahrenen SBE-Mitarbeitern. Dieser Höchststandard ist notwendig, um nur diejenigen Angebote zu machen, die helfen und nicht verwirren oder Schäden verursachen. Umsicht ist das oberste Gebot, wenn bei Katastrophen Unterstützung angeboten wird. Erst nach Beurteilung der Situation kann entschieden werden, ob Einzelberatungen, Einsatzabschlüsse oder Kurzbesprechungen sinnvoll sind. Werden Nachbesprechungen durchgeführt, bedarf es gründlicher Vorbereitung. Eine SBE-Nachbesprechung wird bei Großschadenslagen und Katastrophen etwa eine Woche bis zehn Tage nach Beendigung des Einsatzes durchgeführt. Nach sehr lange andauernden Einsätzen wird die SBE-Nachbesprechung erst mehrere Wochen nach Beendigung des Einsatzes angeboten.

Wenn man behutsam und gut vorbereitet an die Arbeit geht, kann man sich darauf verlassen, zur rechten Zeit die richtige Art und das richtige Ausmaß an Unterstützung anzubieten. Dann sind Betroffene bereit, das Angebot anzunehmen.

Erfahrungen

Die letzten vierzehn Jahre, in denen mit der SBE gearbeitet wurde, konnten Erfahrungen gemacht, Fehler entdeckt und Korrekturen vorgenommen werden. Die Lehrstunden der Vergangenheit sind für die Anwender, für die SBE-Angebote und für die SBE-Nachbesprechung wichtig. Einige dieser Erfahrungen sind an anderen Stellen dieses Buches beschrieben. Dies ist eine kleine Wiederholung, aber aus Wiederholungen lernt man. So werden hier einige der grundlegenden Lehren aus der Vergangenheit zusammengefaßt:

1. *Die SBE ist keine Psychotherapie.* Sie war niemals gedacht oder entwickelt als Therapie oder Ersatz dafür. Sie wurde entwickelt als ein gruppenorientiertes, organisiertes und strukturiertes Gruppengespräch über ein traumatisches Ereignis, und zwar mit zwei Zielen: 1. die Auswirkungen eines traumatischen Ereignisses zu mildern und 2. den Erholungsprozeß bei psychisch gesunden und emotional stabilen Menschen, die normale Reaktionen auf unnormale Ereignisse entwickeln, zu beschleunigen. In Tabelle 13.2 sind die Hauptunterschiede zwischen Psychotherapie und SBE-Nachbesprechung beschrieben.

2. *Die SBE wird von einem Team durchgeführt.* Die effektivste Art, den Gruppenprozeß einer SBE-Nachbesprechung zu fördern, ist die Durchführung im Team. In den Rettungsdiensten, im Strafvollzug, in der Luftfahrt, in Krankenhäusern, beim Militär und in anderen Gruppen, die unter belastenden Umständen arbeiten, braucht man immer Teams aus Peers und psychosozialen Fachleuten. Dies gilt ebenso für Unternehmen mit einem großen, gleichbleibenden Mitarbeiterstamm. Bei kleinen Unternehmen und kommunalen Gruppen ohne Bezug zu Einsatzdiensten reichen zwei oder drei psychosoziale Fachleute für das SBE-Team aus. Es hat sich gezeigt, daß Peers aus der Gruppe der jeweilig Betroffenen am besten helfen können. Polizisten helfen Polizisten, Pflegepersonal hilft Pflegepersonal. Genauso profitiert jede Hilfsorganisation dann am meisten von der SBE-Nachbesprechung, wenn sie von Peers aus einer Organisation wie der ihren durchgeführt wird.

3. *Die SBE-Nachbesprechung ist effektiver, wenn sie kurze Zeit nach dem traumatischen Ereignis angeboten wird.* In den meisten Fällen liegt der ideale Zeitpunkt für eine SBE-Nachbesprechung innerhalb von 24 bis 72 Stunden nach dem Ereignis. Je nach Intensität des Ereignisses wird eine SBE-Nachbesprechung nach vier bis acht Wochen nicht mehr effektiv sein. Dennoch kann sie auch zu einem späteren Zeitpunkt noch hilfreich sein, auch mehrere Wochen nach dem Ereignis. Je überwältigender die Situation war, desto größer ist die Wahrscheinlichkeit, daß eine SBE-Nachbesprechung sich auch später noch positiv auswirkt. Eine SBE-Nachbesprechung, die länger als zwei Monate nach dem Ereignis durchgeführt wird, kann sich kontraproduktiv auswirken. Sie reißt psychische Wunden wieder auf und zerstört den Schutzwall, den Menschen brauchen, um arbeitsfähig zu bleiben. In seltenen Fällen war es notwendig, SBE-Nachbesprechungen mehrere Jahre nach dem traumatischen Ereignis abzuhalten. Dies wurde mit bemerkenswertem Erfolg getan, wenn der Gruppe zum Zeitpunkt des Ereignisses

Psychotherapie und SBE-Nachbesprechung im Vergleich

Psychotherapie	SBE-Nachbesprechung
Therapeutisches Modell: Intervention bei einem Problem mit dem Ziel, den Abwehrmechanismus zu verändern und Änderungen im Lebensstil oder auf der Beziehungsebene zu fördern	Kriseninterventionsmodell: Stabilisierung, Mobilisierung der Ressourcen, Normalisierung, Wiederherstellung der psychischen »Vitalfunktionen« und der Arbeitsfähigkeit
normalerweise lange Dauer (12 oder mehr Sitzungen)	sehr kurz (3 bis 8 Kontakte, eine davon ist eine SBE-Nachbesprechung)
Focussierung auf die Bedürfnisse der Einzelperson	Focussierung auf die Gruppe
Behandlung	präventiver Ansatz
kann eine Veränderung der Abwehrmechanismen erforderlich machen	verstärkt die effektive Abwehr
arbeitet mit »Übertragung«	geringe Übertragung wegen Kürze der Kontakte
Behandlung wird fortgesetzt, bis die Probleme gelöst sind und die Symptome fast oder ganz abgeklungen sind	Weitervermittlung an einen Therapeuten, falls Symptome bleiben oder zunehmen
in Fällen deutlicher Psychopathologie Anwendung von spezieller und intensiver Therapie	Personen mit deutlicher Psychopathologie werden nicht behandelt. Statt dessen Vermittlung an Therapeuten
unter Anleitung eines Therapeuten	von Peers getragen und von psychosozialen Fachleuten angeleitet
erfahrene Therapeuten	von Peers und psychosozialen Fachleuten im Team geleitet

Tab. 13.2

und danach keine Hilfe zuteil wurde. Solche Ereignisse sind für die Betroffenen sehr traumatisierend und gehen nicht aus dem Gedächtnis. Sie überragen alle anderen Ereignisse in der Biographie eines Menschen oder einer Organisation. Unter solchen Umständen reicht eine SBE-Nachbesprechung allein nicht aus. Einzelberatungen, neuro-kognitive Therapien oder andere Formen, wie zum Beispiel EMDR, Schulungen, Hilfe für Angehörige, Schulung der Verwaltung und weitere Hilfsprogramme kommen dazu.

4. *SBE-Nachbesprechungen sollten kurz sein.* Die Nachbesprechung ist auf eine Dauer von ungefähr 2 bis 3 Stunden ausgerichtet. Es kann schneller gehen, wenn die Gruppe klein ist. Wenn die Gruppe groß ist oder ein Ereignis besonders belastend ist, nimmt die Nachbesprechung mehr Zeit in Anspruch. Dennoch kommt es nur selten vor, daß eine SBE-Nachbesprechung länger als drei Stunden dauert. Vermeiden Sie es, Nachbesprechungen von vier oder mehr Stunden zu halten.

Marathon-SBE-Nachbesprechungen sind ein Zeichen für eines oder mehrere der folgenden Probleme:
- Das Ereignis hat eine besondere Dimension.
- Das Team läßt zu, daß während der Tatsachen- und Gedanken-Phase zu viel geredet wird.
- Das Team ist sehr unerfahren.
- Die Leitung im Team funktioniert nicht.
- Das Team ist mit dem Ablauf der SBE-Nachbesprechung nicht vertraut.

5. *In einer SBE-Nachbesprechung werden keine insistierenden Fragen gestellt.* SBE-Teams geben sich mit den Informationen zufrieden, die ihnen die Teilnehmer während einer Nachbesprechung geben. Jeder Teilnehmer hat das Recht zu schweigen. Ein SBE-Team stellt niemals insistierende Fragen, um mehr Informationen zu bekommen.

6. *Ein Teilnehmer darf nicht in eine peinliche Situation gebracht werden.* Einer Einzelperson besondere Aufmerksamkeit zu schenken, ist nicht angebracht. Vermeiden Sie es anzusprechen, wenn ein Teilnehmer weint, die Hände ringt oder Gefühle auf eine andere Weise zeigt. Lassen Sie keine Taschentücher bei den Teilnehmern herumgehen. Vermeiden Sie es auch, Teilnehmer während der Nachbesprechung zu berühren. Denken Sie daran, daß Einsatzkräfte ein starkes Bedürfnis nach Selbstkontrolle haben. Alles, was ihnen peinlich ist, wird die Kontrolle in Gefahr bringen und läßt sie negativ reagieren.

7. *Eine SBE-Nachbesprechung ist immer vertraulich.* Jegliche Verletzung oder auch nur der Verdacht einer Verletzung der Vertraulichkeit gefährdet die Integrität des SBE-Teams und schadet dem Prozeß der SBE-Nachbesprechung sehr.

8. *Die Nachbesprechung wurde nicht entwickelt, um gute Ratschläge zu geben.* Die Nachbesprechung ist darauf ausgerichtet, ein Forum zum persönlichen Gespräch zu bieten. Sie ist keine günstige Gelegenheit für SBE-Teammitglieder, schlaue Tips zu geben. Das Team gibt einige Hinweise zur Streßverarbeitung, aber es sollte nicht übertreiben.

9. *»Geschichten von der Front« haben in einer SBE-Nachbesprechung nichts verloren.* Teammitglieder, die ihre eigenen Erlebnisse in der SBE-Nachbesprechung erzählen, gefährden den Ablauf, da sie ablenken. Solche Geschichten ziehen die Aufmerksamkeit von dem Ereignis ab und statt dessen auf Mitglieder des SBE-Teams.

10. *Das SBE-Team hält sich in der Reaktions-Phase sehr zurück und läßt die Teilnehmer reden.* Das SBE-Team zeigt Aktivität in Einführungs-, Informations- und Abschluß-Phase. Die Teilnehmer hingegen sind in der Tatsachen-, Gedanken- und Auswirkungs-Phase aktiv. Im Nachbesprechungsprozeß sollte es nicht zu langen Schweigephasen kommen. Wenn zu lange nichts gesagt wird, stellt eines der Teammitglieder die Frage erneut oder ermutigt jemanden zu sprechen, wenn jemand dazu bereit ist.

11. *Eine Fortbildung ist niemals ein Ersatz für eine SBE-Nachbesprechung.* Die Streßprävention ist wichtig. Sie kann aber niemals als Ersatz für eine SBE-Nachbesprechung verwendet werden. Anstelle einer Nachbesprechung eine Schulung durchzuführen, nimmt den Teilnehmern die Möglichkeit, ihren Emotionen freien Lauf zu lassen und von anderen mehr über das Ereignis zu hören.

12. *Nach einer SBE-Nachbesprechung folgen immer Angebote zur Nachbetreuung.* Manchmal reicht ein kurzes Nachtreffen (keine weitere SBE-Nachbesprechung) etwa eine Woche nach der Nachbesprechung. Hier kann man die Teilnehmer fragen, wie es ihnen seit der Nachbesprechung ergangen ist und ob sie immer noch Symptome an sich bemerken, über die sie sprechen wollen. Was immer die Gruppenmitglieder besprechen wollen, wird bearbeitet. Weitere Hinweise haben hier ebenfalls ihren Platz. Meistens findet die Nachbetreuung als Einzelberatung statt. Es ist wichtig, daß die Peers eine entsprechende Ausbildung erhalten, um ihre einzelnen Nachtreffen effektiv gestalten zu können.

Schwierige SBE-Nachbesprechungen

Nach der Lektüre dieses Buches meint niemand mehr, daß die SBE-Nachbesprechung ein simpler Prozeß ist, den man auch ohne Ausbildung (an)leiten kann. Eine fundierte Ausbildung ist unverzichtbar. SBE-Nachbesprechungen sind auch für gut ausgebildete und erfahrene Teammitglieder, seien es Peers, Geistliche oder psychosoziale Fachleute, immer wieder eine Herausforderung.

Wenn ein SBE-Team eine der im folgenden beschriebenen Nachbesprechungen durchführen will, muß es zumindest die Ausbildung für Fortgeschrittene haben. Diese Arten der Nachbesprechung sind komplex und können leicht mißlingen. SBE-Teams, die Nachbesprechungen in schwierigen Situationen anbieten, brauchen einen großen Erfahrungsschatz und müssen in der Lage sein, ihr Vorgehen innerhalb kürzester Zeit der aktuellen Situation anzupassen, wobei sie die Grundprinzipien der SBE-Nachbesprechung allerdings beibehalten.

SBE-Nachbesprechung, die sich auf mehrere Ereignisse bezieht

Die SBE-Nachbesprechung, die mehrere Ereignisse umfaßt, wird angewandt, wenn dasselbe Personal einer Organisation innerhalb kürzester Zeit mehrere belastende Ereignisse erlebt hat. Maximal vier Vorfälle können gleichzeitig bearbeitet werden. Mehr überlastet das SBE-Team, und es könnte der Gruppe nicht mehr helfen. Bei mehr als vier Ereignissen sollte das SBE-Team die vier schwierigsten auswählen.

Ein Dienstunfall mit tödlichem Ausgang wird niemals in einer Mehrfach-SBE-Nachbesprechung bearbeitet. Dies ist ein so belastendes Ereignis, daß es alles andere in den Hintergrund drängt. Dienstunfälle mit tödlichem Ausgang werden in jedem Fall separat behandelt.

Die Ereignisse können sich ähneln oder auch unterschiedlich sein, haben aber innerhalb eines kurzen Zeitraums stattgefunden. Normalerweise ist dieser Zeitraum zwischen einer Schicht und bis zu maximal zwei Wochen.

Das SBE-Team bewertet die Situation und trifft überlegt die Entscheidung für eine SBE-Nachbesprechung, die mehrere Ereignisse umfaßt. SBE-Teams sollten sich nie von der Situation überraschen lassen und dann auf einmal während einer normalen SBE-Nachbesprechung eine Mehrfach-Nachbesprechung durchführen. Anders ausgedrückt, eine solche Nachbesprechung ist ein geplanter und kein zufälliger Prozeß.

Um den Bedarf für diese Art der SBE-Nachbesprechung einzuschätzen, sollte ein SBE-Team vorab folgende Fragen stellen: Gibt es neben dem Ereignis, für das eine SBE-Nachbesprechung angeboten werden soll, noch andere bedeutende Vorfälle innerhalb der vergangenen vierzehn Tage? Wird diese Frage verneint, bereiten Sie sich auf eine ganz normale SBE-Nachbesprechung vor. Wird sie aber bejaht, fragen Sie wie folgt weiter:

- Wie viele Ereignisse gab es?
- Welche Ereignisse gab es?
- Ähneln sich einige dieser Ereignisse?
- Wie lange dauerten die Ereignisse jeweils?
- War die Mannschaft bei jedem Einsatz dieselbe, oder waren einige Einsatzkräfte nur an einem oder zwei dieser Ereignisse beteiligt?
- Ist jedes Ereignis, einzeln betrachtet, gravierend genug, um eine SBE-Nachbesprechung zu rechtfertigen?
- Gibt es ein Ereignis, das die Betroffenen scheinbar am meisten beschäftigt?
- Wie geht es den Einsatzkräften, die an diesen Einsätzen teilgenommen haben, jetzt?
- Gibt es unnormale bzw. bemerkenswerte Reaktionen oder Symptome bei der Mannschaft?
- Gibt es andere wichtige Informationen?

Wenn die Einschätzung erfolgt ist und sich die SBE-Verantwortlichen für eine mehrere Ereignisse umfassende SBE-Nachbesprechung entschieden haben, beginnen sie, das Team zusammenzustellen. Es ist ratsam, zumindest eine Ersatzperson für das Team bereitzuhalten. Werden für eine normale SBE-Nachbesprechung nur zwei SBE-Teammitglieder benötigt, werden hier drei ausgewählt. Wenn drei für eine normale SBE-Nachbesprechung nötig wären, so müßten es bei einer Mehrfach-Nachbesprechung vier sein usw. Man muß auch mehr Zeit einplanen. Die Nachbesprechungen dieser Art dauern zwischen 30 bis 60 Minuten länger.

Jedes Teammitglied hat eine spezielle Rolle. Der jeweilige SBE-Mitarbeiter wird darauf hingewiesen, aufmerksam zuzuhören, wann immer das ihm zugeteilte Ereignis erwähnt wird. Während der Informationsphase bezieht sich dieses Teammitglied dann auf das entsprechende Ereignis. Zwar kann jedes Teammitglied zu jedem Ereignis etwas sagen, aber der »Spezialist« äußert sich in jedem Fall zu dem ihm zugeteilten Ereignis. Dieses Vorgehen ermöglicht ein besseres Eingehen auf die unterschiedlichen Ereignisse. Es ist kein Problem, Personen, die nur an einem der Einsätze beteiligt waren, und solche, die an jedem beteiligt waren, zusammenzubringen. Höchstwahrscheinlich haben sie in ihrer Organisation schon von den Einsätzen gehört. Die Gefahr, daß die Einsatzkräfte von den anderen Einsätzen, an denen sie nicht beteiligt waren, in der Nachbesprechung negativ beeinflußt werden, ist gering.

Die verschiedenen Ereignisse werden gleichzeitig bearbeitet. Sie werden in willkürlicher Reihenfolge in das Gespräch eingebracht, ohne das Gespräch in Abschnitte zu gliedern. Sortiert werden die verschiedenen Ereignisse in der Informations-Phase der Nachbesprechung. Für ein SBE-Team ist das eine Herausforderung. Die Teammitglieder versuchen, jeder Situation, wie sie angesprochen und eingebracht wird, zu folgen. Es ist essentiell, daß jedes Ereignis in der Informations-Phase besprochen wird. Wenn nicht, kann bei den Teilnehmern der Eindruck entstehen, daß das SBE-Team eines der Ereignisse als unwichtig abtut. Wenn aber eine Person von eben diesem Ereignis betroffen ist, das nicht besprochen wird, können für sie daraus (zusätzliche) Belastungen resultieren.

Zu Beginn der »Mehrfach-Nachbesprechung« fragt das SBE-Team: »Sagen Sie uns bitte, wer Sie sind, welche Aufgabe Sie normalerweise haben, nennen Sie uns die Einsätze, an denen sie beteiligt waren, und welcher für Sie der schlimmste war. Eine kurze Beschreibung, was in jedem Einsatz geschehen ist, würde uns sehr helfen. Sie müssen die Einsätze nicht in einer bestimmten Reihenfolge ansprechen.«

In der *Gedanken-Phase* wird gefragt: »Welche Gedanken kamen Ihnen zu jedem der Einsätze in den Sinn? Sind einige der Gedanken vorherrschend bei der Erinnerung an die Einsätze?«

Auch in der *Reaktions-Phase* werden die Fragen in Anlehnung an die normale SBE-Nachbesprechung formuliert, z.B.: »Was ist für Sie persönlich das Schlimmste bei all diesen Einsätzen? Wenn Sie wollen, sagen Sie etwas zu jedem Einsatz oder ein-fach nur dazu, was für Sie insgesamt am Schlimmsten war, egal bei welchem Einsatz.«

In der *Auswirkungs-Phase* werden die Teilnehmer gefragt, ob sie bei einem dieser Einsätze Belastungssymptome an sich festgestellt haben.

Die *Informations-Phase* der »Mehrfach-Nachbesprechung« verläuft genauso wie die der normalen Nachbesprechung. Der einzige Unterschied liegt darin, daß jedes Ereignis in der *Informations-Phase* besprochen werden muß. Außerdem bemüht sich das Team, Verbindungen zwischen den Einsätzen herzustellen und wichtige, gemeinsame Anliegen hervorzuheben.

Die symbolische SBE-Nachbesprechung

Manchmal löst die Nachbesprechung eines bestimmten Ereignisses (viele) alte Erinnerungen an andere, vergangene traumatische Ereignisse aus. Das Gespräch nimmt eine unerwartete Wende, (viele) alte Vorfälle tauchen auf. Die Mitglieder des SBE-Teams trifft der Wechsel von dem aktuellen Ereignis zu den alten Vorfällen meist unvorbereitet. Es geschieht einfach so, ganz natürlich.

Der Wechsel von der Gegenwart zu älteren Ereignissen vollzieht sich, weil etwas die alten Erinnerungen hervorholt. Manchmal ähneln sich die Ereignisse, oder es tauchen bei dem aktuellen Vorfall ähnliche Gefühle wie damals auf. Manchmal spielen die fünf Sinne eine Rolle dabei, wenn die alten Erinnerungen stimuliert werden. Das aktuelle Ereignis repräsentiert oder *»symbolisiert«* das vergangene.

Um eine *»symbolische SBE-Nachbesprechung«* durchzuführen, muß das SBE-Team zuerst einmal wissen, daß es so etwas gibt. Die Möglichkeit dazu besteht grundsätzlich immer. Beim Team muß es »klingeln«, wenn alte Einsätze in der Nachbesprechung auftauchen. Die Teammitglieder erkennen, wie die alten und neuen Ereignisse in Verbindung stehen. Das Team unternimmt in diesem Fall einen oder zwei vorsichtige Versuche, den aktuellen Vorfall wieder in den Vordergrund zu rücken.

Ein Beispiel für eine Intervention, mit der man versuchen kann, den aktuellen Einsatz wieder in den Vordergrund zu rücken, ist: »Wir können sehen, wie Sie diese

Situation an viele Ereignisse in der Vergangenheit erinnert, und wir schätzen es, daß Sie sie hier ansprechen. Die Brücke, die Sie zur Vergangenheit schlagen, ist wichtig, aber wir würden gerne noch eine weitere Frage zu der aktuellen Situation stellen.« Dann kommt eine Frage zu dem aktuellen Ereignis. Wenn das Gespräch wieder abdriftet zu den alten Vorfällen, kann das ein Zeichen sein, daß die alten, schmerzlichen Erfahrungen nie bearbeitet wurden und jetzt besprochen werden müssen. Es wird nicht weiter versucht, den aktuellen Einsatz wieder in den Vordergrund zu rücken. Das Team hört dem, was die Gruppe bearbeiten will, aufmerksam zu.

Wenn die alten Ereignisse keine größere emotionale Bedeutung haben und die Gruppe nur den Anschein macht, als würde sie es vermeiden wollen, über den aktuellen, belastenden Vorfall zu sprechen, versucht das SBE-Team, die Gruppe beim aktuellen Ereignis zu halten und ein Abdriften in »alte Geschichten« zu verhindern. Unter diesen Umständen handelt es sich beim Abdriften vielleicht um eine Vogel-Strauß-Taktik, um die schmerzlichen Erfahrungen aus diesem Ereignis zu vermeiden.

Wenn in einer »symbolischen SBE-Nachbesprechung« alte Einsätze eingebracht werden, muß das SBE-Team sehr sorgfältig zuhören und versuchen, Ähnlichkeiten zum aktuellen Fall herauszuhören. Diese werden dann in der Informationsphase besprochen. Das Team versucht hier, alle offenen Fragen zu klären und aus den verschiedenen Einsätzen einen Sinn herauszufiltern. Das SBE-Team muß bei Anzahl und Auswahl seiner Fragen sehr flexibel sein. Die verschiedenen Ereignisse machen dies erforderlich. Eine große Anzahl von Fragen stellt sicher, daß die alten und neuen Vorfälle gut miteinander verbunden werden können, damit am Ende der Nachbesprechung die Themen der Teilnehmer weitgehend geklärt sind.

Dienstunfall mit tödlichem Ausgang

Eine SBE-Nachbesprechung nach einem Dienstunfall mit tödlichem Ausgang stellt zweifellos eine der schwierigsten Aufgaben für ein SBE-Team dar. Der Tod ruft tiefen Schock, Verweigerung, Angst und Trauer bei den Betroffenen hervor. Das Team muß hier feinfühlig und sehr sensibel vorgehen. Betroffene haben meist ein starkes Bedürfnis nach Einzelberatung, sowohl vor als auch nach der SBE-Nachbesprechung. Ein SBE-Team, das einen Dienstunfall mit tödlichem Ausgang begleitet, hat eine Unmenge an Arbeit zu leisten - ab dem Moment, an dem der Tod feststeht, bis einige Wochen nach der Beerdigung. Die frühen Trauerphasen sind schwierige Zeiten für die Organisation und für die einzelnen Mitglieder. Emotionen stehen hier an erster Stelle. Sie verändern sich, wenn die Gruppe und die Einzelpersonen verschiedene Trauerphasen durchlaufen.

Diese Gefühle übertragen sich auch auf die SBE-Teammitglieder. Sie können durch die Erfahrung, die sie in der Nachbesprechung machen, sozusagen aus »zweiter Hand« traumatisiert werden. SBE-Mitglieder, die nach einem tödlichen Dienstunfall eine Nachbesprechung anbieten, brauchen in jedem Fall eine besondere Einführung. Die Teammitglieder werden selbst auch eine intensivere Nachbearbeitung benötigen - sowohl nach jeder SBE-Nachbesprechung als auch nach den anderen SBE-Angeboten.

Ein Dienstunfall mit tödlichem Ausgang macht eine breite Palette von SBE-Angeboten notwendig. Das Team beginnt mit seiner Arbeit, sobald es vom Todesfall unterrichtet worden ist. Es kann die Organisation unterstützen, indem es innerhalb kürzester Zeit einen Plan zur Benachrichtigung von Familienmitgliedern über den Todesfall erstellt. Einige SBE-Teams werden auch zur Überbringung der Todesnachricht eingesetzt. In solchen Fällen braucht es ebenfalls eine spezielle Einführung für das Team. Normalerweise werden ein Gemeindepfarrer, ein Vorgesetzter, ein Vertreter der psychosozialen Fachleute aus dem SBE-Team und ein Peer zusammen die Todesnachricht überbringen. Wenn es nicht möglich ist, dieses Team schnell zusammenzustellen, sollte ein Verantwortlicher der Organisation die Todesnachricht überbringen. Das Überbringen der Todesnachricht an die Familie ist stets die schwierigste Aufgabe. Wieviele Schulungen jemand auch haben mag, nichts kann einen Menschen, der eine Todesnachricht an die Hinterbliebenen überbringen muß, letztlich ausreichend darauf vorbereiten.

Wenn die Todesnachricht überbracht wurde, stellt das Team den Kontakt zu den besonders stark Betroffenen (direkte Kollegen, Einsatzkräfte, die am Einsatz beteiligt waren) her. Bereits am Todestag wird das erste *Debriefing* durchgeführt. Es ist zu beachten, daß das Debriefing, das vor der Beerdigung stattfindet, nicht den gleichen Ablauf hat wie sonst die SBE-Nachbesprechung mit ihren sieben Phasen. Sie ist wesentlich kürzer und gleicht eher einer SBE-Kurzbesprechung. Die zwei Hauptziele dieser ersten Nachbesprechung sind:

1. die Betroffenen über die tatsächlichen Geschehnisse des Ereignisses zu informieren
2. die Gruppenmitglieder bei der Vorbereitung auf die Beerdigung zu unterstützen.

In der ersten Nachbesprechung fragt das SBE-Team die Teilnehmer, ob sie kurz berichten können, was geschehen ist, damit jeder den gleichen Informationsstand hat. Die Informationen kommen normalerweise zögernd und unter großem Schmerz. Die Personen stehen unter Schock und haben Schwierigkeiten, die Details zu ordnen. Die *Gedanken-Phase* wird ausgelassen, so daß keine Zeit ist, die Gedanken zu ordnen. Wenn die *Reaktions-Phase* beginnt, betont das SBE-Team, daß es wissen will, ob die Betroffenen den Punkt benennen können, der sie zum Zeitpunkt der Nachbesprechung am meisten belastet. Man kann nicht erwarten, daß alle Betroffenen in der Lage sind, während der Nachbesprechung klare Informationen zu geben. Nur wenige sprechen zu diesem Zeitpunkt. Die *Auswirkungs-Phase* wird in der Regel ebenfalls ausgelassen, da in der kurzen Zeit außer Schock und Verweigerung vermutlich keine anderen Symptome aufgetreten sind. Die *Informations-Phase* bietet einen kurzen Überblick über die frühen Phasen der Trauer. Ebenso bereitet man die betroffenen Personen darauf vor, mit überwältigenden Gefühlen in den nächsten Tagen und besonders nach dem Begräbnis fertig zu werden.

SBE-Teammitglieder bieten auf Nachfrage und bei Bedarf in den nächsten Tagen Einzelberatungen an. Vertreter des SBE-Teams können auch am Begräbnis teilnehmen. Diese Vertreter haben für die Beerdigung keinen Arbeitsauftrag. Normalerweise besteht hier kein Bedürfnis nach SBE-Angeboten. Das Begräbnis beschäftigt jeden, und kaum jemand sucht zu diesem Zeitpunkt direkte Hilfe. Unmittelbar nach dem Begräbnis kommt nur vereinzelt jemand auf das SBE-Team zu, um seine Gefühle auszudrücken. Teammitglieder bieten Unterstützung an, wenn sie danach gefragt werden, aber sie drängen sich niemandem auf. *Trauer ist ein natürlicher Prozeß. Zu viel Hilfe steht den natürlichen Bewältigungs- und Erholungsprozessen im Wege.* Also nehmen die SBE-Teammitglieder in dieser Phase von Trauer und Leid lediglich eine Beobachterrolle ein. Sie unterstützen, wenn sie danach gefragt werden, aber übertreiben nicht. Die SBE-Delegation auf der Beerdigung führt nach dem Begräbnis keine SBE-Nachbesprechungen durch. Begräbnis und SBE-Nachbesprechung zusammen sind zu belastend.

Die zweite Nachbesprechung findet drei bis sieben Tage nach dem Begräbnis statt. Diese Nachbesprechung soll die Umstände des Todesfalls näher beleuchten, Eindrücke der Kollegen zusammentragen und in einer guten Weise den Trauerprozeß begleiten. Sie wird nach dem »Sieben-Phasen-Konzept« durchgeführt. Was zu diesem Zeitpunkt Belastungsreaktionen auslöst, steht in Zusammenhang mit den Geschehnissen während des Begräbnisses oder der Tatsache, daß die Organisation wieder zum Alltag zurückkehrt. Zum Beispiel ordnet die Verwaltung an, das Fach des toten Mitarbeiters zu leeren. Dies kann Mitarbeiter verärgern und verletzen. Das Team behandelt die vielfältigen Themen, die in einer Nachbesprechung zur Sprache kommen. Gegen Ende der SBE-Nachbesprechung fragt das Team die Teilnehmer, wie sie den Verstorbenen in Erinnerung behalten. Dann besprechen sie den Trauerprozeß detailliert und geben realistische Einschätzungen, wie lange die Gruppe brauchen wird, bis sie den Tod verarbeitet hat. Das Team gibt Anregungen, wie man das Gedenken an den Verstorbenen innerhalb der Organisation gestalten kann, beispielsweise durch eine Gedenktafel, oder indem man einen Baum pflanzt, einen Gedächtnisfonds einrichtet und so weiter.

Die Nachbetreuung über die nächsten Wochen ist wichtig. Einige Personen werden mit den SBE-Teammitgliedern sprechen wollen. Es kann Bedarf nach einem kurzen Gruppentreffen bestehen, um herauszufinden, wie es den Teilnehmern seit dem Begräbnis und der letzten SBE-Nachbesprechung ergangen ist. Verwaltung und Vorgesetzte suchen Rat, wie sie sich in der einen oder anderen Situation verhalten sollen. Die Familie des Verstorbenen kann zusätzliche Unterstützung benötigen, oder es muß ein Trauerbegleiter gefunden werden. Das SBE-Team bietet für die Ehegatten und Angehörigen je nach Bedarf SBE-Nachbesprechungen und andere Angebote an. In der Regel wird das Umfeld durch den Verlust vollkommen aus der Bahn geworfen. Die Menschen benötigen Hilfe, um ihr Leben wieder ins Gleichgewicht zu bringen. Viele Kollegen sind auch deshalb stark betroffen, weil ihnen bewußt wird, daß es auch sie hätte treffen können.

Die Kinder der Einsatzkräfte können mit einbezogen werden. Die »symbolischen Tage« nach genau einem Monat, drei Monaten, sechs Monaten und der Jahrestag nach dem Ereignis können Reaktionen verstärken bzw. wieder hervorrufen. SBE-Teams sind sich dieser Tatsache bewußt und bereiten sich darauf vor, um hier individuelle Angebote machen zu können.

Mehrere Dienstunfälle mit tödlichem Ausgang

Wenn bereits die Auswirkungen eines Dienstunfalles mit tödlichem Ausgang für eine Organisation enorm sind, so können die Auswirkungen mehrerer Dienstunfälle mit tödlichem Ausgang wohl nur als »katastrophal« bezeichnet werden. Die Erholung von

Dienstunfällen mit mehreren Toten dauert lange. Menschen danach wieder eine Perspektive zu eröffnen, ist eine gewaltige Herausforderung. SBE-Teams müssen hart arbeiten, um nach mehreren Dienstunfällen mit tödlichem Ausgang effektive Hilfe leisten zu können. Die Erfahrungen belasten auch die Teammitglieder. Manchmal müssen SBE-Mitarbeiter ausgetauscht werden, um sie vor Überforderung und zu starker Belastung zu schützen.

Die Richtlinien der oben stehenden Abschnitte bezüglich Dienstunfällen mit tödlichem Ausgang behalten auch hier ihre Gültigkeit. Jedoch müssen Ergänzungen gemacht werden, da mehrere Todesfälle im Einsatz den üblichen Erfahrungs- und Verarbeitungsrahmen sprengen.

Zunächst ist es wichtig, jede der betroffenen Familien individuell zu begleiten. Setzen Sie die trauernden Familien nie zusammen in eine Gruppe. Jede Familie hat andere Bedürfnisse. Normalerweise versammeln sie Verwandte um sich, auf die sie sich verlassen und die ihnen bei ihren direkten Bedürfnissen helfen können. Außenstehende können dies oft nicht leisten. Alle trauernden Familien zusammenzubringen, ruft möglicherweise intensive Trauergefühle hervor, die außer Kontrolle geraten können. Wenn eine Familie überzeugt ist (selbst wenn dies vollkommen abwegig ist), daß der Verstorbene einer anderen Familie am Tod ihres eigenen geliebten Familienmitgliedes schuld ist, wird beim Zusammentreffen eine gereizte Situation entstehen. Sie entscheiden selbst, sich zu treffen, Dienststelle oder SBE-Team versuchen keinesfalls, die Familien vor, während oder direkt nach dem Begräbnis zusammenzubringen. Monate später können sich die Familien durchaus treffen oder bei einer bestimmten Zeremonie zusammengebracht werden. Zu dem Zeitpunkt werden sich die Hinterbliebenen mit dem Verlust des geliebten Menschen eher abgefunden haben. Sie haben die frühen und intensiven Trauerphasen durchlaufen. Jede Familie erhält von Anfang an Unterstützung durch SBE-Teams / Kriseninterventionsteams. Später können sie dann, wenn sie dazu bereit sind, an einer Trauerberatung teilnehmen.

Die Angebote für Angehörige einschließlich SBE-Nachbesprechung und Einzelberatung sind bedeutsam für alle Familien, die mit der Organisation in Verbindung stehen. Oft sind in diesem Zusammenhang auch Gruppen für Kinder und Jugendliche entstanden. Falls keine andere Organisation Gruppen anbietet, übernehmen SBE-Teammitglieder hier die Leitung.

Das SBE-Team muß die Organisation unter Umständen in der Öffentlichkeitsarbeit unterstützen. SBE-Mitarbeiter, die nach Absprache mit den Verantwortlichen mit den Medien in Kontakt treten, können so Belastungen reduzieren.

Die Aufmerksamkeit des SBE-Teams schließt auch die Personen ein, die in der Verwaltung tätig sind. Dies sind unter anderem Schriftführer, Sekretärinnen, EDV-Mitarbeiter, Lagerarbeiter und andere. Sie werden den Verlust ebenfalls spüren, selbst wenn sie nicht direkt mit den Getöteten zusammengearbeitet haben.

Immer wieder entwickeln Betroffene, die eine gefährliche Situation überlebt haben, Schuldgefühle und brauchen Beratung oder Therapie, um mit den Auswirkungen des Verlustes zurechtzukommen. Andere sind ärgerlich, daß eine bestimmte Person getötet wurde, und nicht irgend ein anderer. Dieser *Groll gegenüber Überlebenden* ist in diesem Kontext eine normale, wenn auch unangenehme Reaktion. Wenn diese ernste Ausmaße annimmt, benötigen die Betroffenen ebenfalls direkte Unterstützung.

Katastrophenhilfe

Katastrophenhilfe ist im Rahmen der SBE-Angebote gleichermaßen für Einsatzkräfte und Zivilpersonen anwendbar.

Einerseits sind Katastrophen ein Lernfeld, wenn es darum geht, wie man seine Arbeit unter extremen Umständen verrichtet und entsprechend organisiert. Wer eine Katastrophe miterlebt hat, lernt in der Regel schnell, wichtiges von unwichtigem zu unterscheiden. Andererseits bieten Katastrophen negative Lernfelder, wenn unerfahrene SBE-Teammitglieder in der Anwendung von Kriseninterventions- und SBE-Angeboten erste Erfahrungen sammeln. Beim Einsatz unerfahrener SBE-Mitarbeiter in einer Katastrophe ist höchste Vorsicht geboten, da sie sich selbst gefährden. Katastrophen sind so anders und überwältigend, daß Anfänger von der Situation überrascht sind und es ihnen schwer fällt, tatsächlich etwas zu lernen, weil ihr eigenes (Über)Leben und das Aushalten dieser extremen Situationen im Vordergrund steht.

»Anfänger« sollten zunächst bei überschaubaren Ereignissen Erfahrungen im Bereich SBE und Krisenintervention sammeln. Wer bei einer Katastrophe erfolgreich arbeiten will, braucht bereits Erfahrungen und ein bestimmtes Repertoire an Fähigkeiten. Umgekehrt ist es so, daß man die Erfahrungen, die man bei der Arbeit im Katastrophenfall macht, nur schwer auf die »alltägliche« SBE-Arbeit übertragen kann. Um sich auf »Katastrophen-Hilfsangebote« vorzubereiten, hilft nur eines: vorbereiten, vorplanen und ständig trainieren.

Übungssituationen und überschaubare Ereignisse machen SBE-Mitarbeiter langsam und schrittweise mit den Bedingungen vertraut, auf die man sich bei einer Katastrophe einstellen muß. Nur so ist gewährleistet, daß Betroffene effiziente Hilfe von kompetenten Helfern erhalten. Hier einige SBE-Regeln für die Arbeit im Katastrophenfall:

1. Widerstehen Sie der Tendenz, zu viele SBE-Mitglieder zum Einsatzort zu bringen. Es besteht die Gefahr, daß sie stören oder aufgrund des Ereignisses selbst traumatisiert werden und anderen nicht helfen können. Auch der Zeitrahmen der SBE-Angebote muß bedacht werden. Weitere Informationen finden Sie im Abschnitt dieses Kapitels mit der Überschrift »Zeitpunkt und Umfang der Hilfsangebote«.

2. Stören Sie niemals Einsatzkräfte, die ihre Arbeit gut ausführen. Der Ausdruck von Gefühlen ist weniger ein Ausdruck dafür, wie gut es einer Person geht, als die Fähigkeit, weiterhin Aufgaben ausführen zu können.

3. Stellen Sie sich darauf ein, daß Einsatzkräfte vor Ort ihre Gefühle unterdrücken. Es kann Tage dauern, bis Einsatzkräfte Reaktionen auf das Ereignis entwickeln. Die Opfer und die Überlebenden werden mit großer Wahrscheinlichkeit unmittelbare Reaktionen zeigen.

4. Bieten Sie niemals Gruppenangebote während einer Großschadenslage an. Gruppenangebote werden erst durchgeführt, wenn das Personal seine Arbeit beendet hat und vom Ort des Geschehens entlassen wurde.

5. Der SBE-Einsatzabschluß wird nur nach Katastrophen / Großschadenslagen angewandt. Ihm folgt nach einem Abstand von einer Woche bis zu zehn Tagen eine SBE-Nachbesprechung.

6. Alle Entscheidungen, die von SBE-Teams getroffen werden und Personalangelegenheiten oder den Einsatz betreffen, müssen mit den Verantwortlichen abgestimmt sein.

7. Wer bei Großschadenslagen Hilfe anbietet, achtet ebenso auf seine eigene Gesundheit, wie dies den Einsatzkräften immer empfohlen wird. Dies beinhaltet angemessene Nahrung, eigene Ruhe und »Auszeit« vom Einsatz.

8. SBE-Mitarbeiter sind nicht aktiv in den Einsatz eingebunden. Dies wäre nicht nur gefährlich und belastend, sondern die Teammitglieder könnten sich nicht voll auf die SBE-Arbeit konzentrieren.

9. SBE-Teams arbeiten nur im Rahmen der Absprachen, die mit den Verantwortlichen / der Einsatzleitung getroffen werden.

10. Fordern Sie im Bedarfsfall weitere SBE-Teams an.

SBE-Nachbesprechungen nach Katastrophen laufen anders ab als sonst, weil die Situation so einschneidend ist, daß die Betroffenen verschiedene Reaktionen auf dieses Erlebnis entwickeln. Es kann zehn oder mehr »schlimmste Erlebnisse« geben, die sie in der Reaktions-Phase mitteilen. Oft bleiben die Teilnehmer in der SBE-Nachbesprechung bis zum Ende still und erzählen dann von einer Situation, die noch niemand vorher angesprochen hat. Wenn sie die Situation ansprechen, die sie belastet, gleitet die Gruppe möglicherweise aus der Informations- oder Abschluß-Phase zurück zur Reaktions-Phase. Ein SBE-Team geht darauf ein, wenn es sensibel und kompetent vorgeht. Wenn das Gespräch an Dynamik verliert, informiert das Team zur Streßbearbeitung und führt die Gruppe zu einem positiven Ende der Nachbesprechung.

Zusammenfassung

Dieses Kapitel bot einen Überblick über einige der weitergehenden Prinzipien und Inhalte der SBE bzw. SBE-Nachbesprechung. Eine Zeitleiste für SBE-Interventionen wurde vorgestellt und Erfahrungen mit SBE-Angeboten reflektiert. Es wurde ausführlich über SBE-Nachbesprechungen in komplexen Situationen berichtet. Zusätzlich informierte es zur Katastrophenarbeit, zu Dienstunfällen mit tödlichem Ausgang, zu »symbolischen-SBE-Nachbesprechungen« und zu SBE-Nachbesprechungen, die mehrere Ereignisse umfassen.

Es wurde betont, daß die effiziente und verantwortete Umsetzung der SBE-Angebote diverse Fachkompetenzen und fundierte Erfahrungen voraussetzt.

Neue Teams und unerfahrene SBE-Mitarbeiter müssen sich Zeit nehmen, um Erfahrungen zu sammeln und Kompetenzen zu entwickeln. Nur so wird vermieden, daß SBE-Angebote wirkungslos bleiben oder den Betroffenen schaden.

14 Störfaktoren im SBE-Prozeß: Häufige Probleme in der Anwendung von SBE-Kurzbesprechung und SBE-Nachbesprechung

Einführung

Weit mehr als zehn Jahre Tätigkeit in der SBE und über zwanzigtausend durchgeführte SBE-Nachbesprechungen bieten eine Vielzahl von Erfahrungen. In diesem Kapitel beleuchten wir die Probleme, die im Rahmen einer SBE-Kurzbesprechung oder SBE-Nachbesprechung auftauchen können.

Die meisten Probleme entstehen dadurch, daß die Leiter einer SBE-Kurzbesprechung oder SBE-Nachbesprechung den gruppendynamischen Prozeß dieser Interventionen nicht verstehen und demzufolge diese Herausforderung nicht annehmen können. Es gibt zahlreiche Probleme, die während einer SBE-Nachbesprechung auftreten können, die meisten von ihnen können fünf Kategorien zugeordnet werden (aufgelistet in Tabelle 14.1). Hier eine Übersicht dieser Kategorien.

Grundsätzliche Probleme in der SBE-Nachbesprechung

1. Es wird starr an den Grundprinzipien der SBE-Nachbesprechung festgehalten, ohne Sensibilität für besondere Situationen, Personen, kulturelle oder gesellschaftliche Hintergründe.

2. SBE-Interventionen werden übereifrig, ohne adäquate Einschätzung des psychischen Zustands und der Aufnahmefähigkeit der Betroffenen angewendet.

3. SBE-Kurzbesprechung oder SBE-Nachbesprechung werden nicht nach dem dafür vorgesehenen Prozeß, der von der kognitiven Ebene zur affektiven Ebene und schließlich behutsam wieder zur kognitiven Ebene geführt wird, angeleitet.

4. Es findet eine Gegenübertragung durch unprofessionell arbeitende Teammitglieder statt. Damit ist die Überidentifizierung mit der traumatischen Erfahrung der betroffenen Personen und/oder das Unvermögen gemeint, sich während der SBE-Nachbesprechung einen distanzierten Standpunkt zu bewahren.

5. Das Team ist unfähig, die Grundprinzipien bzw. -techniken der SBE-Kurzbesprechung und der SBE-Nachbesprechung richtig und verantwortet anzuwenden. Diese gelten mittlerweile weltweit als Standards für die SBE-Arbeit mit Einsatzkräften.

Tab. 14.1

Unflexible Anwendung von SBE-Maßnahmen

Dieses Buch ist als Handbuch gedacht. Es ist ein Leitfaden für SBE-Nachbesprechung, SBE-Kurzbesprechung, SBE-Einsatzabschluß und andere SBE-Interventionen. Die Richtlinien, die hier aufgestellt werden, beschreiben bzw. reflektieren Strategien und Techniken, die sich in der Vergangenheit bewährt haben. Neue Traumata bedeuten neue Herausforderungen, und oft muß angesichts von Krisen oder chaotischen Zuständen flexibel reagiert werden. Die in diesem Buch angebotenen Hinweise sind - davon gehen wir aus - in den meisten Fällen hilfreich. Manchmal entstehen allerdings besondere Situationen, die dann flexibel bearbeitet werden müssen.

Besondere Ereignisse, auf die flexibel reagiert werden muß, sind zum Beispiel schwierige oder noch nie dagewesene geographische Einsatzstellen, Unterschiede in Kultur, Religion oder Rasse, besondere Intensität oder ungewöhnliche Dauer, oft auch das enorme Ausmaß des traumatischen Ereignisses. Wenn man nicht sicher ist, wie an eine neue und herausfordernde SBE-Nachbesprechung herangegangen werden soll, findet der gesunde Menschenverstand gute Lösungsmöglichkeiten bzw. adäquate Strategien. Deshalb:

1. gut zuhören
2. bewährte Kriseninterventionskonzepte anwenden
3. keine »emotionalen Themen« zulassen, mit denen man selbst nicht zurechtkommt
4. sich auf Peers verlassen, da sie die Gruppe mit ihren Bedürfnissen am besten verstehen.

SBE-Kurzbesprechung, SBE-Nachbesprechung, SBE-Einsatzabschluß und andere psychologische Angebote nach belastenden Ereignissen erweisen unserer Gesellschaft heute große Dienste. Deshalb muß man bei Angeboten unter außergewöhnlichen Umständen Vorsicht walten lassen. Übereifrige oder unreflektierte Anwendung von Techniken der Krisenintervention oder therapeutischer Strategien kann ebenso unerwünschte Folgen nach sich ziehen wie deren zu sparsame Anwendung.

Jedes »psychologische Hilfsangebot« wird dem Betroffenen dann helfen, wenn dieser dafür bereit bzw. aufnahmefähig ist. Zum Beispiel haben wir an früherer Stelle Grundregeln zum angemessenen Zeitrahmen von SBE-Interventionen gegeben. Was ausschlaggebend dafür ist, ob ein SBE-Angebot Sinn macht, ist weniger die Zeit, die seit dem Ereignis vergangen ist, als die Frage, ob der Betroffene »psychisch aufnahmefähig« ist.

Jeder kann sich an schwierige Zeiten in seiner Biographie erinnern, in der er allein sein wollte. Und man erinnert sich an Situationen, in denen andere Menschen helfen konnten. Worin besteht der Unterschied? Der Unterschied besteht *im Zustand der psychischen Rezeptivität.* Sie macht es möglich, Unterstützung anzunehmen. Erzwungene Begleitung kann sich auf Betroffene genauso traumatisierend auswirken wie das Trauma selbst; Betroffene wollen zu bestimmten Zeiten allein sein.

Die psychische Rezeptivität steht im Zusammenhang mit den psychischen Schutzmechanismen des Betroffenen. Eine gebräuchliche und unmittelbare Schutzstrategie nach einer psychischen Traumatisierung ist die Verdrängung. D.h., Betroffene bestehen darauf, daß alles in Ordnung bzw. nicht so schlimm sei.

Kriseninterventionsmitarbeiter machen leicht den Fehler, diese Abwehrmechanismen herauszufordern oder die Betroffenen damit zu konfrontieren. Die Krisenintervention zielt darauf ab, das seelische Gleichgewicht bzw. die Lebens- und Arbeitsfähigkeit des Betroffenen wiederherzustellen. Diese Abwehrstrategien spielen bei der Bewältigung großer psychischer Belastungen eine Rolle. Ein Abwehrmechanismus darf nicht außer Kraft gesetzt werden, es sei denn, der Helfer kann anderweitig dafür sorgen, daß der Zustand des Betroffenen emotional stabil bleibt.

Ein Beispiel für Übereifer findet man in der Regel unmittelbar nach Großschadenslagen. Helfer kommen scharenweise ins Katastrophengebiet. Viele wissen zum Zeitpunkt ihres Auftauchens noch nicht genau, was sie tun sollen, werden aber von dem Ereignis angezogen. Wenn die Katastrophenhilfe nicht gut organisiert ist, tragen diese Helfer nur noch mehr zum allgemeinen Chaos bei. Einige SBE-Teams und Einzelpersonen haben unglücklicherweise ebenfalls bereits zu dem Chaos bei Katastrophen beigetragen: Sie tauchten am Einsatzort auf, ohne daß man sie gerufen hätte. Solche Personen haben in der Regel keine Absprachen mit den örtlichen SBE-Anbietern getroffen. Manche wollten sogar schon SBE-Nachbesprechungen anbieten, als die Retter und Katastrophenarbeiter noch mit Such- und Bergungsarbeiten beschäftigt waren, oder als sich diese kurz nach dem Ereignis noch in einem Zustand von Schock und Verdrängung befanden.

SBE-Teams sollten bei Katastrophen stets besonnen und zurückhaltend agieren. Abgesehen von Einsatzbegleitungen oder Einzelberatungen (die durch die zuständigen SBE-Teams angeboten werden) wird die SBE-Nachbesprechung bei Katastrophen nicht vor drei bis sechs Wochen nach dem Ereignis durchgeführt. Bei der Zusammenarbeit von SBE-Teams mehrerer Zuständigkeitsbereiche nach Katastrophen ist es wichtig, Angebote und Vorgehen sowohl mit der betroffenen Gemeinde / Organisation als auch mit der ICISF abzusprechen (in den USA, in Deutschland koordiniert die Bundesvereinigung Streßbearbeitung nach belastenden Ereignissen auf Wunsch entsprechende Einsätze, siehe Anhang, Anm. d. Hrsg.).

SBE-Teams, die sich ohne Anforderung bei einer Katastrophe einmischen, handeln übereilt und unprofessionell. Dies schadet sowohl SBE-Teams als auch Betroffenen.

Die psychologische Struktur der SBE-Nachbesprechung wird nicht genutzt

Der Prozeß der SBE-Nachbesprechung orientiert sich am Verlauf der psychischen Verarbeitung eines Menschen. Zuerst wird ein Ereignis kognitiv verarbeitet, erst dann erfolgt eine emotionale Bewertung. Es stört diesen natürlichen Prozeß, wenn - z.B. in einer SBE-Nachbesprechung - sofort über Gefühle bzw. emotionale Reaktionen gesprochen wird und man erst anschließend eine Aufarbeitung auf kognitiver Ebene anbietet. Einsatzkräfte reagieren in einem solchen Fall stets verärgert und abweisend. Unter Umständen kann Betroffenen aufgrund der Mißachtung des psychischen Verarbeitungsprozesses Schaden bzw. Verletzungen zugefügt werden. Tabelle 14.2 beschreibt den Ablauf der SBE-Nachbesprechung und deren psychologische Struktur.

Phasen der SBE-Nachbesprechung	Psychologischer Prozeß		
Einführung	kognitiv		
Tatsachen	kognitiv		
Gedanken	kognitiv	→	affektiv
Reaktionen	affektiv		
Auswirkungen	affektiv	→	kognitiv
Informationen	kognitiv		
Abschluß	kognitiv		

Tab. 14.2

Gedanken- und Auswirkungs-Phase sind Transfer-Phasen, die es ermöglichen, so behutsam wie möglich von einer Stufe zur anderen überzuleiten. Ein zu schneller Übergang wirkt auf betroffene traumatisierte Menschen unangenehm. Wird dieser Struktur während einer SBE-Nachbesprechung nicht gefolgt, führt dies zu Problemen:

1. Die Teilnehmer fühlen sich unter Druck gesetzt, wenn sie über Gefühle sprechen sollen, noch bevor sie Vertrauen zum Team aufbauen konnten und der Ablauf festgelegt wurde.
2. Die Teilnehmer haben das Gefühl, zu kurz zu kommen, wenn zuerst über Gefühle gesprochen wird.
3. Die Teilnehmer entwickeln den Eindruck, daß das SBE-Team unprofessionell arbeitet und die Situation nicht unter Kontrolle hat.

Gegenübertragung durch Leitung / Peers

Gegenübertragung bedeutet hier, daß sich das SBE-Team bei einer SBE-Nachbesprechung mit Einsatzkräften auf der persönlichen oder beruflichen Ebene identifiziert. Das SBE-Team muß stets aufmerksam sein, um nicht selbst mit in die Ereignisse hineingezogen oder davon überwältigt zu werden. Andererseits muß es den Teilnehmern genügend Fürsorge, Verständnis und Mitgefühl entgegenbringen. Das Team muß in jedem Fall einen objektiven Standpunkt bewahren, sowohl zum kritischen Ereignis als auch zu den Betroffenen.

Um sicherzustellen, daß die Teammitglieder in einer SBE-Nachbesprechung ihre Distanz bewahren, bleiben sie auf der kognitiven Ebene. Mitglieder des SBE-Teams legen die Betonung immer auf das aktuelle Ereignis, anstatt nach Ähnlichkeiten zwischen dem aktuellen Ereignis und früheren eigenen schmerzlichen Erfahrungen zu suchen. Beispiele für gute selbstkritische Fragen:

– Welche Fragen muß ich stellen?
– Welche Schritte muß ich unternehmen?
– Was benötige ich, um diesen Personen den maximalen Profit aus dieser SBE-Nachbesprechung zu ermöglichen?

Mißachtung der Grundprinzipien

Die meisten SBE-Teams haben qualitativ hochwertige SBE-Nachbesprechungen angeboten und so vielen Tausenden Einsatzkräften geholfen. Sie haben während der letzten Jahre gute Arbeit geleistet. Diese engagierten Menschen verdienen große Bewunderung und Respekt für ihre Arbeit. Einige wenige Teams jedoch haben bei SBE-Kurzbesprechungen und SBE-Nachbesprechungen gravierende Fehler gemacht. Kleine, unbedeutende Fehler passieren in fast jedem Team. Im folgenden soll nicht mit dem Finger auf Schuldige gezeigt werden. Es geht vielmehr darum, aus Fehlern zu lernen und die Chancen, Grenzen sowie mögliche Fehlerquellen zu benennen.

Eines der größten Probleme besteht darin, SBE-Nachbesprechungen als Psychotherapie zu verstehen. Eine SBE-Nachbesprechung ist keine Psychotherapie, und sie ist auch kein Ersatz dafür. Die SBE-Nachbesprechung ist eine als Streßprävention konzipierte Gruppenbesprechung eines traumatischen Ereignisses.

Die Psychotherapie wurde entwickelt, um ein bereits bestehendes Problem oder eine Störung zu behandeln oder zu stoppen. Im Rahmen einer SBE-Nachbesprechung wird vermieden, von den traditionellen psychotherapeutischen Rollen zu sprechen. Vielmehr müssen die primären Ziele der SBE im Blick bleiben:

1. die Auswirkungen eines traumatischen Ereignisses sollen verringert
2. und der Erholungsprozeß bei »normalen Menschen«, die »normale Reaktionen« auf ein völlig »abnormes Ereignis« zeigen, soll beschleunigt werden.

Ein weiteres großes Problem für SBE-Teams steht in Zusammenhang mit dem ersten und ist oft der Grund dafür. Leider denken manche Teams, sie könnten auch mit mangelhaft oder nicht ausgebildeten Mitarbeitern SBE-Nachbesprechungen durchführen. Wie schon früher in diesem Buch hervorgehoben, bedeutet fehlende Ausbildung bei psychosozialen Fachleuten und Peers eine Katastrophe in der SBE-Arbeit.

Problematisch ist der Irrglaube, jeder Teilnehmer einer Nachbesprechung müsse etwas sagen, um von der Maßnahme profitieren zu können. Die wenigen SBE-Teams, die das glauben, handeln nicht nur falsch, sondern achten auch nicht das Recht eines jeden Menschen auf seine Intimsphäre.

SBE-Teams, die denken, daß die gesamte Unterstützung ausschließlich während der Nachbesprechung stattfindet, machen ebenfalls einen Fehler. Die SBE-Nachbesprechung ist eher ein Weg, um etwas deutlich zu machen, als ein Mittel, um Erholung zu ermöglichen. Nach der SBE-Nachbesprechung ist viel Arbeit zu tun. Die Teammitglieder müssen die Teilnehmer entsprechend nachbetreuen (anrufen, auf der Dienststelle besuchen usw.). Die Annahme, daß ein einziger zwei- oder dreistündiger Kontakt ausreicht, um die Gedanken und Gefühle der traumatischen Erfahrung neutralisieren zu können, zeigt, daß das Team die Zielsetzung der SBE-Nachbesprechung nicht verstanden hat. Ein weiteres Problem ist das Anbieten einer SBE-Nachbesprechung bei Ereignissen, auf die man mit einer anderen Intervention reagieren muß. Zum Beispiel ist der Versuch, ein lange bestehendes Beziehungsproblem mit einer SBE-Nachbesprechung lösen zu wollen, von vornherein zum Scheitern verurteilt. SBE-Nachbesprechungen können aus vielen weiteren Gründen mißlingen. Nachfolgend eine kurze Auflistung häufiger Fehlerquellen:

1. Bei der SBE-Nachbesprechung werden zu wenige Peers eingesetzt.
2. Das Team gibt zu viele gutgemeinte Ratschläge.
3. Teammitglieder machen sich während der SBE-Nachbesprechung schriftliche Notizen.
4. Das SBE-Team weiß zu wenig über das Ereignis.
5. Die SBE-Nachbesprechung wird engen Verwandten oder Freunden der Einsatzkräfte angeboten, ebenso Mitarbeitern, die den SBE-Teammitgliedern vorgesetzt sind oder sehr eng mit ihnen zusammenarbeiten.

6. Teammitglieder, die die Nachbesprechung durchführen, waren direkt von dem Ereignis betroffen, das bearbeitet werden soll.
7. Eine Person, die während einer SBE-Nachbesprechung ihre Gefühle zum Ausdruck bringt, wird unterbrochen.
8. Die Einführung in die SBE-Nachbesprechung war unzureichend.
9. Die Informationen in der Informationsphase waren nicht verständlich bzw. unzureichend.
10. Die Inhalte der SBE-Nachbesprechung werden durch Mitglieder des SBE-Teams im Anschluß an die SBE-Nachbesprechung öffentlich diskutiert.

Zusammenfassung

Dieses Kapitel untersuchte die fünf Hauptprobleme für SBE-Teams bei der Durchführung von Nachbesprechungen. Es wurde gewarnt vor einer zu starren Umsetzung der Richtlinien der SBE-Nachbesprechung und vor einem inflationären Gebrauch der SBE-Nachbesprechung. Des weiteren wurde darauf hingewiesen, wie wichtig es ist, die psychologische Struktur für die Nachbesprechung richtig zu nutzen. Ebenso wurde der Verlust der eigenen Distanz angesprochen.

Am Ende findet sich eine Auflistung von Fehlern, die eine gute und effiziente Arbeit von SBE-Teams bei Nachbesprechungen gefährden.

Anhang

A   **Arbeitsgrundlage und Struktur eines SBE-Teams für Einsatzkräfte aus Feuerwehr, Rettungsdienst und Polizei**

Einführung

In diesem Anhang werden Arbeitsgrundlagen, Rollen und Struktur eines SBE-Teams für Einsatzkräfte näher beschrieben.

SBE-Teams, die für verschiedene Bereiche aus Wirtschaft, Industrie und kommunale Gruppen zuständig sind, sind anders organisiert. Kommunale SBE-Teams können Peers einbinden. Dies hängt davon ab, ob es einen großen und gleichbleibenden Mitarbeiterstamm gibt, aus dem die Peers rekrutiert werden können. Kommunale SBE-Teams stützen sich eher auf psychosoziale Fachleute und Ärzte. Sie bieten nur bestimmten Gruppierungen, wie Firmen, Schulen und Gemeinden, ihre Dienste an. Die Interventionen eines solchen Teams folgen denselben Modellen, die für die Anwendung mit Einsatzkräften beschrieben wurden. Unter bestimmten Umständen müssen solche SBE-Angebote modifiziert werden, um den Bedürfnissen bestimmter industrieller, kommerzieller oder kommunaler Gruppen gerecht zu werden.

Übersicht

In den meisten Fällen setzt sich ein SBE-Team aus ehrenamtlichen Peers und psychosozialen Fachleuten zusammen, die gemeinsam folgende Ziele verfolgen:

— die Verringerung der Auswirkungen von traumatischen Belastungen auf Einsatzkräfte
— die Beschleunigung der Erholung von besonders belastenden Ereignissen sowie
— die Stärkung der psychischen Ausgeglichenheit bei Einsatzkräften.

SBE-Mitarbeiter sind gut motiviert und bereit, sich für andere Menschen einzusetzen. Der Arbeitsbereich vieler Teams ist nicht auf bestimmte Organisationen oder Zuständigkeitsbereiche beschränkt. Sie bieten ihre Dienste grundsätzlich allen Einsatzkräften an. Die Teams können unter bestimmten Umständen auch für kommunale Gruppen zuständig sein.

Ein SBE-Team besteht aus zwei eigenständigen Gruppen von Mitgliedern, die sich in ihrer Arbeit auf die Einschätzung der anderen verlassen. In einem SBE-Team gibt es sowohl professionelle Helfer als auch Peers.

Professionelle Helfer sind unter anderem psychosoziale Fachleute und Geistliche. Die Rollen der psychosozialen Fachleute und der Geistlichen unterscheiden sich voneinander und werden an anderer Stelle genauer beschrieben. Peers sind z.B. Polizisten, Feuerwehrleute, Rettungsdienstmitarbeiter, Notärzte, Leitstellenbedienstete (siehe Tabelle A.1).

SBE-Teams führen Angebote durch, die von Peers getragen bzw. wesentlich bestimmt und von psychosozialen Fachleuten geleitet werden. Ziel der Intervention ist die Stabilisierung chaotischer und belastender Situationen, bevor sie bei Einsatzkräften negative Streßreaktionen hervorrufen. Prävention wird in diesem Zusammenhang stärker betont als Behandlung.

Mitglieder eines SBE-Teams für Feuerwehr, Rettungsdienst und Polizei

Professionelle Helfer
1. psychosoziale Fachleute
2. Geistliche

Peers
1. Angehörige von Feuerwehren
2. Polizeibeamte
3. Rettungssanitäter
4. Rettungsassistenten
5. Pflegepersonal, besonders aus der Intensiv- und Notfallmedizin
6. Leitstellenpersonal
7. Such- und Bergungsmannschaften
8. Aufseher in Naturparks
9. Beamte im Strafvollzug
10. Angehörige der Bergwacht
11. Mitarbeiter von Rettungshundestaffeln
12. Angehörige von Feuerwehren in Waldgebieten
13. Katastrophenschutzhelfer
14. Mitarbeiter der DLRG und Wasserwacht
15. Ärzte
16. weitere Ersteinsatzkräfte

Tab. A.1

Es gab Versuche, Kriseninterventionsdienste für Einsatzkräfte ins Leben zu rufen, ohne dabei wichtige Grundvoraussetzungen zu beachten. Zum Beispiel versuchten einige, ein Hilfsteam ohne psychosoziale Fachleute aufzubauen. Andere versuchten, ein Team ohne Peers zu etablieren. Beide Ansätze führten nicht zum gewünschten Ziel. Die Peers können im Hinblick auf Leitung und Beratung psychosoziale Fachleute nicht ersetzen. Gibt es in einem Team keine Peers, so müssen die betroffenen Einsatzkräfte lange warten, bis sie Unterstützung von psychosozialen Fachleuten erhalten. Peers erkennen schnell, ob Einsatzkräfte Streßsymptome zeigen oder sich deren Verhalten signifikant verändert hat. Andererseits haben psychosoziale Fachleute Schwierigkeiten, Beziehungen zu den Einsatzkräften aufzubauen. Ihre Arbeit ist ihnen fremd. Trotzdem könnten sie ihnen effektiv helfen. Peers können hierbei eine »psychologische Brücke« von den Einsatzkräften zum Vertreter der psychosozialen Fachleute schlagen.

Interventionen durch SBE-Teams werden kurzfristig angeboten. Die Teams vermitteln jene, die nach drei bis fünf Treffen keine Zeichen von Besserung zeigen, an psychosoziale Fachleute weiter. Die primären Aufgaben eines SBE-Teams sind nicht eine langfristige Beratung oder eine Psychotherapie. Interventionen können zwar therapeutische Elemente haben, sie sind aber keinesfalls als Ersatz für eine Psychotherapie gedacht.

Teamstruktur

Gesamtleitung eines SBE-Teams

Viele organisationsübergreifend arbeitende SBE-Teams nutzen eine Organisation (Feuerwehr, Polizei, Rettungsdienst) als »Dachorganisation«.

Grundsätzlich unterscheiden sich Ausbildung an und Zusammenarbeit mit den Hilfsorganisationen nicht nur von Fall zu Fall, sondern auch aufgrund des Entwicklungsstandes des Teams. Ein neu gegründetes Team braucht andere Unterstützung als ein etabliertes.

Wie das SBE-Team innerhalb der Organisation mit anderen Stellen vernetzt ist, wer die Arbeit des Teams leitet und verantwortet, hängt ebenfalls von den örtlichen Gegebenheiten ab. Dies gilt ganz besonders dann, wenn sich eine Kommune entschließt, ein organisationsübergreifendes SBE-Team (mit entsprechenden Leitungs- und Koordinationsverantwortlichen) ins Leben zu rufen. D.h, mehrere Organisationen unterstützen und nutzen dasselbe Team.

Unabhängig von der genauen Struktur eines SBE-Teams gibt es folgende Aufgaben für eine »übergeordnete Organisationsstelle«:

— Bereitstellung von finanziellen Mitteln oder Beschaffung von Geldmitteln für die Gründung eines Teams
— Einrichtung eines Leitungsgremiums
— Bereitstellung von geeigneten Mitarbeitern
— Bildung eines Gremiums, das über Mitgliedschaft im SBE-Team berät und entscheidet
— Koordination und Durchführung von Aus- und Fortbildungsmaßnahmen
— Unterstützung bei der Werbung neuer Teammitglieder
— Unterstützung bei der Suche nach passenden Team-Leitern
— grundsätzliche Unterstützung der Aktivitäten des SBE-Teams
— Unterstützung in der Entwicklung von Forschungs-, Evaluations- und Qualitätssicherungsmethoden/-maßnahmen
— Sammlung / Auswertung von Daten für statistische Berichte und Forschungen
— Bereitstellung von Büroräumen
— Bereitstellung von notwendigen Arbeitsmaterialien und Büroausstattung
— Hilfe bei der Freistellung von Mitarbeitern für die Arbeit im SBE-Team
— Aufstellung und Anwendung von Regeln für die Arbeit im Team
— Führen einer aktuellen Einsatzliste und einer Personalakte über jedes Teammitglied.

Koordinator des SBE-Teams

Jedes Team braucht mindestens einen Teamkoordinator (u.U. auch einen Vertreter), der die Tagesgeschäfte des Teams erledigt. Dafür eignen sich besonders Mitarbeiter der Hilfsorganisationen. Psychosoziale Fachleute und Geistliche wissen in der Regel zu wenig über Gepflogenheiten und Organisationsabläufe in den Organisationen. Sie sind keine »Insider« und wissen nicht, was in Aufenthalts-, Mannschaftsräumen und an anderen informellen Treffpunkten passiert. Sie hören nicht schnell genug von außergewöhnlichen Einsätzen oder Belastungen bei Einsatzkräften.

Bei der Bildung von SBE-Teams wird darauf geachtet, genügend Teamkoordinatoren bereitzuhalten. Ein Koordinator ist in Spitzenzeiten überlastet. Außerdem kann es sein, daß er verhindert ist, private Verpflichtungen hat, krank ist oder in Urlaub gehen will. Kann ein SBE-Team durch den Ausfall des Koordinators nicht oder nur eingeschränkt reagieren, verunsichert das die Betroffenen und stellt das Anliegen der schnellen und kompetenten Hilfe in Frage.

In manchen SBE-Teams wechseln die Koordinatoren, je nachdem, für welche Organisation sie gerade arbeiten. Es kann zum Beispiel zwei Koordinatoren für die Polizei, zwei für die Feuerwehr, zwei für den Rettungsdienst und zwei für Pflegepersonal geben. Größe und Zusammensetzung spielen keine Rolle, solange die Aufgaben der Teamkoordination gut ausgeführt werden. Diese Aufgaben sind:

- Organisation des SBE-Teams
- Bedarfsabklärung nach Alarmierung, ob ein Team eingesetzt oder andere Angebote durchgeführt werden sollen
- Benachrichtigung der entsprechenden Teammitglieder (nach Alarmierung durch die Leitstelle)
- Unterstützung bei der Teamentwicklung
- Repräsentation des Teams in der Öffentlichkeit und in den Organisationen
- Unterstützung bei der Auswahl passender Mitglieder für das Team
- kontinuierliches Angebot an Fortbildungen
- Absprachen mit dem fachlichen Leiter, um die Qualität der Arbeit zu gewährleisten
- Reflexion und Weiterentwicklung aller Angebote und Maßnahmen des SBE-Teams
- Kontakt zu den jeweiligen Gemeinden, den Hilfsorganisationen und anderen kommunalen Einrichtungen
- Bearbeitung von Anfragen um Unterstützung in kommunalen Einrichtungen
- Anfrage nach Unterstützung durch andere Hilfsorganisationen (im Bedarfsfall)
- Unterstützung bei der Erledigung der Verwaltung (Dienstpläne, Auswertungsbögen, Protokolle ...)
- Absprachen mit den stellvertretenden Teamleitern und dem fachlichen Leiter
- Qualitätssicherung der SBE-Angebote
- Verantwortung für die Durchführung von Supervision für Peers
- Organisation und Einladung zu Gruppentreffen
- Aufzeichnungen und Auswertung von Einsätzen bzw. Angeboten des Teams
- Führung einer Liste mit Adressen zur Vermittlung an Beratungs- und Therapieeinrichtungen
- Verantwortung für die Durchführung von Workshops, Seminaren und Schulungen für das SBE-Team
- Verbindung zu nationalen und internationalen Organisationen, die in der Bearbeitung von Streßbelastung nach belastenden Ereignissen tätig sind

- aktuelle Informationen über Forschungen und Untersuchungen von einsatzspezifischen Belastungen bei Einsatzkräften, berufsbedingtem Streß, Streß nach belastenden Ereignissen, PTSD und verwandten Themen
- Führung/Aktualisierung einer Telefonliste aller Teammitglieder

Fachlicher Leiter des SBE-Teams

Teams brauchen, wie schon zuvor angemerkt, die Unterstützung von psychosozialen Fachleuten. Diese können Psychologen, Geistliche, Sozialarbeiter, Psychiater und andere psychologische Berater sein.

Es ist nicht notwendig, verschiedene psychosoziale Fachleute in einem Team zu haben, man braucht jedoch mehr als einen, um Überlastung eines einzelnen zu vermeiden. Einer der psychosozialen Fachleute wird zum fachlichen Leiter ernannt. Er überwacht die Aktivitäten des Teams und stellt sicher, daß die richtigen Angebote durchgeführt werden und alle Teammitglieder auch innerhalb des Rahmens ihrer Ausbildung und Erfahrung arbeiten. Der Zuständigkeitsbereich des fachlichen Leiters umfaßt folgende Tätigkeiten:

- enge Zusammenarbeit mit dem Teamkoordinator, um die Qualität der Arbeit sicherzustellen
- Repräsentation des SBE-Teams in der Öffentlichkeit und bei den Organisationen, die die Dienste des SBE-Teams in Anspruch nehmen
- Reflexion abgehaltener SBE-Nachbesprechungen und Anregungen für zukünftige SBE-Nachbesprechungen und Betreuungsangebote
- Unterstützung des Teamkoordinators, um eine angemessene und kontinuierliche Fortbildung für die SBE-Teams zu gewährleisten
- Durchführung von Schulungen für das Team
- Unterstützung des Teamkoordinators und der Teammitglieder bei der Erledigung der Verwaltung (Dienstpläne, Auswertungsbögen, Protokolle)
- Entwicklung und Durchführung eines Ausbildungsprogramms, das es psychologischen Fachleuten ermöglicht, die Hilfsorganisationen und die Arbeit der Einsatzkräfte besser kennenzulernen
- Beratung bei der Auswahl der Teammitglieder
- Teilnahme an Supervisionen für Peers
- Evaluation der vom Team geleisteten Arbeit
- Unterstützung des Team-Koordinators bei der Führung einer umfassenden Referenzliste
- Sicherstellung adäquater und qualifizierter Nachbetreuungsangebote
- fachliche Begleitung.

Der versicherungsrechtliche Aspekt ist zur Zeit noch nicht geklärt. Dennoch ist es ratsam, daß psychosoziale Fachleute von Teams eine Berufshaftpflichtversicherung abschließen. (Die andere Rechtslage in den USA ermöglicht zivile Schadensersatzklagen gegenüber professionellen, auf wirtschaftlicher Basis arbeitenden Hilfsorganisationen, Anm. d. Hrsg.)

Geschäftsführer des SBE-Teams

Jedes Team ist mit Korrespondenz und anderen Verwaltungsaufgaben beschäftigt. Jedes Team muß verhandeln, um notwendige Dinge wie Telefondienst, ein Girokonto, einen Schreibtisch, Räume etc. zu bekommen. Der Geschäftsführer des SBE-Teams erledigt die Tagesgeschäfte des Teams und koordiniert die Zusammenarbeit mit dem Teamkoordinator und dem fachlichen Leiter. Der Geschäftsführer ist Buchhalter, Sekretär, Schatzmeister und Logistiker. Diese Person hat einen ausreichend hohen Rang innerhalb der Organisationen, um sicherzustellen, daß alle Bedürfnisse des Teams schnell und effizient befriedigt werden können. Ebenso ist wichtig, daß der Geschäftsführer an die Erfolge des Teams glaubt und gewillt ist, sich dafür zu engagieren.

Psychosoziale Fachleute als Teammitglieder

Hierbei handelt es sich um psychosoziale Fachleute, die in einem Bereich der psychosozialen Arbeitsfelder einen Fachhochschul- bzw. Universitätsabschluß besitzen (z.B. Diplom oder Promotion) und im psychosozialen Bereich (z.B. Krankenhaus, Beratungseinrichtung, Krisenintervention, private Praxis ...) arbeiten.

Psychosoziale Fachleute sind für eine qualifizierte Arbeit im Team essentiell. Sie werden hauptberufliche Mitarbeiter genannt und haben in einem SBE-Team mehrere Aufgaben. Sie leiten und begleiten SBE-Nachbesprechungen, beraten Peers und den fachlichen Leiter und bieten auch Nachbetreuung für Einzelpersonen an. Psychosoziale Fachleute sind eine Anlaufstelle für Menschen, die eine längerfristige und professionelle Beratung brauchen. Diese Beratung (in einer Beratungseinrichtung/Praxis) findet in der Regel nicht kostenfrei statt. Psychosoziale Fachleute arbeiten nur im Rahmen der SBE kostenlos bzw. ehrenamtlich. Psychosoziale Fachleute, die Mitglied in SBE- Teams sind, sollten psychisch traumatisierte Menschen, mit denen sie im Rahmen der SBE-Arbeit zu tun hatten, keinesfalls in die eigene Praxis vermitteln. Psychosoziale Fachleute erfüllen ihre Aufgaben im Rahmen der SBE unter der Leitung des fachlichen Leiters. Diese Aufgaben beinhalten:

– Unterstützung bei Aus- und Fortbildungsveranstaltungen des SBE-Teams
– Leitung von SBE-Nachbesprechungen
– Unterstützung bei der Entwicklung weiterer SBE-Angebote
– Unterstützung des Team-Koordinators bei der Entscheidung, ob eine SBE-Nachbesprechung indiziert ist
– Unterstützung der Nachbetreuungsangebote nach der SBE-Nachbesprechung
– Durchführung der Supervision für Peers
– Vermittlung von Betroffenen, die langfristige therapeutische Hilfe benötigen
– aktive Teilnahme an Ausbildungsprogrammen für psychosoziale Fachleute (Organisationsstruktur und Arbeitsweise der Einsatzkräfte)
– regelmäßige Teilnahme an den Teamsitzungen
– Repräsentation des SBE-Teams bei RD-Organisationen und in der Öffentlichkeit
– fachliche Unterstützung/Beratung der Peers
– Unterstützung bei der Auswertung der vom Team gesammelten Arbeitsergebnisse und Daten
– Beratung bei der Auswahl der Teammitglieder

Psychosoziale Fachleute

Die Mindestanforderungen, die eine psychosoziale Fachkraft erfüllen muß:

– Anerkanntes Diplom oder vergleichbarer Abschluß z.b. in:
  A. Psychologie
  B. Sozialpädagogik
  C. psychiatrischer Fachpflege
  D. Seelsorge
  E. psychosozialer Beratung
  F. Psychiatrie (Ausbildung zum Facharzt)

– Regelmäßige Tätigkeit in mindestens einem der folgenden Arbeitsbereiche:
  A. Sozialdienste
  B. psychologische oder psychiatrische Dienste
  C. Krisenintervention
  D. Seelsorge
  E. psychiatrische Fachpflege
  F. andere Beratungsdienste

– Anerkannte Zusatzausbildung in den folgenden Bereichen:
  A. Streßbearbeitung nach belastenden Ereignissen (SBE):
    1. SBE-Grundkurs(e)
    2. SBE-Aufbaukurs
    3. psychotraumatologische Zusatzqualifikation
  B. Krisenintervention
  C. Streß / Streßsymptome
  D. Gruppendynamik
  E. Gesprächsführung / Kommunikation
  F. direktive Gesprächsführung / Interventionstechniken
  G. Ausbildung in organisationsübergreifender Zusammenarbeit und Praktikum bei Polizei, Feuerwehr oder Rettungsdienst

– Anerkannte Zusatzausbildung in den folgenden Bereichen ist hilfreich:
  A. legaler und illegaler Suchtmittelmißbrauch
  B. Familientherapie
  C. Neuropsychologie
  D. physiologische Verhaltensgrundlagen

– Hauptberufliche Mitarbeiter sollten eine Berufshaftpflichtversicherung abgeschlossen haben.

– Wenn nicht anders vereinbart, stehen hauptamtliche Mitarbeiter einer Organisation auch für SBE-Arbeit zur Verfügung.

Tab. A.2

Geistliche

In den meisten SBE-Teams der USA sind Geistliche vertreten. Sie gehören zu den hauptberuflichen Mitarbeitern. Wenn sie in einen psychosozialen Arbeitsbereich entsprechend qualifiziert sind (siehe Abschnitt »psychosoziale Fachleute als Teammitglieder«), können sie auch die Rolle des psychosozialen Fachmanns übernehmen. Wenn sie in ihren Gemeinden in Feuerwehr oder Rettungsdienst aktiv sind, können sie unter Umständen sogar als Peers tätig werden. In seltenen Fällen sind Geistliche sowohl aktive Einsatzkräfte als auch anerkannte Vertreter der psychosozialen Fachleute. Da es für ihre Kollegen verwirrend ist, wenn sie ständig ihre Rolle wechseln, ist es ratsam, daß sie als psychosoziale Fachleute agieren - sofern sie den nötigen akademischen Grad besitzen.

Sie treten im SBE-Team als aktive Zuhörer auf und achten darauf, daß die Einsatzkräfte ihre Probleme verbalisieren. Geistliche können spirituelle Hilfe geben, wenn deutlich wird, daß ein Betroffener diese Art der Unterstützung sucht. Geistliche machen im Rahmen von SBE-Angeboten keine religiösen Aussagen oder Sinnangebote. Für Einzelberatung und Gruppen gilt: Religion und Philosophie sind sehr persönliche Angelegenheiten. Viele Menschen wollen diese Ansichten für sich behalten. Solche Themen können besprochen werden, wenn die Betroffenen das wünschen und für ein derartiges Gespräch auch bereit sind.

Geistliche wirken dann segensreich, wenn Betroffene als Folge ihrer Arbeit bei einem traumatischen Ereignis in eine Glaubenskrise kommen. Dann haben Geistliche eine besondere Rolle in der SBE.

Geistliche werden gelegentlich gebeten, nach einer besonders belastenden Situation ein gemeinsames Gebet zu sprechen. Es ist gut, einer Anfrage aus einer betroffenen Gruppe nachzukommen.

Geistliche sind auf ihre Rolle in einem SBE-Team besser vorbereitet, wenn sie an der Ausbildung in organisationsübergreifender Zusammenarbeit teilnehmen. Sie müssen so viel wie möglich über die Arbeit und über die Persönlichkeiten wissen, denen sie helfen möchten. Dies gilt auch für die psychosozialen Fachleute eines SBE-Teams.

Peers

In den Bereichen der Wirtschaft und in Schulen ist es nicht notwendig, mit Peers zu arbeiten. Im Rettungsdienst allerdings ist die Anwesenheit von Peers zwingend notwendig. Ein Rettungsassistent weiß am besten, wie man Kollegen unterstützen kann. Zudem ist ihre Akzeptanz als Berater höher als bei psychosozialen Fachkräften oder Seelsorgern. Angehörige der Feuerwehren nehmen Unterstützung aus ihren eigenen Reihen leichter an. Polizisten berichten, daß sie sich von anderen Polizisten am besten verstanden fühlen.

Es kann nicht oft genug betont werden, wie wichtig Peers aus den eigenen Reihen sind. Besonders gilt dies für die Zeit kurz nach einem traumatischen Ereignis. Falls die »Sofortintervention« der Peers nicht ausreicht, müssen die Betroffenen an psychosoziale Fachleute und/oder Geistliche weitervermittelt werden. Viele Angebote der SBE sind an Peers orientiert und werden von Peers angeleitet. Die Leitung bleibt aber den psychosozialen Fachleuten vorbehalten.

Ein SBE-Team hat von allen Organisationen, für die es Angebote macht, Peers in ihren Reihen. Jede Hilfsorganisation und jede Spezialeinheit kann Peers in ein Team schicken. Spezialeinheiten sind u.a. Bergwacht, Taucher, Deutsche Lebensrettungsgesellschaft (DLRG), Technisches Hilfswerk (THW), Rettungshundestaffeln, Aufseher in Nationalparks und jede andere Gruppe von Ersteinsatzkräften.

Peers brauchen für ihre Arbeit persönliche Reife, einen entsprechenden Reflexionsgrad und die Fähigkeit, mit Menschen zu arbeiten.

Sie sind engagierte Menschen, die bereit sind, ihre Zeit und ihre Kompetenzen zu investieren, um Kollegen zu helfen. Peers sind der eigentliche Motor des SBE-Teams. Während des letzten Jahrzehnts hat sich ihre Rolle in den SBE-Teams erweitert. Sie werden umfangreicher ausgebildet und können auf einen großen Erfahrungs- und Wissensschatz zurückgreifen. Sie haben sich in der Kollegenhilfe als kompetent erwiesen.

– Sie stellen den ersten Kontakt mit denen her, die Belastungsreaktionen entwickelt haben.
– Sie helfen, den Bedarf für SBE-Kurzbesprechung, SBE-Nachbesprechung, Einzelgespräche, Familienunterstützungsangebote, Vermittlung an psychosoziale Fachleute usw. einzuschätzen.
– Sie nehmen Kontakt mit dem Teamkoordinator auf, um den Einsatz für das SBE-Team abzusprechen.
– Sie sind Augen und Ohren eines SBE-Teams und achten aufmerksam auf Zeichen und Symptome von Posttraumatischen Belastungsreaktionen und anderen Problemen.
– Sie führen Angebote wie SBE-Kurzbesprechungen unter Begleitung und Beratung der im Team vertretenen psychosozialen Fachleute durch.
– Sie übernehmen eine aktive Rolle während der SBE-Nachbesprechung.
– Sie bieten Einsatzbegleitung für Einzelpersonen an, die Streßsymptome an sich wahrnehmen.
– Sie bitten psychosoziale Fachleute um Unterstützung, wenn Aufgaben ihre Möglichkeiten und Kompetenzen überschreiten.
– Sie unterstützen das SBE-Team im Rahmen der Aus- und Fortbildung.
– Sie bieten kollegiale Beratung an, wenn sie die entsprechende Ausbildung dazu haben.
– Sie nehmen an der Supervision für Peers teil.
– Sie unterstützen die Nachbetreuung nach SBE-Kurzbesprechungen, SBE-Nachbesprechungen und anderen Interventionen.
– Sie unterstützen Teamkoordinator und psychosoziale Fachleute bei Bedarf.
– Sie bieten bei Bedarf Einzelberatungen an.
– Sie führen nach jeder Maßnahme / Intervention ein Gespräch mit einem Fachmann durch.
– Sie unterstützen das Team bei Projekten, die in Verbindung zur SBE stehen.
– Sie führen ihre Aufgaben ausschließlich innerhalb ihrer Kompetenzen aus.

Tabelle A.3 beschreibt die Mindestanforderungen für die Auswahl von Peers. Abbildung A. 1 zeigt die Struktur eines SBE-Teams. Das gesamte Team ist aufgrund seiner klaren Struktur in der Lage, direkt und indirekt mit einem der Mitarbeiter oder dem Leitungsgremium zu kommunizieren. Der fachliche Leiter und der Teamkoordinator arbeiten eng zusammen und werden durch das Leitungsgremium und den Geschäftsführer unterstützt.

Peers

Die Mindestanforderungen für die Auswahl von Peers sind:
- Einsatzerfahrung
- persönliche Reife
- Anerkennung bei Kollegen
- Fähigkeit, Wissen vertraulich zu behandeln
- Sensibilität für die Bedürfnisse anderer
- Bereitschaft und Fähigkeit, im Team zu arbeiten
- Bereitschaft, sich mit psychosozialen Fragestellungen auseinanderzusetzen
- Einverständnis, nur innerhalb der eigenen Grenzen tätig zu werden
- Einverständnis, die Regeln des SBE-Teams zu akzeptieren
- SBE-Grundkurs(e)
- SBE-Aufbaukurs
- Zusatzausbildung im psychosozialen Bereich
- Zusatzausbildung in Gesprächsführung / Kommunikation (empfohlen)
- psychotraumatologische Zusatzqualifikation (empfohlen)
- Zusatzausbildung Krisenintervention (empfohlen)
- Zusatzausbildung kollegiale Beratung, Grund- und Aufbaukurs (empfohlen)

Tab. A.3

Auswahl der Teammitglieder

Mit Blick auf die Kontinuität und Effizienz der Arbeit werden nur geeignete Mitarbeiter ausgewählt. Mitglieder, die aus anderen Gründen ausgewählt werden, sind nicht nur fehl am Platz, sie sind Störfaktoren.

Die Auswahl geeigneter Mitarbeiter ist eine Herausforderung für das Leitungsgremium oder den Mitgliedsausschuß.

Vielleicht ist es sinnvoll, einen Mitgliedsausschuß einzusetzen und eine Methode zu erarbeiten, wie Teammitglieder ausgewählt werden. Die Mitglieder des Ausschusses müssen in der SBE qualifiziert sein, damit sie die geeigneten Mitarbeiter finden. Über Fortbildungen, zu denen viele eingeladen werden, kommt man oft zu Mitarbeitern. Denn diejenigen, die daran teilnehmen, entwickeln Interesse an der SBE-Arbeit. Manchmal muß man auch auf geeignete Kollegen zugehen und sie fragen, ob sie nicht dem Team beitreten wollen.

SBE - ein Mehrkomponentenprogramm

Ein Team, das der Meinung ist, es braucht nur eine SBE-Nachbesprechung abzuhalten, und Posttraumatische Belastungen der Einsatzkräfte wären wie weggeblasen, wird den Anforderungen nicht gerecht. Es bedarf weitaus mehr als nur SBE-Nachbesprechungen. Die folgenden Bestandteile sind die Grundlage für eine umfassende Beschreibung der SBE:

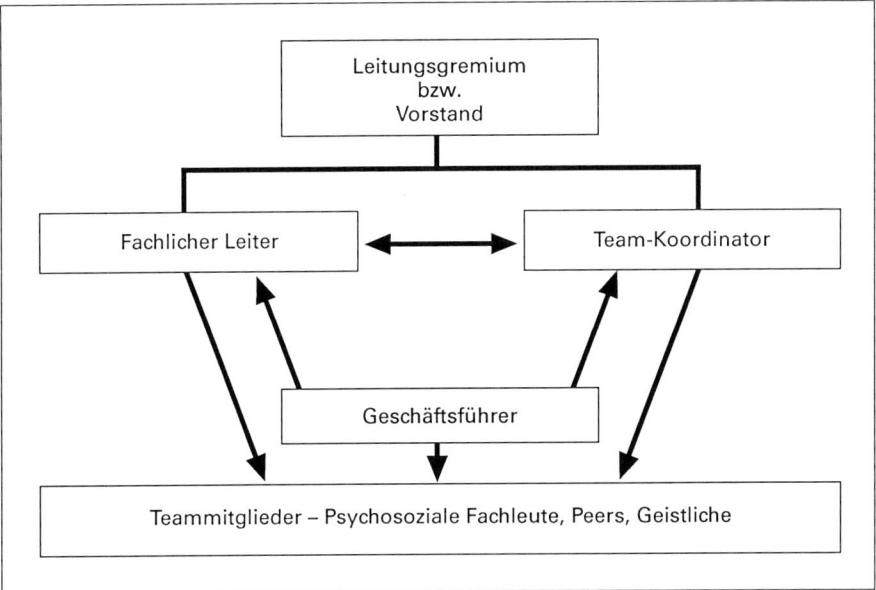

Abb. A.1: Struktur eines SBE-Teams

- Programme zur Streßprävention und kontinuierliche Fortbildungen (Psycho-traumatologie, Streß ...)
- ein einsatzfähiges und abrufbereites SBE-Team für Nachbesprechungen
- Programme zur Unterstützung von Angehörigen
- Programme zur Unterstützung von Familien
- Programme zur Schulung von Verwaltungsangestellten und Vorgesetzten
- Strategien für Unterstützungsangebote durch Peers
- Hilfsangebote für Zivilpersonen
- eine Auswahl flexibler Interventionsformen:
  A. Unterstützung während des Einsatzes (Einsatzbegleitung)
  B. Einzelgespräche durch Peers
  C. SBE-Kurzbesprechungen
  D. SBE-Einsatzabschluß (nur bei Katastrophen)
  E. SBE-Nachbesprechungen
  F. Nachbetreuung
  G. informelle Gespräche
  H. Angebote von Geistlichen
  I. Beratung durch hauptberufliche (psychosoziale) Mitarbeiter
  J. Programme gemeinsam mit anderen Organisationen zur gegenseitigen Unterstützung
  K. Schulungsprogramme für Gemeinden
  L. andere Angebote, je nach Bedarf

Zusammenfassung

Dieser Abschnitt beschrieb die Struktur und Komponenten der SBE-Teams für Einsatzkräfte. Es wurde eine Übersicht über die Zusammensetzung eines SBE-Teams gegeben. Der Schwerpunkt lag auf den Kriterien der SBE-Teammitgliedschaft. Die Rollen und Verantwortungsbereiche der Leitung und die Mitgliedschaft im Team wurden hervorgehoben. Der Anhang endete mit einer Beschreibung allgemeiner Aufgaben und Ziele eines SBE-Teams.

Anmerkung: Lynn Kennedy-Ewing aus dem SBE-Team Delaware County, Pennsylvania, gebührt besonderer Dank für ihren Beitrag zu diesem Anhang. Die Leitlinien, die sie für die Einsätze und Vorgehensweisen von SBE-Teams entwickelt hat, dienten diesem Anhang als Grundlage - nicht nur in den USA, sondern auch für jedes SBE-Team in Nordamerika, Europa und dem Südpazifik.

Anhang

B Gründung und laufende Arbeit eines SBE-Teams für Einsatzkräfte

Einführung

Mancher steht vor der Frage, ob er ein SBE-Team ins Leben rufen soll. Andere versuchen vielleicht, ein Team, das viele seiner Mitglieder verloren hat, wiederzubeleben. Hier werden Anhaltspunkte für die Neugründung bzw. die Reaktivierung eines SBE-Teams zugegeben. Viele Menschen, die während der letzten zehn Jahre vor diesem Problem standen, lieferten die notwendigen Erfahrungen für diesen Anhang.

Unterstützung für die Gründung bzw. Reaktivierung gibt die ICISF (der *International Critical Incident Stress Foundation, Inc.,* Telefonnummer 001-410-750-9600) oder man kontaktiert ein bereits bestehendes SBE-Team. (In Deutschland gibt die »Bundesvereinigung Streßbearbeitung nach belastenden Ereignissen e.V.« entsprechende Hilfestellungen. Anschriften siehe Anhang E, Anm. d. Hrsg.)

Erste Schritte

SBE-Teams sind das Ergebnis sorgsamer Vorbereitung, Planung und harter Arbeit von vielen engagierten Leuten. Die Entwicklung eines Teams bedarf einer effektiven Leitung, eines engagierten Planungsausschusses, klar formulierter Ziele und des Strebens nach Perfektion, was die Angebote für Kollegen betrifft. Manche Gruppen sind mit ihrem Anliegen, ein SBE-Programm ins Leben zu rufen, gescheitert, weil ihnen essentielle Elemente fehlten, die für die Neugründung eines Teams notwendig sind. Aus der Erfahrung kann man sagen, daß es immer Einsatzkräfte aus Feuerwehr oder Rettungsdienst gibt, die von der SBE-Idee überzeugt sind und sich durchsetzen können. Sie sind die treibende Kraft bei der Entwicklung von SBE-Teams. Der Aufbau eines Teams fällt leichter, wenn diese Einsatzkräfte folgende Kriterien erfüllen:

- Kenntnisse im Bereich von SBE
- genügend Energie
- dynamische Persönlichkeit
- Hartnäckigkeit
- positives Denken
- Sinn für Humor
- positive Ausstrahlung im zwischenmenschlichen Bereich
- Interesse an anderen Menschen
- Unterstützung durch engagierte Helfer
- Vorbereitung eines differenzierten Aktionsplans
- Unterstützung durch die Leitung (einer Organisation)
- Unterstützung durch die Verwaltung (einer Organisation)

Die Verwaltung von der »SBE-Idee« überzeugen

Es beginnt damit, den Bedarf für ein SBE-Team deutlich zu machen. Es hat sich bewährt, (Verwaltungs-)Verantwortliche in einem ersten Schritt zu fragen, ob Mitarbeiter in der Organisation über die Pläne, ein SBE-Team zu gründen, informiert werden dürfen. Ergibt diese Sondierungsphase, daß echter Bedarf besteht, wird die verantwortliche Stelle informiert. Man sollte den Bedarf für ein SBE-Team nicht lediglich abschätzen. Eine Schätzung wird zweifelnde Entscheidungsträger nicht überzeugen. Bessere Strategien sind z.B.:

– Beratung der Vorgesetzten durch einen Experten
– einen Experten für eine groß angelegte Informationsveranstaltung einladen
– Stellungnahmen / Einschätzungen von Organisationsangehörigen innerhalb des Zuständigkeitsbereiches sammeln und diese der Leitung vorlegen
– die Vertraulichkeit wahren; keine Namen nennen oder ohne Erlaubnis der beteiligten Person(en) allgemein bekannte Ereignisse anführen
– hausinterne Recherche, um herauszufinden, wie viele und welche Ereignisse sich in den letzten drei, fünf oder zehn Jahren ereignet haben
– eine breit angelegte Evaluation bzw. ein Forschungsprojekt starten, um die Erfahrungen der vergangenen drei, fünf oder zehn Jahre auszuwerten; herausfinden, welche Ereignisse es gegeben hat, welche Streßreaktionen diese hervorgerufen haben, wie lange die Symptome andauerten, welche Auswirkungen die belastenden Ereignisse auf Familienmitglieder hatten, welche Veränderungen sich als Folge des Ereignisses im Leben der Einsatzkräft ergeben haben usw; die Ergebnisse dem Entscheidungsträger vorlegen
– erfahrene Beamte oder Vorgesetzte aus Organisationen einbinden, die bereits an Angeboten von SBE-Teams teilgenommen haben
– der Verwaltung entsprechende Literatur zur Verfügung stellen
– eine Kosten-Nutzen-Analyse aufstellen (falls möglich)
– die Aufzeichnungen anderer Organisationen mit SBE-Teams auswerten und diese Information der Verwaltung vorlegen
– die Unterstützung der International Critical Incident Stress Foundation, Inc. und anderer Teams (z.B. SBE e.V.) in Anspruch nehmen
– die vorgenannten Strategien in beliebiger Kombination anwenden.

Wichtige Fragen zur Gründung eines Teams

Der nachfolgende Fragenkatalog wurde als Leitfaden für Verantwortliche eines SBE-Teams entwickelt. Aufgrund der jeweiligen Situation vor Ort und der damit verbundenen besonderen Anforderungen ist es notwendig, Fragen zu modifizieren. Gegebenenfalls können Fragen auch ergänzt und erweitert werden. Fragenkatalog:

– Sprechen die Informationen dafür, in die strukturierte SBE-Arbeit einzusteigen?
– Gibt es in der Nähe bereits ein SBE-Team?
– Besteht die Möglichkeit oder Notwendigkeit, mit bereits bestehenden Teams zusammenzuarbeiten?
– Reichen die Kapazitäten eines bestehenden Teams aus, oder muß ein neues Team gegründet werden?

- Wie oft käme ein neues Team durchschnittlich pro Jahr zum Einsatz?
- Zu welchem Termin kann das Team seine Arbeit aufnehmen?
- Welche Aufgaben kann das Team übernehmen?
- Wer kann/soll Mitglied werden (Kriterien)?
- Wie soll das Bewerbungsverfahren für zukünftige Mitglieder laufen?
- Wer wählt die Teammitglieder aus?
- Welche Teamstruktur ist notwendig?
- Haben die psychosozialen Fachleute eine eigene Berufshaftpflichtversicherung?
- Für welche Bereiche soll das Team genau zuständig sein?
- Gibt es eine passende Organisation bzw. einen Dachverband?
- Wird das Team von Einsatzkräften gewünscht?
- Stehen ausreichend und entsprechend qualifizierte psychosoziale Fachleute zur Verfügung?
- Ist die Weitervermittlung an psychosoziale Fachleute gewährleistet?
- Welcher psychosoziale Fachmann übernimmt die Aufgabe des fachlichen Leiters?
- Sind die psychosozialen Fachleute auch bereit, sich gemeinsam mit den Peers ausbilden zu lassen?
- Welche Organisationen arbeiten im SBE-Team mit?
- Stehen ausreichend und entsprechend erfahrene / qualifizierte Peers zur Verfügung?
- Wer übernimmt in der Aufbauphase des SBE-Teams die Leitung?
- Soll ein Leitungsgremium eingesetzt werden?
- Gibt es einen Mitgliederausschuß?
- Gibt es Bewerber für das SBE-Team?
- Besteht die Möglichkeit, an einer SBE-Ausbildung einer anderen Organisation teilzunehmen, oder muß die Ausbildung selbst organisiert werden?
- Kennen die Einsatzkräfte Möglichkeiten und Ziele der SBE-Angebote?
- Wie werden betroffene Einsatzkräfte über die Angebote des Teams informiert?
- Wer entwickelt ein passendes Konzept für diese Situation und erstellt verbindliche SBE-Richtlinien für die Arbeit?
- Sind die Teammitglieder bereit, sich regelmäßig zu treffen, sich zu beraten und fortzubilden?
- Ist das SBE-Team finanzierbar? Es sind für die SBE-Grundausbildung (in den USA) 6.000 bis 10.000 $ zu veranschlagen (genaue Zahlen liegen für Deutschland noch nicht vor, dennoch kann man sagen, daß für die grundlegende SBE-Ausbildung und die Einrichtung des Teams mehrere tausend DM veranschlagt werden müssen. Anm. d. Hrsg.).
- Gibt es eine Leitstelle, die 24 Stunden lang besetzt ist und die hereinkommende Anfragen für ein SBE-Team aufnehmen und weiterleiten kann?
- Gibt es genügend Teamkoordinatoren, die Anrufe rund um die Uhr bearbeiten, Prioritäten setzen und SBE-Teams zusammenstellen können?
- Sind die Teammitglieder bereit, sich kontinuierlich - zumindest in den nachfolgend beschriebenen Themenbereichen - fortzubilden: Krisenintervention,

Gesprächsführung / Kommunikation, Streß / Belastungsreaktionen und -symptome, physiologische Streßreaktionen, Psychotraumatologie, Konflikt-management, kollegiale Beratung, direktive Gesprächs- bzw. Interventions-techniken, Grundlagen der Einsatzleitung, Grundlagen des Katastrophen-einsatzes, Dienstunfälle mit tödlichem Ausgang, Hilfe für Angehörige, Grup-pendynamik, Organisationskunde (Feuerwehr, Rettungsdienst ...), Aufbau-kurs / Fortbildungen im Bereich SBE, regelmäßige Fortbildung in der SBE-Nachbesprechung, Suizidprävention, Vermittlung an psychosoziale Fachleute, Trauerprozeß, psychische Traumatisierung bei Kindern, kumulativer Streß, SBE-Teamprotokolle, Ethik und Vertraulichkeit, organisationsübergreifende Unterstützungs-Angebote.

Schritte beim Aufbau eines SBE-Teams

Die *ersten Schritte* sind getan, wenn:

– die Bedarfsabklärung erfolgt ist
– das Programm von der Leitung / Verwaltung genehmigt wurde
– sichergestellt ist, daß ausreichend Peers und psychosoziale Fachleute zur Verfügung stehen
– man sich ein Bild über bestehende SBE-Angebote gemacht hat

Zwischenschritte:

– Einrichtung eines Leitungs-/Organisationsgremiums
– Entscheidung für einen Dachverband / eine Organisation
– Entwicklung einer Arbeitsstruktur für das Team
– Auswertung der Bewerbungen potentieller Teammitglieder
– Erstellung eines Ausbildungsplans

Letzte Schritte:

– Ausbildung
– Auswahl der Teammitglieder
– Einsetzung einer qualifizierten Leitung
– Einführung der Auswertungsprotokolle von Angeboten
– Entwicklung einer Strategie, um alarmiert werden zu können
– kontinuierliche Auswertung der Arbeit des Teams.

Ausbildung des Teams

Es gibt viele Dinge, die ein SBE-Team beachten muß, wenn es seine Arbeit aufnimmt. Am wichtigsten ist eine qualifizierte Ausbildung. Ohne Ausbildung kann das Team seine Aufgaben nicht erfüllen. Es besteht die Gefahr, anderen Personen Schaden zuzufügen. Auch alle psychosozialen Fachkräfte brauchen eine SBE-Ausbildung, um sicherzugehen, daß ihnen die Eigenheiten der SBE und deren Terminologie vertraut sind. Da das Team mit Einsatzkräften zusammenarbeitet, muß es über die Persönlichkeiten von Einsatzkräften und deren Arbeit Bescheid wissen. Im Rahmen der Ausbildung sollte in jedem Fall darauf geachtet werden, organisationspezifische Besonderheiten auszutauschen und sich mit der Arbeit von (anderen) Einsatzkräften vertraut zu machen.

Leider lernen psychosoziale Fachleute im Rahmen ihrer Ausbildung nichts bzw. wenig über Streß, Streßsymptome, berufsbedingten Streß oder Posttraumatische Belastungsreaktionen. Viele sammeln diese Erfahrungen erst in der Praxis. Psychosoziale Fachleute verfügen über fundierte Erfahrungen in den unterschiedlichsten Bereichen. Die Ausbildung bringt in Bezug auf SBE alle auf den gleichen Stand. Dies schafft das Fundament für eine erfolgreiche Arbeit mit Einsatzkräften und anderen.

Streß nach belastenden Ereignissen und die Interventionsprogramme dafür sind ein spezielles Arbeitsfeld. Hierfür braucht es in jedem Fall eine besondere Ausbildung. Psychosoziale Fachleute, Geistliche und Peers müssen erfahren, fachlich kompetent und sensibel sein. Sie bieten präventive Hilfe an, keine Psychotherapie. Die Teammitglieder müssen sich stets bewußt sein, daß die SBE-Angebote für die Anwendung bei Einsatzkräften entwickelt wurden. Für deren Anwendung bei Zivilpersonen, in Wirtschaft und Industrie, in Schulen und in der Geschäftswelt müssen die Angebote modifiziert werden. Diese veränderte Form ist dann allerdings nicht für Einsatzkräfte geeignet.

Ein ganz besonders wichtiges Kriterium für alle SBE-Angebote ist, daß alle Teammitglieder eine mindestens 16stündige SBE-Grundausbildung absolviert haben müssen.

Die konkreten Lernziele und Inhalte eines SBE-Ausbildungsprogramms kann man in Human Elements Training (Mitchell und Everly, 1994) nachlesen. (Über Ausbildungsstandards und -angebote informiert die »Bundesvereinigung Streßbearbeitung nach belastenden Ereignissen«. Siehe Anhang E, Anm. d. Hrsg.). Hier eine kurze Übersicht über die Inhalte eines SBE- Ausbildungsprogramms:

1. einsatzspezifische Belastungen, Ursachen, Formen, Auswirkungen und deren Bearbeitung
2. Streß bei Einsatzkräften (arbeitsbedingt): bezogen auf Arbeitsumfeld, belastende Ereignisse, kumulativer Streß
3. belastende Ereignisse für Einsatzkräfte / Indikationen für SBE-Angebote
4. Persönlichkeitsprofil von Einsatzkräften
5. Grundlegendes zum Team: Leitungsgremium / Vorstand, Teamstruktur, Teamleitung, Auswahl der Mitglieder, Qualitätssicherung, Protokollführung, rechtliche Angelegenheiten, Grenzen des Teams, Versicherung, Fortbildung
6. Ausbildung in den speziellen SBE-Methoden:
   A. Streßprävention (Informationsveranstaltungen / Fortbildungen)
   B. SBE-Einsatzbegleitung
   C. SBE-Einsatzabschluß
   D. SBE-Kurzbesprechung

E. SBE-Nachbesprechung
F. Einzelberatung
G. Nachbetreuung
H. Unterstützung für Angehörige
I. besondere SBE-Nachbesprechungen
J. informelle Gespräche
7. Möglichkeiten für die Vermittlung an psychosoziale Fachleute
8. Belastungen von Familien der Einsatzkräfte
9. »Lehr-Nachbesprechung« (exemplarisches Rollenspiel)
10. Kommunikations- und Kriseninterventionstechniken.

Jedes Teammitglied sollte pro Jahr an mindestens einer SBE-Fortbildung teilnehmen.

Organisationsstruktur eines SBE-Teams

Genaueres zu Aufbau und Struktur eines SBE-Teams finden Sie in Anhang A dieses Buches. Nachfolgend werden Mindestanforderungen für die Organisationsstruktur eines SBE-Teams beschrieben:

– Leitungsgremium / Vorstand
– mindestens ein fachlicher Leiter
– mindestens ein erfahrener Teamkoordinator
– genügend Teamkoordinatoren, um eine 24-Stunden-Bereitschaft zu gewährleisten
– psychosoziale Fachleute
– Peers aus den beteiligten Organisationen. Peers können aktive oder frühere Mitglieder von Feuerwehren oder Rettungsdienstorganisationen sein. Jede Organisation, für die das Team arbeitet, sollte mit mindestens einem Mitarbeiter im Team vertreten sein. Ein Team besteht zu zwei Dritteln aus Peers und zu einem Drittel aus psychosozialen Fachleuten und Geistlichen.

Auswahl der Teammitglieder

Die Kriterien zur Auswahl von Teammitgliedern sind ausführlich in Anhang A beschrieben. Dieser Abschnitt beschreibt das Auswahlverfahren für neue Mitglieder.

Der erste Schritt bei der Auswahl von Mitgliedern ist ein Bewerbungsverfahren. Die Bewerbungen werden zusammengetragen und dann von einem Auswahlgremium durchgesehen. In der Regel besteht dieses aus zwei bis drei psychosozialen Fachleuten oder Geistlichen und fünf bis sechs Peers. Das Auswahlgremium überprüft gegebenenfalls die Referenzen und organisiert bei Bedarf Vorstellungsgespräche. Schließlich wählt es die Kandidaten aus, die für die Arbeit im Team geeignet erscheinen.

Wenn das Team einen Kandidaten nicht kennt, wenn es weiterer Auskünfte bedarf oder wenn Zweifel bestehen, ob eine Person wirklich geeignet ist, kann der Mitgliedsausschuß ein Vorstellungsgespräch durchführen. Vier oder fünf Mitglieder des Ausschusses treffen sich mit dem Kandidaten, stellen Fragen und versuchen herauszufinden, ob Zweifel berechtigt oder unberechtigt sind. Ein Vorstellungsgespräch wird in jedem Fall durchgeführt, wenn der Kandidat erst vor kurzem selbst ein äußerst traumatisches Ereignis erlebt hat und geklärt werden muß, ob er mit anderen Menschen bereits zu dieser Thematik arbeiten kann oder ob er noch zu sehr mit seinem eigenen traumatischen Ereignis beschäftigt ist.

Nach dem Vorstellungsgespräch geben die »Interviewer« Empfehlungen an den Mitgliedsausschuß. Der Ausschuß schließt dann den Auswahlprozeß ab und informiert die Kandidaten über die Entscheidung.

Die verschiedenen Komponenten eines SBE-Programms

In Anhang A wurde angeführt, daß ein SBE-Programm aus vielen Komponenten besteht. Organisationen, die im Bereich der SBE nur Schulungen oder Nachbesprechungen anbieten, werden in ihrem Anliegen scheitern. Außerdem mißachten sie die Grundregeln für eine qualifizierte und effektive SBE. Ein umfassendes SBE-Programm aufzustellen, scheint auf den ersten Blick äußerst kostspielig zu sein. Dies trifft nicht zu, wenn man richtig an die Sache herangeht und in der Zusammenarbeit mit anderen Abteilungen, Fachdiensten und Organisationen neue Ressourcen erschließt. Es ist nicht nötig, daß jede Organisation ein eigenes und umfassendes SBE-Programm erstellt. Es ist weitaus effektiver, sich mit anderen SBE-Anbietern zu vernetzen und gegenseitig zu kooperieren.

Zur Zeit (1994) gibt es in den Vereinigten Staaten über 300 Teams zur Streßbearbeitung nach belastenden Einsätzen. In Australien gibt es zwischen sieben und neun Teams, eines in jedem Staat. Kanada hat 25 Teams, Tendenz steigend (Ziel: mindestens 1 SBE-Team in jeder Provinz). Deutschland hat mehrere, etliche befinden sich im Aufbau, Norwegen und Schweden haben jeweils zwei Teams. Dabei handelt es sich fast ausschließlich um SBE-Teams für Einsatzkräfte. Es sind also Teams aus Einsatzkräften unterschiedlicher Aufgabengebiete, die für Krankenhäuser, Feuerwehren, Vollzugsorgane, Sanitäter und Notärzte, Beamte im Strafvollzug, Such- und Rettungsmannschaften, Bergwacht, Helfer des Katastrophenschutzdienstes, Militär und andere Ersteinsatzkräfte arbeiten.

Wenn ein SBE-Team entsprechend organisiert ist und genügend psychosoziale Fachleute zur Verfügung stehen, kann als Untergruppe eines SBE-Teams auch ein kommunales SBE-Team eingerichtet werden. Das kommunale SBE-Team ist dann für Hilfsangebote nach Krisenereignissen innerhalb der Gemeinde zuständig, die die Bürger betreffen. Nach traumatischen Ereignissen muß schnell und von entsprechend qualifizierten psychosozialen Fachleuten interveniert werden. Einsatzkräfte haben unterschiedliche Bedürfnisse und entwickeln nach traumatischen Ereignissen unterschiedliche Reaktionen. Außerdem unterscheidet sich auch ihre Persönlichkeit von der eines »Durchschnittsbürgers«. Es hat sich bewährt, wenn ein fester Mitarbeiterstamm jeweils SBE-Angebote für Einsatzkräfte bzw. SBE-Angebote für Zivilpersonen durchführt.

In den USA kooperiert das *American Red Cross Disaster Mental Health Network* mit SBE-Teams und bildet kommunale SBE-Teams. Die Angebote für Einsatzkräfte sollten immer von Peers und hauptberuflichen Mitarbeitern des SBE-Teams gemeinsam angeboten werden. Die Interventionen für Zivilpersonen werden vom Kommunalen SBE-Team durchgeführt, allerdings meist ohne Peers.

Die Teams aus Einsatzkräften unterschiedlicher Organisationen, die in den vorstehenden Abschnitten beschrieben wurden, arbeiten sehr effektiv. Sie verfügen über Mitglieder aller Organisationen, und jeder profitiert von den Erfahrungen der anderen. Sie teilen sich die Kosten für Aus- und Fortbildung des Teams, sie teilen sich die psychosozialen Fachleute und können sich im Einsatzfall aufeinander verlassen. Als weiterer positiver Aspekt entwickeln die verschiedenen Gruppen Respekt und Verständnis gegenüber ihren Kollegen in anderen Organisationen. Ein Team aus Einsatzkräften unterschiedlicher Organisationen hat einen großen Vorteil: Die Mitglieder können sich bei ihrer belastenden Arbeit gegenseitig unterstützen.

Organisationübergreifende Teams sind grundsätzlich sinnvoll. Die Kooperation zwischen den Organisationen spart Geld, nützt bestmöglich Ressourcen, steigert die Vielfältigkeit und den Grad der Erfahrung und wirkt sich positiv auf die Ausbildung aus. Eine Organisation beruft einen Geistlichen in das Team. Eine andere benennt einen psychosozialen Fachmann. Wieder eine andere Organisation hat einen Arzt, der sich im SBE-Team engagiert. Pflegepersonal, Feuerwehrleute, Beamte der Vollzugsorgane und anderes Rettungsdienstpersonal kommen aus den verschiedenen Organisationen einer Region.

Vorsicht bei Angeboten für Freunde und Bekannte

SBE-Nachbesprechungen werden nicht mit Freunden oder Bekannten durchgeführt. Es spricht nichts dagegen, einem Freund im Rahmen einer Einzelberatung oder Einsatzbegleitung zu helfen. Diese Interventionen sind eher kurz. Dabei besteht keine Gefahr, zu sehr in die Sache verwickelt zu werden. Wenn kein anderes ausgebildetes SBE-Mitglied innerhalb eines angemessenen Zeitraumes verfügbar ist, kann selbstverständlich ein Peer auch seinen Kollegen eine SBE-Kurzbesprechung anbieten, vorausgesetzt, er war nicht selbst in das Ereignis verwickelt. Dennoch ist Vorsicht geboten, denn der SBE-Mitarbeiter arbeitet hier in einer Grauzone. Die Durchführung einer SBE-Nachbesprechung bringt in einem solchen Fall verschiedene Probleme mit sich. SBE-Nachbesprechungen sind komplexer und emotional beladener. Außerdem erlauben sie eine tiefergehende Besprechung des traumatischen Ereignisses, was einem Peer, der einem Betroffenen sehr nahesteht, ebenfalls belasten und irritieren kann.

Es gibt zwei weitere Gründe für die Effektivität eines organisationsübergreifenden Teams. Es ist nicht förderlich, wenn sich Anbieter und Teilnehmer von SBE-Interventionen zu gut kennen. Jede Person mit medizinischen Grundkenntnissen erkennt die inhärenten psychologischen Gefahrenquellen bei der Bereitstellung medizinischer Behandlung für ernsthaft kranke Verwandte oder enge Freunde. Diese Gefahr besteht auch für Mitarbeiter von SBE-Teams. Das gleiche Problem entsteht, wenn Vorgesetzte ihren unterstellten Mitarbeitern Unterstützung anbieten wollen. Eine zu enge Verbindung zwischen denen, die Hilfe geben, und denen, die sie erhalten, führt zu emotionaler Unruhe, da Rollen und Grenzen nicht klar definiert sind. SBE-Mitarbeiter bieten keine Hilfe an, wenn:

1. sie selbst in das Ereignis involviert waren
2. sie Einsatzleiter oder Vorgesetzter der Personen sind, die in das Ereignis verwickelt wurden (auch wenn sie nicht persönlich anwesend waren)
3. Freunde unter den Teilnehmern der SBE-Intervention sind
4. sie normalerweise in der Gruppe arbeiten, die in das Ereignis verwickelt war (z.B. als Teil einer Einheit, auch wenn sie während des Vorfalls nicht anwesend waren)
5. sie Teil der »Abteilung« sind, die für interne Angelegenheiten zuständig ist und sie verantwortlich oder mitverantwortlich das Ereignis untersuchen
6. sie mit einer der betroffenen Personen verwandt sind.

Durch ein SBE-Team aus Einsatzkräften unterschiedlicher Organisationen wird die Konkurrenz unter den Organisationen abgeschwächt und eine Atmosphäre gegenseitiger Kooperation und Unterstützung gefördert. Dies ist ein willkommener Nebeneffekt.

Leitlinien für eine effektive SBE

Bei der Neueinführung von SBE-Angeboten müssen die Organisationen bestimmte Dinge in die Wege leiten.

Als erstes muß eine passende Person aus der eigenen Organisation gefunden werden, die die SBE-Projektgruppe leitet. SBE ist nicht ausschließlich Aufgabe der psychosozialen Fachleute. Psychosoziale Fachleute spielen in einem umfassenden SBE-Programm eine sehr bedeutende Rolle und sind Voraussetzung für den Erfolg. Sie werden jedoch kaum in ausreichender Zahl zur Verfügung stehen, um ein SBE-Programm zu entwickeln, zu koordinieren und zu organisieren. Außerdem sind sie keine Einsatzkräfte und haben nur eingeschränkte Kenntnisse über deren Arbeit.

Die Projektgruppe nimmt Kontakt zu SBE-Teams auf. Vor der Neugründung eines SBE-Teams sollte gründlich geprüft werden, ob der eigene Bedarf nicht durch die Kooperation mit einem anderen Team gedeckt werden kann.

Die Praxis bestätigt: die größte Effizienz erreichen Teams, die organisationsübergreifend arbeiten.

Das Leitungsgremium bzw. der Vorstand wählen hauptberufliche Mitarbeiter und Peers aus und setzen Gremien ein, die die nötigen Regeln, Zuständigkeiten und Abläufe des Teams festlegen. Die Leitungsgremien haben Untergruppen, die eng mit den SBE-Teams in der Umgebung und der Region kooperieren. Ebenso steht diese Untergruppe mit der *International Critical Incident Stress Foundation, Inc.* in Kontakt. Die ICISF koordiniert (weltweit) SBE-Angelegenheiten, legt Standards für SBE-Teams fest und bietet Aus- und Fortbildungen an.

Ein SBE-Team wird von Peers getragen, die von psychosozialen Fachleuten und Geistlichen beraten werden. SBE-Arbeit innerhalb einer Organisation erfordert qualifizierte SBE-Mitarbeiter und Vertrauen. Das SBE-Team muß im Rahmen seiner Zuständigkeit frei und unbehindert arbeiten können. In diesem Zusammenhang kommt den Verantwortlichen eine große Bedeutung zu. Sie sorgen dafür, daß weder das SBE-Team noch die Organisation behindert oder gefährdet wird.

SBE-Teams funktionieren, wenn sie in die Kommunikationsstruktur der Organisation eingebunden sind. Außerdem müssen die Einsatzkräfte wissen, wie sie das SBE-Team bzw. den jeweiligen Ansprechpartner erreichen können. Der kontinuierliche Austausch mit den lokalen, regionalen und nationalen SBE-Gruppen ist von größter Bedeutung.

Rechtliches

Bis zur Drucklegung dieses Buches gab es keine Prozesse gegen SBE-Teams, es war nichts über Fälle bekannt, die zur Verhandlung anstanden. Dies ist angesichts von mehr als 20.000 SBE-Nachbesprechungen seit 1983 ein gutes Ergebnis. Dies liegt wohl an der Tatsache, daß es sich um einen relativ neuen Bereich handelt und daß sich die Teams an den Richtlinien orientieren.

Niemand rechnet mit einem Prozeß, wenn er Einsatzkräften Hilfsdienste anbietet. Jedoch ist die gute Absicht allein kein Schutz davor. Es gibt Möglichkeiten, um ein Team rechtlich abzusichern. Dieser Abschnitt gibt dazu Empfehlungen. Wenn das Bedürfnis nach juristischer Beratung besteht, sollten hierzu Anwälte konsultiert werden, die mit der Arbeit von Feuerwehr, Rettungsdienst, Katastrophenschutzorganisation und, wenn möglich, auch mit der SBE vertraut sind.

–   Der beste Schutz gegen rechtliche Schritte liegt in der richtigen Durchführung der SBE-Angebote.
–   Sinnvoll ist die Orientierung an den schriftlich festgehaltenen Vorgehensweisen, an Protokollen und Leitlinien lokaler und internationaler Organisationen, die im Bereich der SBE tätig sind. Sie werden auch »Standards of care« (Standards für die Hilfe an anderen Menschen) genannt.
–   Das SBE-Team konstituiert sich formal (als rechtlich anerkannte Gruppierung, in Deutschland z.B. als Verein oder Verband, Anm. d. Hrsg.).
–   Immer, wenn eine Person in einer SBE-Nachbesprechung eine klare und unmittelbare Gefahr für sich selbst (Suizidandrohung) oder andere (Morddrohung oder tatsächliche oder vermeintliche andere ernste Verbrechen) darstellt, muß das Team im Interesse der Person oder der Personen handeln, die sich in Gefahr befinden könnten. Dies kann bedeuten, daß die Familie oder Vorgesetzten des Betreffenden gewarnt werden müssen. Es kann auch sein, daß die Person unfreiwillig in eine Klinik eingeliefert werden muß oder andere Mittel notwendig sind, um Leben zu retten. Rettung von Leben hat eine höhere Priorität als die strikte Einhaltung absoluter Vertraulichkeit. Die Teammitglieder sollten den Hinweisen des fachlichen Leiters oder eines Vertreters der psychosozialen Fachleute folgen. Allerdings ist dies sehr unwahrscheinlich und eher Theorie. Bislang hat noch nie eine Einsatzkraft während

einer Nachbesprechung solche Äußerungen gemacht. Es ist eher wahrscheinlich, daß eine Zivilperson derartiges in einer SBE-Nachbesprechung andeutet. Teams, die im zivilen Bereich SBE-Angebote durchführen, müssen hier wachsam sein. Teams, die mit Einsatzkräften arbeiten, werden mit einer solchen Situation kaum konfrontiert.

- Die Gesetze unterscheiden sich von Land zu Land. Teammitglieder sollten die geltenden Gesetze für ihren Zuständigkeitsbereich kennen.
- Respektieren Sie, wenn sich jemand nicht aktiv beteiligt. Einsatzkräfte werden manchmal in eine SBE-Nachbesprechung geschickt. Da ein Teil der SBE-Nachbesprechung Infos zur Streßbearbeitung gibt, ist dies richtig. Niemandem kann allerdings befohlen werden, in einer Nachbesprechung etwas zu sagen, wenn er nicht will. Wenn sich jemand weigert, an der Nachbesprechung teilzunehmen, sollte das SBE-Team dies respektieren. Der Betreffende sollte aber darüber informiert werden, daß es aus fachlicher Sicht besser wäre, an der SBE-Nachbesprechung teilzunehmen. Außerdem informiert man ihn, daß es weitere Arten von Unterstützung gibt, falls er zu einem anderen Zeitpunkt Hilfe in Anspruch nehmen möchte. Es empfiehlt sich, der Person eine Karte des SBE-Teams mit Namen und Telefonnummer des/der Ansprechpartner(s) auszuhändigen.
- Die Betroffenen müssen über Ziele und Inhalte eines SBE-Angebots Bescheid wissen und damit einverstanden sein. Der Ablauf einer SBE-Nachbesprechung darf Betroffene nicht überraschen. Man informiert über SBE-Nachbesprechungen sowohl in Programmen zur Streßprävention als auch in den einführenden Bemerkungen des SBE-Teams.
- Empfehlungen, die in einer SBE-Nachbesprechung gegeben werden, müssen vernünftig und praktikabel sein. Die Ratschläge sollten durch Literaturhinweise ergänzt werden.
- Empfehlungen beziehen sich auf die konkrete Situation.
- Die Teilnehmer werden darauf hingewiesen, nichts zu sagen, was eine Untersuchung oder ein Disziplinarverfahren nach sich ziehen könnte.
- Die SBE-Nachbesprechung ist keine Psychotherapie und kein Ersatz dafür.
- Aufzeichnungen und Kameras bzw. Rekorder sind während der Nachbesprechung nicht erlaubt.
- Teammitglieder wie Teilnehmer behandeln alles, was im Raum einer SBE-Nachbesprechung gesprochen wird, gleichermaßen vertraulich.
- Vereidigte Hauptberufliche müssen stets dem ethischen Verhaltenskodex ihrer Berufsgruppe und den Gesetzen, die aufgrund ihrer Arbeit im SBE-Team zur Anwendung kommen könnten, Folge leisten.

Qualitätssicherung im SBE-Team

Drei Komponenten machen die Qualität der Arbeit eines SBE-Teams aus. Dies sind erstens qualifizierte Ausbildung, zweitens fundierte Erfahrungen in organisationsübergreifender Zusammenarbeit sowie drittens regelmäßige Teamsitzungen.

Ausbildung

Streßprävention ist eine zentrale Aufgabe eines leistungsfähigen SBE-Teams. Sie unterteilt sich in zwei Bereiche: die Ausbildung des Personals in den Organisationen, die Angebote des Teams in Anspruch nehmen, und die Schulung des Teams.

Keiner denkt daran, das SBE-Team während oder nach einem belastenden Ereignis zu rufen, wenn nicht bekannt ist, daß dieses existiert. Einer der ersten Schritte, die von einem neuen Team unternommen werden müssen, ist also, ein Informationsprogramm für die Organisationen in Feuerwehr und Rettungsdienst anzubieten. Dieses Ausbildungsprogramm (normalerweise 2 bis 3 Stunden) deckt folgende Themen ab:

–   Entstehung und Auswirkung von Streß
–   einsatzspezifische Belastungen
–   Streß nach belastenden Ereignissen
–   Symptome von Belastungen
–   einfache und praktikable Streßbearbeitungsmöglichkeiten
–   Struktur und Arbeitsweise des SBE-Teams
–   Mitgliedschaft im Team.

Wenn wenig Zeit zur Verfügung steht, muß dieses Programm entsprechend modifiziert werden. In einer halbstündigen Informationseinheit werden nur ein oder zwei Aspekte besprochen. Dies kommt Gruppen entgegen, die in Schichten arbeiten und sich deshalb nur kurze Zeit treffen. Es ist zwar mühsam, immer nur »portionsweise« auszubilden, kann aber effektiv sein, wenn es gut organisiert und koordiniert ist.

Weiter muß das Team den Leitern der verschiedenen Organisationen Informationen über das Team geben und deutlich machen, in welchen Fällen es verständigt wird. Wenn Vorgesetzte gut und umfassend informiert sind, werden sie von dem Angebot eher Gebrauch machen. (Für weitere Informationen zum Thema Ausbildung in der SBE siehe Mitchell, J. T. und Everly, G. S. (1994) *Human Elements Training,* Ellicott City, M.D., Chevron Publishing Corporation. Zudem informiert die SBE-Bundesvereinigung zu Ausbildung und Ausbildungsstandards. Anm. d. Hrsg.)

Organisationsübergreifende Zusammenarbeit

SBE-Teammitglieder arbeiten organisationsübergreifend. Peers werden in Bereichen ausgebildet, die sonst psychosozialen Fachleuten vorbehalten bleiben. Peers werden zum Beispiel in Krisenintervention, Gesprächsführung, Streßbearbeitung nach belastenden Ereignissen, Trauerhilfe und Psychotraumatologie ausgebildet.

Umgekehrt bedeutet dies, daß sich psychosoziale Fachleute und Geistliche mit der Organisation, der Strategie und Taktik, der Ausrüstung und der Persönlichkeitsstruktur von Einsatzkräften vertraut machen. Die hauptberuflichen Helfer bekommen diese Information nicht im Rahmen eines Unterrichtes. Sie müssen mehrere Stunden in der Notaufnahme eines Krankenhauses verbringen, Feuerwehrleute und Polizisten im Einsatz begleiten, im Rettungs- und Notarztwagen mitfahren und die Einsatzzentrale besuchen. Dies dauert lange. Ein Tag reicht nicht aus. Man sollte sich ausreichend Zeit nehmen und über Wochen und Monate immer wieder neue Bereiche kennenlernen. So entsteht Erfahrung und Kompetenz im Umgang mit Einsatzkräften.

Wir sind der Auffassung, daß es ohne dieses gegenseitige Kennenlernen nicht wirklich möglich ist, effektiv mit Einsatzkräften zu arbeiten. Einsatzkräfte vertrauen keinem, der nichts über ihre Arbeit und Persönlichkeit weiß.

Regelmäßige Teamsitzungen

Teams, die sich nicht regelmäßig treffen, werden Probleme nicht lösen. Zu wenig Kontakt mit den Teammitgliedern isoliert die Leiter und spaltet das Team. Teams, die sich nicht treffen, arbeiten nicht effektiv. Fehlender Kontakt führt dazu, daß Mitarbeiter ihre eigenen Wege gehen. Das Resultat ist die Auflösung des Teams. Um das zu vermeiden, sollte sich ein SBE-Team alle vier bis sechs Wochen treffen. Eine SBE-Teamsitzung kann in drei Abschnitte gegliedert sein:

- Reflexion und Auswertung der durchgeführten Maßnahmen
- Tagesgeschäfte
- Fortbildung.

An der »Reflexion und Auswertung der durchgeführten Angebote« nehmen ausschließlich Teammitglieder teil. Die dort besprochenen Themen beziehen sich auf die belastenden Einsätze, die von den Teammitgliedern in den vergangenen vier bis sechs Wochen bearbeitet wurden. Dazu wird jede Situation kurz vorgestellt und die Arbeit des Teams besprochen und analysiert. Die Teammitglieder können Fragen stellen oder Anregungen geben. Brisante bzw. wichtige Punkte werden bei Bedarf diskutiert. Teammitglieder werden stets daran erinnert, daß die besprochenen Angelegenheiten vertraulich zu behandeln sind.

Im zweiten Teil befaßt sich das Team mit den Tagesgeschäften. Korrespondenz wird besprochen und Entscheidungen getroffen. Angelegenheiten, die Mitgliedschaft, Ausbildung, finanzielle Unterstützung, Pläne für die Zukunft und andere Schwerpunkte der Arbeit des Teams betreffen, werden hier besprochen. An dieser Besprechung nehmen alle Teammitglieder teil.

SBE-Teamsitzungen sollten in einer entspannten Atmosphäre verlaufen. Um dies zu erreichen, beteiligen sich alle Teammitglieder gleichberechtigt. Entscheidungen werden (wenn möglich) demokratisch gefällt. Wenn ein Team minutenlang an Themen hängenbleibt, die die Geschäftsordnung betreffen, haben sie den Blick für das Wesentliche verloren. Es gibt sicherlich wichtigere Themen als die Frage, wer etwas sagen darf und in welcher Reihenfolge. Eine angenehme Arbeitsatmosphäre wirkt sich positiv auf Motivation und Arbeitsfähigkeit der Mitglieder aus und wirkt auf potentielle Mitglieder einladend.

Ein weiteres Ziel von Teamsitzungen ist die kontinuierliche Fortbildung. Ohne Fortbildung ist ein Team den Anforderungen der SBE-Arbeit nicht gewachsen. Eine Liste empfohlener Themen für Schulungen findet sich im Abschnitt dieses Kapitels unter dem Titel »Wichtige Fragen zur Gründung eines Teams«. Diese und andere Themen sind für das Ausbildungsprogramm des Teams wichtig. Der Fortbildungsteil in einer Teamsitzung dauert zwischen 30 und 45 Minuten.

Fortbildungsveranstaltungen für Teammitglieder

Zusätzlich zu dem normalen Fortbildungsteil der Teamsitzungen sollten sich Teammitglieder bei regionalen, nationalen oder internationalen Fortbildungen mindestens 8 Stunden pro Jahr zu SBE, Krisenintervention oder anderen relevanten Schwerpunkten fortbilden. Es empfiehlt sich, Schulungen und Kurse zu besuchen, bei denen man Kollegen aus anderen Teilen des Landes oder der Welt kennenlernt. Dies bereichert den Erfahrungsschatz, hinterfragt die eigene Arbeit und eröffnet neue Perspektiven. Teams, die nicht über den »eigenen Tellerrand« hinausschauen, verschenken diese Chance und arbeiten in der Regel weniger effektiv.

Aufzeichnungen

Teammitglieder möchten die Ergebnisse ihrer Arbeit gerne schwarz auf weiß sehen. Aufzeichnungen werden für statistische Zwecke gemacht. Checklisten, die festhalten, wie oft eine Person SBE-Kurzbesprechungen, SBE-Nachbesprechungen oder andere Interventionen geleitet bzw. begleitet hat, sind für die Evaluation und Weiterentwicklung der Arbeit des Teams hilfreich.

Leitlinien

Teams brauchen schriftliche Leitlinien, nach denen sie arbeiten. Fehlen diese, verursacht dies während der Ereignisse Störungen zwischen Team und Einsatzkräften. Schriftliche Leitlinien, Protokolle, Rollenbeschreibungen und Abläufe geben den Mitgliedern Sicherheit.

Neuaufnahme von Mitgliedern

In jedem Team gibt es eine Fluktuation. Möglicherweise haben Teammitglieder familiäre oder berufliche Verpflichtungen. Da der Dienst in den SBE-Teams ehrenamtlich ist und nicht bezahlt wird, verändern sich die Prioritäten.

Das Team muß ausreichend stark besetzt sein, um effektiv arbeiten zu können. Sowohl Peers als auch Hauptberufliche sollten Mitgliederwerbung im Blick haben. Manchmal reicht es, einen Bekannten anzusprechen und ihn zu fragen, ob er nicht mitarbeiten möchte. Manchmal muß man Ausschreibungen verteilen und aktiv Werbung betreiben, um neue Mitarbeiter für das Team zu finden.

Wenn ein neues Mitglied dem Team beitritt, wird bald eine umfangreiche SBE-Ausbildung durchgeführt. Niemand bietet ohne eine entsprechende Ausbildung SBE an. Neue Teammitglieder werden auf Probe aufgenommen, damit sie in der »Probezeit« ausreichend Erfahrung sammeln können. Erst danach wird die Entscheidung über eine Mitgliedschaft getroffen.

Öffentlichkeitsarbeit des SBE-Teams

Es genügt nicht, ein SBE-Angebot zu präsentieren und dann zu erwarten, daß Einsatzkräfte über die Existenz und die Aufgabe des Teams Bescheid wissen. SBE-Teams gehen auf Feuerwachen und Polizeidienststellen, in Einsatzzentralen oder Krankenhäuser, um über das Team und dessen Arbeit zu informieren. Nachdem es in der SBE-Arbeit darum geht, Streßreaktionen vorzubeugen oder sie zu lindern, kommt den präventiven Programmen in den Organisationen große Bedeutung zu. Solche Programme werden u.a. organisationsinternen »Risikogruppen« (mit potentiell hoher Streßbelastung) angeboten. (Siehe Mitchell, J. T. und Everly, G. S. (1994) Human Elements Training, Ellicott City, M.D., Chevron Publishing Corporation.)

Kommunale Streßpräventionsprogramme

In vielen Bereichen der USA versucht man, die Bevölkerung über die Gefahren traumatischen Stresses zu informieren. Überall dort, wo das kommunale SBE-Programm dem SBE-Team angegliedert wurde, sind Zivilpersonen in den SBE-Teams vertreten. Streßpräventions- bzw. Informationsprogramme sind für den kommunalen Bereich wichtige Ansatzpunkte.

Zwar wurden die SBE-Teams ursprünglich zur Unterstützung von Einsatzkräften entwickelt, sie konnten aber auch Zivilpersonen oft adäquate Unterstützung anbieten. Nach einem Unglück oder einer Katastrophe in einer Gemeinde sind auch die SBE-Teams gefragt. Sie können psychosozialen Fachleuten effektiv zuarbeiten und diese unterstützen. SBE-Teams sollten auch bereitstehen, wenn in der Gemeinde humanitäre Hilfe gebraucht wird. Für eine umfassende und effiziente Hilfe ist eine enge Koordination und Kooperation zwischen dem SBE-Team, den Hilfsorganisationen, dem kommunalen SBE-Team und den lokalen psychosozialen Diensten notwendig.

Wenn die Hilfsorganisationen und die psychosozialen Beratungsstellen der Gemeinde noch kein kommunales SBE-Team eingerichtet haben und das SBE-Team gebeten wird, Einzelpersonen oder Gruppen aus der Bevölkerung zu helfen, müssen verschiedene Dinge bedacht werden. Bei den Überlegungen können die folgenden Fragen helfen:

1. Gibt es Organisationen oder Dienststellen, die für Betroffene in der Gemeinde psychosoziale Beratungsangebote durchführen?
2. Sind die Mitarbeiter der ortsansässigen psychosozialen Beratungsstellen ausreichend ausgebildet, um mit psychisch traumatisierten Menschen zu arbeiten?
3. Wie schnell können diese Organisationen / Dienststellen auf Anfragen reagieren? (Hier geht es um Stundenfristen.)
4. Sind solche Organisationen von den Kapazitäten auf Hilfsangebote »in großem Umfang« eingerichtet?
5. Verlangen die in Frage kommenden Organisationen Unterstützung, oder kommt die Anfrage von Betroffenen oder anderen Einrichtungen?

6. Falls Organisationen / Dienststellen anfragen, was genau erwarten sie vom SBE-Team?
7. Bestehen ausreichende Kommunikationsmöglichkeiten zwischen dem SBE-Team, dem kommunalen SBE-Programm und/oder den anderen Hilfsgruppen?
8. Wie schnell kann das SBE-Team seine Mitarbeiter alarmieren, um auf die Situation reagieren zu können? Wer koordiniert den Einsatz, nimmt Rückmeldungen / Berichte entgegen, und wer übernimmt die fachliche Leitung?
9. Handelt es sich bei der Intervention um einen rein »humanitären Einsatz«? (Es ist u.U. ungünstig, wenn sich ein SBE-Team für diesen Dienst bezahlen läßt.)
10. Kann das SBE-Team während der Arbeit für Menschen aus der Bevölkerung zeitgleich auch Angebote für Einsatzkräfte machen? Reichen die Personalressourcen dafür aus, oder muß Unterstützung angefordert werden?

Wann immer ein SBE-Team angefragt wird, um kommunale SBE-Teams zu unterstützen oder direkt Angebote für die Bevölkerung durchzuführen, wird der fachliche Leiter des Teams über die Anfrage informiert. In der Regel werden Anfragen nicht abgelehnt, manchmal jedoch gibt es einige Punkte (Ressourcen, Kompetenzen, Zuständigkeiten), die erst abgeklärt werden müssen. Die Entscheidung, ob das SBE-Team tätig werden kann, wird normalerweise innerhalb von Minuten getroffen.

Schulungen und Unterstützungsangebote für Angehörige von Einsatzkräften

Der Aufgabenbereich eines SBE-Teams umfaßt weit mehr als die Durchführung von Nachbesprechungen. Ein SBE-Team hat einen umfassenden Anspruch. Es beschäftigt sich mit vielen Aspekten der Arbeit von Einsatzkräften. SBE-Teams sind immer aktiv, nicht nur reaktiv. SBE-Nachbesprechungen nach einem belastenden Ereignis sind reaktiv. Streßpräventionsprogramme und Programme für Angehörige gehören zu den wichtigen aktiven Tätigkeiten eines SBE-Teams.

Es reicht nicht aus, nur die Einsatzkräfte selbst zu unterstützen. Die Unterstützung muß sich auf deren gesamtes Umfeld erstrecken. Dies beinhaltet auch die Familie. Leider werden die Familien von Einsatzkräften nach belastenden Ereignissen oft ignoriert.

Um diesem Mangel Abhilfe zu schaffen, haben SBE-Teams eigene Hilfsprogramme für die Familien der Einsatzkräfte entwickelt. Diese Hilfsprogramme beinhalten Angebote zur Streßprävention, SBE-Nachbesprechungen und Nachbetreuungen für nahestehende Personen und Angehörige. Sie werden umfassend über einsatzbezogenen Streß, Streß nach belastenden Ereignissen und andere wichtige Aspekte informiert. In manchen Fällen werden die Einsatzkräfte auch gebeten, während des Ausbildungsprogrammes anwesend zu sein. Nachfolgend eine Liste von Themen, die SBE-Teams im Rahmen solcher Programme behandeln.

- Die Persönlichkeit von Einsatzkräften
- Kommunikation für Paare
- konstruktive Konfliktlösungsstrategien

- in Familien gemeinsam Entscheidungen treffen
- Finanzplanung und Haushaltsplanung für Familien
- Informationen über Einsatztätigkeit und Ausrüstung
- Besichtigung der Arbeitsstätte
- Begleitprogramme
- Ehepartnerunterstützung
- Treffen mit den Führungskräften bzw. Vorgesetzten des Partners/der Partnerin
- Trauer und Trauerarbeit
- Umgang mit Angst
- Kindererziehung in Familien von Einsatzkräften
- Streßbearbeitung nach belastenden Ereignissen
- Hilfsangebote annehmen
- Unterstützung psychotraumatisierter (Ehe)Partner
- Kinder in Krisensituationen
- im Umgang mit dem Partner auf gute Weise Grenzen setzen
- regelmäßige Gruppen zur Ehepartnerunterstützung.

Nach belastenden Ereignissen, die nicht nur ernste Auswirkungen auf die Einsatzkräfte, sondern auch auf deren Familien haben, ist es manchmal notwendig, andere Angebote durchzuführen. Hier einige Beispiele für Angebote zur Streßbearbeitung für nahestehende Personen und Angehörige:

- SBE-Nachbesprechung für die Partner der Überlebenden nach einen Dienstunfall mit tödlichem Ausgang
- Trauer-/krisenorientierte Arbeit mit den Angehörigen (Ehefrau, Kinder und Eltern) einer verstorbenen Einsatzkraft
- Trauerseminare für die Familien der verstorbenen Einsatzkräfte (ca. sechs Monate bis ein Jahr nach dem Todesfall)
- Nachbetreuung für trauernde Familienangehörige (über mehrere Wochen nach dem Todesfall)
- »Jugendgruppen« für die Kinder überlebender Einsatzkräfte nach einem Dienstunfall mit tödlichem Ausgang
- »Kindergruppen« für Kinder von sechs bis zwölf Jahren nach einem äußerst belastenden Ereignis, das Eltern / Familie betroffen hat
- SBE-Nachbesprechungen für nahestehende Personen / Angehörige nach einem besonders belastenden Ereignis in der Gemeinde
- Beratung von Angehörigen in Fragen der Kindererziehung, bezogen auf eine Krise, die mit der Arbeit der Einsatzkraft in Verbindung steht
- Nachbetreuung Angehöriger von Einsatzkräften je nach Bedarf.

Unterstützung für SBE-Helfer (Debriefing für Debriefer)

Das Sprichwort »Halbwissen kann gefährlich sein« trifft gelegentlich auch auf SBE-Mitarbeiter zu. Einige von ihnen denken, daß sie aufgrund ihrer Ausbildung und Erfahrung vor eigenen Streßbelastungen sicher seien. Es liegt klar auf der Hand, daß diese falsche Annahme der Grund für gravierende Probleme sein kann. SBE-Teams wandern auf einem schmalen Grat. Psychisch traumatisierte Menschen sind sehr empfindlich und verletzbar. In gleicher Weise, wie SBE-Teammitglieder für Betroffene sorgen, sollten sie auch für sich selbst sorgen.

Teammitglieder bleiben gesund und einsatzfähig, wenn sie die Regeln für Pausen, Ernährung und ausgeglichene Arbeit am Einsatzort, die sie unterrichten, selbst befolgen. Es ist nicht nur für ihre eigene Gesundheit wichtig, sie gehen so auch mit gutem Beispiel voran. Wenn SBE-Mitarbeiter selbst Probleme haben oder mit dem Erlebten nicht zurechtkommen, holen sie sich Unterstützung. Wenn sie familiäre Probleme haben, müssen sie als Teammitglied eventuell eine Zeitlang pausieren. Vielleicht müssen SBE-Mitarbeiter nach einer sehr anstrengenden SBE-Arbeitsphase pausieren, wenn sie in zu kurzer Zeit zu viele SBE-Angebote durchgeführt haben. Teammitglieder müssen das Recht haben, sich eine »Auszeit« zu nehmen, wenn ihr persönliches Wohlbefinden oder Familienleben größere Aufmerksamkeit verlangt.

Ein besonders wichtiger Schutz für SBE-Teammitglieder ist das Nachtreffen, das unmittelbar nach einer SBE-Nachbesprechung stattfindet. Dieses Zusammenkommen bietet die Möglichkeit eines »Debriefings für Debriefer«. Bei dem Treffen geht es um folgende Punkte:

- kurzer Rückblick auf die SBE-Nachbesprechung / Versuch, nachzuvollziehen, was gerade geschehen ist und aus welchem Grund
- Aufgabenverteilung für die Nachbetreuung
- den Teammitgliedern Zeit lassen, um ihre eigenen Eindrücke über die SBE-Nachbesprechung wiederzugeben
- sicherstellen, daß sich jeder gut fühlt, bevor man auseinandergeht.

Manche Ereignisse sind so gewaltig, und das SBE-Team braucht so viel Zeit und Energie bei den SBE-Nachbesprechungen und der Nachbetreuung, daß es sinnvoll ist, Mitglieder eines anderen Teams zur Unterstützung anzufordern. Dies ist wahrscheinlich notwendig nach Dienstunfällen mit tödlichem Ausgang und Katastrophen. Für die Nachbesprechung der SBE-Arbeit kommen nicht nur andere (SBE-)Teams in Frage, sondern auch Mitglieder des eigenen Teams, die nicht in die Arbeit involviert waren.

Dieses Team muß sich klar darüber sein, daß das SBE-Team die Grundtechniken der SBE-Nachbesprechung kennt und eine Nachbesprechung, die zu starr dem Sieben-Phasen-Modell entspricht, vermutlich ablehnen wird. Das Team muß flexibel sein und damit rechnen, daß die anderen Teammitglieder Fragen stellen. Der Stil einer solchen SBE-Nachbesprechung ist weitaus lockerer, eigentlich ein Gespräch. Oftmals hilft es, den Teammitgliedern die Möglichkeit zu geben, die Ereignisse in chronologischer Reihenfolge zu erzählen, um deutlich zu machen, wer wann wie an der Durchführung der SBE-Nachbesprechung beteiligt war. In dem Gespräch sollte auch die Frage gestellt werden, worauf die Teammitglieder im Rahmen der SBE-Nachbesprechung emotional reagiert haben. Die Nachbesprechung für die Teammitglieder ermöglicht, anders als die formale SBE-Nachbesprechung mit ihren sieben Phasen, auch eine etwas direktere Befragung durch das leitende SBE-Team.

SBE-Teams achten darauf, daß keine offenen Fragen zurückbleiben. Manchmal werden die Debriefer klärende Anmerkungen machen oder auch Informationen zur Weiterbildung geben, von denen alle profitieren. Diese Art der SBE-Nachbesprechung ist beendet, wenn alle der Meinung sind, daß das Ereignis und die Reaktionen des Teams ausreichend besprochen wurden.

Auszeit für überlastete Teammitglieder

Im vorhergehenden Abschnitt wurde angemerkt, daß Teammitglieder manchmal eine Auszeit nehmen und für eine bestimmte Zeit nicht im Team mitarbeiten. Leider erkennen nicht alle Teammitglieder eigene Überforderung. Sie verdrängen ihre Probleme und übernehmen sogar noch mehr Aufgaben und Verantwortung im Team. Ganz langsam werden sie ausgelaugt, da sie ihre eigenen Bedürfnisse nicht ernst nehmen. Dies geschieht auf eine subtile Weise, oft unbewußt. SBE-Mitarbeiter merken in der Regel schnell, wenn sich ein Kollege zu viel zumutet. Der einzige, der dieses Problem nicht erkennt, ist meist derjenige, der es hat.

Hier einige Warnzeichen, die auf die Überlastung eines SBE-Teammitglieds hinweisen könnten:

— übersteigerte Sorge um diejenigen Personen, mit denen gearbeitet wurde; diese Sorge übersteigt das Ausmaß, das für eine angemessene Arbeit notwendig ist
— Gereiztheit bzw. aggressives Verhalten, wenn ein SBE-Kollege versucht, einem Teammitglied etwas zu sagen, was dieser aber schon zu wissen glaubt
— unbegründete Wut auf einen Mitarbeiter oder Angehörige im Anschluß an eine SBE-Nachbesprechung
— Verlust des Interesses an der eigenen Arbeit im Anschluß an SBE-Nachbesprechungen
— chronische Erschöpfung über einen langen Zeitraum nach SBE-Nachbesprechungen
— überzogenes Engagement für bestimmte Personen zeigen
— Nachbetreuungen durchführen und beibehalten, die nicht effizient sind
— »Einzelkämpferarbeit« ohne die Teamkollegen und ohne angemessene Supervision durch hauptberufliche Mitarbeiter
— unerklärlicher Kontrollverlust über die eigenen Gefühle nach SBE-Nachbesprechungen
— Schlaflosigkeit nach SBE-Nachbesprechungen
— Unruhe, Rastlosigkeit nach SBE-Nachbesprechungen
— Vermeidung von Kontakten zu anderen Personen nach SBE-Nachbesprechungen
— übermäßiges Engagement, Bedürfnis, immer mehr SBE-Nachbesprechungen zu übernehmen
— verzerrte Wahrnehmung, daß niemand sonst im Team eine »ordentliche« SBE-Nachbesprechung durchführen kann.

Peers in einem Team sind stärker gefährdet, weil sie kontinuierlich Kontakt zu den belasteten Kollegen haben. Aber auch psychosoziale Fachleute und Geistliche sind nicht grenzenlos belastbar. Überlastete SBE-Teammitglieder gefährden ihr eigenes Wohlbefinden und die Arbeit eines SBE-Teams. Sie brauchen Hilfe, um die Kontrolle über sich selbst zurückzuerlangen, bevor sie Schaden anrichten. Die Kollegen im Team können das Problem in der Regel benennen, der Teamkoordinator wäre dafür ein möglicher Ansprechpartner. Wenn notwendig, muß auch der fachliche Leiter des Teams mit einbezogen werden. Jeder Versuch, der der Person helfen könnte, selbst zu erkennen, daß ihre SBE-Arbeit immer mehr außer Kontrolle gerät, muß unternommen werden. Normalerweise sind Betroffene wesentlich kooperativer, wenn sie das Problem selbst erkannt haben. Das Problem sollte in einer direkten und konfrontativen Art angesprochen werden, die die Gefahr bzw. die Brisanz deutlich macht. Die Person erhält jede nötige Hilfe und Anleitung. Es sollte auch ein Zeitrahmen für die Problembearbeitung/-lösung bestimmt werden. Zeigen sich innerhalb einer angemessenen Zeitspanne keine Veränderungen, kann die Person nicht weiter im SBE-Team mitarbeiten. Dies ist zwar ein schwieriger Schritt, aber die einzig konsequente Lösung.

Finanzierung

Da die meisten Teams ehrenamtlich arbeiten, sind die Gesamtkosten eines Teams eher niedrig. Dennoch fallen direkte und indirekte Kosten an. Bei der Neugründung eines Teams fallen die höchsten »direkten Kosten« an, in der Regel für Ausbildung, Honorare, Verpflegung, Fahrten und sonstige Ausgaben. Als weitere »direkte« Kosten schlagen Telefon, Porto, Fahrkarten des Teams, Büroausstattung und weitere Ausgaben dieser Art zu Buche.

»Indirekte Kosten« sind Kosten, die entstehen, wenn Mitarbeiter, z.B. wegen einer SBE-Nachbesprechung, aus ihrer Arbeit ausgelöst und durch Kollegen ersetzt werden müssen. Überstunden von Ersatzkräften machen den größten Posten der »indirekten Kosten« eines Teams aus. Andere »indirekte Kosten« sind z.B. Telefondienst und Alarmierung durch die Einsatzzentrale, die dem Team in Rechnung gestellt wird, die Zeit, die Koordinatoren in die laufende Arbeit des Teams und die Organisation der Einsätze investiert haben, sowie die Zeit, in der SBE-Teammitglieder Aus- und Fortbildungen abgehalten haben.

Auch wenn die »indirekten« Kosten nicht exakt berechenbar sind, wiegt doch der Gewinn die »direkten« und »indirekten Kosten« auf. Die Teams sind darauf angewiesen, gute Mitarbeiter zu motivieren. Die Kosten, um gute und ausgebildete Mitarbeiter zu ersetzen, sind weitaus höher als die Kosten, Personal zu unterstützen.

Nachdem es schwierig ist, die allgemeinen Arbeitskosten eines Teams exakt zu bestimmen, so ist es noch schwieriger, Finanzierungsmöglichkeiten für ein Team zu finden.

Die Finanzierungsmöglichkeiten reichen von einem eigenen Haushaltsposten im Budget der Organisation bis hin zu Benefizveranstaltungen, Tombolas oder Kuchenverkauf. Einige verkaufen T-Shirts, Mützen und Anstecker. Die meisten Teams versuchen, eine kommunale Förderung ihrer Arbeit zu erreichen. Viele nehmen Geld ein, indem sie ihre Ausbildungsprogramme gegen Honorar durchführen. Einige bekommen auch begrenzte Geldmittel von der International Critical Incident Stress Foundation, Inc.

Ganz gleich, welche Methode zur Teamfinanzierung gewählt wurde, in jedem Fall sollten die Teammitglieder mit einbezogen sein. Auch verantwortliche Funktionäre, die sich sehr für und in der Organisation engagieren, sind wichtige Förderer. Wer solche Leute hier mit einbezieht, würdigt ihr Engagement und gibt ihnen im Rahmen der SBE-Arbeit einen passenden Platz.

Katastrophenschutzübungen

Eine weitere Fortbildungsmöglichkeit für das SBE-Team ist die Einbindung in Katastrophenschutzübungen. Die Teammitglieder arbeiten eng mit den Sicherheitsbeauftragten zusammen. Im Rahmen der Einsatzleitung ist der Sicherheitsbeauftragte für alle Belange der Sicherheit und Gesundheit am Einsatzort zuständig (in den USA, Anm. d. Hrsg.). Aus diesem Grund erstattet das SBE-Team dem Sicherheitsbeauftragten Bericht. Dieser gibt die Anliegen an den Einsatzleiter weiter.

Es empfiehlt sich für Mitglieder des SBE-Teams nicht, die Rolle eines psychisch traumatisierten Opfers zu spielen. Es ist sehr schwierig, Emotionen nachzuahmen. Einsatzkräfte spielen diese Rolle gar nicht gern, und das Team wird bei der künstlichen Krisenintervention eher als grotesk oder lächerlich erlebt. Im Rahmen einer Katastrophenschutzübung soll das SBE-Team

- die Alarmierung verfolgen
- das Eintreffen der Einsatzkräfte beobachten
- Möglichkeiten der Zusammenarbeit mit dem zuständigen Sicherheitsbeauftragten erproben
- Absperrungen und Gefahrenbereiche kennenlernen
- sich mit den Aufgaben der Einsatzleitung vertraut machen
- die Ablösung und Rückführung von Einsatzkräften kennenlernen
- Triage/Leichenablage kennenlernen
- sich mit der Frage beschäftigen, wie mit Medienvertretern gearbeitet wird und zu welchen Bereichen sie Zutritt haben.
- nach der Übung eine Informationsbroschüre verteilen, die die Aufgaben des SBE-Teams beschreibt. Die Broschüre enthält die Namen der Kontaktteams und Notfallnummern.

Evaluation des Teams

Die Arbeit des Teams zu evaluieren und zu bewerten, ist eine weitere Aufgabe der Leitung eines Teams. Einsatzkräfte sind es in der Regel nicht gewohnt, ihre Arbeit auf einem abstrakten Niveau zu reflektieren oder im Rahmen einer Auswertung nach »Befindlichkeiten« zu fragen.

Die Organisationen haben ihre Tradition und sind für Selbstbeobachtungsprozesse wenig empfänglich. Sie befürchten, daß Externe, die ihre Organisation und ihre Arbeit von außen betrachten, sie nicht verstehen, Erwartungen oder Ansprüche formulieren und sie in ihrer Arbeit stören. Einzelne Einsatzkräfte schätzen es nicht, wenn sie dazu gebracht werden, sich mit ihren Emotionen auseinanderzusetzen. Die Erkenntnis, wie sehr Gefühle ihr Leben bestimmen und beeinflussen, läßt sie befürchten, dies könnte ihre Arbeit im Einsatz gefährden. Einsatzkräfte bemühen sich, Emotionen zu unterdrücken, und jede Bestrebung, Emotionen an die Oberfläche zu bringen, ruft deutlichen Widerstand hervor. Sie sind überzeugt, daß sie ihre Gefühle unterdrücken müssen, um sicherzugehen, daß sie in einer Krise arbeiten können. Viele sind der Meinung, daß Emotionen die Arbeitsfähigkeit von Einsatzkräften nach traumatischen Ereignissen negativ beeinflussen.

Ein weiterer Grund, warum die Bewertung schwierig ist, liegt darin, daß Einsatzkräfte mobil sind. Im Dienst sind sie zu 100% zuverlässig. Sie eignen sich schwer für Studien, da sie nicht lange an einem Ort bleiben.

Jede Studie über die Auswirkungen einer SBE-Nachbesprechung bei Einsatzkräften muß die Tatsache, daß sich traumatische Ereignisse nach der Nachbesprechung wieder ereignen werden, beachten. Diese neuen Ereignisse können die Streß-Symptome in ihrer Intensität steigern, wenn die betroffene Person sich nach dem traumatischen Ereignis nicht ein oder zwei Wochen erholen konnte. Studien, die die Arbeit eines SBE-Teams bewerten, müssen stets die authentischen Personen in den authentischen Situationen beobachten. Es gibt kein Labor, in dem Einsatzkräfte »erforscht« werden könnten.

Selbst wenn alle oben genannten Gründe aufeinandertreffen und so die Bewertung der Arbeit eines Teams erschweren, entbindet dies ein Team keinesfalls von seiner Verantwortung, Angebote und Arbeitsergebnisse zu evaluieren. Teams müssen nach neuen Methoden suchen, um ihre Arbeit zu hinterfragen. Interventionen ohne angemessene Bewertung können nicht verändert werden. Es kann auch sein, daß Änderungen vorgenommen werden, die sich negativ auswirken. Ohne Bewertung können diese Änderungen Schaden anrichten.

Studien zu Effektivität und Effizienz des Teams sind in jedem Fall notwendig, jedoch müssen einige Richtlinien beachtet werden.

- Forschungen und Studien sind in Bezug auf die eigentliche SBE-Arbeit stets nachrangig einzustufen.
- Es muß sichergestellt werden, daß Informationen über Betroffene stets vertraulich behandelt werden.
- Studien sollten nur auf freiwilliger Basis durchgeführt werden.
- Die Teilnehmer einer Studie sollten angemessen darüber informiert sein, warum und in welcher Rolle sie teilnehmen.
- Die Studie sollte sich auf das reale Lebens- und Arbeitsfeld der beteiligten Personen beziehen.
- Die Ziele und Gremien der Studie müssen klar formuliert sein.
- Den Teilnehmern und ihren Organisationen sollte bei Beendigung der Studie ein Feedback gegeben werden.

- Schlußfolgerungen sollten nie aus falschen bzw. unvollständigen Angaben oder aufgrund von Interpretationen nicht repräsentativer Ergebnisse gezogen werden.
- Der Forscher ist dazu verpflichtet, den Teilnehmern nicht nur die Daten zur Verfügung zu stellen, sondern ihnen auch behilflich zu sein, die Daten zu interpretieren.

Forschungsprojekte sind nur eine Möglichkeit, um die Arbeit eines Teams zu bewerten. Es gibt verschiedene weitere Vorgehensweisen. Von den Teilnehmern einer SBE-Nachbesprechung sollte ein Feedback eingefordert werden. Die Teilnehmer einer SBE-Nachbesprechung sind oft die beste Informationsquelle in bezug auf den Arbeitserfolg des Teams. Sie können gute Rückmeldungen zu den kommunikativen Fähigkeiten der Teammitglieder geben, die Informationsphase bewerten und mitteilen, ob das Team überzeugend gehandelt hat. Ebenso können sie zur inneren Stimmigkeit des Angebots und zu Defiziten befragt werden.

Das Team sollte, wie in dem Abschnitt »Regelmäßige Teamsitzungen« beschrieben, seine Arbeit regelmäßig nachbesprechen. Die Fallbesprechungen bieten dem Team eine Möglichkeit, Situationen zu analysieren und verschiedene Lösungsmöglichkeiten eines Problems zu diskutieren. Solche Sitzungen ermöglichen auch konstruktive Kritik an Kollegen oder Veränderungen in der Zusammenarbeit des Teams.

Eine weitere Bewertungsmöglichkeit stellt die sogenannte »fallspezifische Untersuchungsgruppe« dar. Diese wird eingesetzt, wenn sich Betroffene über einen oder mehrere Peers beschwert haben oder deutlich wird, daß im Rahmen der SBE-Nachbesprechung offensichtlich Fehler gemacht wurden. Die fallspezifische Untersuchungsgruppe besteht aus drei bis fünf Mitgliedern (sowohl hauptberufliche als auch ehrenamtliche Helfer) des SBE-Teams, die im Team angesehen sind. Sie werden vom fachlichen Leiter und dem Koordinator ausgewählt. Mindestens zwei sollten bereits an vorhergehenden Untersuchungen teilgenommen haben. Bei Bedarf kann die Zahl der Mitglieder erhöht werden.

Die Untersuchungsgruppe sollte ihre Recherchen innerhalb von drei Tagen nach Beschwerde- oder Berichteingang abgeschlossen haben. Sie trifft sich mit den Betroffenen innerhalb von drei Tagen nach der Beschwerde. Anschließend werden die Informationen ausgewertet. Innerhalb von zwei Tagen nach dem Treffen mit den Teammitgliedern wird ein schriftlicher Bericht erstellt und dem Leiter bzw. dem Teamkoordinator vorgelegt.

Der fachliche Leiter und der Teamkoordinator werden die im Bericht gegebenen Empfehlungen entweder entsprechend berücksichtigen oder den Bericht zur weiteren Bearbeitung weiterleiten.

Aufhebung / Aussetzung der Mitgliedschaft

Jede Organisation, die ein Konzept zur Mitgliedergewinnung entwickelt hat, muß sich darüber Gedanken machen, wie sie Mitglieder, die den Anforderungen nicht entsprechen, entläßt. Dies ist wichtig, wenn die schlechte Arbeit eines Mitarbeiters einer

Person oder Gruppe schadet. Die Mitgliedschaft in einem Team kann durch den fachlichen Leiter, den Teamkoordinator oder die fallspezifische Untersuchungsgruppe aufgehoben werden. Normalerweise trifft man diese Entscheidung, wenn die Teamleitung sich besprochen und den Fall ausreichend diskutiert hat. Jeder der nachfolgend aufgeführten Punkte ist ein Grund für disziplinarische Maßnahmen bzw. für die Entlassung aus einem SBE-Team:

–   jeder Vertrauensbruch
–   das Nichtbefolgen dienstlicher Vorgehensweisen und Abläufe
–   Organisation oder Durchführung einer SBE-Nachbesprechung ohne Absprache mit dem Teamkoordinator
–   Organisation oder Durchführung einer SBE-Kurzbesprechung ohne Absprache mit dem Teamkoordinator
–   Organisation und Durchführung jeder anderen SBE-Maßnahme und jedes anderen Angebots ohne Absprache mit dem Teamkoordinator
–   Mißbrauch der Mitgliedschaft im Team, um sich private Vorteile zu verschaffen
–   Mißbrauch der Mitgliedschaft im Team, um sein Sozialprestige zu verbessern (dies wäre dann der Fall, wenn ein Teammitglied seine Mitgliedschaft benützt, um auf »dienstlichem Wege« Zugang zu einer anderen Person zu erhalten, weil man sich privat mit ihr treffen will)
–   eigenmächtiges Arbeiten am Einsatzort (im Namen des SBE-Teams) ohne Absprache mit dem Teamkoordinator oder einer anderen zuständigen Person
–   unentschuldigtes Fehlen bei einer SBE-Nachbesprechung, obwohl der Mitarbeiter verbindlich zugesagt hatte
–   ständiges unentschuldigtes Fehlen bei Teamsitzungen und Fortbildungen
–   Nichtbeachtung verbindlicher Anweisungen des fachlichen Leiters oder des Teamkoordinators
–   durch Aussagen und Darstellung in der Öffentlichkeit ein schlechtes Licht auf das SBE-Team werfen
–   Nachlässigkeit bei Schreibarbeiten, die erledigt werden müssen.

Anhang

C Ausbildungsstandards für die Streßbearbeitung nach belastenden Ereignissen (SBE / CISM) in Feuerwehr und Rettungsdienst

Ausbildungsstandards bei Peers (USA)

Unter dem Begriff »Peer« versteht man ehren- oder hauptamtliche Mitarbeiter eines SBE-Teams, die folgenden Organisationen / Einrichtungen angehören: Feuerwehr, Hilfsorganisationen, Krankenhäusern, Leitstellen, Katastrophenschutzeinheiten, Bergwacht, THW, DLRG, Polizei, Bundesgrenzschutz, Vollzugsorgane und anderen Hilfs- bzw. Rettungsorganisationen. Empfohlene SBE-Ausbildung:

1. SBE-Grundkurs (mindestens 2 Tage)
2. SBE-Aufbaukurs (mindestens 2 Tage)
3. Fortbildung zu »kollegialer Beratung« (mindestens 2 Tage)
4. Fortbildung für Familienhilfe (mindestens 2 Tage).

Ausbildungsstandards für psychosoziale Fachleute (USA)

Psychosoziale Fachleute (mit Diplom, Universitätsabschluß) sind z.B. Psychologen, (Sozial)Pädagogen, Psychiater, Ärzte, psychologische Berater usw. Empfohlene SBE-Ausbildung:

1. SBE-Grundkurs (2 Tage)
2. SBE-Aufbaukurs (mindestens 2 Tage)
3. Fortbildung zu Grundlagen der Psychotraumatologie/PTSD (mindestens 1 Tag).

Auch wenn die eben beschriebenen Standards »Idealvorstellungen« sind und nicht überall zwingend eingefordert werden können, ist es doch wichtig, alles zu versuchen, um sie zu erreichen. Da das Gebiet der Streßbearbeitung nach belastenden Ereignissen für Einsatzkräfte relativ neu ist, ist deutlich, daß es unter Umständen Jahre dauert, bis diese Standards erreicht werden. Einsatzkräfte sind im Rahmen ihrer beruflichen Tätigkeit großen Belastungen ausgesetzt. Wer diesen Menschen Hilfs- bzw. Unterstützungsangebote macht, braucht neben einem reichhaltigen Erfahrungsschatz und persönlicher Reife vor allem eine umfassende Ausbildung. Wer mit Einsatzkräften arbeitet, hat nicht nur die Chance, etwas über ihre Persönlichkeit, ihr Leben und ihre Familien zu erfahren, sondern auch die einzigartige Möglichkeit, denen zu helfen, die sonst den anderen helfen. (Die deutschen Ausbildungsstandards sind bei der SBE-Bundesvereinigung e.V. zu erfragen.)

Anhang

D Schwerwiegende Fehler bei der SBE-Nachbesprechung (Debriefing)

Wenn eine SBE-Nachbesprechung fehlschlägt, dann wahrscheinlich aus einem der nachfolgend genannten Gründe. Einige dieser Fehler wirken sich auf Teilnehmer der SBE-Nachbesprechung negativ aus.

- Es werden nichtausgebildete SBE-Mitarbeiter eingesetzt.
- Die SBE-Nachbesprechung wird ohne psychosoziale Fachleute durchgeführt.
- Die psychologische Struktur der Nachbesprechung wird vom SBE-Team nicht verstanden bzw. nicht umgesetzt. Der Verlauf einer Nachbesprechung erfolgt von der kognitiven Ebene über die emotionale Ebene zur kognitiven Ebene. Siehe hierzu folgendes Schaubild:

Einführung	kognitiv		
Tatsachen	kognitiv		
Gedanken	kognitiv	→	affektiv
Reaktionen	affektiv		
Auswirkungen	affektiv	→	kognitiv
Informationen	kognitiv		
Abschluß	kognitiv		

- Das Team versucht, aus der SBE-Nachbesprechung eine Psychotherapie zu machen.
- Das Team versucht, die SBE-Nachbesprechung als Ersatz für eine Psychotherapie anzuwenden.
- An der Nachbesprechung nehmen keine ausgebildeten Peers teil.
- Die Nachbesprechung wird nicht ausreichend vorbereitet.
- Das Team erreicht nicht rechtzeitig vor der Nachbesprechung die Örtlichkeiten und führt vorab keine informellen Gespräche, lernt die Teilnehmer nicht kennen und knüpft keine Kontakte.
- Das Team befaßt sich nicht ausreichend mit dem »belastenden Ereignis«.
- Das Team ist zwischen Ereignis und Nachbesprechung nicht aktiv bzw. hat für diesen Zeitraum keine adäquates Konzept.
- Das Team besteht aus unerfahrenen Mitgliedern.
- Ein Teammitglied hat größere private Probleme bzw. ist überfordert.
- Das Team bietet keine adäquate Nachbetreuung an.
- Das Team führt nach der SBE-Nachbesprechung keine interne Nachbesprechung durch, um auf diese Weise sicherzugehen, daß es jedem aus dem Team gutgeht.
- Der tatsächliche Bedarf einer SBE-Nachbesprechung wird vorher nicht überprüft.
- Die SBE-Nachbesprechung wird zu oft und / oder nach weniger belastenden Ereignissen durchgeführt.

- Das Team arbeitet nicht nach dem (Sieben-Phasen-)Modell der Nachbesprechung.
- Das Modell wird willkürlich abgeändert.
- Das Team läßt zu, daß während der SBE-Nachbesprechung unpassende Dinge thematisiert werden.
- Die Teammitglieder halten nicht regelmäßig Blickkontakt und können sich untereinander nicht verständigen.
- Die SBE-Nachbesprechung wird aufgezeichnet.
- Das Team trägt mit den Teilnehmern einen Konflikt in der Nachbesprechung aus.
- Teammitglieder sprechen oder handeln unangemessen.
- Es werden Informationen aus anderen SBE-Nachbesprechungen eingebracht.
- Die Vertraulichkeit wird verletzt.

Anhang

E Weitere Informationen und Ansprechpartner für die Streßbearbeitung nach belastenden Ereignissen (SBE)

Weitere Informationen und Ansprechpartner für die Streßbearbeitung nach belastenden Ereignissen (SBE)

Für weitere Informationen über die Streßbearbeitung nach belastenden Ereignissen (SBE /CISM) sowie zur Registrierung von SBE-Teams zu Aus- und Fortbildungen, Informationsveranstaltungen und zu SBE-Angeboten wenden Sie sich an die

International Critical Incident Stress Foundation, Inc.
5018 Dorsey Hall Drive
Suite 104
Ellicott City, Maryland
21042

Telefon: 001-410-750-9600
Telefax: 001-410-750-9601
E-Mail: icisf@icisf.org

Notruf: 001-410-313-2473

oder an die Bundesvereinigung Streßbearbeitung nach belastenden Ereignissen (s.u.).

Die »Bundesvereinigung für Streßbearbeitung nach belastenden Ereignissen e.V.« ist deutscher Kooperationspartner der weltweiten Dachorganisation »International Critical Incident Stress Foundation (CISF)«. Sie bietet in der Bundesrepublik Hilfe und Unterstützung in SBE-Angelegenheiten. Die Bundesvereinigung für Streßbearbeitung nach belastenden Ereignissen e.V.

- informiert über Ansätze und Maßnahmen der SBE
- berät in SBE-Fragen
- führt Aus- und Fortbildungsmaßnahmen durch
- unterstützt bei der Gründung eines SBE-Teams
- registriert SBE-Teams
- führt SBE-Maßnahmen (SBE-Einsatzbegleitung, SBE-Kurzbesprechung, SBE-Nachbesprechung ...) durch.

Die Bundesvereinigung trägt zudem das Anliegen der SBE in die Öffentlichkeit, stellt Kontakte zu regionalen SBE-Teams her, fördert den Erfahrungsaustausch unter den Teammitgliedern und vermittelt regionale Aus- und Fortbildungsangebote.

Bei der »Streßbearbeitung nach belastenden Ereignissen (SBE)« handelt es sich um einen geschützten Begriff. Für Aus- und Fortbildung sowie für die Arbeit in anerkannten »SBE-Teams« gelten entsprechende (internationale) Standards. Informationen dazu gibt ebenfalls die Bundesvereinigung für Streßbearbeitung nach belastenden Ereignissen e.V.

Bundesvereinigung Streßbearbeitung nach belastenden Ereignissen:

Geschäftsstelle
Akazienstraße 22
53859 Niederkassel
Tel. (0 22 08) 91 27 27
Fax (0 22 08) 17 04

Geschäftszeiten:
Montag bis Freitag 08.30 - 12.00 Uhr

Notrufnummer (24 h):
(01 80) 5 87 28 62

Ansprechpartner für SBE-Aus- und Fortbildungen:

Oliver Gengenbach
Tel. (0 23 02) 175-2608
Fax (0 23 02) 175-2605
E-Mail: o.gengenbach@cityweb.de

Für Informationen stehen ebenfalls die Herausgeber zur Verfügung:

Andreas Igl
Pädagoge, SBE-Trainer (ICISF zert.)
Karl-Witthalm-Str. 42
81375 München
Tel. (0 89) 7 00 45 04
Fax (0 89) 7 00 45 05

Joachim Müller-Lange
Beauftragter für Notfallseelsorge der Evang. Kirche im Rheinland
Akazienstr. 22
53859 Niederkassel
Tel. (0 22 08) 82 29
Fax (0 22 08) 17 04

Verzeichnisse

Literaturverzeichnis

Adams, J.D. (Ed.) (1980) Understanding and managing stress. San Diego, CA: University Associates.

Aguilera, D.C., Messick, J.M., and Farrell, M.S. (1974) Crisis intervention: Theory and methodology. St. Louis, MO: C.V. Mosby.

American College of Sports Medicine (1980) Guidelines for graded exercise testing and exercise prescription. Philadelphia: Lea & Febiger.

American Psychiatric Association (1964) First aid for psychological reactions in disasters. Washington, DC: American Psychiatric Association.

American Psychiatric Association (1968) Diagnostic and statistical manual of mental disorders, Second Edition. Washington DC: Author.

American Psychiatric Association (1980) Diagnostic and statistical manual of mental disorders, Third Edition, Washington DC: Author.

American Psychiatric Association (1987) Diagnostic and statistical manual of mental disorders, Third Edition, Revised. Washington DC: Author.

American Psychiatric Association (1994) Diagnostic and statistical manual of mental disorders, Fourth Edition. Washington DC: Author.

Appel, J.W., Beebe, G.W. and Hilger, D.W. (1946) Comparative incidence of neuropsychiatric casualties in World War I and World War II. American Journal of Psychiatry, 102, 196-199.

Appel, J.W. (1966) Preventive psychiatry. In A. J. Glass and R. J. Bernucci (Eds.) Neuropsychiatry in World War II (pp. 373-415) Washington, DC: US Government Printing Office.

Appelbaum, S. H. (1981) Streß management for health care professionals. Rockville, MD: Aspen Systems Corp.

Arnold, M. (1970) Feelings and emotions. New York: Academic.

Arnold, M. (1984) Memory and the brain. Hillsdale, NJ: Erlbaum.

Back, K. J. (1991) Critical incident stress management for care providers in the pediatric emergency department. Critical Care Nurse, 12 (1), 78-83.

Bailey, P. (1918) War neuroses, shell shock, and nervousness in soldiers. Journal of the American Medical Association, 71, 2148-2153.

Beck, A. (1979) Cognitive Therapy of Depression. New York: Basic.

Beck, A. and Emery, G. (1985) Anxiety disorders and phobias. New York: Basic Books.

Benson, H. (1975) The relaxation response. New York: Morrow.

Benson, H. (1983) The relaxation response. Trends in Neuroscience, 6, 281-284.

Benson, H., Alexander, S. and Feldman, C. (1975) Decreased premature ventricular contractions through the use of the relaxation response. Lancet, 2, 380-382.

Berg, D. (1970) Crisis intervention concepts for emergency telephone services. Crisis Intervention, 4, 11-19.

Bettleheim, B. (1984) Afterword. In C. Vegh, I didn't say good-bye. New York: E.P. Dutton.

Blau, T.H. (1994) Psychological services for law enforcement. New York: John Wiley & Sons, Inc.

Borkovec, T.D., Wilkenson, L., Folensbee, R. and Lerman, C. (1983) Stimulus control applications to the treatment of worry. Behavioral Research and Therapy, 21, 247-251.

Breslau, I.N., Davis, G.C., Andreski, P. and Peterson, E. (1991) Traumatic events and post-traumatic stress disorders in an urban population of young adults. Archives of General Psychiatry, 48, 216 - 222.

Brett, E.A. and Ostroff, R. (1985) Imagery and post-traumatic stress disorder. American Journal of Psychiatry, 142, 417-424.

Breznitz, S. (1980) Streß in Israel. In Selye, H. (Ed.) Selye's guide to stress research. New York: Van Nostrand Reinhold Co.

Brown, M.W. and Williams (1918) Neuropsychiatry and the war: A bibliography with abstracts. New York: National Committee for Mental Hygiene.

Burgess, A. W. and Balwin, B.A. (1981) Crisis intervention theory and practice, a clinical handbook. Englewood Cliffs, NJ: Prentice Hall, Inc.

Burns, C. and Harm, I. (1993) Emergency nurses' perceptions of critical incidents and stress debriefing. Journal of Emergency Nursing, 19 (5) 431-436.

Butcher, J. (1980) The role of crisis intervention in an airport disaster plan. Aviation, Space and Environmental Medicine, 51, 1260-1262.

Caplan, G. (1961) An approach to community mental health. New York: Grine and Stratton.

Caplan, G. (1964) Principles of preventive psychiatry. New York: Basic Books.

Caplan, G. (1976) Support systems and community mental health. New York: Behavioral Publications, Inc.

Carkhuff, R. and Truax, C. (1965) Lay mental health counseling. Journal of Consulting Psychology, 29, 426-431.

Cherniss, C. (1980) Staff burnout in human service organizations. New York: Praeger Publishers.

Cohen, R. E. and Ahearn, F. L. (1980) Handbook for mental health care of disaster victims. Baltimore, MD: Johns Hopkins University Press.

Corneil, D. W. (1993) Prevalence of post-traumatic stress disorders in a metropolitan fire department. Unpublished Doctoral Dissertation. The Johns Hopkins University, Baltimore.

Couchaine, K.E. and Dowd, E.T. (1994) Group Approaches. In F. Dattilo and A. Freeman (Eds.) Cognitive-behavioral strategies in crisis intervention. New York: Guilford.

Craren, E. J. (Ed.) (1992) Nebraska statewide CISD program, rules and regulations (vol. 1) and Operational policies and procedures (vol. 2) Lincoln, NE: Nebraska Interagency CISD Council.

Davidson, L. and Baum, A. (1986) Chronic stress and post-traumatic stress disorders. Journal of Consulting and Clinical Psychology, 54, 303-308.

de Vries, H. (1981) Tranquilizer effect of exercise. America's Journal of Physical Medicine, 60, 57-66.

de Vries, H. and Adams, G. (1972); Electromyagraphic comparison of single dose of exercise and meprobamate as to effects of muscular relaxation. American Journal of Physical Medicine, 52, 130-141.

Donnovan, D. (1991) Traumatology: A field whose time has come. Journal of Traumatic Stress, 4, 433-436.

Duffy, J. (1978) Emergency mental health services during and after a major aircraft accident. Aviation, Space and Environmental Medicine, 49, 1004-1008.

Duffy, J. (1979) The role of CMHCs in airport disasters. Technical Assistance Center Report, 2 (1), 7-9.

Dyregrov, A. and Reidar T. (1988) Rescue workers emotional reactions following a disaster. Scandinavian Journal of Psychology.

Dyregrov, A. (1989) Caring for helpers in Disaster situations: Psychological debriefing. Disaster Management, 2, 25-30.

Ellis, A. (1973) Humanistic psychology: The rational-emotive approach. New York: Julian.

Epperson, M. M. (1977) Families in sudden crisis. Social WorkHealth Care, 2, 3.

Epperson-Sebour, M. M. (1985) Response. In Green (Ed.) Role stressors and supports for emergency workers. Washington, DC: Center For Mental Health Studies of Emergencies., U.S. Department of Health and Human Services.

Everly, G. S. (1979) A technique for the immediate reduction of psychophysiologic stress reactivity. Health Education, 10, 44.

Everly, G. S. (1989) A clinical guide to the treatment of the human stress response. New York: Plenum.

Everly, G. S. (1990) Post-traumatic stress disorder as a »disorder of arousal.« Psychology and Health: An International Journal, 4, 135-145.

Everly, G. S. (1992) »Psychotraumatology : A two-factor theory.« Paper presented at the Fourth Montreux Congress on Stress, Montreux, Switzerland.

Everly, G. S. (1993a) Psychotraumatology : A two-factor formulation of post-traumatic stress. Intergrative Physiological and Behavioral Science., 28, 270-278

Everly, G. S. (1993b) Neurophysiological considerations in the treatment of post-traumatic stress disorder. In J. Wilson and B. Raphael (Eds) Handbook of traumatic stress syndromes (pp. 795-801) NY: Plenum.

Everly, G. S. (1994) Short-term psychotherapy of acute adult onset posttraumatic stress: The role of Weltanschauung. Stress Medicine, 10, 191-196.

Everly, G. S. and Benson, H. (1989) Disorders of arousal and the relaxation response. International Journal of Psychosomatics, 36, 15-22.

Everly, G. S. and Horton, A.M. (1989) Neuropsychology of PTSD, Perceptual and Motor Skills, 68, 807-810.

Everly, G. S. and Lating, J. (Ed.)(1995) Psychotraumatology: Key papers and core concepts in post-traumatic stress. NY: Plenum.

Everly, G. S. and Mitchell, J. T. (1992, pec.) »CISD and the prevention of work-related PTSD.« Paper presented to the Second NIOSH/APA Conference on Work-related Stress, Washington D.C.

Everly, G. S. and Rosenfeld, R. (1981) The nature and treatment of the stress response. New York: Plenum Press.

Figley, C. R. (Ed.) (1985) Trauma and its wake, (vol.1) New York: Brunner / Mazel.

Fowler, D. E. and McGee, R. K. (1973) Assessing the performance of telephone crisis workers: The development of a technical effectiveness scale. In D. Lester and G.W. Brockoop (Eds.) Crisis intervention and counseling by telephone. Springfield, IL: Charles C. Thomas.

Freeman, K. (1979) CMHC responses to the Chicago and San Diego airplane disasters. Technical Assistance Center Report 2 (1), 10-12.

Friedman, R., Framer, M. and Shearer, D. (1988) Early response to posttraumatic stress. EAP Digest, September - October. pp. 45-49.

Freud, S. (1913) Further recommendations on the technique of psychoanalysis. In J. Strachey, translator, The complete psychological works, vol. 12, NY: Norton.

Girdano, D., Everly, G. and Dusek, D. (1993) Controlling stress and tension (4th ed.) Englewood Cliffs, NJ: Prentice-Hall.

Gist, R. and Lubin, B. (Eds.) (1989) Psychosocial aspects of disaster. New York: John Wiley & Sons.

Graham, N. K. (1981) Done in, fed up, burned out: Too much attrition in EMS. Journal of Emergency Medical Services, 6 (1), 24-29.

Graham, N. K. (1981) Part 2: How to avoid a short career. Journal of Emergency Medical Services, 6 (2), 25-31.

Greden, J.F. (1974) Anxiety or caffeinism: A diagnostic dilemma. American Journal of Psychiatry, 131, 1089-1092.

Greenstone, J.C. (1993) Critical Incident Stress Debriefing and Crisis Management. Austin, Texas: Texas Department of Health.

Harvey, J. H., Orbuch, T. L., Chwlisz, K. D. and Garwood, G. (1991) Coping with sexual assault: The role of account making and confiding. Journal of Traumatic Stress, 4, 515-532.

Heider, J. (1974) Catharsis in human potential encounter. Journal of Humanistic Psychology, 14, 27 - 47.

Heinman, M. F. (1975) The police suicide. Journal of Police Science and Administration, 3 (3), 267-273.

Helzer, J., Robins, L. and McEvoy, L. (1987) Post-traumatic stress disorder in the general population. New England Journal of Medicine, 317, 1630-1634.

Herman, J. L. (1992) Complex PTSD. Journal of Traumatic Stress, 5, 377-392.

Herman, J. and van der Kolk, B. (1987) Traumatic antecedents of borderline personality disorder. In B. van der Kolk (Ed.) Psychological trauma (pp. 111-126) Washington, DC: American Psychiatric Press.

Herman, J.L. (1992) Trauma and Recovery. New York: Basic Books.

Hiley-Young, B. and Gerrity, E. T. Critical incident stress debriefing (CISD): Value and limitations in disaster response. NCP Clinical Quarterly, 4, 17-19.

Hoff, L. A. (1978) People in Crisis: Understanding and Helping. Menlow Park, CA: Addison-Wesley Publishing Co.

Holmes, R. (1985) Acts of War: The behavior of men in battle. New York: Free Press.

Holmes, T. H. and Rahe, R. (1967) The social readjustment rating scale. Journal of Psychosomatic Research, 11, 213-218.

Honig, A. (1991) Cerritos air disaster: Psychological effects. Paper presented at the First World Congress on Stress, Trauma, and Coping, Baltimore, MD, May 1991.

Horowitz, M. J. (1976) Diagnosis and treatment of stress response syndromes: General principles. In H. J. Parad, H. L. P. Resnik and L.G. Parad (Eds.) Emergency and disaster management: A mental health source book. Bowie, MD: The Charles Press Publishers.

Horowitz, M. (1976) Stress response syndromes. NY: Jason Aronsom.

Jasnoski, M., Holmes, D., Solomon, S. and Agular, C. (1981) Exercise changes in aerobic capacity and changes in self-perceptions. Journal of Research in Personality, 15, 460-466.

Johnston, S. J. (1993) Traumatic stress reactions in the crew of the Herald of Free Enterprise. In J. P.Wilson and B. Raphael (Eds.) International handbook of traumatic stress syndromes. New York: Plenum Press.

Jones, D. R. (1985) Secondary disaster victims. American Journal of Psychiatry, 142, 303-307.

Kahn, M. (1966) The physiology of catharsis. Journal of Personality and Social Psychology, 3, 278-286.

Keller, K. L. (1991) Stress management for emergency department personnel. Topics in Emergency Medicine, September, 70-76.

Kennedy-Ewing, L. (1988) Operational and training guide for the Critical incident stress management program of Delaware County, Pennsylvania. Media, PA: Department of Human Resources.

Kentsmith, D. (1980) Minimizing the psychological effects of a wartime disaster on an individual. Aviation, Space, and Environmental Medicine, 51, 409-413.

Kilpatrick, D. G., Saunders, B., Amick-McMullan, A., Best, C., Veronen, L. and Renick, H. (1989) Victim and crime factors associated with the development of crime-related post-traumatic stress disorder. Behavior Therapy, 20, 199-214.

Kliman, A.S. (1975) The Corning flood project: Psychological first-aid following a natural disaster. In H. J. Parad, H. L. P. Resnik and L. G. Parad (Eds.), Emergency and disaster management: A mental health sourcebook. Bowie, MD: Charles Press Publishers.

Kraus, H. and Raab, W. (1961) Hypokinetic disease. Springfield, IL: Charles C. Thomas.

Kroes, W. H. and Hurrell, J. J., Jr. (Eds) (1976) Job stress and the police officer: Identifying stress reduction tecnigues. Washington, DC: U.S Department of Health, Education, and Welfare (Pub. No. NIOSH 76-187)

Lang, P. (1971) The application of psychophysiological methods to the study of psychotherapy and behavior modification. In A. Bergin and S. Garfield (Eds.) Handbook of psychotherapy and behavior change. New York: Wiley.

Lazarus, R. and Folkman, S. (1984) Stress Appraisal and Coping. New York: Springer.

Leeman-Conley, M. (1990) After a violent robbery. Criminology Australia, April / May, 4-6.

Lindemann, E. (1944) Symptomatology and management of acute grief. American Journal of Psychiatry, 101, 141-148.

Lindy, J. D., Grace, M. and Green, B. (1981) Survivors: Outreach to a reluctant population. American Journal of Orthopsychiatry, 51, 465-478.

Lipton, M. I. (1994) Post-traumatic stress disorder: Additional perspectives. Springfield IL: Charles C. Thomas Publishers.

Maslow, A. H. (1970) Motivation and personality. NY: Harper & Row.

McCarthy, M. (1988) Stressed employees look for relief in workers' compensation claims. Wall Street Journal,, April 7, p. 34.

Mc Gee, R. K. (1974) Crisis intervention in the community. Baltimore: University Park Press.

McGeer, E. and McGeer, P. (1988) Excitotoxins and animal models of disease. In C. Galli, L. Manzo and P. Spencer (Eds.) Recent Advances in Nervous System Toxicology (pp. 107-131) NY: Plenum.

Meichenbaum, D. (1994) A clinical handbook / practical therapist manual for assessing and treating adults with post-traumatic stress disorder (PTSD) Waterloo, Ontario, Canada: Institute Press.

Miller, A. et al. (1988, April 25) Stress on the job. Newsweek, pp. 40-41.

Miller, S. (1994) Reaching Out to Our Own. Marines, June, 9-10.

Mitchell, J. T. (1976) Rescue crisis intervention. EMS News. Baltimore, MD: 4 (3), 4.

Mitchell, J. T. (1981, November) »Acute stress reactions and burnout in prehospital emergency medical services personnel«. Paper presented at the First National Conference on Burnout. Philadelphia, PA.

Mitchell, J. T. (1982) The psychological impact of the Air Florida 90 disaster on fire-rescue, paramedic and police personnel. In R. A. Cowley, S. Edelstein and M. Silerstein (Eds.) Mass casualties: A lessons learned approach, accidents, civil disorders, natural disasters, terrorism. Washington, D.C.: Department of Transportation (DOT HS 806302)

Mitchell, J. T. (1983)When disaster strikes ... The critical incident stress debriefing process. Journal of Emergency Medical Services, 8 (1), 36-39.

Mitchell, J. T. (1983) Guidelines for psychological debriefings. Emergency management course manual. Emmitsburg, MD: Federal Emergency Management Agency, Emergency Management Institute.

Mitchell, J. T. (1986) Teaming up against critical incident stress. Chief Fire Executive, 1 (1), 24; 36; 84.

Mitchell, J. T. (1988) The history, status and future of critical incident stress debriefings. Journal of Emergency Medical Services, 13 (11), 49-52.

Mitchell, J. T. (1988) Development and functions of a critical incident stress debriefing team. Journal of Emergency Medical Services, 13 (12), 43-46.

Mitchell, J. T. (1988, July) »CISD Introductory Remarks«. Workshop handout Baltimore MD: University of Maryland Baltimore County.

Mitchell, J. T. (1992) Comprehensive traumatic stress management in the emergency department. The Emergency Nurses Association: Monograph series. 1 (8), 3-15.

Mitchell, J. T. (1991) Law enforcement applications of critical incident stress teams. In James T. Reese (Ed.) Critical incidents in policing revised. Washington, DC: US Department of Justice: Federal Bureau of Investigation.

Mitchell, J. T. (1991) Demobilizations. Life Net, vol. 2, (1)

Mitchell, J. T. (1992) Protecting your people from critical incident stress. Fire Chief, 36(5), 61-64.

Mitchell, J. T. (1994) Too much help too fast. Life Net, a publication of the International Critical Incident Stresss Foundation, Inc., 5 (3), 3-4.

Mitchell, J. T. and Bray, G. P. (1990) Emergency services stress, guidelines for preserving the health and careers of emergency services personnel. Englewood Cliffs, NJ: Brady Publishing.

Mitchell, J. T. and Dyregrov, A. (1993) Traumatic stress in disaster and emergency personnel: Prevention and intervention. In J. P.Wilson and Beverly Raphael (Eds.) International handbook on traumatic stress syndromes. New York: Plenum Press.

Mitchell, J. T. and Everly, G. S. (1993) Critical incident stress debriefing (CISD): An operations manual for the prevention of traumatic stress among emergency services and disaster workers, First Edition. Ellicott City, MD: Chevron Publishing.

Mitchell, J. T. and Resnik, H. L. P. (1981) Emergency response to crisis. Bowie, MD: Brady Publishing. (republished Ellicott City, MD: Chevron Publishing, 1986)

Moran, C. and Britton, N.R. (1994) Emergency work experience and reactions to traumatic incidents. Journal of Traumatic Stress, 7 (4), 575-585.

Nakanomiya, J. (1975) History of war medicine in Japan. National Defense Medical Journal, 22, 67-73.

Norman, E. and Getek, D. (1988) Post-traumatic stress in victims of psysicsl trauma [Abstract]. Proceedings of the 15th Annual National Teaching Institute of the American Association of Critical Care Nurses, (p.671) Newport Beach, CA: AACCN, 671.

Noy, S. (1991) Combat stress reactions. In R. Gal and A. D. Mangelsdorff (Eds.) Handbook of military psychology. Chichester, U.K.: John Wiley and Sons.

Ochberg, F. M. (1991) Post traumatic therapy. Psychotherapy, 28, 5-15.

Olney, J. W. (1978) Neurotoxicity of excitatory amino acids. In E. McGeer, J. Olney and P. Mcgeer (Eds.) Kainic acid as a tool in neurobiology, (pp. 95-122) NY: Raven.

Orner, R. (1994) Intervention strategies for emergency response groups: A new conceptual framework. Paper presented at the NATO conference on Stress, Coping and disaster in Bonos, France.

Parad, H. (Ed.) (1965) Crisis intervention: Selected readings. New York: Family Service Association of America.

Patrick, P. K. S. (1981) Health care worker burnout, what it is, what to do about it. Chicago, IL: Inquiry Books (Blue Cross/ Blue Shield, Assoc.)

Pennebaker, J. W. (1985) Traumatic experience and psychosomatic disease. Canadian Psychologist, 26, 82-95.

Pennebaker, J. W. (1990) Opening up: The healing power of confiding in others. New York: Avon.

Pennebaker, J.W. and Beall, S. (1986) Confronting a traumatic event. Journal of Abnormal Psychology, 95, 274- 281.

Pennebaker, J. and Susman, J. (1988) Disclosure of traumas and psychosomatic processes. Social Science, and Medicine, 26, 327-332.

Post, R. (1992) Transduction of psychosocial stress onto the neurobiology of recurrent affective disorder. American Journal of Psychiatry, 149, 999-1010.

Pugliese, D. (1988, May) Psychological pressures, media: Israeli Defense Forces confronts soldiers' frustrations. Armed Forces Journal International, 28.

Pynoos, R. S., Goeenjian, A. and Steinberg, A. M. (1994) Strategies of disaster intervention for children and adolescents. Paper presented at the NATO conference on stress, coping and disaster in Bonos, France.

Raphael, B. (1986) When disaster strikes: How individuals and communities cope with catastrophe. New York: Basic Books, Inc. publishers.

Raphael, B. and Wilson, J.P. (1993) Theoretical and intervention considerations in working with victims of disaster. In J. P. Wilson and B. Raphael (Eds.) International handbook of traumatic stress studies. New York: Plenum Press.

Rapoport, L. (1965) The state of crisis: Some theoretical considerations. In Howard J. Parad, (Ed.) Crisis intervention: Selected readings. New York: Family Service Association of America.

Ravenscroft, T. (1994) Going critical: GMB/Apex and T&G Unions 1994 survey of occupational stress factors in accident and emergency staff in the London Ambulance Service. London: GMB/Apex and T&G Unions.

Reese, J. T. (1987) A history of police psychological services. Washington, DC: U.S. Department of Justice, Federal Bureau of Investigation.

Reese, J. T., Horn, J. M. and Dunning, C. (Eds.) Critical incidents in policing, revised. Washington, DC: US Government Printing Office, 1991.

Reese, J. T. (Ed.) (1991) Critical incidents in policing, revised. Washington, DC: U.S. Department of Justice: Federal Bureau of Investigation.

Robinson, R. (Ed.) (1986, August) »Proceedings from a conference on dealing with stress and trauma in emergency services«, Melbourne, Australia.

Robinson, R. (Ed.) (1991) »Discussion paper, Australian Critical Incident Stress Association, Team accreditation«. Melbourne: Victoria, Australia.

Robinson, R. C. and Mitchell, J. T. (1993) Evaluation of psychological debriefings. Journal of Traumatic Stress, 6 (3), 367-382.

Robinson, R. (1994) Follow-up study of health and stress in ambulance services Victoria, Australia, Part I. Melbourne, Australia: Victorian Ambulance Crisis Counselling Unit.

Roemer, L. and Borkovec, T. (1994) Effects of suppressing thoughts about emotional material. Journal of Abnormal Psychology, 103, 467-474.

Rogers, O. (1992) »An examination of critical incident stress debriefing for emergency service providers«. Unpublished doctoral dissertation, University or Maryland.

Rosenman, I. (1984) Cognitive determinants of emotion. In P. Shaver (Ed.) Human Stress (p. ix-xi) New York: AMS Press.

Roth, S. and Newman, E. (1993) The process of coping with incest for adult survivors. Journal of Interpersonal Violence, 8, 363-377.

Rubin, J. G. (1990) Critical incident stress debriefing: Helping the helpers. Journal of Emergency Nursing, 16 (4), 255-258.

Rueveni, U. (1979) Networking families in crisis: Intervention strategies with families and social networks. New York: Human Sciences Press.

Salmon, T. W. (1919) War neuroses and their lessons. New York Medical Journal, 109, 993-994.

Sapolsky, R., Krey, L. and McEwen, B. (1984) Stress down regulates corticosterone receptors in a site specific manner in the brain. Endocrinology, 114, 287-292.

Schnitt, J. M. (1993) Traumatic stress studies: What's in a name? Journal of Traumatic Stress, 6, 405 - 408.

Scurfield, R. M. (1985) Post trauma stress assessment and treatment: Overview and formulation. In C. R. Figley (Ed.) Trauma and its wake: The study and treatment of post-traumatic stress disorder. New York: Brunner Mazel.

Selye, H. (1956) The stress of life. New York: McGraw-Hill.

Selye, H. (1974) Stress without distress. Philadelphia: Lippincott.

Selye, H. (1976) Stress in health and disease. Boston: Butterworth.

Selye, H. (1980) The stress concept today. In I. L. Kutash and L. B.Schlesinger (Eds.) Handbook on stress and anxiety: Contemporary knowledge, theory and treatment. San Francisco: Jossey-Bass Publishers.

Shalev, A. Y. (1994) Debriefing following traumatic exposure. In R. J. Ursano, B. G. McCaughey and C. S. Fullerton (Eds.) Individual and community responses to trauma and disaster: The structure of human chaos. Cambridge, UK: Cambridge University Press.

Silver, R. L., Boon, C. and Stones, M. H. (1983) Searching for meaning in misfortune: Making sense of incest. Journal of social issues, 39, 81-102.

Sinyor, D. S., Schwartz, S., Peronnet, F., Brisson, G. and Seraganian, P. (1983) Aerobic fitness level and reactivity to psychosocial stress. Psychosomatic Medicine, 45, 205-217.

Slaikeu, K. A. (1984) Crisis intervention: A handbook for practice and research. Boston, MA: Allyn and Bacon, Inc.

Sloan, I. H., Rozensky, R. H. Kaplan, L. and Saunders, S. M. (1994) A shooting incident in an elementary school: Effects of worker stress on public safety, mental health and medical personnel. Journal of Traumatic Stress, 7 (4), 565 - 574.

Smith, J. R. (1985) Rap groups and group therapy for Vietnam veterans. In A. S. Blank, S. M. Sonnenberg, and J. Talbott (Eds.) Psychiatric problems in Vietnam veterans. Washington, DC: American Psychiatric Press.

Smith, K. J. and Everly, G. S. (1992, Dec) »A structural model and configural analysis of the relationship between stressors and disease among accountants.« Paper presented to the Second NIOSH/APA Conference on Occupational Stress, Washington DC.

Solomon, Z. (1986) Front line treatment of Israeli combat stress reaction casualties: An evaluation of its effectiveness in the l982 Lebanon War. Israeli Defense Forces Journal, 3 (4), 53-59.

Staff report (1984, July) Glenn Srodes, 79 dies, Chief of Staff of Hospital. Pittsburgh Post Gazette. Pittsburgh, PA.

Sternbach, R. (1966) Principles of psychophysiology. New York: Academic Press.

Taplin, J. R. (1971) Crisis theory: Critique and reformulation. Community Mental Health Journal, 7, 13-23.

Taylor, A. J. W. and Frazer, A. G. (1982) The stress of post disaster body handling and victim identification work. Journal of Human Stress, 8 (12), 4-12.

Thompson, J. and Suzuki I. (1991) Stress in ambulance workers. Disaster Management, 3 (4), 193-197.

Trimble, M. (1981) Post-traumatic neurosis. New York: Wiley.

Tindall, J. A. and Gray, H. D. (1985) Peer power: Becoming an effective peer helper. Muncie, IN: Accelerated Development, Inc.

Tritt, P. (1984) Mayflower (Denver, CO) Critical incident stress debriefing team protocols. Denver Colorado: Swedish Hospital System, Paramedic Training Program.

Tritt, P. (1986) Considerations in developing a critical incident stress debriefing team (handout material for team training) Denver Colorado: Mayflower CISD Team.

Turner, S. W., Thompson, J. and Rosser, R. M. (1993) The kings cross fire: Early implications for organizing a »phase - two« response. In J. P. Wilson and B. Raphael (Eds.) International handbook of traumatic stress syndromes. New York: Plenum Press.

van der Hart, O., Brown, P. and van der Kolk, B. (1989) Pierre Janet's treatment of post-traumatic stress. Journal of Traumatic Stress, 2, 379 - 396.

Viney, L. L. (1976) The concept of crisis: A tool for clinical psychologists. Bulletin of the British Psychological Society, 29, 387- 395.

Wagner, M. (1979) Airline disaster: A stress debriefing program for police. Police Stress 2 (1), 16-20.

Wagner, M. (1979) Stress debriefing - Flight 191: A department program that worked. Police Star, 4 - 8.

Weller, D. and Everly, G. (1985) Occupational health through physical fitness programming. In G. Everly and R. Feldmen (Eds.) Occupational health promotion (pp.127-146) New York: Macmillan.

Williams, T. (1993) Trauma in the workplace. In J. P. Wilson and B. Raphael (Eds.) International handbook of traumatic stress syndromes. New York: Plenum Press.

Wilson, J. P., Harel, Z. and Kahan, B. (Eds.) (1988) Human adaption to extreme stress: From the holocaust to Vietnam. New York: Plenum Press.

Wilson, J. P. and Raphael, B. (Eds.) (1993) International handbook of traumatic stress syndromes. New York: Plenum Press.

World Health Organization (1992) International classification of diseases, tenth edition. Geneva: United Nations.

Yandrick, R. (1990, January) Critical incidents. EAPA Exchange, pp.18-23.

Yalom, I. (1970) The theory and practice of group psychotherapy. New York: Basic Books.

Tabellen / Abbildungsverzeichnis

Tabellen

Abbildungen

Index

Lesetips zum Thema:

„Psychologie im Rettungsdienst"

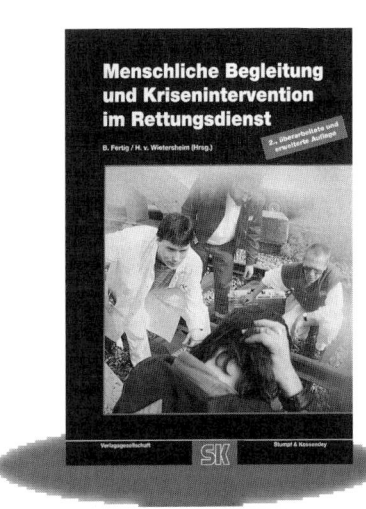

2., überarbeitete und erweiterte Auflage 1997
377 Seiten
44 Abbildungen und Grafiken
Fadenheftung, cellophanierter Schutzumschlag

Best.-Nr. 921

DM 52,50
öS 384,–
sFr 47,50

Einer der ersten Titel überhaupt zum Thema Krisenintervention und Notfallseelsorge im Rettungsdienst. Die zweite Auflage wurde wesentlich überarbeitet und erweitert. Sie stellt sich in diversen Einzelkapiteln den Leitfragen: Wie kann der Forderung nach einem ganzheitlichen Konzept für die seelische „Erste Hilfe" nachgekommen werden? Welche Teilbereiche gibt es hier? Wer ist für diese Aufgaben zuständig? Das Buch gibt Tips und Hinweise, aber vor allem auch Mut, die Möglichkeiten der seelisch-psychischen Hilfe in allen Bereichen der Medizin, der Fürsorge und der Rettung (neu) zu entdecken und zu verwirklichen.

Katastrophen-Nachsorge erfährt in letzter Zeit, nicht zuletzt durch Eschede, zunehmendes Interesse durch die Öffentlichkeit.
Die Wichtigkeit dieser Nachsorge ist inzwischen unbestritten. Die Symptome der Posttraumatischen Belastungsreaktion (PTSD) wurden erstmals in den achtziger Jahren genauer untersucht; ein trauriger Anlaß dafür war die Katastrophe von Ramstein, die in diesem Jahr genau zehn Jahre zurückliegt. Den Autoren ist es trotz bürokratischer Widerstände gelungen, eine Nachsorgegruppe ins Leben zu rufen. Über die Arbeit mit diesen Menschen berichten sie und geben kompetente Tips und Anregungen für den Aufbau und die therapeutische Führung ähnlicher Gruppen.

- 1. Auflage 1996
- 192 Seiten
- 27 meist farbige Abbildungen
- cellophanierter Schutzumschlag

Best.-Nr. 996

DM 47,–
öS 340,–
sFr 43,50

Stumpf & Kossendey
Edewecht · Wien

PF 13 61 · 26188 Edewecht
.freecall (0800) 19 222 00

Lesetips zum Thema:

„Psychologie im Rettungsdienst"

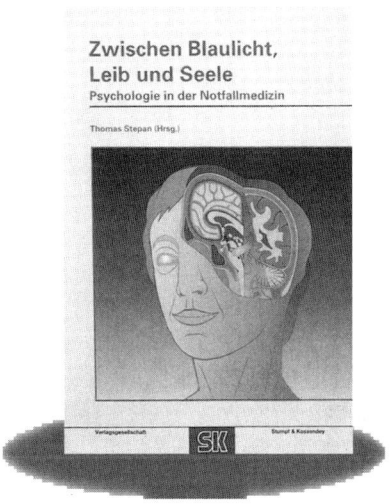

- 1. Auflage 1997
- 128 Seiten
- Broschur

Best.-Nr. 574

DM 24,80
öS 180,–
sFr 23,–

In dem vorliegenden Buch werden die psychische Situation eines Unfallpatienten aufgezeigt und Regeln vorgestellt, wie unter psychologischen Gesichtspunkten Unfallpatienten zu behandeln sind, wie also „Psychische Erste Hilfe" geleistet werden kann. Das Buch ist als Leitfaden für Einsteiger und Berufsprofis konzipiert und bietet in seiner Zusammenfassung kurz und eingängig formulierte „Goldene Regeln" an, die in verschiedenen Ausbildungskonzepten von Hilfsorganisationen bereits erfolgreich erprobt wurden.

Dies Werk vermittelt alle Grundlagen die zum Gebiet der notfallmedizinische Psychologie gehören: „Die Rolle der Psychologie in der Notfallmedizin", „Grundlagen von Bewußtsein und Wahrnehmung", „Die menschliche Psyche", „Mensch und Krankheit", „Das Gespräch im Rettungsdienst", „Besondere Patientengruppen" und „Umgang mit uns selbst". Autoren und Herausgeber sind Fachleute, die über ihre Fachqualifikation hinaus Erfahrung im Rettungsdienst haben.

- 1. Auflage 1998
- 440 Seiten
- 90 Abbildungen und Grafiken
- durchgehend vierfarbig
- cellophanierter Schutzumschlag

Best.-Nr. 573

DM 59,–
öS 430,–
sFr 53,50

Stumpf & Kossendey
Edewecht · Wien

SK

PF 13 61 · 26188 Edewecht
freecall (0800) 19 222 00